高等学校宝石及材料工艺学系列教材

U0826551

贵金属珠宝首饰评估

中国地质大学出版社有限责任公司
ZHONGGUO DIZHI DAXUE CHUBANSHE YOUXIAN ZEREN GONGSI

图书在版编目(CIP)数据

贵金属珠宝首饰评估/丘志力等编著. —武汉:中国地质大学出版社有限责任公司,2013.8(2022.6 重印)

ISBN 978-7-5625-2989-7

Ⅰ.①贵…
Ⅱ.①丘…
Ⅲ.①宝石-评估-高等学校-教材②首饰-评估-高等学校-教材
Ⅳ.①F768.7

中国版本图书馆 CIP 数据核字(2013)第 020644 号

贵金属珠宝首饰评估　　丘志力　李立平　陈炳辉　董传万　**编著**

责任编辑:张　琰　　责任校对:张咏梅

出版发行:中国地质大学出版社有限责任公司(武汉市洪山区鲁磨路 388 号)
电　话:(027)67883511　　邮政编码:430074
传　真:67883580　　E-mail:cbb @ cug.edu.cn
经　销:全国新华书店　　http://www.cugp.cug.edu.cn

开本:787 毫米×960 毫米 1/16　　字数:458 千字　印张:22.875　彩插:8
版次:2013 年 8 月第 1 版　　印次:2022 年 6 月第 7 次印刷
印刷:武汉市籍缘印刷厂　　印数:15 001—17 000 册

ISBN 978-7-5625-2989-7　　定价:48.00 元

序

《珠宝首饰系统评估》这本教材是于2000年在武汉中国地质大学召开的首届全国宝石学本科教学会议上确定的选题和分工，2003年付梓出版。白驹过隙，十年一晃过去。这十年我国宝石学获得了巨大的进步，中国的珠宝市场也已沧海桑田，今非昔比。2004年开始，我国人事部及中国资产评估协会建立了完整的资产评估师（珠宝）考试注册制度，珠宝评估已不仅仅是一项纯粹咨询性的工作，其评估结果已上升到具有法律规定性的层面。2007年，财政部专门下发《关于规范珠宝首饰艺术品评估管理有关问题的通知》，就资产评估机构从事珠宝评估业务的条件和行为，建立珠宝评估报告签字及复核制度等进行了规定。显然，在这之前我们已完成的很多论述、数据和引用的资料已经难以适应专业评估教学及市场变化的需要，为此，我们对其中变化较大的部分内容进行了修改补充，并对过去存在的一些错漏进行了修正。改动的主要内容包括以下几点。

（1）将题目进行了进一步的界定，明确本教材重点讨论"贵金属珠宝玉石"评估，时尚类首饰则不在此教材讨论范畴之内。

（2）按照高等教育教材出版特点，除某些特别情况外，书中取消全部具体内容后的参考文献引用，只在书章节的最后列出参考文献。

（3）参考新的规定和标准，对全书的概念进行了统一，对主要种类名称及其基本内涵均进行了定义，并简单对翡翠、和田玉名称的争论进行了介绍；颜色三要素统一采用色彩、色调和饱和度进行表述，用"品质"表示质量的好坏，修正了过去存在的部分概念模糊和存在表述不统一的问题。

(4)对部分章节内容进行了改写和增补。例如,钻石部分增加了金伯利进程的介绍和新的市场资料,彩色钻石部分介绍了澳大利亚的分级体系;有色宝石的颜色分级部分,增补了分别采用 GemSet 和 GemDialogue 体系的分级步骤,对切工分级部分作了修改,有色宝石首饰估价部分补充了新的首饰加工费等资料;增加一些新标准规定的内容,例如,补充了翡翠分级标准(GB/T 23885—2009)和新疆和田玉分级地方标准的相关内容等。

(5)增加和更新了价格信息及市场信息。例如,对钻石的产量、市场及黄金市场、彩色宝石的价格资讯进行了更新,对过去的一些案例按照新的价格资料进行了修正。

(6)增补了较多的彩色照片,以使读者在阅读本教材的过程中能获得更好的感性认知。

虽然我们作了很大的努力,但由于掌握资讯有限,特别是很多重要评估案例,如对一些上市公司评估案例上的欠缺,本次的修订仍然存在很多不够完善的地方,敬请各位专家及读者批评指正。

编著者

2013 年 7 月

目录

第一章　绪　论

第一节　贵金属珠宝首饰评估的历史及现状

贵金属珠宝首饰评估是指评估师参考一定的价值标准和原则，对珠宝首饰的价值进行比较判定的过程，更具体地说是指相对于特定评估目的和价值标准而言的价格判定，是用货币来表达特定珠宝首饰在特定市场、特定时间和某些限制条件下所具有的价值。

广义的珠宝评估实践大概可以追溯到商品交易出现的早期。美石珠贝一类的物品由于其稀有性、可分割性和易携带性而充当"一般等价物"，在商品交易的过程中，这些早期的"珠宝饰物"显然要进行"价值"的评估确定。

早期商业性的珠宝评估实践推测与典当行业的发展以及"劣质替代品"的出现有关。因为大凡典当必须对典当物的价值进行准确的估测，而珠宝玉石及"金"（早期可能只是一些简单的自然金属提炼品）作为易携带而又公认有"价值"的物品（财产），即使不是古代典当业中的主流典当物品，也一定是常见当品之一，因此可认为朴素的珠宝评估可上溯到典当业的产生之时。

根据《圣经·旧约全书》的记载，西方对宝石价值的认识可能在公元前 4 世纪就已存在。而国外珠宝首饰较正式的评估，据说始于英国，是从英国国王希望征收贵族的珠宝税开始的，距今有上千年的历史。根据 20 世纪 90 年代出版的《美国百科全书》记载，中国典当业的历史可上溯到 3 000 多年前。《大英百科全书》则认为，"典当业在中国二三千年前即已存在"。如果上述认识正确，则我国典当业的历史最早可推定到公元前 8 世纪的西周时期。不过国内典当业人士并不认同欧美百科全书撰稿人的认识，他们认为中国使用"典当"两字始于《后汉书·刘虞传》"虞所赍赏，典当胡夷，瓒数抄夺之"。中国典当业兴于汉而成型于南北朝。《南史·甄法崇传》记载"尝以一束苎就州长沙寺质钱，后赎苎还，于苎束中得五两金，以手巾裹之"；（元）高明《琵琶记·五娘劝解公婆争吵》中"奴自有些金珠，解当充粮米"的语句，都是早期黄金作为典当物的反映。按照珠宝评估的发生最早与典当行为联系在一起的思路理解，国内外对贵金属珠宝进行"评估"的早期历史距今有2 000～

3 000年。

现代系统的珠宝评估最早出现在美国。20 世纪 70 年代兴起的国际性宝石投资热潮，使珠宝资产在避税捐赠和资产置换方面的规模和数量不断增加，从而导致对珠宝首饰资产估价的需求迅速扩大，促进珠宝首饰评估从动产评估中分离出来，成为美国六大独立资产评估系列之一——"珠宝首饰评估"。1982 年，美国珠宝评估先驱者之一的 Anna M. Miller 女士开始为美国评估师协会开设珠宝首饰评估课程，出版了国际上第一本珠宝首饰评估方面的专著。1987 年美国评估师协会开设高级评估师课程及估价原理等系列课程，注册了美国政府认可的高级珠宝评估师资格(Master Gemmologist Appraiser)，推动和促进了珠宝评估业的发展。由此可见，现代国际珠宝评估的历史仅有 30 多年，许多的理论研究工作依然处于起步阶段。

我国现代珠宝评估工作的尝试出现在 20 世纪 90 年代早期，当时有部分宝石工作者留意到宝石质量分级及其价值的问题。90 年代中期，我国珠宝业的快速发展，特别是由于当时大量国营珠宝公司因体制落后及管理不善等原因导致倒闭，引发了对珠宝资产置换和企业资产评估的大量需求，个人珠宝买卖过程中出现的交易纠纷，珠宝捐赠、拍卖、典当和抵押、财产保险以及公安、法院等对经济及刑事案件中珠宝涉案物价值厘定的需要，直接催化了我国珠宝首饰评估业的形成和发展。20 世纪 90 年代中后期，我国的北京、上海、广州及云南等珠宝业较为发达的地区，资产评估公司联合部分珠宝专家开始开展珠宝首饰的资产评估业务。1999 年，国土资源部珠宝玉石首饰管理中心张蓓莉教授等首先提出了对我国珠宝评估业发展的设想和对策(中国宝石，1999)，并对我国珠宝评估业的规范发展作了战略性的规划和安排。

经过十几年的探索，我国目前已初步建立了较为完善的珠宝首饰资产评估体系。2001 年 9 月中国资产评估协会(以下简称中评协)在北京成立了珠宝首饰艺术品评估专业委员会，2003 年我国设立了注册资产评估师(珠宝)执业资格考试制度，中评协也于 2003 年颁布了《珠宝首饰评估指导意见》。该指导意见对规范珠宝首饰评估执业行为、推动我国珠宝评估事业的发展起到了重要的指导作用。2004 年我国设立了单独的资产评估师(珠宝)职业考试制度，11 月 6 日正式组织实施了我国评估专业"珠宝评估师"的首次考试。2005 年，北京中恒誉资产评估有限公司成为首家获得中国资产评估协会资产评估团体会员资格的珠宝评估机构。2006 年 6 月，文化部文化市场发展中心成立了一个包括玉器评估在内的艺术品评估委员会。2010 年 7 月《资产评估准则——珠宝首饰》正式实施，《珠宝首饰评估指导意见》同时废止。该准则是结合珠宝首饰评估特点，在资产评估准则体系下制定的专门的珠宝首饰评估准则，这在国际评估界尚属首次，对推动我国珠宝首饰评估事业的健康发展具有重要意义。

第二节　贵金属珠宝首饰评估的对象及研究内容

一、评估对象及其资产特性

珠宝首饰评估，可以直接理解为对珠宝首饰品质分级及其价值的评估。按照商品学的研究，所谓商品品质（质量）是指商品能满足规定或潜在的人或社会要求（或需求）特性的总和，或者说是商品使用的效用。因此，珠宝评估的对象是珠宝的社会属性——珠宝对人及社会的效用。

一般来说，珠宝之所以可以评估，首先因为它是商品，是一种可用来交换或出卖的产品，因此才可以根据一定社会（市场）规范和标准进行衡量和比较。否则如果珠宝（在某些情况下）只是一种个人自我欣赏和收藏的物品，那么社会评估的前提就不存在，这就是所谓“自己看多美就多美，自己要多高（价）就多高（价）”的情形。

作为社会商品存在的珠宝首饰，一方面是宝石学研究的对象，另一方面还是商品学研究的对象。商品是社会生产发展到一定历史阶段的产物，是使用价值和价值的统一体。商品的使用价值和价值是通过交换来统一和实现的。商品的使用价值决定于商品的物的属性，而商品的物的属性又可以分为自然属性和社会属性。自然属性是指商品成分、结构、物理化学等性质，社会属性则是由自然属性所派生的商品的社会、经济、文化和艺术的效应（意义）。因此，珠宝的使用价值具有物质性和社会性，属于一种历史的、动态的、相对的和主客观相统一的范畴。

商品学之父，德国自然史学家和经济学家约翰·贝克曼在其创立商品学学科体系的著作《技术学系统》(1777)和《商品学系统》(1800)中指出：阐明商品的品种、质量及其价格之间的关系是商品学的重要任务之一。在商品学形成过程中，关于商品品质及其价值的研究有两个不同的方向：一个是从自然科学和技术学的观点去研究商品的使用价值，研究的中心内容是商品的品质，称为自然科学的商品学或技术论商品学；另一个是从社会科学和经济学的角度，特别是从市场营销和消费需求方向去研究商品的品质和品种的问题，称为社会科学的商品学或经济商品学。显然，商品的价值评估是沟通这两个研究方向的桥梁。

珠宝首饰作为一种特殊的商品，除具有一般商品的属性外，还具有许多特殊性。例如，它既是消费性的商品，同时又是投资性资产，在消费使用过程中，消费损耗的速度很慢，甚至还可能会增值，如 2000—2011 年，我国 2011 年市场上高档和田玉和翡翠的价格比2000年至少增加了5～10倍；珠宝是一种不可再生的资源，物化成本在珠宝成本中只占比较少的比例，而机会成本有时是主要的；珠宝首饰的体积很小、价值很高，是一种流动性很强的特殊资产，国际上对这种商品（资产）的质量分级并没有统一的标准，其真假鉴定技术难度很大；等等。因此，珠宝首饰（资产）的评估与其他商品和资产的评估就有了明显的不同和特色，可以认为它是一种专业性更强、技术含量更高的资产（或商品）评估。

归纳起来，珠宝首饰作为一种资产（财产），主要具有4个方面的特性：①稀有性和保值特性；②投资及增值特性；③非物质文化及艺术品特性；④文物及具有历史价值特性。

二、研究内容

概括来说，贵金属珠宝首饰评估涉及的内容包括：①评估的目的及评估用途；②珠宝首饰的来源及状况（真假，是否经过处理及新旧等）；③珠宝首饰的组成及宝石的质量水平和分级；④珠宝首饰的工艺水平；⑤在一定的评估目的和时点下，具体市场中珠宝首饰的价格及价值；⑥可能影响珠宝首饰评估结果的各种因素及有关说明。

珠宝首饰评估的研究，主要集中在以下3个方面。

（一）贵金属珠宝首饰的质量描述及分级

对珠宝首饰进行鉴定和品质分级，是进行珠宝首饰评估的重要前提。在对评估对象进行鉴定分级时，应当采用相应的国家标准及行业标准。不同种类宝（玉）石的品质特征及其分级标准的制定，是目前我国珠宝评估研究较早和成果最集中的部分，其中近10年较重要和影响较大的成果是建立并修订了珠宝玉石名称、钻石分级标准、珠宝玉石鉴定、珍珠质量分级、翡翠分级标准和首饰贵金属纯度的规定及命名方法等国家标准。

成品钻石的分级思路已得到国际公认，即依据钻石的克拉重、切工、颜色和净度分级，并依此来制定价格表。早在1993年，我国就推出了《钻石分级标准》（DZ/T 0046—1993），后几经修订，于2011年2月1日开始实施新的国家标准《钻石分级》（GB/T 16554—2010）。该标准与《钻石色级目视评价方法》（GB/T 18303—2008）、《毛坯钻石检验和分级》（SN/T 2265—2009）和《彩色钻石颜色分级》（QB/T 4113—2010）等国家标准一起，为钻石市场的有序发展和钻石的价值评估提供了保障。

同时，我国珍珠分级评价的研究成果也较为显著。2009年，国家标准《珍珠分级》（GB/T 18781—2008）正式实施，代替了原有标准《养殖珍珠分级》（GB/T 18781—2002）。此外，中国淡水珍珠标准样品及配套的《中国淡水珍珠标准样品

3SLC质量评价体系图解》于2009年研制出炉。国家标准《珍珠珠层厚度测定方法 光学相干层析法》(GB/T 23886—2000)也于2010年正式实施。这些标准为珍珠产品质量评价提供了基本依据。

我国的翡翠市场日益繁荣,翡翠分级标准的建立也日趋重要。早在2003年,云南省就出台了翡翠分级的地方标准;2009年,经过修订,云南省又颁布了《翡翠饰品质量等级评价》(DB 53/T—2009)。2010年3月1日,国家标准《翡翠分级》(GB/T 23885—2009)正式实施,对规范翡翠市场具有积极意义。

此外,2011年正式实施的行业标准《贵金属首饰工艺质量评价规范》(QB/T 4189—2011)以及《和田玉器工艺质量》(DB 65/T 2131—2004)、《黄龙玉分级》(DB 53/T 282—2009)等地方标准,也都为我国相关产品的质量分级提供了参考。

目前,我国在珠宝品质分级标准的制定方面基本上已与几个国际珠宝评估发达国家(如美国和英国)处于同步发展的水平。然而,珠宝玉石品质分级体系的建立与完善依然任重而道远。一方面,某些宝玉石品种的品质分级体系尚未建立,如彩色宝石的品质分级主要参考美国宝石学院(GIA)、美国宝石协会(AGS)、美国宝石实验室(AGL)、泰国宝石研究所(GIT)和泰国亚洲宝石学院(AIGS)等机构推行的彩色宝石分级体系,日渐繁荣的彩色宝石市场急需一套国际公认的彩色宝石分级标准,这还需要世界上各彩色宝石产出国或消费国的共同努力;另一方面,已颁布实施的各珠宝玉石分级标准需要加强推广,如2010年新出台的《翡翠分级》国家标准给翡翠市场建立了一个简单、主流的坐标系,但实际操作起来还需要一个磨合过程,给出标准样品标准和完善综合质量分级标准配套可能还需要一定时日。

(二)贵金属珠宝首饰的估价方法

在进行珠宝首饰评估的过程中,应当根据评估对象、价值类型、资料收集情况等相关条件,分析市场法、成本法和收益法3种资产评估基本方法的适用性,并恰当选择评估方法。就我国目前的情况来看,根据珠宝首饰评估目的,评估的类别包括:①企业清算,珠宝资产变现评估;②珠宝抵押贷款评估;③公安破案、法院判案及仲裁珠宝评估;④遗嘱验证及遗产继承税珠宝评估;⑤离婚财产清算或公司合作关系终结而进行财产分割的珠宝评估;⑥海关征收关税,海关和边检部门处理罚没珠宝的价值评估;⑦保险珠宝评估;⑧拍卖珠宝的评估;⑨典当抵押物评估;⑩收藏评估;⑪捐赠评估;⑫珠宝销售及再销售定价评估;⑬珠宝首饰征税评估;⑭其他评估。

目前,珠宝首饰评估最常用的是市场法和成本法,收益法较少被采用。《资产评估准则——珠宝首饰》(2010)注明"收益法通常只适用于租赁、展览等持续经营活动中,具有独立获利能力或者获利能力可以量化的珠宝首饰的评估业务",明确了收益法在珠宝评估业务中的适用范围,也为确定评估价值类型提供了参考。

(三)珠宝评估的职业规范

珠宝首饰的评估涉及到珠宝业的各个层面，是沟通珠宝业与银行、保险、税收、海关、司法行业及市场的重要环节。因此，它是珠宝业中最困难和最富挑战性的工作，除了要掌握一般的方法和技术外，一个成功的珠宝评估师还必须具有丰富的知识修养和经验。其中，宝石学、经济学和工艺美学的知识对珠宝评估师来说是必不可少的。具体来说，职业的珠宝首饰评估师必须具备下列基本素养：①接受过正规的宝石学教育(具有鉴定师资格)；②接受过资产评估理论和方法的培训；③接受过宝石工艺学和制造方法方面的培训；④具有从事市场信息研究和分析的能力；⑤具有基本的财务分析技能；⑥具有较为丰富的市场营销经验。

2010年颁布发行的《资产评估准则——珠宝首饰》，在“基本准则”章节中对珠宝首饰评估业务的执业资质作出了明确规定：从事珠宝首饰评估业务的资产评估机构，应当具有财政部门颁发并在业务范围中标明“珠宝首饰艺术品评估”的资产评估资格证书；签署珠宝首饰评估报告的人员应当具有中国注册资产评估师(珠宝)证书。

第三节　中国注册资产评估师(珠宝)执业资格制度

1999年，美国资产评估师协会(ASA)的专家应国土资源部珠宝玉石首饰管理中心的邀请，在北京举办了首届职业珠宝评估师培训班，开创了我国珠宝评估专业化活动之先河。2001年9月，中国资产评估协会和国土资源部珠宝玉石首饰管理中心共同组建的珠宝首饰及艺术品评估专业委员会在北京正式成立，诞生了我国第一个珠宝评估专业组织和管理机构。2002年9月，美国珠宝评估先驱者和国际著名珠宝评估专家 Anna M. Miller 女士来中国武汉讲授她本人在美国注册的“国际珠宝首饰高级评估师”课程。可以认为，至此我国珠宝界对“珠宝评估”的关注已经转变成为一种系统的职业化探索过程。

注册资产评估师(珠宝)执业资格专业科目考试制度，由人力资源和社会保障部、财政部于2003年设立，每两年举行一次考试。取得注册资产评估师(珠宝)执业资格，要具备珠宝玉石质量检验师资格，并通过注册资产评估师执业资格考试中“资产评估”、“经济法”科目以及“珠宝鉴定与分级评价”、“珠宝评估理论与方法”、“珠宝评估案例分析”专业科目的考试。2004年开始，经过4年(次)考试，截至2010年底，全国已有一百多人通过了“资产评估学”、“经济法”、“珠宝鉴定与分级评价”、“珠宝首饰评估理论与方法”和“珠宝首饰案例分析”五个科目的职业考试，取得注册资产评估师(珠宝)执业资格。随着我国珠宝业的迅猛发展，珠宝首饰艺术品的评估在诸多经济行为中发挥着重要作用，将会有越来越多的珠宝界、资产评估界以及典当和拍卖等相关行业的人员考取该执业资格，加入到专业的珠宝评估队伍中来。

思　考　题

1. 请详细分析珠宝的资产特性所包括的内容。
2. 珠宝首饰评估和一般商品评估有何差异？
3. 做一个合格的珠宝评估师必须具备哪些素质？

第二章　贵金属珠宝首饰评估的宝石学基础

第一节　贵金属珠宝首饰的含义

首饰是一种可以装饰人体的工艺品，最原始的首饰可以追溯到石器时代。几万年前（甚至更早），北京周口店的山顶洞人就佩戴由兽骨、贝壳等穿孔并用赤铁矿粉涂红了的珠子串成的首饰。这是我国迄今考古发现最早的首饰。人类用石头制作工具进行生产劳动，而首饰便是除劳动工具外人类创造的一种涉及精神世界的物品。现代首饰指人们所佩戴的各种装饰品，包括头饰、项饰、手饰、服饰、胸饰、脚饰等。

珠宝玉石是对天然珠宝玉石和人工珠宝玉石的统称，简称宝石（GB/T 16552—2010 《珠宝玉石名称》）。珠宝玉石包括天然珠宝玉石（可进一步划分为天然宝石、天然玉石、天然有机宝石）和人工宝石（包括合成宝石、人造宝石、拼合宝石和再造宝石），以及各种天然珠宝玉石艺术品和人工宝石饰品及艺术品。

贵金属珠宝首饰可以理解为金、银、铂、钯等贵金属与珠宝玉石组合制作的首饰的简称（GB/T 11887—2002《首饰贵金属纯度的规定及命名方法》），包括各种镶嵌有珠宝玉石的贵金属首饰以及未镶嵌珠宝玉石的贵金属首饰。

由此可见，贵金属珠宝首饰除了各种天然宝石、天然玉石、天然有机宝石（艺术品）及其镶嵌首饰、贵金属首饰之外，实际上还包括各种人工宝石制作的首饰及艺术品。本书主要涉及天然珠宝玉石首饰以及与金、银、铂、钯等贵金属组合的首饰和艺术品。

第二节　贵金属珠宝首饰的来源与评估

贵金属珠宝首饰的来源包括珠宝玉石的来源、首饰生产商以及首饰本身的历史文化（表 2 - 1）等因素。稀有性是珠宝玉石的特性之一，珠宝玉石的产地来源会直接影响珠宝首饰评估的结果，但影响程度因珠宝玉石种类不同而有所区别。生产商品牌价值(表 2-2)和名人效应(著名设计师设计,名人拥有)等,也会对贵金属珠宝首饰价值的评估结果产生明显影响。因此,了解贵金属珠宝玉石的来源是准确评估贵金属珠宝首饰的基础。

表 2-1　可能有产地溢价的宝玉石种类

宝玉石种类	国家及地区	具体产地	品种或俗名	备注
和田玉	中国	新疆和田地区	羊脂玉	
钻石	印度	戈尔康达	水火钻	历史产地
红宝石	缅甸	莫谷	鸽血红	
蓝宝石	巴基斯坦、印度	姆佐克什米尔	矢车菊蓝宝	历史产地
祖母绿	哥伦比亚	姆佐、契沃尔与科斯凯茨	祖母绿	现在科斯凯茨产量最大
变石	俄罗斯	乌拉尔山脉	亚历山大石	
欧泊	澳大利亚	闪电岭	黑欧泊	
碧玺	巴西	帕拉依巴州	帕拉依巴	
珍珠	波利尼西亚	波利尼西亚	大溪地黑珍珠	

例如,世界上优质祖母绿主要来自哥伦比亚。哥伦比亚出产世界上最好的祖母绿晶体,其价值居各种有色宝石之首。哥伦比亚和巴西两国生产的祖母绿曾占到世界市场的 70%,但巴西的祖母绿产量远大于哥伦比亚,巴西的祖母绿中,低质量的占 90%以上,高档祖母绿主要来自 Tocantins(托坎斯州)矿区。此外,津巴布韦和巴基斯坦也有优质祖母绿出产。只是哥伦比亚祖母绿久负盛名,具有明显的产地溢价。

红宝石的主要商业产地有缅甸莫谷、孟素,泰国,越南和坦桑尼亚等。泰国是世界红宝石最重要的来源地之一,曾经在一段时间里,来自泰国的红宝石占世界红宝石总量的 70%。近年来,在缅甸莫谷附近的孟素发现的红宝石产量巨大,经过改善的孟素红宝石已对世界红宝石的价格产生了明显的影响,但只有莫谷是世界上优质鸽血红红宝石传统的产地,世界上许多著名的红宝石均和莫谷有关,因此,有特殊证据证明来自莫谷地区未经处理的天然鸽血红红宝石也常常有产地溢价(见附录 2)。

蓝宝石的主要产地有斯里兰卡、缅甸、马达加斯加、澳大利亚、印度、泰国、中国、美国、坦桑尼亚、巴西等国家。一直以来,斯里兰卡艳蓝色的蓝宝石以色美透明和光泽好而著名,而泰国、中国、澳大利亚等地的蓝宝石大多数颜色偏灰或黑,因而在国际市场上,斯里兰卡的蓝宝石往往价格较高;而实际上,最优质的蓝宝石往往和印度—巴基斯坦边界的克什米尔地区及缅甸有关，只是后来克什米尔产地的产量已经很低。

表 2-2　部分有品牌溢价的著名国际珠宝品牌及其品牌价值(排名先后与价值无关)

品牌名称	创立时间及创立人	品牌所在国家和地区	主流产品	品牌符号及价值
Cartier（卡地亚）	1847/Louis-Francois Cartier	法国巴黎	贵重珠宝	皇帝的珠宝商，珠宝商的皇帝，2012年奢侈品牌排行榜总体价值48亿美元；2012年度世界奢侈品协会全球最具价值皇室珠宝品牌
Kloybateri（卡洛依巴特拉）	1682/ Kloybateri	意大利罗马	顶尖贵重珠宝，单品售价在1 000万美元左右	欧洲历史上最早的皇室珠宝商，世界奢侈品协会2011年全球十大皇室珠宝
GRAFF（格拉夫）	1993/劳伦斯·格拉夫	英国伦敦	顶级定制珠宝，特别是大钻石	独一无二是其符号，保持多项世界名钻的拍卖记录
Tiffany &Co.（蒂芙尼）	1837/Charles Lewis Tiffany	美国纽约	银器及钻石珠宝首饰	2006年世界十大奢侈品公司业绩排名第五；2010年奢侈品牌总体价值23.8亿美元
BULGARI（宝嘉丽）	1884/Sotirio Bulgari	意大利罗马	彩色宝石珠宝，时尚设计	2006年世界十大奢侈品公司业绩排名第九；2012年母公司LV奢侈品排行榜整体价值259亿美元
Harry Winston（海瑞温斯顿）	1890/Harry Winston	美国纽约	贵重珠宝，钻石之王	传统贵族珠宝品牌，和世界名钻“蓝色希望”钻石有关
Chaumet（尚美）	1780/Marie-Etienne Nitot	法国巴黎	珍贵时尚珠宝及贵重手表	曾为法国皇帝指定珠宝商
Damiani（德米亚尼）	1924/Enrico Grassi Damiani	意大利　瓦伦萨	钻石，设计珠宝	公司产品获得过18个钻石国际大奖
VanCleef&arpels（梵克雅宝）	1906/Van Cleef & Arpels	法国巴黎	彩色宝石珠宝	/
Boucheron（宝诗龙）	1858/Boucheron	法国巴黎	贵重珠宝，动物造型珠宝	其母公司GUCCI集团整体价值75.9亿美元(2010年)
Derier（蒂爵）	1837/Louise Derier	法国巴黎	钻石镶嵌首饰	/
MIKIMOTO 御木本	1893/Kokichi Mikimoto	日本	珍珠系列首饰及女性饰物	国际顶级珍珠品牌
SWAROVSKI（施华洛世奇）	1895/Daniel Swarovski	奥地利因斯布鲁克的瓦滕斯	时尚设计，水晶饰品	国际顶级时尚饰品品牌

其他宝石，如澳大利亚的黑欧泊，巴西的彩色碧玺、酒色托帕石、紫晶，缅甸帕敢地区的翠绿色翡翠，中国新疆的和田玉等都是有产地溢价的宝玉石。例如，新疆和田以出产羊脂白玉闻名于世，一般情况下，市场上相同品质的新疆和田白玉籽料的价格往往要比俄罗斯白玉的价格高。

贵金属珠宝首饰的出处，包括设计师、生产商及销售商的信誉等，均对贵金属珠宝首饰价格有较大的影响。某些国际著名品牌，如卡地亚、蒂芙尼的珠宝首饰比非名牌首饰的溢价有时可高达数倍。一些具有特殊历史文化传承的珠宝，如各国的皇室珠宝等，其历史和文化价值可能比首饰材料本身的价值还要高。

第三节　贵金属珠宝首饰材料的性状与评估

贵金属珠宝首饰材料的性状包括珠宝玉石及贵金属材料的种类，品质特征（色泽、净度、透明度、大小）以及珠宝玉石的属性特征（如天然、优化处理还是人工合成等），这是影响贵金属珠宝首饰价值评估结论最基本的因素。

对钻石而言，Cape 系列的钻石颜色越白越好，而彩色钻石中，一般天然彩色的品质可与 Cape 系列中 D 级（100 色）比较，但红色、粉红色和蓝色钻石可比 D 级白色钻石的价格还要高。而人工处理的彩色钻石只能与 Cape 系列中 M 级（91 色）钻石的价格接近。不同颜色彩色钻石的评估应考虑当时市场的流行因素，其中，合成钻石由于合成技术的日趋成熟，成本越来越低，这是评估必须考虑的。

有色宝石的颜色一般以色彩类型，色调的纯正、鲜艳程度、饱和度、均匀程度等因素来衡量。通常在保证不影响透明度的情况下，颜色饱和度越高越好。如果颜色是优化处理的，那么优化或处理的方法及其效果、稳定性、市场接受程度等都是评估时必须考虑的。不同的合成方法，其成本明显不同，对于人工合成的宝石不仅要考虑宝石本身的特性，其合成方法也会对价值产生影响。例如，助熔剂法和水热法合成的红宝石比焰熔法合成的红宝石成本高得多，因此其价格相对就高。

至于宝石大小的影响，一般来说，宝石的价值与大小成正比，但一些普通品质的常见品种，太大并不会产生更高的克拉单价。贵重宝石必须考虑克拉溢价问题。此外有些宝石（如星光宝石），如果加工得太深，一般只考虑腰围以上的部分。而夹层石（如夹层欧泊、夹层祖母绿等）一般要考虑其中真宝石的质量及其总体效果。

第四节　贵金属珠宝首饰加工工艺特性与评估

珠宝首饰加工，包括珠宝玉石的款式设计（琢型）、定向、加工质量，以及首饰的款式、制作方法及工艺、镶嵌方法及工艺等，也是影响贵金属首饰价格的因素。

一、珠宝玉石的设计款式、定向及加工质量的影响

宝玉石加工质量，包括款式造型、加工面的对称性、抛光质量等，对高档贵金属宝玉石首饰的影响较大。评估时，要考虑以下几个因素。

1. 款式造型的美学效果

评价宝玉石的加工质量，首先应检查宝玉石是否达到款式设计的要求。检查每颗宝玉石的主要比例、角度或半径的均值和离差值。对于透明度较高的宝玉石，可根据宝玉石造型的光学效果来评价工艺质量。宝石的款式必须体现以下几种光学效果：①颜色与透明度；②亮度；③色散；④特殊光学效应；⑤动感效果。有些宝石（如二色性强的红宝石、蓝宝石等），宝石切面的定向直接影响宝石的颜色效果。另外有些双折射大的宝石（如锆石），如果台面不是垂直于光轴方向，则从台面观察可见明显的双影，会影响宝石的光学效果。

对于玉石雕刻品则必须考虑作品主题、设计理念、俏色的利用、比例、工艺精细程度等。

2. 作品造型的完整性

检查宝玉石款式造型是否存在明显的缺陷，主要根据对称性、均衡性或作品的设计来判断设计加工是否达到要求。

3. 加工面的形状和精度

检查加工面的形状和精度包括刻面型的平面是否平整，弧面型的球面、圆柱面是否标准，面、棱线的相交精度，面的对称性和均匀程度等。

4. 加工面的光洁度

检查加工面的光洁度包括检查每个加工面是否达到表面光洁度的要求，抛光的产品要求有良好的镜面效果，而亚光的产品则要求反光均匀，两者结合的则要看对比效果是否能达到主题表达的要求等。抛光工艺质量水平有时也会对产品的总体效果产生直接的影响，好的艺术品和普通商品的区别有时往往体现在一些细节的处理上。

二、贵金属首饰制作方法的影响

首饰的制作方法直接关系到首饰的实际成本。制造首饰的常用方法有铸模、冲压成型、手工制品、电铸成型和酸蚀法、组合法等。

铸模法常用于凹凸明显的浮雕形态和立体的贵金属首饰，可以大批量生产，成本较低。但也有同一款制一件的铸模品或定制品，其成本明显要高于批量产品，这

种产品的客户通常需要单独支付制版费用，有时还会收设计费。

冲压成型也是批量生产金属首饰常用的方法，是一种制造浮雕图案工艺品的工艺。冲压设备比浇铸设备昂贵，但对于需要极薄的部件和需要精致细部图案的首饰多使用冲压法。冲压法可用来制作某些昂贵的定制首饰，也可用来制作市场上最便宜的首饰和金属附件，其价值取决于工艺的好坏。

好的手工制品由于产量较低，通常比机械化批量生产的首饰成本要高。当然，评价时应考虑其设计以及完成的质量等内容。

电铸成型法和酸蚀法制作的首饰通常为低价物品，非常薄而且质量轻。

三、贵金属珠宝首饰的镶嵌方法及工艺的影响

贵金属珠宝首饰的款式、镶嵌方法和镶嵌工艺的好坏也是首饰质量评价的重要内容。常用的镶嵌方法有爪镶、钉镶、包镶、夹镶、孔镶、群镶、隐蔽镶、蜡镶等，具体方法可参考专门介绍首饰制作的书籍。

镶嵌工艺的好坏主要与下列因素有关。

(1)宝石镶嵌是否端正、平直，主石、副石是否存在松动，有无掉石现象，宝石与齿口的吻合是否良好。

(2)首饰的镶边是否均匀平滑，镶牙高低及分布是否合理对称，镶爪的大小、长度是否和宝石相称。

(3)齿口的高度是否与宝石的大小和厚度相适应，锥度是否周正，是否和宝石相一致。

(4)首饰托架有无走样变形，表面有无划伤、敲伤、挤伤的痕迹，金属托架上是否有裂纹、断口等现象。

总之，首饰的设计款式、制作方法与工艺、镶嵌方法与工艺等首饰的外观质量是影响贵金属珠宝评估价值结论的重要因素。

思 考 题

1. 何谓贵金属珠宝首饰？
2. 贵金属珠宝首饰的来源对评估结论会有什么影响？
3. 举例说明贵金属珠宝首饰的性状对评估的影响。
4. 评价珠宝首饰的设计加工应该考虑哪些因素？
5. 评估一件贵金属珠宝镶嵌的珠宝首饰应考虑哪些宝石学因素？

第三章　贵金属珠宝首饰评估的经济学基础

第一节　贵金属珠宝首饰的商品学特征

一、贵金属珠宝首饰的属性

贵金属珠宝首饰作为一种历史上留传了几千年的贵重商品，其最主要的属性有如下几个方面。

1. 客观物质存在性

珠宝玉石作为自然界形成的物质，是客观存在的，它们由同种或不同种元素以一定的结构方式形成为单晶体或集合体。例如钻石是碳原子以共价键结合形成的等轴晶系宝石，而翡翠则是由钠、铝、硅、氧等元素组成的硅酸盐矿物硬玉的集合体，可能含有角闪石、钠长石、透辉石等其他的次要矿物。总之，不同种类的珠宝玉石，它们分别都具有较为固定的矿物组成及晶体结构，是不同地质作用形成的产物。

这些作为单晶体或集合体的宝玉石，往往有较为固定的物理性质（如硬度、密度、折光率、色散、双折射率等）。一般而言，凡是高档珠宝，其物理性质通常独特而优越（如硬度很高，韧性很好，色散强，折光率大，不怕酸碱腐蚀等等）。实际上，这也是珠宝美观、耐用而且受欢迎的本质所在。珠宝玉石的价值首先与其物质组成及结构有关，珠宝玉石的客观存在性是其使用价值和价值存在的基础。

2. 独特的稀有性

自然界形成的矿物有 5 000 多种，但能为人类用作珠宝玉石材料的只有不到 200 种，由此可见，它是稀有的。实际上能用作珠宝玉石的矿物中，真正成为珍贵珠宝玉石的比例就更少，不超过 10 种。即使是高档的宝石材料，例如金刚石，根据世界各国已开采金刚石的统计，在开采的金刚石中能作为首饰钻石的只占 1/5 左右，其余的大多只能用作工业用途。

珠宝玉石的稀有性除了体现在它是自然界中很稀有的矿物种类以外，还体现在它是一种不可再生的资源。宝玉石是在漫长的地质作用过程中，经过几百万、几千万，甚至几亿年才形成的，其形成过程复杂且充满偶然性。例如，缅甸几乎是全世界唯一的商业性高档翡翠产地(危地马拉和哈萨克斯坦是另外为数不多的几个)，缅甸翡翠的形成，可能是在1.6亿年前板块碰撞俯冲环境下，在很独特的温度和压力(低温高压)条件下形成的。如果有一天地球上现有的翡翠开采完了，在短时间内，要在某一地区形成新的翡翠矿床是很困难的。

3.主客观的可鉴赏性

贵金属珠宝首饰的另一个重要的属性就是它的可鉴赏性。贵金属珠宝首饰的可鉴赏性既是客观的，又是主观的。其客观性主要表现在珠宝玉石硬度大、光泽强、颜色美，经过加工之后光芒四射、美不胜收，又或色彩柔和、质感润泽，因此，对于任何国家的人来说，它都是美的。鉴赏贵金属珠宝首饰能使人愉悦，获得美的享受，从这个角度看，贵金属珠宝首饰的可鉴赏性是客观的。但是从另一方面来说，不同时代的贵金属珠宝首饰中蕴含着不同的文化含义及信息，不同种类、不同设计款式的贵金属珠宝首饰，同一种类不同品质（如颜色)的珠宝玉石，甚至同一种类同一品质的珠宝玉石对不同国家、不同民族或不同文化背景的人而言，美的程度及指向都是有差异的，其美的价值受人的主观意识所左右。从这个角度看，珠宝玉石鉴赏性具有主观性。

二、贵金属珠宝首饰的商品学特征

贵金属珠宝首饰的商品学特征包括如下几个。

1.材质特征

贵金属珠宝首饰的材质，狭义来说是贵金属与天然矿物材料的各自独立或者组合，因此具有美、稀有、耐用和不可再生等特征，不同种类的贵金属、珠宝玉石决定了其价值的基础。虽然这种价值观会受到区域文化及传统的影响，但在一定的历史时期还是比较固定的。广义的珠宝玉石还包括一些人造合成的材料，这些材料在材质上往往也具有美和耐用的基本特征(例如，其折光率高、光泽明亮或色散强、加工后色彩缤纷等)。

2.形体特征

贵金属珠宝首饰作为商品，一般具有体积小、携带方便的特征，而一些珠宝玉石的工艺品则形态独特，或峻或奇或精巧，总能给人一种美的享受，是自然精华与人类智慧劳动结晶的产物。珠宝首饰的形态特征主要与工艺师独特的设计理念有关，因此也是影响其价值的重要方面，有时这种影响甚至是关键的。

3. 色彩特征

贵金属珠宝首饰的美，在很大程度上还与其色彩瑰丽或单纯有关，自然界的七彩颜色，在珠宝首饰中都能有非常好的体现。宝石的色彩不但丰富多彩，更主要的是它的颜色很多时候还非常纯正，是自然界中很独特的。例如翡翠和祖母绿的翠绿色，蓝宝石的艳蓝色，红宝石的鲜红。这种独特性和罕见性是构成宝玉石材质价值的重要基础之一。因此，在多种珠宝的品质评估中，颜色往往是第一位或最重要的品质影响要素。

4. 功效特征

贵金属珠宝首饰的使用价值是指它能满足人们的生活需要，它的功效是多元化的。一方面是作为一般商品可满足人们的装饰需求或审美需求，而另一方面作为一种稀有的、不可再生的资源产品（天然高档珠宝），它同时还具有投资珍藏的价值，以及宗教、研究价值，因此，珠宝过去又被人们称为浓缩的财富。

过去，贵金属珠宝首饰一直被认为是一种生活非必需的奢侈商品，和国计民生关系不大，但事实上从珠宝首饰目前普及流行的趋势看，珠宝首饰也是人类生存发展中不可或缺的一种商品，是社会发展的客观必然存在，因此有人形象地说“只要这个社会有女人，就一定会有珠宝首饰”。从经济学的角度看，它是一种需求弹性相对较大而供给弹性相对较小或较刚性的商品。

5. 价格特征

贵金属珠宝首饰作为一种特殊的商品，其价格变化非常巨大。传统的观点认为珠宝首饰是高价的商品，一件罕见的宝石或设计独特的工艺精品，其价格可达百万元甚至千万元。但实际上，这只是珠宝商品价格特征的一个方面。对于许多普通的珠宝，例如水晶和一些珍珠饰品，其价格也可低至几十元 1 个（批发价），因此单纯认为珠宝商品是高价的想法并不全面。正因为如此，价值评估对珠宝商品就具有非常重要的意义。

6. 时尚特征

传统的贵金属珠宝首饰主要与财富有关，与流行并无太大的关系，但当代的贵金属珠宝首饰则与流行关系密切，从某种意义上说，珠宝首饰是潮流的产物，也是时尚的组成部分。例如许多种类的珠宝之所以受到消费者选择，很多时候是因为某些名人、名流或演员佩戴引起公众兴趣的结果，也可能是正好与流行的服装、色彩相一致的结果。因此，珠宝的流行特征也构成了珠宝商品价值的一个组成部分。

第二节　珠宝首饰的供给与需求

供求关系是西方经济学分析的逻辑起点，是了解市场上各种经济变量复杂关系最基本和最重要的函数。

一、供给的定义

经济学中所说的供给是指经济社会中所有资源拥有者在一定价格上愿意提供的资源总量。一般来说，供给可以包括物品（质）的供给和劳动（务）的供给两大类。

物品的供给是由厂商（生产单元）提供的，一种物品的供给是指经济中所有厂商在一定价格上愿意提供的物品总量，它可以由每个价格上厂商愿意提供物品的数量相加得到。

劳动的供给则是由家庭或劳动力所有者在一定工资水平上愿意提供的劳动（务）总量。研究表明，商品的供给量主要受市场上某种商品价格所影响，如果其他的条件不变，特别是生产要素的价格及其他商品的价格不变，这种商品的价格升高，则生产该种商品所获利润就随之增多。由于经济学总是假设厂商在市场上是唯利是图的，因此市场上该种商品的供给量就会增多。市场上商品供给量与价格之间的关系称为供给函数，可用图 3－1 来表示。

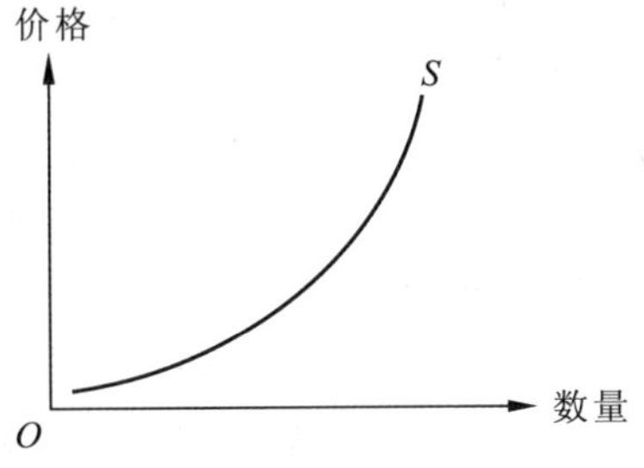

图 3－1　商品供给量随价格的升高而变大

从图 3－1 可以看出，供给曲线 S 是从下向右上方延伸的，它反映了商品的供给量随着价格的升高而变大的规律；相反则是价低量减。

供给与供给量不同，供给是指在不同价格水平上市场中供给量变化的规律，而供给量则是在某一特定价格下市场中的资源拥有者愿意提供的具体数量。

二、需求的定义

需求是指对某种商品的需要。经济学中，需求是指消费者（或居民）在一定的价格下要求购买物品或劳务的数量，这种数量是指消费者实际想要而经济上又有能力达到的。经济学家在讨论需求的概念时，强调的不仅是个人的需要或欲望，更重要的是在预算约束所限定的支出和各种商品价格已知的条件下的真实购买能力。例如对珠宝而言，可能许多人都会喜欢珠宝，也想拥有（购买）珠宝首饰，但如果在公开的市场条件下(即某一价格下)这种需要是无法实施的或超过其实际能力的,那么这种需求并不在经济学讨论的需求概念范围之内。

市场的总需求是由市场中的个体——单个消费者的需求合成的。在某一价格下,消费者对某种商品的需求越大,市场总的需求量就越大。市场上不同消费群对某种商品需求的总和,形成了市场上这种商品的总需求,它是在不同价格水平上需求量与价格的关系。需求与需求量的差别和供给与供给量的差别在含义上是一致的。

三、需求的收入效应和替代效应

在经济学的研究中,为了使一些复杂问题的研究变得简单可行,经济学家往往会把影响某些经济变量的因素单独进行分析:先假定影响变量(如需求)的其他因素不变,来讨论某一因素对该变量的影响,从而确定不同因素对该变量的关系。

对需求及其影响因素的分析就是这样进行的。当考察过不同因素对需求的影响后,经济学家最终确认,与其他因素相比,商品的价格是影响需求变化最重要的因素。

在其他条件不变的情况下,如消费者偏好不变,需求主要受商品价格所影响。如果假定在一定时期内消费者的收入是一定的,则市场上的商品价格升高,消费者所能购买商品的数量就会减少;反之,如果商品价格降低,消费者所能购买商品的数量就会增加。这就是所谓的收入效应。另外,由于一个市场总是由多种商品组成,某些商品之间往往会有一定的替代作用,例如市场上的红宝石和红尖晶石,两者仅就美学效果来说是可以替代的。如果红宝石价格高,则原先以红为美来选择红宝石的人,就可能会放弃红宝石而选择红尖晶石,这样红宝石的需求量就会相应下降,这就是所谓的替代效应。市场上替代效应与收入效应的存在使得商品的价格与数量之间具有反向变化规律。这种变化规律表现在价格—数量关系图上,就是一条从左向右下倾斜的曲线,如图 3-2 所示,这就是需求曲线(函数)。

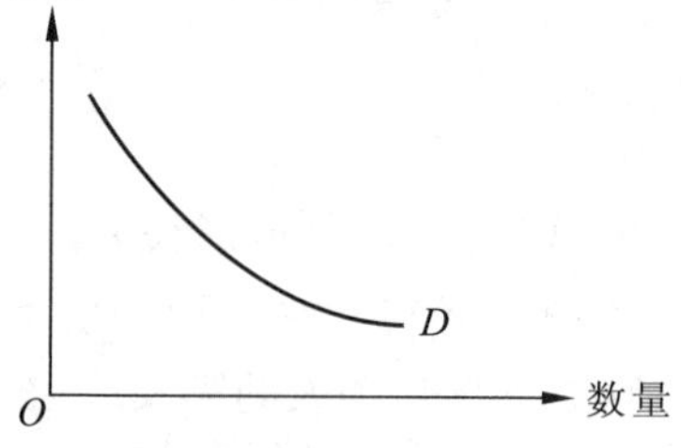

图 3-2　商品需求量随价格的升高而降低

需求曲线表明,商品的价格越高,市场的需求量就会越低;反之商品的价格越低,则需求量越大。这一规律在消费偏好不变的前提下成立。例如,中国人特别喜欢翡翠,而西方人则喜欢绿宝石(祖母绿),相对来说同等质量的翡翠和绿宝石在中国和西方国家的需求可能就明显不同。在中国,高档翡翠价格高,消费者的需求也较大,而绿宝石虽然价格较低但其需求并不高,但在西方国家则可能相反。这就是消费者的消费偏好影响价格的一个例子。

四、影响供求关系的其他因素

前面讨论中，我们实际上都只是考察了影响供给和需求最重要的因素——价格的作用。实际上，除了价格会影响厂商（或劳动者）对商品（或劳务）的供给及消费者对商品的需求外，还有很多的因素对市场上的供求关系起作用。

对于具体的厂商而言，除了商品的市场价格会影响其提供该商品的热情外，同一时期其他商品的价格、原材料的价格、劳动力的价格、厂商或劳动者的价值观念、生产某种商品的技术水平、社会环境及法律规定等要素都会影响到社会上该种商品的供给。

就宝石业而言，虽然珠宝首饰的价格水平较高，但这并不意味着社会中珠宝的供给就一定会高，原因是一方面珠宝的供给受自然资源产量制约，另一方面如果其他行业有更高的利润水平或者社会对珠宝业有更多的法律规定约束（如在生产环节增加税收），或者许多厂商都预计珠宝业未来的发展可能会受到某些因素的限制而处于不利的地位等，也会对珠宝业短期或长期的供给产生影响。

同样，对消费者或市场的需求而言，除了价格会影响人们对商品的消费需求外，其他如前面讨论过的消费者的消费偏好（即人们更倾向于消费某种商品的趋向）、消费税、各个国家社会生产力发展水平、消费者的人口结构及数量以及替代商品的价格等要素也同时对市场需求产生约束。

五、均衡价格及供求规律

均衡是物理学中的一个概念，是指当两种相互作用的相对力量相等或相互抵消时，受作用的对象处于相对静止（不发生改变）的状态。

经济学中所说的均衡与此相似，它是指影响某一经济学变量的因素相对处于一种势均力敌时的状态，在这种状态下，不存在变动的力量（原因），也没有改变均衡的动机。

上面我们单独讨论了供给和需求与价格的关系，但一般情况下，价格并不单独由供给或需求决定，价格实际上是供给和需求这一对矛盾相互影响、相互作用下市场力量达到均衡时决定的。将图 3－1、图 3－2 的供给曲线和需求曲线放在同一个坐标图上，我们得到图 3－3，图中的 E 点即是均衡点。

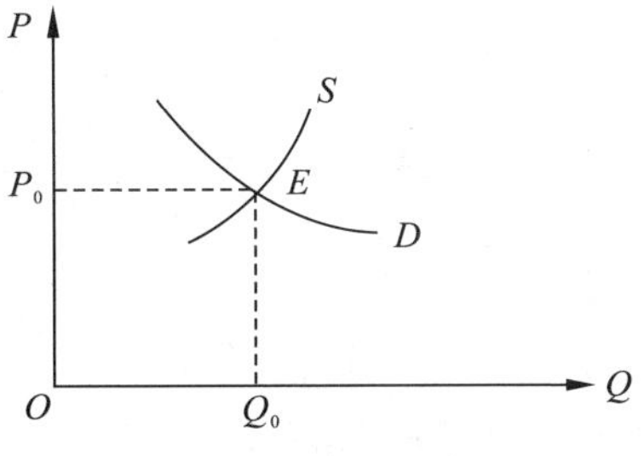

图 3－3　均衡点

经济学上的均衡，实际上是指其他条件不变的情况下，市场上某种商品的供给量等于需求量时，商品的价格既不升高也不下降时所形成的相对稳定的状态，此时的价格称为均衡价格，而此时对应的商品交易量则称为均衡交易量。事实上，均衡价格和均衡交易量代表了在一定条件下，消费者对该种商品的需求和厂商对该种商品的供给达到平衡时，市场所形成的一种相对静止的状态，需求曲线和供给曲线的交点表达的就是这种状态。

但是，现实的市场条件下，供给和需求完全相同的时候是不多的，市场对某种商品的需求和供给实际上会不断变化。为了使问题易于理解，我们不妨假设几种较为简单的情况，讨论需求与供给变化是如何影响市场价格和市场交易量的。

其一是市场的需求增加而供给不变。例如，社会收入增加或替代商品价格升高，此时可用图 3－4 来表示。由于需求增加而供给不变，市场上供不应求，需求曲线从 D 移动到 D_1，市场价格升高（$P_0 \rightarrow P_1$），在 E_1 点市场达到新的平衡，市场均衡价格和均衡交易量均增加（$Q_0 \rightarrow Q_1$）（图 3－4）。

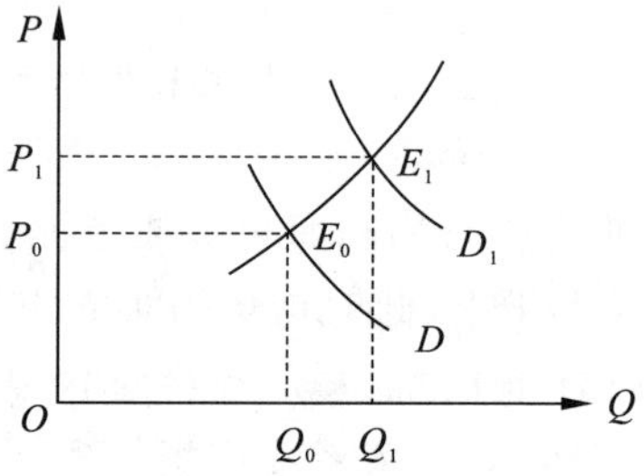

图 3－4 市场需求增加而供给不变时的交易情况

其二是需求减少而供给不变。此时市场供大于求（图 3－5），市场需求减弱后，相当于在相同的价格下，购买某种商品的消费者少了，需求曲线移向 D_2，市场在新的条件下形成均衡，均衡点为 E_2，市场在供过于求的条件下价格下调（$P_0 \rightarrow P_2$），均衡交易量下降（$Q_0 \rightarrow Q_2$）。

其三是需求不变，供给增大。如国家鼓励投资，或者发现了新的矿产资源，厂商可用资源增加，此时市场上供大于求，相当于图 3－6 所示的情况。由于供给加大，相当于在相同的需求下产量增加，供给曲线移向 S'，在这种情况下，该种商品过剩，商家降价销售，因此均衡价格变为 P_3，均衡点变为 E_3，商品的均衡交易价格下降（$P_0 \rightarrow P_3$），但均衡交易量增加（$Q_0 \rightarrow Q_3$）（图 3－6）。

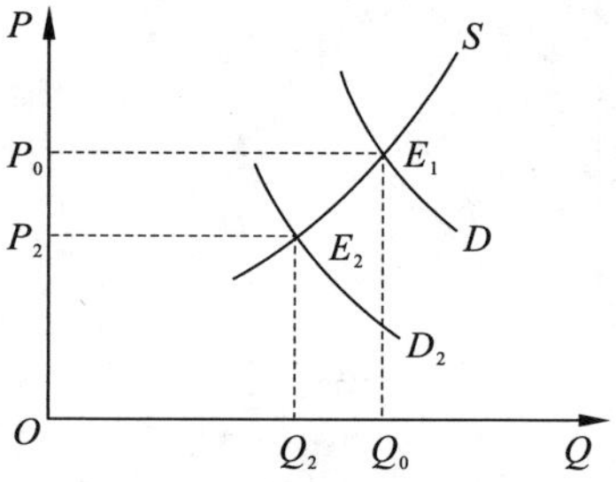

图 3－5 需求减少而供给不变时的交易情况

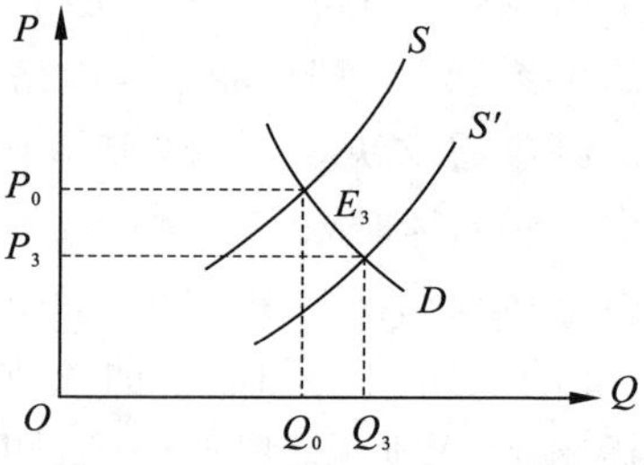

图 3－6 需求不变而供给增大时的交易情况

其四是需求不变，供给减少。例如发生自然灾害或厂商对该行业的预期减少，或者某种宝石资源枯竭、产量下降，此时相当于市场上出现供不应求的状况，由于商场商品较少，而求购者多，均衡点变为 E_4（图 3－7），因此，价格会上升（$P_0 \rightarrow P_4$），但均衡交易量减少（$Q_0 \rightarrow Q_4$）。

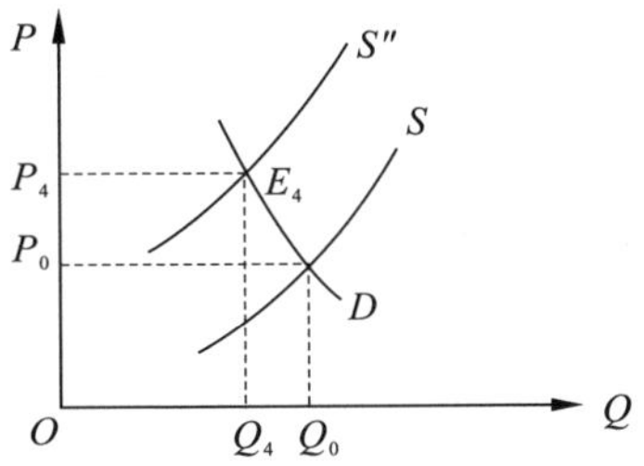

图 3－7　需求不变而供给减少时的交易情况

上述 4 种情况是较为简单化的讨论，在现实条件下，市场的供给和需求往往是同时发生变化的，或者说在市场力量的某一方面改变后，另一方面很快也会随之改变。因此，综合考虑，实际上存在 5 种不同的情况。

(1)市场供求平衡，市场价格既不升也不降(均衡价格)。

(2)市场上供给大而需求少(供给增大、需求不变，或者供给不变、需求减少)，市场供大于求，此时市场为买方市场，市场存在超额供给，量增价跌。

(3)市场上需求大而供给小(供给减少、需求不变，或者供给不变、需求增大)，此时市场为卖方市场，商品供不应求，市场存在超额需求，也就是说，厂商增加产量也还能以原价卖出商品，或者厂商可以提高价格也能销售到和原先一样多的商品，量增价升。

(4)市场的供给和需求同时下降，此时市场的均衡交易量一定会减少，而价格的变化则取决于供给和需求两方面下降的程度。对于原来的平衡点而言，如果供给下降程度更大，实际上相当于供不应求的情况，此时均衡价格会上升；反之如果需求下降程度更大，则相当于出现供大于求的局面，即价格会下降。

(5)供给和需求同时上升的情形，在此种市场条件下，市场的均衡交易量上升，但价格的变化则同样取决于供给和需求两者上升的程度。如供给上升更大，则供大于求，价格下降；反之，如需求上升更大，则同样出现供不应求，价格上升。

上述从一般的意义上说明了市场均衡价格的形成和变化，说明了供给和需求这两种力量如何影响价格变化的趋势。在自由竞争的市场经济中，实际的市场价格总是有成为均衡价格的趋向，在这个价格上需求和供给获得了平衡。但是在上面的讨论中，我们却没有说明两种不同商品的供给和需求对价格的影响是否一样，或者说不同商品价格的变化对供给和需求影响程度是否一致的问题。

六、价格弹性

在物理学中，弹性是指物体在外力作用下应变的能力。如果一个物体在外力作用下可以发生大的形变而不会被破坏，我们称之为弹性大或富有弹性(韧性大)；

反之,如果物体在一定的压力下很易被破坏,则称为缺乏弹性(脆性大)。

经济学价格弹性的含义和物理学弹性相似,是指经济变量对价格变动的应变能力。供给和需求的价格弹性则是单位价格的变化所能引起供给与需求变化的程度,也就是说是供给与需求对价格变化的敏感程度。用数学式表示为:

供给的价格弹性=供给量变化的百分比/价格变化的百分比;

需求的价格弹性=需求量变化的百分比/价格变化的百分比。

价格弹性是一个非常有用的变量,经济学家可以通过对不同商品需求/供给价格弹性的了解,来确定某些种类商品的价格政策。一般情况下,可以根据商品需求/供给价格弹性的大小将商品分成5种不同的弹性类型:第一类是价格弹性大于1的商品,这种商品价格变化将引起需求/供给量更大的变化,因此被称为价格富有弹性商品;第二类是价格弹性为1的商品,这种商品被称为是单一弹性或单位弹性的商品,也就是说价格变化与其引起需求/供给量变化的程度是一样的;第三类是价格弹性介于0～1的商品,也就是说价格的变化将会引起需求/供给量一定程度的变化,但后者变化的程度不如价格变化程度大,因此两者之比在0～1之间,这类商品称为缺乏价格弹性商品;第四、第五类则分别是价格弹性为0和无穷大的商品,它们分别表示当价格变化时,需求/供给量将不发生变化或者变化为无穷大,在供给和需求曲线图上分别对应于供给与需求曲线为垂直线与水平线的两种极端情况,它们分别称为完全无弹性和完全弹性,这两种情形在现实社会中很少存在。

表3-1和表3-2分别归纳了供给价格弹性、需求价格弹性与需求量变化及收益变化的关系。

表3-1 供给价格弹性

弹性	表述用语	价格上升1%对供给量的影响
0	完全无弹性(垂直的供给曲线)	0
0～1	缺乏弹性	上升小于1%
1	单一弹性	上升1%
>1	有弹性	上升大于1%
无穷大	完全弹性(水平的供给曲线)	无限上升

资料来源:据J E Stiglitz,1997。

实际上,对于不同商品的价格弹性,我们也可以从商品的需求和供给曲线的缓陡程度来判别。一般来说,当需求或供给曲线较陡时,说明价格变化所引起的量的变化较小，因此其价格弹性小；而需求或供给曲线较平缓时，则说明很小的价格变化可以引起需求或供给量较大的变化，因此其价格弹性就大。因此，我们说具有较陡的需求或供给曲线的商品缺乏价格弹性，而具有平缓的需求或供给曲线的商品则富有价格弹性。这样解释，实际上只是为了讨论的方便，并不是说所有商品的供给价格弹性和需求价格弹性都具有相同变化的特征。在实际市场中，有些商品的需求可能是很有弹性的，但供给却是没有或较少弹性，其供求关系可用图 3－8 表示。

表 3－2　需求价格弹性与需求量和收益的关系

弹性	表述用语	价格上升 1%对需求量的影响	价格上升 1%对收益的影响
0	完全无弹性（垂直的需求曲线）	0	增加 1%
0～1	缺乏弹性	下降小于 1%	增加少于 1%
1	单一弹性	下降 1%	不变
>1	有弹性	下降多于 1%	减少：弹性越大，减少收益越多
无穷大	完全弹性（水平的需求曲线）	下降到 0	减少到 0

例如，某些情况下，珠宝就具有这种特征。由于珠宝不是每个人的必需品，当价格较高时，人们可能不会去购买，而价格下降，买的人就会明显增加，也就是说消费者对价格是敏感的，或者说珠宝需求是有弹性的，其需求曲线是一条平缓的曲线。而从供给的角度看，由于许多珠宝作为稀有的自然矿物资源，其产量往往是有限的，价格高了也无法马上增加产量。因此珠宝的供给实际上对价格变化是不敏感的，其供给曲线是一条较陡的曲线。

另一些商品，如生活必需品，像食盐、水、粮食等，就是另一种情况。所谓生活必需品就是指无论什么情况下人们都需要的商品，无论价格高或者低，在一般情况下，人们对它的需求是一定的，也就是说需求的价格弹性是很小的，它的需求曲线是一条较陡的线（图 3－8）。而供给则可能不同，如果价格高一点，则盐商或种植者觉得有利可图，因此会大量增加食盐或粮食的生产，这样供给对价格就是敏感的，或者说食盐和粮食的供给是有价格弹性的，其供给曲线是一条较平缓的线（图 3－9）。这两个例子实际上也解释了为什么在正常情况下，钻石等珠宝对人们的生活影响不大，但价格却很高（P'），而粮食和食盐、水等与国计民生关系极大的商品价格却较低的情况（P''）。

当然，上面是一些特别情况，实际情况可能会更复杂。但从这些例子中，我们可以明白供给量、需求量变化与价格变化的关系。这些关系有时对生产者来说或

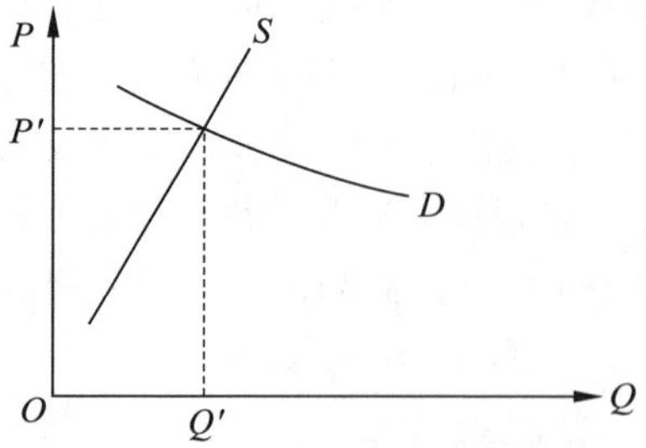

图 3-8　商品的需求有弹性而供给没弹性时的供求关系图

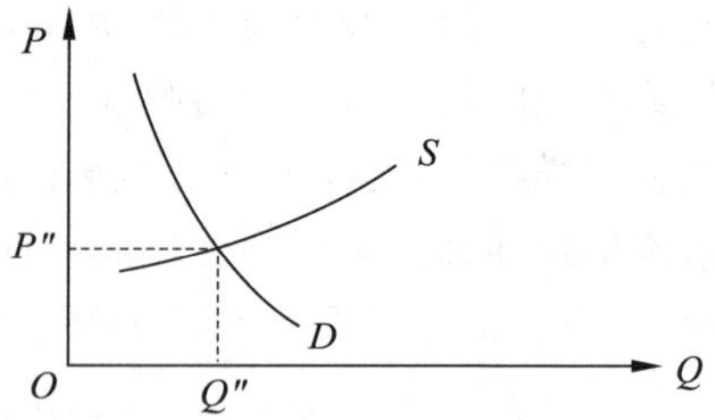

图 3-9　商品的需求无弹性而供给有弹性时的供求关系图

许对市场定价有重要影响,对评估者来说则可以了解价格变化的含义。因为生产商或销售商的收益是通过销售商品来实现的,销售商品的数量和价格的变化具反向关系,因此对于一些需求富有弹性的商品,降价能引起需求的更大增加,降价便可以增大销售量从而增加收益;相反,对于一些缺乏需求弹性的商品,降价引起商品需求量的增加较小。因此,两者相乘后,其收益不但不会增加,反而会减少。在现实市场中,这就是我们经常见到珠宝商会采取降价来进行促销,而很少见到粮食商会降价促销的原因之所在。

第三节　珠宝首饰的价格及价值构成

一、效用原理

前面的供求分析表明,市场均衡价格主要由市场上供给和需求两个方面力量的均衡决定,但并没有解释是什么决定了市场上人们对商品的需求和供给。效用原理实际上就是说明需求是如何产生和形成的。

现代西方经济学中,商品的效用是指消费者的欲望在消费过程中获得满足的程度。效用是一个主观而不是客观的范畴。目前关于商品的效用决定商品价值的理论主要有以下两类。

第一类是奥地利经济学家门格尔和庞巴维克及法国经济学家瓦尔拉等提出的“基数效用理论”。他们认为商品的效用可以用 10、20、30 等具体的数值来衡量,其中边际效用,也就是说增加或减少一个单位商品的消费所能得到满足程度的变化,是决定商品价值大小的尺度。他们认为商品的边际效用是不断减少的,也就是说无论人们消费什么,随着其消费商品数量的增加,人们从中获得满足程度的增量是逐渐减少的，人们从第一次，第一件……中获得的满足最大。例如人们第一次拥有钻石首饰时，所获得的满足感显然大于第二次或第 n 次获得钻石时的感受。这也就是西方经济学中著名的边际效用递减规律。

第二类是效用理论，即序数效用理论。这一理论的代表人物是意大利经济学家帕累托(V. Pareto)和英国经济学家希克斯(J. K. Hicks)、艾奇维斯(E. Y. Edzeworth)。他们认为商品的效用并没有大小的不同，而只有次序的不同，也就是说人们消费某几种商品，要想用数量来表达他们从中获得满足的大小是不可能的，但可以按从这些商品获得满足程度的比较来进行排序。如果可以说明 A 效用大于 B 效用，而 B 效用又大于 C 效用，那么也可以说 A 效用大于 C 效用，因而商品 A 是最有价值的。无论是“基数”还是“序数”效用理论，实际上它们都强调了这样一点，即人们之所以需要某种商品，是因为某件商品能满足人们的某种需要，即商品的价值是由其能满足人们需要的程度来决定的。

根据商品效用是否可以相互替代或补足，商品分为替代品和补足品两类。凡是可以满足相同或相似需要、具有相近效用的商品称为替代品，如粮食中的米和面、珠宝首饰中的同色宝石。所谓补足品就是说两种商品(A 和 B)是同时存在的，如果 A 商品的消费量增大，则 B 商品的消费量一定也会增大，反之亦然，如手表和表带、汽车和汽油、黄金和宝石(镶嵌珠宝首饰中)。替代品的消费量具反方向变化的特征，补足品的价格则具同方向变化的特征。

但补足品和替代品并不是绝对的，如黄金、铂金和宝石既是替代品，也是补足品。因为金是镶嵌珠宝首饰的重要金属材料，当宝石的消费量大时，镶嵌所需的金的数量增加，金的消耗量自然就高，此时两者作为补足品存在。但同时许多黄金、铂金还单独加工成纯金或 K 金首饰。社会购买力是有限的，如果购买未镶宝石金首饰的人多了，购买宝石镶金首饰的人可能就会减少，此时两者就是替代品的关系。当作为替代品考虑时，黄金(常作足金首饰)的消费量减少，其他珠宝如钻石、宝石首饰的消费就可能增大。国内这几年的情况正是如此，足金销售份额不断减少，而珠宝首饰的销售份额则不断加大。

因此，效用原理实际上反映了决定商品价格形成最重要的一个方面——需求产生的原因，商品之所以有价，首先是因为其有用。而另一方面，商品效用关系(替代或补足)实际上也会对商品的价格产生某种影响，也就是说商品价格除受内在的供求关系影响外，还受其他商品价格的影响。

二、成本分析

商品的效用说明了需求的来源，而商品的成本则决定了商品供给的可能性。西方经济学中最主要的假设之一，就是在市场经济条件下所有的消费者和厂商都是理性的，它们总是以追求最大利益为目的。但是现实社会中，由于资源是稀缺的，因此无论是谁，要获得利益总要付出代价。生产者在生产商品过程中付出的代价即是商品的生产成本，如珠宝厂商要制造珠宝首饰就必须租地（买地）兴建厂房，必须买机器设备，必须请技术工人，所有这些花费都属于珠宝首饰的生产成本。

而珠宝首饰的零售商在获得利益时所要付出的代价就是珠宝首饰的销售成本，销售成本包括广告促销费用、场租、经理及行销人员工资等。商品的成本中除了生产成本和销售成本外，还包括机会成本和风险。所谓机会成本就是做某一件事而不能同时做另外一件事所付出的代价；而风险则是指付出了成本不一定能获得期望收益的可能性。这一概念对理解珠宝的价值特别重要。如一个到深山野岭去寻找和开采宝石的人（公司），他除了要付出劳力，要支付交通工具、设备等成本外，实际他所付出的代价还包括他很难和其他人一样参加都市的各种社会活动，很难直接（至少不便）进行股票投资等（信号差、信息不畅等），同时他还可能要面临购买矿山土地的开采权、付地租及开发费用，而不一定能开采到宝石，甚至可能会存在迷路、被毒蛇咬伤、患上致命疾病等风险，这些代价和风险实际上都应该包括在珠宝的成本之内。

从经济学的角度看，成本也可分为明显成本、隐含成本和正常利润三种，风险可以分为可控风险和不可控风险两大类。明显成本是指生产者使用外部资源所付出的代价，如租用别人的地所付的地租，雇用劳动者支付的工资，向银行贷款支付的利息等；隐含成本即是生产者使用自己拥有的资源所付出的代价，如自己付出时间去管理生产，使用自有的土地进行生产，使用自己的存款进行投资，而损失了本来可以获得的利息等；正常利润就是要使企业家为本企业工作所必须支付的最低的报酬。可控风险是指在一定的情况下可以预知的风险，如珠宝首饰生产过程中会出现一定的损耗，进行珠宝生产可能会存在环境污染的风险；不可控风险是指无法预知的危险，如赌玉可能会血本无归，进行珠宝的探矿可能会出现不可预知的人身伤害等。风险的成本可以从保险费用中进行估计，通常风险越大的工作生产保险的投保费用就会越高。

另外，成本本身还可以分为总成本、平均成本、边际成本、固定成本和可变成本等。总成本指的是生产一定数量的商品所要付出的总的代价或成本总额。平均成本则是平均每单位产量的成本或平均生产某件商品所付出的代价。边际成本则是指增加或减少一个单位产量所导致的总成本的变化。在现代经济学中，边际成本是一个很重要的概念，它决定了厂商生产进行的程度及可能性。

在总成本中，由于无论生产与否，生产者都必须要付出设备的折旧费、维修费以及贷款利息等费用，这种不随产量变化而变化的成本就称为固定成本；相反另一部分费用，如原料的费用、工人的工资及营业税等是随着产量的不同或生产条件的变化(如生产环境)而变化的,称为可变成本或变动成本。厂商生产商品的成本与什么有关呢? 经济学的研究表明,生产商品的成本主要和资源的价格、生产技术水平、生产要素丰富程度、关税壁垒、税收政策等有密切关系,是决定商品供给的关键之所在。

对珠宝而言,其成本主要和资源的分布、珠宝的质量、珠宝首饰的生产工艺水平以及劳动力价格等有关。近年来,珠宝加工业从发达国家转向发展中国家,主要也是受上述因素影响所致。

三、价格差别

市场中上述诸多因素的改变(影响供给或者需求的因素)均可能对市场的供求力量产生影响,从而使商品的价格发生改变,因此商品的价格是一种流量,是随时间的改变而改变的,我们说某种商品的价格实际上是指某一个时点(段)商品的价格。理论上说,在完全竞争、垄断竞争和寡头垄断等不同的市场条件下,影响商品的价格机制实际上是不同的。

在完全竞争市场中,生产者无法影响市场价格,厂商只能按市场价格决定自己的产量。而在垄断竞争的条件下,由于各生产厂商的产品存在差别或者厂商拥有的资源不同,信息存在不对称,厂商不仅仅接受市场价格,而且可以通过改变自己的产品质量及成本来提高或降低市场价格。其中部分生产技术水平较高或拥有优质资源的厂商可以降低生产成本,从而可以以较低的价格参与市场竞争,并获得竞争优势;而生产技术水平较低或资源劣势的厂商,因为生产成本较高,只能以较高的价格销售产品。但在寡头垄断的条件下,由于市场为少数的几个寡头所垄断,市场价格往往是刚性的,价格主要受寡头企业产量所影响,它们将根据自身获利的需要来制定价格政策。因此从生产者的角度考虑,由于世界生产力发展水平及资源分布不平衡,加上世界市场并非完全开放,存在贸易壁垒,因此,同一种商品在不同市场条件下存在价格差别是必然的。

从消费者的角度看,不同国家和地区,由于收入水平不同,文化传统不一,消费者的消费偏好也存在着极大的差异,不同种类的商品甚至同样一种商品对不同国家和地区的人而言,其效用也存在着极大的差异。显然,商品价格的差异也必然存在并且是合理的。

而从市场学的角度看,20 世纪 50 年代以后,由于世界各国生产力水平的提高,世界上许多商品实际上都处在供大于求的状况,这种情况下消费者有了充分选择商品的余地,因此,许多商品市场实际上是买方市场,市场价格实际上主要由消费需求决定。在这种情形下,许多厂商便会针对不同的市场、不同层次的消费群,以及顾客的不同需要进行商品市场的细分,并且通过对商品进行大量的广告宣传、促销，为消费者提供各种售后服务，促使消费者发现商品的价值，提高消费者的价值认同，从而使商品能以较高的价格销售。也就是说，即使在同一市场中，商品价格差别仍然会存在。

同一种类但品质不同的商品，由于其社会效用的差异以及消费者对其价值认同存在差异，其价格往往也会存在明显的差异。事实上，由于珠宝的品质评估体系并无世界性统一的标准，不同国家、地区的人对珠宝价值的认同标准有差异，这种情况便形成了珠宝价格的不确定性。可以认为这是对国际市场珠宝价格影响最明显的因素之一，也是影响珠宝评估价值结论的重要因素之一。

四、价格及价格制定

前面我们简单讨论了完全竞争市场中价格及价格决定的理论问题。现代的经济学研究表明，现实市场大多是不完全竞争的，完全竞争的市场很少见，即垄断与竞争通常是共存的。市场中产品及其品质、生产规模存在差异，使不同的厂商在市场中具有不同的竞争优势，它们不但是市场价格的接受者，同时也能在不同程度上影响商品的市场价格。

在更为特殊的情况下，如在寡头垄断和完全垄断的市场中，市场价格甚至完全由几家寡头或一家垄断厂商决定。在不完全竞争的条件下，厂商或企业会采取什么样的定价方法或者策略，实际上就成了影响市场商品价格的重要因素，也成了理解市场珠宝首饰价格的重要前提。

目前市场上经常采用的定价方法有以下几种。

1.成本定价法

成本定价法是指商家在制定商品的批发、零售价格时，首先根据生产该商品的成本，在成本上加上预期利润(包括税收)作为其销售价格的方法，这是市场中最普通和最常用的方法，是以供给为导向的定价方法。根据所考虑成本的不同又可分为单位成本定价法、变动成本定价法及边际成本定价法。

其中，单位成本定价法是以生产每单位商品的成本为基数，加上预期利润的定价方法。这种方法较多为小型企业采用，是最直观的定价方法之一。临界点定价法实际上也是单位成本定价的方法，所不同的是在定价时考虑了市场的可能容量及企业的总成本后决定的单位成本，其公式为 $P=[(F+V)/Q]+E$，其中 F 为总固定成本，V 为总变动成本，E 为企业目标利润，Q 为产量。这种定价法较一般的单位定价更准确和全面。

而变动成本定价法，则是不考虑生产商品的固定成本，而以生产单位商品的变动成本为基数，加上预期利润的定价。这种方法为一些市场占有份额较大、生命周期较长或固定成本较小的生产商所采用。

边际成本定价法，则是只考虑边际成本——生产最后一单位商品时所产生成本的变动来进行定价的方法。这种定价法主要为一些市场竞争激烈、以销定产的企业所采用。

目前我国从事批发生产的许多珠宝厂商大多采用成本定价法进行定价。

2. 市场需求定价法

市场需求定价法是企业或厂商在已有商品销售的基础上，根据市场对产品的需求大小，对不同产品采用不同定价的方法。这种定价方法考虑的出发点是市场份额大小、市场需求弹性、自身商品的质量及品牌、产品的生命周期等因素。从市场策略上看，需求定价属于差别定价策略。

市场需求定价的基本点是围绕市场需求来定价。对于一些市场需求大、产品需求价格弹性小的产品，采用高价政策，价格高于市场平均成本。而对于一些市场需求一般、产品需求弹性大的产品则采取低价政策，以稍高于平均成本的价格销售。对于一些生产能力大而生命周期长的产品，其价格甚至确定在高于变动成本而低于平均成本的价格销售。而一些从事批发的厂商，有时可能会根据零售市场消费者能接受的最终价格，采取逆向定价法定价。这种方法也是市场需求定价法的一种，所不同的是较少考虑实际成本而更多考虑消费者的接受能力。对于一些生产数量较大、生产能力过剩的厂商，或者产品周期较短、市场竞争激烈的商品，这是较常采用的定价方法。市场需求定价是以市场细分或对产品的细分为基础的，在我国珠宝市场中常为一些富有经验的珠宝专营公司所采用。他们根据宝石品质及成交数量的不同，在了解市场需求的基础上，对不同品质的宝石品种进行差异定价，以求获得最佳的利润组合。

3. 新产品定价法

所谓新产品定价法往往是指有较高的技术含量，或者和现有商品相比较有明显差别、缺乏市场参考比较的商品采用的定价策略。这种商品的定价一般是综合考虑供给和需求两方面因素，既考虑新产品的发明者、厂商自身的实力及获利的要求，又考虑到市场需要、未来市场拓展可能性等因素。

从策略上这种定价方法又分为撇脂定价、渗透定价和满意定价 3 种。

撇脂定价是指厂商以尽快回收投资和获取高额利润为目的的定价策略。这种定价就像撇取牛奶中的精华奶油一样，将新产品的“价值”最大限度回收，因此其定价往往较高，比较适合一些高质量或高技术含量、性能独特而价格需求弹性小的商品。在现实市场中，一些品质独特、档次高或者款式设计新颖的珠宝，往往采用撇脂定价。

渗透定价是指厂商为了能使新产品最大限度地占领市场，获得较大的市场份额，并防止竞争者进入所采取的一种低价定价策略。这种定价对于一些需求价格弹性较大，且存在规模效应的商品较为适用。在新产品进入市场初期，商品价格虽然较低，但如果销售量大，厂商也能获得较大的利润。关键的是，由于定价较低，致使一些实力较差的竞争者难以进入市场从而可以避免激烈的竞争。

满意定价实际上是在撇脂定价和渗透定价之间折中的一种定价策略，力争商品的价格使生产者和消费者都能获得满意的利益。

4. 弹性定价法

弹性定价法又可称为折让定价法，其商品的定价是在某类商品市场可接受价格的基础上，提高一定的比例定价，以便在销售过程中可以给予消费者一定折扣的方法。折让方式有现金折让、数量折让、季节性折让、节假日折让、综合折让等。所谓买二送一、节假日大减价、转季大优惠、大抽奖等都是折让定价的不同形式。

当然，在现实的市场中，也有一些折让方式可能不是定价者原先预定的，而是由于市场商品的供求关系最终导致的行为。如当供给过剩或者某种产品的生命周期进入成熟期，市场饱和时出现的降价。在珠宝市场上，弹性定价往往在一些价格弹性较大、普及性强的普通珠宝种类的销售中采用，如一般品质的翡翠生肖玉器、手镯或 K 金首饰以及优化处理过的旅游商品型珠宝的定价。

5. 一口价定价法

一口价定价法是与弹性定价相对应的一种定价方法。一口价是指厂商确定价格时，考虑到市场实际需要和自身成本的条件确定的一种无弹性的价格。这种定价市场上一般有两种形式：一种是指所有商品都按标价出售，商品的标价无弹性；另一种则是指所有商品都一个价或一个近似价。这种定价方法除了一些较有实力、商誉好和对市场需求很熟悉的商家，如一些“老字号”珠宝商采用外，有时也为一些经营成本相近而种类繁多、价格较低的商品零售商和连锁商采用。香港“周大福珠宝”是较早采用该定价法的珠宝公司。采用这种定价法是希望获得消费者对珠宝的品质和价值的认同，给人“童叟无欺”的感觉；对一些商品品质差异较大的商品可以减低顾客由于分辨商品品质难而导致的风险，也方便购物，减少顾客选择的烦恼。因此，该方法比较常用在一些品质差异大而很难把握或者没有品质差异的商品，以及品质、成本较一致的商品的这两种极端情况的定价中。

在现实的市场中，不同的竞争者所拥有的资源有差别，其产品往往也是不同质的，因而价格与价值之间的关系并不完全一致。评估者要准确把握好所获得的“价格”资料是一件非常有挑战性的工作，有时可能需要长期的观察和比较，才能对某种商品或某个商家的价格有较为全面的理解，才能对市场上某种品牌或某类珠宝首饰“合适”价格（众数或平均价格）有较为准确的经验判断。因此，显而易见，珠宝评估师需要非常丰富的市场经验，不可能从书本到书本就能培养出合格和优秀的评估师。

五、珠宝首饰的价值构成

1. 储备资产价值

历史上虽然珠宝很少像黄金一样普遍作为官方储备资产，但从历史上世界各国诸多王室对珠宝的收藏热情与收藏数量来看，珠宝实际上也是一种重要的储备资产，拥有珍贵或罕见珠宝的多少常常成为一国王室财富多少及国力强盛的标志。

在我国古代常常会以某家族或某人拥有贵重珠宝的数量来评判其财富的数量，“传家宝”往往成为家庭财产继承的重要组成部分。在战国时期，珠宝甚至成为当时重要的一般等价物——货币，所谓“珠宝为上币，黄金为中币，刀币为下币”实际上说的就是这种情况。

珠宝的储备资产价值功能主要与它美丽、耐久、稀少且体积小、便于携带等特点有关，因此我们常说“物以稀为贵”。但由于世界范围内没有统一的质量评判标准，加上其产量极不稳定，因此珠宝作为储备资产的功能在世界范围内有一定的限制。

2. 投资价值

珠宝的投资价值是双重的。一方面购买珠宝的人可以从佩戴珠宝所获得的成就感中获得美的享受，得到心灵的满足；另一方面由于珠宝是一种不可再生的资源，是财富的象征物，或者说是一种浓缩的财富，理论上其资产价格可以逐年上升，其上升幅度通常超过通货膨胀率或银行的存款利息率（当然是指购买的品种恰当），因而使购买珠宝的人获得投资收益。

珠宝的投资价值，可从香港佳士德国际拍卖公司拍卖 Mdivani 翡翠项链的案例来说明。该项链由 27 颗翠色浓艳、质地细润的翡翠珠组成，配有“卡地亚”镶嵌的红宝石扣，1989 年拍卖时以 1 900 万港元成交，而到 1994 年该项链再次拍卖时，成交价则高达 3 300 万港元，创下当时单件翡翠拍卖的世界纪录，5 年时间升值 73%以上，而当时的 5 年时间国际或者香港的累计通货膨胀率不会超过 20%。

3. 信用价值

珠宝的信用价值衍生自珠宝是财富的象征，也是身份和权力的象征。佩戴珍贵珠宝的人，非富则贵，即使其身无分文，其身上佩戴的珠宝也可为他（她）完成支付。这表明珠宝实际上可以完成资金的有条件暂时让渡或调剂，因此具有经济信用价值。戴珠宝与穿名牌服装、开高级车一样，它可表明自己具有良好的支付能力，以显示其信用基础。而珠宝可以通过典当或者银行抵押来获得资金，从而作为这种信用价值的一种体现。

4. 美学及装饰价值

珠宝的美观——颜色美、质地美或工艺美，使其具有美学鉴赏价值或装饰价值，这是珠宝价值组成中最容易为人理解的部分。绿松石作为装饰物的价值在数千年前已为埃及人所认识。距今约5 000年的埃及皇后木乃伊手臂上4只包金的手镯，让我们了解到公元前古埃及人的美学追求和当时发达的工艺技术。现代人用珠宝做成的装饰品可谓千姿百态、美不胜收，已演变成为珠宝时尚，而许多用宝石和玉石制成的艺术品则早已成为许多成功人士古董柜中的收藏品，成为个人文化艺术品味的一种象征。

5. 宗教礼仪价值

珠宝的宗教礼仪价值是从其作为神人中介物开始的。在生产力发展水平仍然很低的时候，人们便发现许多珠宝玉石有很多奇异的特性。如它们往往很硬，光泽很强，或质地圆润而韧性很好等，因此往往被认为是天神所赐的"宝物"，通过它们人们可以与神进行沟通，因此常常将珠宝作为灵物用在重要的宗教仪式上，使珠宝从一开始就具有宗教礼仪的功能。如《周礼》中记载，我国古代玉器作为礼器，"以玉作六器，以礼天地四方：以苍璧礼天，黄琮礼地，以青圭礼东方，以赤璋礼南方，以白琥礼西方，以玄璜礼北方"，说明从周代起，不同的玉器在我国已有不同的宗教礼仪功能。直到今天，许多中国人仍然相信，佩戴玉（特别是翡翠）饰物可以驱邪避凶、吉祥如意，能使人心神安定、万事顺利、财源广进。

我国著名的玉雕大师李博生曾说"玉石是大地的舍利"，可以当做是对玉的珍贵及其宗教礼仪价值的一种禅悟。

印度人对珍珠的喜爱也和神有关，印度庙宇中珍珠是镶嵌在神像上作饰边的。一位珠宝商夸张地写道："一个庙宇中所用的珍珠之多，即使有900人和300匹马也无法一次拉走。"

历史上波斯人曾将石榴石视做君主来崇拜；古印第安人将珊瑚作为山河之父；我国西藏人认为珊瑚是如来佛的化身，因此常用来装饰庙宇和佛像。现在美国西南部的印第安人仍对绿松石非常珍爱，将其作为大地之母崇拜，认为它是大海和蓝天精灵的化身。

所有这一切实际都说明宝玉石能对人们的精神世界产生强烈影响，这种影响和宗教信仰及某些民俗礼仪一起构成宝石的宗教价值，这种价值构成有时会反过来对宝石的价值产生重要影响。如紫晶在历史上曾经是名贵宝石，重要原因之一是紫晶当时是基督教的"教石"，罗马大教堂的主教常佩戴紫晶做成的戒指主持宗教典礼。水晶还被许多宗教巫士用来显示法术，成为沟通人与灵界的媒介。

6. 医学价值

珠宝的医学价值为人认识也有数千年之久。古埃及人相信青金石是治疗忧郁病的良药，希腊人和罗马人曾用青金石粉作为补药和泻药。古罗马人还相信，只要妇女佩戴祖母绿就可以免受癫痫和其他严重疾病的困扰。古代西方人认为，紫晶是治疗癫痫症和防止醉酒的良药，黄色石榴石可治黄疸病。

我国古代对宝石药用价值的认识，早在公元前 770—720 年系统描述矿物原料及其功效的《山海经》中就有记载，民间还流传唐代名医孙思邈用琥珀治好一暴死产妇的故事。而中医书籍记载有关于琥珀的药性歌“琥珀肚膀甘平，散瘀通淋能镇惊，癫痫目疾失眠症，便血腹痛小便通”，说明琥珀是一味能安五脏、定魂魄、止惊悸、镇静安神、化瘀活血的良药。明代著名医学家李时珍在《本草纲目》中记载，珍珠可“安魂魄，止遗精百浊，解痘疔毒”，“能镇定安神，除翳明目，清热解毒，止咳化痰”。现代的分析则表明，珍珠中含有 20 多种氨基酸，其中 6 种是人体中需要而又无法合成的，因此珍珠被广泛制成各种营养口服液，用作高级保健药品及化妆品。

7. 研究价值

珠宝的研究价值是指珠宝所具有的对科学研究及社会变化、文明演变所具有的指征作用。珠宝的科学价值可从以下几个例子中略见一斑，如从宝石中发现新的矿物种——塔菲石；从宝石的包裹体如水晶中的“水胆”，可以研究地球演化过程中热液流体、甚至大气组分的变化；从古生物化石观赏石及琥珀包含的昆虫中可以了解地球上某些昆虫物种几千万年以来的进化；等等。

珠宝对社会文化演变的研究价值，则是不言自明的了，通过对不同朝代珠宝品种、款式及工艺的研究，可以了解不同时代生产力发展水平、雕刻艺术风格、风土民俗、社会交往等诸多社会因素的变化，从而为了解整个人类文化的演化过程提供见证。因此珠宝艺术文化及科学的研究价值不容忽视。

8. 物用价值

所谓物用价值是指珠宝作为工具器皿或物件所能产生的实用价值。

珠宝最早的物用价值可追溯到新石器时代的玉斧、玉刀、玉剑、玉梳等。如 1976 年陕西神山县石卯龙山文化遗址中，就出土有墨玉、青玉制成的镰刀、斧等物件。新疆罗布淖尔地区早期遗址中，曾发现一把与现代铁斧大小相当的玉斧，其刃锋利如刀，是由软玉磨成的。山东大汶口文化遗址中，出土的 19 件精美象牙制品中，有一件象牙梳，梳长 16.4cm、宽 8cm，是利用一段弧形象牙雕成，现藏于中国历史博物馆，据说是我国最早的一件象牙梳，属新石器时代，其梳齿排列整齐细密，梳体上饰有精致回旋纹，既美观又实用。而《史记 · 宋微子世家》记载“纣始为象箸”，认为使用象牙筷子最早是从纣王开始的，也说明象牙作为物器工具在先秦就有。

现存在北京北海公园团城玉瓮亭内的“渎山大玉海”，实际上就是元朝开国皇帝忽必烈用来宴请群臣用的盛酒器。另外《周礼》中还记载过“牙璋以起军旅”，说明玉牙璋曾有作军中令符的作用，也可算是宝玉石具物用价值的另一类例子。

第四节 珠宝首饰的价值类型

珠宝首饰的评估中，评估的目的与最后的评估结果有紧密的联系。珠宝的价值和珠宝的价格并不一定完全对应，但一定的评估目的往往和一定的价值类型相对应。

目前市场上一般存在如下的价值类型。

1. 市场价值

市场价值是一个经济学的概念，它是指在完全竞争的市场情况下，卖方和买方在公平、公开的条件下，根据各自的消费偏好及经济实力和利益所确定的市场价格。和市场价值相对应的市场价格代表了市场上同类交易的真实情况，它一般不受特殊的费用或成本的影响。在某种意义上说，珠宝市场价值是同类珠宝首饰市场价格平均的价格水平。

2. 公平市场价值

公平市场价值是一个法律意义上的市场价值概念，它是指买卖双方在自由交易、资讯对等的条件下将一项财产从一个主体(卖家)转移到另一个主体(买家)时的价格。公平市场价值所反映的价格和区域市场上定制商品的价格有一定的相似性。公平市场价值更多是特指某种类型客户之间的交易，它可能包括一些交易双方认同的特殊费用。因此，珠宝公平市场价值并不是平均化的珠宝交易价格水平，而是一种针对特别交易主体的市场价格。

3. 零售价值

珠宝的零售价值在珠宝评估中，很多时候是指对一项全新的珠宝首饰评估时与之相对应的较高的珠宝市场价格。此外在一定的限制条件下，它也可以是一些古董珠宝首饰、名牌珠宝首饰和特殊设计的珠宝首饰平均化的市场置换价格。

4. 重置价值

重置价值是指在一定时间内严格按相同的质量水平置换或替换另一件财产(珠宝首饰)时所花费的成本，也可称为重置成本价格，重置成本包含正常的商业利润。通常包括复原重置价值和更新重置价值两种，复原是指要按照原有商品的价值要素要求进行设计和生产恢复，需要有更高的条件约束，更新则只是按照原商品的市场需求重新设计生产一件相似商品的过程，一般复原重置价值会高于更新重置价值。

5. 适销现金价值

适销现金价值指财产经有序销售扣减所产生的各项销售费用后预期的净收益。一般和商品销售后扣除了相关销售费用而获得的现金量相对应。适销现金价值具有较强的时间约束，其价值必须是在现有时间的市场框架下实现的，和公平市场价值不能互换，含义也不同。

对于拍卖而言，委托人通过拍卖后实际所得就是拍品的适销现金价值，即拍卖成交价剔除拍卖过程中的各项费用(包括保险、鉴定、评估、拍卖佣金和应交纳的税费等费用)后的现金量。一般珠宝拍卖的佣金为成交价的3%～15%(其中中国嘉德拍卖买方佣金为12%，而佳士得拍卖行和苏富比拍卖公司的佣金相对更高一些，具体可见各拍卖公司的拍卖公告或者协议)。

6. 投资价值

投资价值指财产对于具有明确投资目的特定投资人或某一类型的投资者所具有的价值，是对某些具有投资收益资产投资收益现值的估计。

7. 批发价值

批发价值是指零售商从批发商或宝石进口商批量购买某些类别的产品(珠宝首饰)所支付的价格，批发价值一般低于零售价值。

8. 拍卖价值

拍卖价值是指在拍卖会上，出价最高的人为拍卖品所支付的价格，拍卖价值包含佣金及拍卖行拍卖该件物品相关的费用。珠宝的拍卖价值有时可作为珠宝重置(如再销售)或清算(如海关货物拍卖)评估目的下的价值参考。在有特别声明和说明文件的情况下，拍卖价值也可在公平市场价值评估中使用。

9. 清算价值

清算价值是指财产(珠宝首饰)在强迫出售或清算时可能获得的现金价格。一般情况下，这种价格会远低于市场公平价格，是卖方在一定的时间及其他约束条件下被迫接受的价格。清算包括有序清算和无序清算两种，后者一般是在2周时间内进行的清算，由于时间短难以在市场上获得完整的信息发布，实现的价值会不够完整，因此，通常前者的价值会高于后者。

10. 残损价值

残损价值是财产(珠宝首饰)在严重破损的条件下，最低限度可能变现的资产价值，对有黄金、铂金、银等金属的珠宝首饰而言，很多时候是指首饰回炉熔融后所能获得贵金属的市场价格。这种价值形态一般不受评估目的及首饰美学形态的影响，是一种最原始的可用材料的成本价格。

第五节　珠宝首饰的价值与评价

珠宝首饰的价值指的是珠宝首饰对人的效应，即珠宝首饰的存在对于人的需要、利益及其发展和变化的作用及意义。虽然这种效应对于不同的主体、不同时期及不同需要层次会有所不同，但它确实是客观存在的。在某个时期对某些具有共同价值观和经济条件的人而言，它是一定的，而且可以用货币进行恰当的表达。

珠宝首饰的评价是指人们按照一定的价值标准，对珠宝首饰的价值进行比较判定的过程，因而珠宝首饰的评价是一种观念活动过程。它是指相对于某种评估目的及价值标准而言的价格论定，是用货币来表达某种珠宝首饰在特定时间、市场对于特定评估目的所具有的价值。珠宝首饰的评价包含了对珠宝首饰的认知和对珠宝首饰的价值评估两方面的内容。

珠宝首饰的认知是对珠宝首饰的组成、结构、来源、形成过程、制作方式等方面的了解和确定，而评估则是对珠宝首饰的价值进行评定的过程，是指对不同的组成、来源、款式或不同时代的珠宝首饰，在当今或未来一定时期内，可能对整个社会组织/集体/个人的意义和作用进行厘定的过程。

珠宝首饰的认知和珠宝首饰的评估是既有联系又有区别的两个方面。珠宝首饰的认知是珠宝首饰评估的基础，而珠宝首饰的评估则是认知的动力和认知的目的。珠宝首饰评估的准确与否取决于对珠宝首饰认知过程的准确性。因此，珠宝首饰的价值和珠宝首饰的评价并不是一回事。珠宝首饰的价值指的是珠宝首饰对人的效应和影响。例如，珠宝首饰可以使人产生美的感觉，显示出人的权力和财富，可以使人的心理获得某种安全感或满足感。而一些不可用作装饰珠宝的矿物或贵金属，还具有广泛的工业、医药用途，也是珠宝价值的一个重要部分。这说明珠宝的价值是客观存在的，并不是人为的，珠宝的价值不会因为喜欢则高，不喜欢则低。

评价是对珠宝首饰价值的认定过程，是一种人的主观活动，是人对珠宝首饰是否具有价值或者价值的大小进行判断和把握的过程。价值与评价的关系是存在与思维的关系，表现为珠宝首饰的价值是评价的对象和内容。珠宝首饰的价值是评价的前提，直接决定和影响评价的结果，但是评价的结果却不能直接说成是价值本身。这是因为评价只是在一定的历史时期，在一定的社会环境中，由某些掌握了一定专业知识的人，在一定评估目的下，按照一定的评价标准完成的认识，因此，评价

(估价结果)和价格一样是一个流量。

社会在发展,人的审美和价值标准也在不断变化,不同的人对价值标准的把握也是不同的,因而评价的结果就可能出现差异,这种差异是一种必然,是由评价的本质所决定的。理解了这种客观性,便可以理解为什么许多珠宝在不同的时代,在不同的社会,甚至在不同的商场,在不同的评估机构,都可能出现不同的价格。从这个意义上说,珠宝首饰价值虽然是客观的,但珠宝首饰的评估结果不具有唯一性。只要它是钻石,只要它是某种大小、质量的钻石,它就具有了这种品质钻石的价值,这种价值和同样品质的水晶或者任何其他宝石的价值就完全不同,但这种价值(或价格)随评估目的及评估时间、市场级别的不同可以发生明显变化,对于这种价值的认识,人类只能依据自己的认识水平和社会规范进行认知和评估,但没法获得绝对真理。一方面,珠宝首饰价值的大小决定了评价的基本结果,评价只有客观地反映价值时,才被认为是正确的;另一方面,评价对价值也具有重要的影响,这是因为由于知识结构及掌握信息的局限性,人们对价值的认知往往是通过评价的结果来了解的,因而评价对人们认识珠宝的价值具有明显的导向作用。正因为珠宝评估具有相对性,这就要求实际进行评估的人要具有全面的知识,具有严谨的科学态度,站在公正和独立的立场上进行评估。

思　考　题

1. 影响商品价格的要素有哪些?
2. 市场上的均衡价格是如何确定的?
3. 什么是供给的价格弹性?商品的供给弹性是如何影响市场商品价格的?
4. 什么是需求的价格弹性?商品的需求弹性是如何影响市场商品价格的?
5. 市场上的价格有几种类型?评述这些价格资料对评估师的意义。
6. 西方经济学是如何看待"效用"的?

第四章 贵金属珠宝首饰评估的原理与方法

第一节 贵金属珠宝首饰评估的基本原则

资产评估的原则是指组织、管理和实施资产评估必须遵循的准则，它既是规范评估行为和业务的准则，也是评估工作的指导方针。资产评估涉及到多方面的利益，为了保证评估结果的公正性、客观性和科学性，必须正确处理资产所有者、经营者及其他各方面的关系。为此，资产评估必须按规范化的标准来组织和实施。

各种类型的资产的评估都必须遵循一定的执业原则，即真实性原则、科学性原则及公正性原则。此外，在资产评估过程中还需要遵循一定的技术原则（即可行性原则和专业化原则）和与财产特性有关的价值原则。珠宝作为一种特殊的资产，其评估除了必须遵循上述原则外，还要遵循珠宝首饰鉴定原则及品质分级原则，以确定珠宝首饰的构成特征及价值。下面简要介绍这些评估原则。

一、执业原则

1. 真实性原则

真实性原则要求评估工作实事求是。评估机构在评估工作中必须以实际材料为基础，以确凿的事实为依据，以科学的态度为指针，实事求是地得出评估结果。申请评估的人或单位也必须实事求是地把被评估资产的情况提供给评估人员和评估机构，保证评估工作始终在占有真实资料的基础上进行。真实性原则是各种类型资产评估工作的核心和灵魂，贯穿评估工作的始终，也是评估结果有效性的根本保证。

2. 科学性原则

科学性原则要求评估机构和评估人员必须遵循科学的评估标准，以科学的态度制定评估方案，采用科学的评估方法进行评估。在评估工作中，必须把主观评价与客观测算、静态分析与动态分析、定性分析与定量分析结合起来，使评估工作做到科学合理。同时科学性原则要求评估的每一个细节都要有科学的依据，即使是粗略估算,也要尽可能科学合理。

3. 公正性原则

公正性原则是资产评估人员及机构应遵守的一项最基本的职业道德规范。它要求资产评估机构和评估人员必须坚持公平、公正的立场,以中立的第三者身份客观公正地进行评估。资产评估是一项社会中介活动,其立足之本便是公正。资产评估涉及到所有者和经营者的利益,只有坚持公正性原则,才能保证评估结果是为各方认可的公平价格。

二、技术原则

1. 可行性原则

可行性原则要求评估机构和评估人员根据评估对象的特点和性质以及当时所具备的条件,制定切实可行的评估方案并采用切实可行的评估方法进行评估。所谓切实可行,是指在现实条件下能够办得到的。如在进行珠宝评估时,为得到某项并不重要的鉴定依据而花费很高的测试费,显然是不必要的,这样做违反了可行性原则。

2. 专业化原则

专业化原则要求评估工作尽量由专业评估机构来承担。专业评估机构必须有一个具有良好道德及技术素质的评估师队伍和各种检测仪器设备。为了保证专业化原则的贯彻执行,国家规定,只有经国家法定机构注册登记并持有资产评估许可证书的资产评估机构、会计事务所、审计事务所、财务咨询公司等机构才具有资产评估资格;只有经国家法定机构考核批准、持有资产评估师证书的专业技术人员才有资格担任资产评估的任务。因为珠宝首饰评估在我国才刚刚兴起,我国对珠宝首饰评估的法规及珠宝评估师的考核制度还正在酝酿之中。珠宝首饰的鉴定和品质评价需要专门的技术,所以珠宝首饰的评估工作应该由珠宝首饰评估师承担。

三、价值原则

适用于市场的价值原则有替代性原则、供需关系原则、适应性原则、竞争原则、贡献原则、外在性原则、预测原则。这些价值原则是市场比较法、成本法和收益法的基础。

1. 替代性原则

根据替代性原则,若同时有几种相类似或同等的珠宝首饰可供选择,买方往往选择最能满足需求且价格最低者。因此,在同等功能情况下,价格最低的销路最广。此原则说明当一件资产可以由另一件资产替换时,其价值就会受到同样需求的替代品的价格的支配。重置财产的价值受相同需求的替代财产的支配。在采用成本法进行珠宝首饰评估时，要计算珠宝首饰的重置价格；在采用市场比较法进行珠宝首饰评估时，就要充分比较评估对象与替代物的异同点，计算它们之间的机会成本。

2. 供需关系原则

经济学的供需关系原则指出：一种商品或货物的价格，随着需求的增长而上升，但并不按固定比例上升；它的价格随着供应的增加而下降，但也不一定按一个固定的比例变化，理想的状况下，市场的供应与需求最终趋向于平衡。当市场上某商品的价格升高时，生产商为了追求利润，市场上该商品的供应量就会增加。供需关系原则将影响到自愿的买主和自愿的卖主的价值标准。这一原则支配着市场的交易，在珠宝首饰评估中也起着重要的作用。

3. 适应性原则

适应性原则是指当财产的特性与市场需求相适应时，其价值就存在和持续。也就是说，只有当某商品能满足某顾客的某种需求时，他才会购买。因此对资产评估而言，资产的价值取决于它对潜在客户的需求满足的程度。同一资产可能满足不同客户的不同需求，他们对此资产的价值认同也不同。所以，评估时要考虑资产的适应性。此原则特别适用于装饰品、古董、收藏品的稳定中级市场。

4. 竞争原则

竞争原则是自由市场经济体制中最基本的原则。它是市场经济中供需动态平衡以获取最大收益的经济机制的基础。依据这一原则，当两个或两个以上的买方同时试图达成某项资产的交易时，其交易价格必然是他们之间竞价的结果；当两个或两个以上的卖主同时企图出售某项相同的资产时，其成交价格也必然是他们之间竞争削价的结果。即供过于求，价格下跌；供不应求，价格上涨。所以，买方之间或卖方之间的竞争都会影响到商品的价格，资产评估也必然要考虑这一原则。

5. 贡献原则

贡献原则是指当某资产由许多资产构成时，其各项资产的价值取决于它对总资产的价值的贡献，或者说当整体资产缺少该资产时，将会带来多大的价值损失。例如，在运用市场比较法进行估价时，不完全相同的首饰之间可以比较。当一件珠宝首饰与市场调查中所遇到的大部分首饰存在差异时，可根据缺少或多了某一构成部分的价值对相关珠宝首饰整体的价值贡献量，来修正市场数据作为被评估首饰的价格。

6. 外在性原则

外在性原则指出，资产的价值常常会受到外在的经济或非经济性因素的影响而发生变化。消费者和经营者的选择和行为在不断地影响和改变着市场，从而影响到某一珠宝首饰的价值。

7. 预测原则

预测原则指出，资产的价值是由其预期的将来产生的收益大小所决定的。资产的价值与预期的使用及对其使用和拥有带来的利益有关，这些利益可以是有形或无形的。资产评估时要正确地预测资产将来所能带来的收益，这一原则是收益法的基础。珠宝首饰带来的是无形的利益，很少用收益法来评估。

四、鉴定原则及品质分级原则

鉴定原则是指一件真实的物品具有某些可辨认的特征、特性或标志。鉴定原则说明，同类物品具有相同的可识别特征。珠宝评估时应用鉴定原则来确定价值构成的特征和独特性质。

按照鉴定原则，首先要对珠宝首饰进行详尽的写实性描述，并鉴定其构成的各个部分，包括对首饰的款式、颜色、尺寸、形状、质量、材质类型等进行鉴定。如对宝石要鉴定其品种，确定是否经过优化处理，是天然的还是合成宝石；对贵金属要鉴定其成色、首饰的制作方法等。

品质分级原则是指通过把被评估财产的特性和特征与被选作比较标准的另一件财产的特性和特征相比较，得出对被评估财产的品质特征和价值的正确看法。按照品质分级原则，可以有两种分级方法：品质的主观分级方法和价值特性的客观分级方法。

品质的主观分级是在品质特征的基础上进行的，这种品质特征带有主观性，反映专家对品质的主观看法，并独立于经济和流行款式之外。对宝石品质进行主观分级的要素有颜色、净度、切工、工艺品质等。如宝石的颜色分级、净度分级和切工分级，以及首饰制作工艺品质的评价等都属于对珠宝首饰品质的主观分级。

价值特性的客观分级是按照市场情况对被评估珠宝首饰的价值特性进行分级。价值特性分级要素包括品质特征、珍稀程度、实用性、大小、风格、知名度、品牌、出处、状况等。价值特性不完全依赖于珠宝首饰的主观分级，而是由市场决定的，只有大量地分析某首饰的实际销售情况才能客观地衡量其价值特性。有些首饰，如手镯可能因为圈口做得太小以致不适合大多数人佩戴，因而卖得较少，则在价值分级时要考虑其价值特性。在价值特性的分级中，珠宝首饰受欢迎程度或满意程度起了决定性作用。例如，标准圆明亮琢型是最理想的琢型，尽管切磨成公主型的钻石在光学效果上不如标准圆明亮琢型，但在流行趋势的影响下，某个阶段公主型钻石可能更受欢迎，其价值因此得到提升。

第二节　贵金属珠宝首饰评估目的

价值指的是在特定环境下特定时间某买者从某商贩手中购买商品时，在双方对所有相关事实都有相当的了解的情况下，都认知的价格。所以同一物品对不同的人、时间和环境，会有不同的价值。一件珠宝首饰可有几种价值，如对生产者的价值，对零售商的价值和对保险公司、投保人的价值等。因此根据不同的评估目的，对同一珠宝首饰，可以有不同的价值水平。所以在进行评估前，先要了解申请评估人的评估目的，以便选择对应的价值水平。

一、价值水平（类型）

一般从低到高主要的价值类型有：残损价、强制清算价、有序清算价、重置价、公平市场价、零售重置价、专利产品价、复制价。对有特别意义的首饰有时会有特殊估价。

残损价是首饰最后可以获得的可用部分的价值，通常是材料提取后所能得到的价值，因此基本上是最低的估价。

强制清算价是即时兑现价，通常是指在两周内要求兑现的价格，价格低于有序清算价，甚至低于成本价。

有序清算价是指在规定的限制条件下，为财产有序的转手的最适合的价格。有序清算一般需要进行广告宣传和有一定限制的时间，一般在 3 个月内实现兑现的价格。

一般的重置成本价通常介于批发价和零售价之间，也有直接对应的批发重置价和成本重置价。

公平市场价是指珠宝首饰在通常交易点的零售价格，一般为最低的零售价。因为裸石通常是以批发销售的，所以裸石的公平市场价应该是批发价。

零售重置价通常是指在有规模的珠宝公司（店）中相同首饰无折扣的零售价。

专利产品价指再造一件有专利的设计或款式的首饰的价格。因为需要付费以便得到专利使用许可，所以其价格要比一般的珠宝首饰的零售重置价高。

复制价为再造一个设计和材料相当或同等，且由同一专家制作的首饰的价格。复制价可能远高于一般的零售重置价。

二、评估目的

评估目的可以理解为送评人为什么进行评估，或者说评估的动机是什么。与此相联系的是使用用途，是送评人对评估结果的一种使用预期，很多时候两者是基本一致的，但也可以有偏离。不同的评估目的，在评估时对应于不同的价值水平。珠宝评估主要有以下几种评估目的。

1.保险

投保是最常见的评估目的。保险评估是确定保险金的基础，提供保险公司在丢失后的责任极限，作为解决索赔问题的依据。确定保险标的物的价值、保险费及确定索赔金额是保险设计中最为重要的环节，需要专业人员进行。而珠宝首饰的保险就离不开珠宝评估师的评估。

因为保险公司有很完善的购买体系，它可以低于市场零售价的价格买到它所需要的东西。因此，保险评估应该估重置价。重置价是保险公司所能买到的价格，在批发价和零售价之间。

一般的财产保险，保险金只有保险标的价值的 0.1%～1%，而首饰保险的保险金通常为首饰价值的 2%～3%。当保险标的物损坏或丢失时，通常是以保险公司的利益为重，投保者无权要求是赔偿实物还是赔偿现金。如果投保的材料有明显的价值上涨，保险公司只会赔偿投保时评估的当时的重置价值；如果价值下降了，它会购买相当的首饰作为赔偿。

珠宝首饰的赔偿不同于其他财产的赔偿。投保了的新汽车，10 年后丢失了，保险公司只赔偿相当的用过的汽车或价值。而投保了的首饰，10 年后丢失了，保险公司则要赔偿相当的新首饰或价值。因为珠宝首饰属于珍贵材料，且一般不容易找到相当的旧首饰作为赔偿，而且失者也不愿意接受一枚用过的首饰作为补偿（因为它常常带有感情色彩）。

保险公司的合同是基于最大诚信原则的。如果保险公司发现丢失前投保者有欺诈行为，有权拒绝理赔，用退还保险金进行处理。

国际上还有一种保险假设评估。保险假设评估是对已经丢失的首饰进行估价（曾经进行的评估超过一年后失效），评估师无法见到这件首饰，只能根据描述、照片、收据及过期的评估证书等依据作出判断。有时是对那些保险时没有进行评估的珠宝首饰，如全家财产保险，一般在投保时没有对所有财产进行事后鉴定评估。在进行理赔时，一般采用重置成本价，低于零售重置价的 20%～30%，且多以现金支付，还应从中扣除税金。对于高于一定价值的首饰一般只赔偿一定的限额。

2.抵押或担保

为了向银行或其他机构贷款，或为某经济行为作担保，珠宝首饰常被用作抵押作为债务偿还的保证。对抵押或担保的珠宝首饰要进行评估，以确定用作抵押或担保的珠宝首饰能否满足被抵押或被担保的经济行为。

这种评估应该是估强制清算价或有序清算价。典当行收当时大多估强制清算价。评估人应该对借贷双方负责，采用的价值水平应为双方理解并接受。

3. 再销售或拍卖

为了确定再售价或拍卖的底价，对再出售或拍卖的珠宝首饰进行的评估。

如果是一般的珠宝首饰，最常用的是清算价值或者市场价值，有时会取决于委托方的要求和法律的规定。企业破产清算财产进行销售应评估清算价或者依据相关法律规定。

但对于特殊的珠宝首饰，如特别稀有且十分珍贵的珠宝首饰，或者是某个历史时期为某特殊人物曾拥有，或为某知名工艺大师雕刻的作品等，就不能估清算价，而应该按公平市场价进行评估。这些特殊的珠宝首饰经常交易的地点常常是拍卖行，可以采用拍卖成交的价格作为参考。

4. 财产分割

因为婚姻或合作关系的瓦解而引发的财产分割问题，在评估时可以估有序清算价或公平市场价，有时也可估强制清算价，通常取决于法律的相关规定或双方协商的结果。

5. 遗产查验

为了遗产受益者之间的财产分割，以及为计算死者最终收入税或遗产税而进行的评估，最合适的是市场价值，有时也会采用有序清算价或强制清算价进行评估，较多的情况下会依据法律法规的规定进行。

6. 捐赠

各国政府对给慈善机构及文化机构捐赠的人有减免收入税的政策。受赠机构往往要请评估单位或评估师评估赠品的价值，并给捐赠人提供收据，捐赠人凭此可获得收入税的减免。

捐赠评估一般评估公平市场价，也可以评估批发重置价。任何捐赠估价都不应估最高的零售价。

当捐赠的是未镶宝石(裸石)时，通常应该按照批发价值评估，而不是评估其零售价值。

7. 专利产品的评估

当给有专利的设计、首饰整体款式、宝石琢型款式的首饰进行估价时，要考虑需要使用专利许可证的价格。

若要再造一个同等材料的、且由相同的设计师设计和同一位名师制作的首饰，估的价格应该是复制价。

8.其他目的的评估

为帮助国家确定税收，帮助公安局、法院、检察院调查案件而进行的评估，为诉讼、指控或辩护提供依据的评估，通常采用公平市场价，有时也采用其他价值水平。有的评估是为确定进出口货物的责任及税款支付，重新鉴定评估首饰的损坏价值（如从国外返回的货），甚至是为了满足消费者关于首饰价值的好奇心进行评估，这些评估通常都可采用公平市场价。

第三节　贵金属珠宝首饰评估的基本方法

随着社会发展和珠宝首饰贸易的扩大，珠宝首饰评估也随之产生并得到发展。评估也从主要凭借经验的原始朴素估价逐渐发展到采用较为科学的评估方法和手段，建立分级标准和借助估价模型进行评估。

资产评估的基本方法主要有成本法、市场比较法和收益法。而对珠宝首饰这种特殊的动产，最常用的主要是成本法和市场比较法。

一、成本法

成本法是指评估珠宝首饰时，按在现行条件下重新购买一项全新的被评估首饰资产所需要的全部成本减扣其各项损耗价值来确定其价值的方法。成本法又称为“重置成本法”。

其基本思路是站在买者的角度，重新购进与被评估的珠宝首饰相同或相似的全新首饰，要花费的全部费用，即在现行条件下需要支付的成本额（含卖家合理利润）。所以，值得说明的是，重置成本不是制造成本，而是购买者的消费成本，即含税和利润的成本，相当于批发或零售重置价。在重置成本的基础上扣除被评估资产的各种损耗，如因新旧程度等对资产价值的影响导致的贬值量，即可得出评估值。

成本法考虑的因素比较全面，不仅考虑了资产的现行价格水平，还考虑了实体性贬值以及功能性和经济性贬值因素的影响。经济性贬值是指因为经济环境导致的贬值，而功能性贬值则是因为科学技术的发展导致功能方面的落后引起的贬值。因为珠宝首饰的主要功能是装饰和投资，如果首饰受到了严重的损坏，就要考虑其功能性贬值，否则，其功能性贬值基本可以忽略不计。由于首饰的磨损或组件的缺损导致的贬值属于实体性贬值，而由于外部经济环境变化导致供求关系的改变产生的贬值则属于经济性贬值。珠宝首饰的贬值因素主要来自实体性贬值和经济性贬值。

成本法适用的前提条件是被评估的珠宝首饰是可以复制的，可以再生产或可以找到在年代、品质、出处、状态等方面相似的替代品。成本法最适合评估大多数现代珠宝首饰，尤其是未经注册的现代珠宝首饰。这些首饰的材料、工艺易仿造和复制，并且不涉及版权问题。这类首饰最常见的市场是珠宝的批发及零售市场。

成本法主要适用于以资产重置、补偿为目的的资产评估业务，是保险评估、企业清产核资中最常用的方法，同时也用于抵押贷款、经济担保等经济活动的评估。

成本法的基本评估步骤如下。

(1)清洗珠宝首饰。

(2)测量宝石大小尺寸、首饰尺寸、称重，测量长度单位用 mm，质量单位首饰用 g，宝石可以用 g 或 ct。

(3)鉴定珠宝首饰，包括分析金属成色，评定鉴定首饰的设计，对首饰制作工艺品质进行分级，以及鉴定宝石品种，区分合成、优化处理等，对宝石进行品质分级。

(4)计算成本，包括计算贵金属原料成本及制作工费(含宝石镶嵌工费)，计算宝石成本，分析并计算首饰的设计成本，所有成本汇总得出珠宝首饰的制作成本。

(5)加入税和利润。由于不同国家的税收制度不同，在考虑税收时要因地制宜。

不同的首饰类型的利润有差异。一般机器制作的没有镶嵌宝石的金属首饰，利润(毛利)较低，计算重置价时，在成本上另加价 40%～100%。养殖珍珠及一般的镶有宝石的标准首饰，则加价 40%～180%。所有镶有钻石的首饰及其他高档首饰，利润可以更高一些，可加价 40%～260%。总成本高的首饰往往利润率较低，总成本低的首饰利润率较高。成本如在数万元以上的高档首饰，通常在成本上只加 40%～60%。美国珠宝首饰评估行业通常不按首饰的类型来确定不同的利润率，在计算零售重置价时，只是统一将成本乘以 2.5(即按照毛利率 150%)。

(6)提取合适的数据。计算的结果可能是一个多位的小数，要从中提取整数。零售商可能降低或提高利润率使零售价落在特定的价格范围内，如 998 元，因此在作估价时，可不考虑零售价小数点后面数字的影响。

(7)扣除实体性贬值和经济性贬值因素的影响。如果首饰因磨损、组件的丢失或不当的修理导致的实体性贬值，以及因为首饰款式及金属材料的过时导致的经济性贬值，都要考虑扣除贬值因素的影响。经过精心修补的首饰不会留下明显的焊点、凹坑及修补工具留下的痕迹；粗糙的修补则会在首饰表面留下大量焊料的痕迹，这样会明显影响首饰的价值，尤其对古董首饰，粗糙的修补可使其价值降低 30%或更多。

(8)考虑估价是否合理，必要的可再分析，进行合理的调整。

(9)编写评估报告。

成本法有其局限性。应用成本法进行评估的珠宝首饰必须是可以复制的，可以再生产或可以找到相似的替代品，而且被评估的珠宝首饰必须是随时间的推移具有贬值特性的资产。对那些在市场上无法找到相应替代品，或尽管可以复制但随着时间推移其价值不降反而上升的珠宝首饰，则不能用成本法进行评估。这些珠宝首饰包括：稀少或唯一的首饰、纪念品或收藏品、特定历史时期的首饰、古董文物、由已故著名的设计师或工匠制作的首饰、带宗教色彩的手工工艺制品、自然艺术品、取自濒临灭绝的生物的有机材料的首饰、其价值与历史或曾经拥有者有关的首饰等。

二、市场比较法

市场比较法是通过市场调查，选择与被评估珠宝首饰相同或相似的首饰作为对比参照物，分析参照物的成交价和交易条件，并就影响价格的有关因素进行对比调整，从而确定被评估珠宝首饰价值的一种评估方法。

市场比较法的基本思路是对比的思想，即通过充分的市场搜寻，找出相同市场级别和交易条件下，与被评估的珠宝首饰相同或相似的珠宝首饰，以类似珠宝首饰的成交价格作为基础，再对被评估物与对比物之间的差异因素进行必要的调整，从而确定被评估珠宝首饰的现行市场价。

在进行市场调查获得的大量数据中，要合理提取有代表意义的数据。统计学中的众数比平均值和中值更有代表性。

平均值是获得的所有价格数据的几何平均值，中值则为一组数据按大小顺序排列时处于中间位置的那个数据。而众数则是所有数据中出现最频繁的那个值，所以最有意义。市场比较法就是要通过市场调查获得最常见的实际成交价。

运用市场比较法进行珠宝首饰评估的前提条件是需要有一个发育相当成熟、定价合理的珠宝市场，可搜索到足够与被评估珠宝首饰相同或相似的对比物，而且可明确并量化影响对比物的价值因素。

市场比较法应用范围广泛，只要市场条件具备，可以用于任何珠宝首饰的评估。尤其是那些成本计算法不适用的珠宝首饰，例如那些来源可能比首饰的组成材料更为重要的珠宝首饰，如古董、某些特定时期的珠宝、著名设计师和工匠的作品、拥有版权的特殊珠宝首饰等。其来源越重要，其材料组成成本对首饰整体价值的影响就越小。若有资料证明被评估首饰出自某著名工艺师之手，且曾为某些特别有影响力的人物所拥有，那么其组成成本的价格对整体价值的影响就很小。评估这类首饰，市场比较法较成本法更合适。

市场比较法的基本评估步骤如下。

(1)清洗珠宝首饰。

(2)测量宝石大小尺寸、首饰尺寸、称重。

(3)鉴定珠宝首饰。其包括:分析金属成色,评定鉴定首饰的设计,对首饰制作工艺品质进行分级;鉴定宝石品种,鉴别优化处理,对宝石进行品质分级。

(4)辨别珠宝首饰的出处、时期或年代。欧美首饰主要根据英国的时代划分为乔治时期、维多利亚时期、爱德华时期、装饰艺术时期及现代时期。

(5)在类似珠宝首饰对应的市场寻找可比较的首饰。根据不同的评估目的,评估师要在最可能出现与被评估首饰类似首饰的市场找到相同或类似可对比首饰,然后查明它们最常出售的价格。所以,评估师要熟悉各个级别的首饰市场。珠宝首饰常见的市场级别为:大型拍卖市场、小型拍卖市场、批发市场、零售市场、二手货零售市场、古玩店及旧货市场。

十分珍稀名贵的珠宝首饰、名人的首饰、名人设计或制作的首饰、某历史时期的首饰,通常的销售市场是大型拍卖市场,一般是知名的拍卖公司或拍卖行每年举行的1～2次的拍卖会。周末拍卖会属于小型的拍卖市场。某些公司因破产进行资产抵债或海关罚没的产品也通常在拍卖市场交易。

旧货市场属于次级市场,货物经多次转手,销售给中间商或最终消费者。在旧货市场中还存在即期兑现市场和定期兑现市场。即期兑现市场,即强制清算,是把相似的财产定期销售给愿意购买者,在非常有限的时间内,一般在7天内销售,并立即获得现金。购买者为珠宝零售商、拍卖商、拍卖行、二手货交易商、经纪人、批发商。旧货市场属于讨价还价或廉价抛售级别的市场。定期兑现市场,也称有序清算(拍卖),是在限定的时间内把相类似的财产以定期和推广的方式有规律地销售给愿意购买者,一般在90天或更长的时间内出售。该市场包括拍卖行、广告行、商店。购买者一般是古董商、二手货商、批发商、收藏家。总之,一般的珠宝首饰,对应的市场为一般的珠宝店;古董级珠宝首饰,对应的是古董市场或旧货市场;已故著名设计师或工匠的珍稀作品,对应的市场则是拍卖行。寻找参照对比物应该尽可能多、尽可能相似,而且在销售时间、地点、市场类型上也应该尽可能相似。

可参照的对比首饰应该在独特性、稀有性、品质、状况、生产时期、工艺特性、出处、销售条件等方面具有相似性。一般的古董首饰都很独特,很难找到完全一样的首饰来进行比较,只要找到同一时期制作的,有类似的宝石、金属、工艺和品质的首饰即可。如果评估一套首饰,而对应的市场很难找到一套类似的首饰时,只要尽可能找到3件可对比的参照首饰即可。

(6)对比分析并调整差异。其包括把被评估珠宝首饰与对比物进行比较,分析被评估物与对比物之间的不同点及其对价值的影响。因为要找到完全相同的珠宝首饰很难,可以考虑它们之间组成部分的差异对销售价格的影响,考虑的程度与它们组成部分的差异程度有关,再利用成本计算法加以修正。被评估物与对比物之间的差异越大，就应该越接近成本法。

(7)检验估价是否合理。可结合其他方法检验估价结果是否符合实际情况。如有必要可再分析，进行合理的调整。

(8)编写评估报告。

市场比较法有其局限性。应用市场比较法需要有交易频繁、公开活跃的市场作基础，需要大量的市场价格资料。对缺少透明度、定价不合理的珠宝市场则无法获得可信的价格资料，也就不能用市场比较法进行评估。此外，对某些珠宝首饰，很难找到足够的可对比物及其价格资料，也难以得出准确的估价结果。我国珠宝市场以中低档珠宝首饰为主，极其高档的有色宝石和创意独特且制作精良的首饰不多，用市场比较法很难获得大量参照对比物及其成交价格资料。所以对这类珠宝首饰最好采用成本法。而对一般的常见宝石及普通工艺制作的首饰，在市场上容易获得大量的对比参照物和成交价格资料，则适合采用市场比较法。

而且，有时珠宝首饰真实的价格资料是十分难以获得的。有不少珠宝店的珠宝首饰标价太高，实际销售时都有一定的折扣，所以标价不能作为简单对比参考价。在市场调查中实际销售价很难了解的情况下，通常只根据标签上的说明，隔着橱窗或在柜台上进行检查，证实柜台中的宝石的颜色、净度、切工的品质是否与标识一致，是否与被评估的首饰相同或相当，这是不够精确的。

因为市场比较法需要进行大量的市场调查和比对，所以操作起来比较费时、费力。

三、收益法

收益法是通过估算被评估资产未来预期收益并折算成现值，借以确定被评估资产价值的一种资产评估方法。

采用收益法进行资产评估的立足点是，评估人员站在资产购买者的角度来进行思考，他购买一项资产所付出的代价绝对不会高于该项资产为他带来的收益。其基本思路是将收益视为资产价值，对资产未来能够产生的收益流量进行计算。购买者把购买价当做投资，而且希望获得回报，收回投资。

因此，收益法适用的前提条件是所评估的资产必须是经营性资产，且有继续经营的能力，并继续获得收益。而且其未来期望的收益和资产所有者承担的风险都能够用货币来计量。这些条件必须同时满足，缺一不可。

收益法适用于整体资产评估和可预测未来收益的单项资产的评估。

珠宝首饰很少有租赁市场或收益潜力，所以珠宝首饰很少用收益法评估。除非那些作为投资而购买的艺术品和珠宝首饰，靠租赁、展览等形式可以不断带来收入时，才用收益法进行评估。显然，这类珠宝首饰通常是极其有限的。

收益法评估的基本步骤如下。

(1)鉴定被评估对象。

(2)分析经营及财务方面的基本状况。

(3)进行未来营运环境、效益分析和预测。

(4)确定收益期、预期收益。

(5)确定折现率。

(6)综合确定评估价值。

第四节　贵金属珠宝首饰评估的程序及结果

一、评估程序

评估机构在进行珠宝首饰评估时,评估工作应该遵循一定的程序,以减少或避免评估工作的随意性,满足法律法规的要求。正确的评估程序对保证珠宝首饰评估的科学合理和公正性具有重要的意义。需要指出的是,采用不同的评估方法进行评估,可以有不同的程序。一般在接受评估委托后,应明确评估目的、评估基准日、评估对象和评估范围,有步骤地开展各项工作。

在运用成本法进行评估时的基本程序包括:接货、描述、鉴定、品质分级、估价、编写评估报告。下面将从实务操作的角度,说明运用成本法评估的主要程序及相关问题的处理。

1. 接货

(1)了解顾客的要求、评估目的、处境,以确定评估的价值类型。

(2)确定评估基准日、检查日期。评估基准日是评估价值所适用的日期,即价值日期。确定评估基准日期有两个目的:一是为了将资产固定在某一时点上,以便评估机构依据某一静态时间下的资产数量和品质进行评估;二是确定评估对象计价的时间,因为评估报告的结论是以基准日的现实状况和预期状况为依据的。通常,评估基准日可与委托方根据评估目的商定。如对以财产分割为目的的珠宝首饰评估,其评估基准日为财产分割日,如果是因为离婚而发生的财产分割则为离婚之日。估价日期或检查日期,即进行评估时的日期。评估基准日不一定就是检查日期,因为有可能在估价日期珠宝首饰评估师估计的是过去某个时期(即评估基准日)的价值。如在为分割离婚财产而进行的评估时,如果申请评估发生在离婚两年后的今天,那么今天是估价日期或检查日期,而离婚的日期是评估基准日,即评估时要依据两年前的市场和价格资料。

(3)记下姓名、地址、联系电话。

(4)检查货品状况,如有损坏,征求客户意见,确定修复后再估价还是不修复直接估价。

(5)记录特别的要求、说明。接货时应该记录下顾客特别的要求,如希望采用GIA 或 CIBJO 的钻石分级标准,是需要抛光还是不抛光保留表面旧色等。

(6)填写接货清单。接货清单(参见接样单)上要声明:顾客自己的鉴定及接货人匆忙的鉴定只是暂时的,有待于实验室的证实。另外由于疏忽导致的损坏或丢失,责任只限于重置成本的赔偿或修复,不负责感情价值的赔偿。

最后接货人在清单上签名。

接　样　单

客户姓名:________________　接货日期:________________

地　　址:________________　取货日期:________________

联系电话:________________

样品件数:________________

评估目的和用途:________________

评估基准日期:

样品描述:

____

____

____

____

____

____

客户签名:________________　评估师:________________

声明:评估的物品接收时只是作了有限的和暂时的检查,评估师不能保证这里的描述是准确的,还有待实验室的证实。另外由于疏忽导致的损坏或丢失,责任只限于重置成本的赔偿或修复,不负责感情价值的赔偿。

2. 描述及测量首饰

描述的基本原则:尽可能详细地、全面地描述所有的组成部分,采用标准的专业术语，语言要简练、准确。主要包括以下内容：

(1)首饰的类型，戒指、手镯、项链、耳饰、带状头饰、胸针、垂饰、腰带、袖扣等；

(2)设计，风格、形状、比例；

(3)尺寸，指环的大小、项链的长度等；

(4)组成，组成首饰数量、类型及钩扣的类型等；

(5)状况，新旧程度。

3.描述及鉴定宝石

描述及鉴定宝石是指：按宝石的品种和大小进行归类描述，说明每类宝石的数量等；鉴定宝石是否为合成的，是否经过优化处理；若是珍珠要鉴定是天然的还是养殖的。其内容包括以下几点。

(1)描述宝石的形状、琢型款式及工艺品质，如圆多面型、长方阶梯型、弧面型、随型及工艺很好或差等。

(2)宝石的大小尺寸，即按最小直径×最大直径×深度的形式表示出来，测量单位为国际标准单位，如 mm。

(3)宝石的质量，即以 ct(克拉)或国际标准单位，如 g(克)、kg(千克)为单位，精确到小数点后的第二位。不能卸下来的宝石，则根据琢型款式、尺寸大小和宝石的相对密度按特定的公式计算出质量。

4.描述、鉴定贵金属及首饰制作工艺品质

描述、鉴定贵金属及首饰制作工艺品质主要有以下内容。

(1)分析首饰的结构。即是单片首饰还是多片组合的首饰。

(2)确定首饰的制作方法。即是手工制作的，还是铸模的、冲压的，还是电镀的。

(3)多片组合首饰是将几个铸模的组件组合在一起构成的首饰。多片组合首饰的制作工艺过程要复杂一些，手工制作的首饰所耗费的制作时间要多一些。所以，识别出其制作工艺对计算其劳动力成本是十分重要的。

(4)分析品质。即首饰设计的魅力、可销售性，首饰制作工艺品质。

(5)描述宝石镶嵌款式，包括爪镶、包镶、轨道镶、密钉镶、隐藏镶等。不同镶嵌类型的工费也不同。

(6)描述首饰的印记。材质和纯度印记、制造商印记、生产日期及专利标准印记。《黄金纯度及测试方法国际标准》一书是由香港生产力委员会、香港首饰业技术中心和香港首饰厂商会出版发行的，是一本综合性的、易于使用的金首饰标准指南，中国、意大利、韩国、新加坡、中国台湾、英国、美国、加拿大、德国、荷兰以及日本都使用这套标准，可供珠宝首饰评估师查阅各种成色和制造商印记。

(7)鉴定分析金属种类及成色，称重和计算纯金属量。

(8)首饰来源。其主要指:与该首饰有关的历史事件或著名历史人物;验证有关的证据,如名人佩戴的照片及设计师和工艺师的作品证据。

5.确定被评估珠宝首饰的价值

(1)计算宝石批发成本。

(2)计算金属原材料批发成本。

(3)分析设计与制作的劳动力成本。

(4)计算镶嵌的成本。

(5)所有成本汇总再加上税和利润便可获得零售替换价。

(6)如果存在明显的损耗,则剔除损耗。

(7)最后,考虑估价是否合理,如有必要可进行分析调整。

6.撰写评估报告

评估师在采用市场比较法进行评估时的主要程序为:接货、描述、鉴定、品质分级、市场调查、估价、编写评估报告。通过大量的市场调查,评估师对所获得的对比参照物的价格资料进行分析,确定被评估首饰的价格。如果对比参照物与被评估物存在某些差异,则应用成本法进行修正。

评估师可以根据上述要求专门设计好接货单供接货时填写,也有专门设计的作业单供评估师在鉴定、分级和估价时填写。

二、珠宝首饰评估报告

珠宝首饰评估报告包括正文和附件等部分。

1.封面和目录

封面:报告编号、委托人或委托单位名称、评估项目/被评估物品名称、评估目的、报告提交日期、评估机构全称及商标或图形标志。

目录:报告每页必须标明页码和总页数。

2.摘要

摘要:用简短的篇幅介绍评估报告的关键内容,并注明“以上内容摘自评估报告,欲了解评估项目的全面情况,应认真阅读评估报告全文”。

3.正文

正文的基本内容有如下几项。

(1)评估目的。珠宝首饰评估报告要写明评估是为了赔偿、保险、纳税,还是为了财产分割等目的而进行的。

(2)与评估目的和期望用途相对应的价值类型及价值的定义。

(3)评估基准日期。

(4)珠宝首饰的产权。确定珠宝首饰的产权,提供产权依据。

(5)珠宝首饰的描述和鉴定。详细描述首饰和宝石,鉴定金属及成色,鉴定宝石并对宝石进行品质分级。

(6)评估方法的说明。说明采用的评估方法以及采用这种评估方法的依据。

(7)评估过程。

(8)采用的市场信息来源。

(9)可对比的销售数据。

(10)得出评估结论的论据或理由。

(11)评估出的价值结论(评估证书)。

(12)影响分析和结论的所有假设条件和限制条件。限制条件是指评估师进行评估时的工作条件。在限制条件中也应该说明宝石的鉴定条件、品质分级的条件,包括光源、检测仪器及方法等的局限性。如果是根据镶嵌宝石的测量估算出的重量及在镶嵌状态下对宝石的鉴定和分级也应该说明。还应该说明市场价格信息的来源和市场状况,甚至鉴定和评估时间的限制等。限制条件可以限制评估师的责任,说明评估结论的适用条件。

(13)任何附加的资料。

(14)评估师或机构与本项评估有无不当利益关系的声明。

(15)对评估作出重要贡献的每位评估师的签名。

(16)提交报告的日期。

4. 附件

珠宝首饰评估报告附件是对正文重要部分的具体说明和必要补充,主要包括对评估方法和依据的具体说明,对评估首饰的测试资料、珠宝首饰状况和来源的说明材料或证明,评估师或评估机构的资格证明复印件等。

评估师资格说明或其他附件

附件一　被评估珠宝首饰的照片

附件二　被评估珠宝首饰产权证明

附件三　评估师资格证明复印件

限制条件

例如:

此评估报告是对所描述的首饰评估的新重置价值。此报告用于保险目的。评估价格代表的是评估基准日或现时市场价值。

为了获得其价值，咨询了哪几种价格信息来源。特定的市场是零售商在新的状况下，最常出售此物品的市场。

报告中所有的宝石都是通过属性确认，并采用市场上所接受的质量估算公式来估算出的相关宝石的质量。

珠宝首饰的品质分析是在宝石镶嵌和受某种照明条件限制下进行的（是否符合国家标准或者国际标准），没有将宝石从镶嵌状态取下来进行分级，因此，如果取下来分级或在不同的照明条件下进行分级可能会有不同的结果。

最终的评估价值是综合考虑以下因素的结果：钻石和有色宝石的品质级别、金属、质量、设计师、制作匠、商标、设计、制作类型、工艺品质、物理状况、需要的维修或已进行过的修理、现今首饰市场的供货与需求及经济状况等。

5.声明责任

评估报告仅供参考，对由此做出的买卖决定不负责任，以避免可能的法律纠纷。

声　明

(1)评估报告所陈述的事项是真实和准确的；

(2)评估人根据我国珠宝首饰评估基本准则及相关法律规定要求完成此项评估业务，出具评估报告；

(3)评估单位和评估师与评估对象及有关的当事人无评估业务以外其他不当利益关系；

(4)评估收费与评估报告的价值结论及用途无关；

(5)若在评估中聘用了相关专家提供重要的业务帮助，应该在此陈述专家的姓名及专家提供帮助的内容。

三、评估报告的类型

根据评估报告所提供信息和资料的详尽程度可以将评估报告分为完整评估报告、简明评估报告和限制评估报告3种类型。依据不同的评估目的可以选用不同类型的评估报告。

(1)完整评估报告。完整的评估报告要求提供对珠宝首饰最详尽的资料和信息，包括珠宝首饰的详细描述，评估过程中采用的方法、步骤，解释所用的分级体系，得出价值结论的计算资料、理由和结论。此外，对关系到珠宝首饰来源和价值的任何资料都要有文字或图片证据加入附件，并附上详细的描述。如采用市场比较法评估的，应该列入所有可对比的销售资料(注明价值特征、销售日期和地点，若是拍卖，要注明图录号以及与销售有关的任何其他情况)。如果有对比物，应附上对比物的照片，并列出对对比物的销售情况的所有分析结果和调整结果。报告要求尽量详细，以使不熟悉被评估物的人仅根据报告中所含的内容就能判断出报告的有效性。完整评估报告主要用于税收、诉讼、财产产权交换等。

(2)简明评估报告。简明评估报告的内容与完整评估报告相同，但对所用的信息、可比的数据资料、评估方法和过程以及论据只要求作简要说明，而不作详细的描述。支持评估结论的详细资料须保存在评估师的档案中，在需要的时候，仅根据这些档案记录就能写出完整评估报告。简明评估报告主要用于以保险为目的的评估。

(3)限制评估报告。限制评估报告只对解决评估问题具有重要意义的信息进行简短的概述。限制评估报告只是一种咨询报告，其用户只有一个，不能提供给第三方使用。报告中应该指明报告仅限于特定客户使用，必须指出如果缺少评估师工作档案中的附加资料则无法正确理解该报告。当客户完全熟悉被评估珠宝首饰的类型和评估过程时，或有限地披露评估过程中的步骤和信息且评估目的适合时，可以使用这种报告。该报告的档案内容应该包括完整评估报告涉及的内容。

报告的编号
20021220

珠宝首饰评估报告

委托人或委托单位名称：

委托人或委托单位地址：

评估目的：

被评估物品名称：

提交评估报告的日期：

评估公司名称：________________________________

委托人或单位名称：____________________________

评估基准日期：________________________________

评估有效期：__________________________________

评估报告用途__________________________________

价值类型______________________________________

评估证书

物品的描述：　　　　　　　　　　　　　　　　　　估价

现期估计的×××价格(价值类型)：____________________

评估师签名：__________________________________

珠宝首饰的照片或图片

(注：至少需要2位评估师签名)

评估使用的仪器设备

□显微镜

□折射仪

□分光镜

□偏光镜

□二色镜

□重液

□天平

□紫外荧光　长波/短波

□数显卡尺

□钻石比色石

□热导仪

□傅立叶转换红外光谱仪

评估中使用的市场资料来源

举例如下：

中国市场价格信息：

The Guide(指南)

亚洲珠宝信息

Christi 拍卖行，香港，2002 年 11 月

2002 年中国拍卖年鉴

第五节　贵金属珠宝首饰评估与其他评估的比较

根据被评估资产的属性，资产一般划分为有形资产和无形资产。而有形资产又简单地划分为固定资产和流动资产。不同类别的资产评估采用的评估方法、评估程序和评估标准都有所不同。珠宝首饰属于一种特殊的流动资产，具有艺术性，

有的还具有文物性。所以，珠宝首饰的评估与一般的资产评估相比具有其特殊性。

珠宝首饰作为一种特殊的流动资产，它通常能在较短的时间内变为现金，因此在评估时要合理地确定评估时点。

在评估方法上一般的资产评估经常采用收益法进行评估，而珠宝首饰则几乎不用。例如房地产和工业设备的评估等，一般根据预期的收益计算来评估其价值。而珠宝首饰因为很少有租赁市场，很难在短期内产生明显增值，因而很少采用收益法进行评估。

固定资产和一般的流动资产在评估时要求考虑无形损耗，即经济性贬值和功能性贬值。经济性贬值是指因为经济环境导致的贬值，而功能性贬值则是因为科学技术的发展导致功能方面的落后而引起的贬值。而珠宝首饰的主要功能是装饰和投资，其功能性贬值基本可以忽略不计。部分珠宝还可能有经济性增值，在评估时也必须考虑。

由于珠宝首饰的鉴定和品质评价需要专门的技术和经验，一般的资产评估师如果缺少这方面的知识，则很难正确地进行评估。因此珠宝首饰的评估工作必须由专业的珠宝首饰评估师来承担，我国目前规定是由具有资产评估师（珠宝）专业资格的人员进行评估。

思　考　题

1. 珠宝评估有哪几种方法？不同的评估方法有何差别？
2. 珠宝评估的目的有哪些？评估的目的对评估结果有何影响？
3. 一份完整的评估报告应包括哪些内容？
4. 专业的珠宝资产评估和其他资产评估的异同有哪些？

第五章 钻石及钻石首饰的品质分级及评估

钻石是目前世界上唯一具有较为统一品质分级评估体系的宝石。据新华社消息，国际标准化组织(ISO)已要求泰国亚洲宝石研究所制定全球通用的钻石分级标准，目前该组织已完成了钻石国际分级标准的技术报告，由国际标准组织散发，征求国际钻石商和宝石学专家的意见，下一步将会就具体的检测方法提出建议。一旦 ISO 国际标准形成，国际钻石的品质分级工作将步入标准化时代。钻石的品质评估可以分为 3 个不同层面的工作：钻石毛坯的品质分级，无色—浅黄(褐、灰)色抛光钻石的品质分级，彩色钻石的品质分级。

第一节 钻石毛坯品质分级

21 世纪以前，世界上绝大多数的钻石毛坯(以下简称钻坯)是由戴比尔斯公司的钻石销售公司(DTC)采用单一渠道销售系统进行销售的，只有 30%～40%的钻坯是直接由钻石生产国或钻石贸易中心流入市场。进入 21 世纪以后，随着澳大利亚、加拿大等国陆续发现大规模钻石矿，钻坯销售从单一渠道逐步过渡到多渠道销售，DTC 控制的份额不断减少，钻坯市场主要被 DTC、俄国的阿尔罗萨公司(Almazy-Rossii-Sakh，ARS)、BHP、力拓集团(Rio Tinto Group)等多个重要的国家及组织控制。

2000 年 12 月，联合国大会通过了“断绝粗钻石非法交易与武装冲突之间的联系，以协助防止和解决冲突”的决议，钻坯国际贸易还受到联合国框架下的金伯利进程证书制度(Kimberley Process Certification Scheme，毛坯钻石国际证书制度)(2013 年 1 月生效)制约。金伯利进程证书制度规定了各成员国对钻坯贸易进行管制，严防冲突钻石进入其合法贸易领域，要求各成员国实施内部监控，所有的毛坯钻石货物必须随附一份金伯利进程证书，各成员国只能同其他符合证书制度最低要求的成员国进行贸易。金伯利进程目前已有 50 个成员，代表 76 个国家，几乎涵盖了世界整个钻石产业。列入金伯利进程监控范围的包括协议编码制度中的有 7102.10(未分选钻石，即未分选的毛坯钻石)、7102.21(工业用钻，未加工或经简单锯开、劈开或粗磨，即经分选的工业毛坯钻石)和 7102.31(非工业用钻，未加工或简单锯开、劈开或粗磨，即经分选的宝石级毛坯钻石)3 项毛坯钻石。

当世界各钻石生产国通过与 DTC 签署协议将生产的钻石销售给 DTC 进入单一销售渠道时，DTC 的官员和专家组成小组与生产国或公司的代表就所购买的钻石进行洽谈，根据协议讨论该批钻石的具体价格。谈判最重要的是会谈双方对该钻石品质进行确定，DTC 的专家根据自己提出的 15 000 多种钻坯样品与生产国提供的代表性的钻石样品进行对比，确定该批样品的品质水平。生产国的洽谈代表(通常)由独立评价人、技术专家及官员组成，也会根据 DTC 所确定的级别进行认真的检查。对于双方有分歧的一些样品则要重新讨论，取得一致意见时，才能最后确定钻坯的价格。

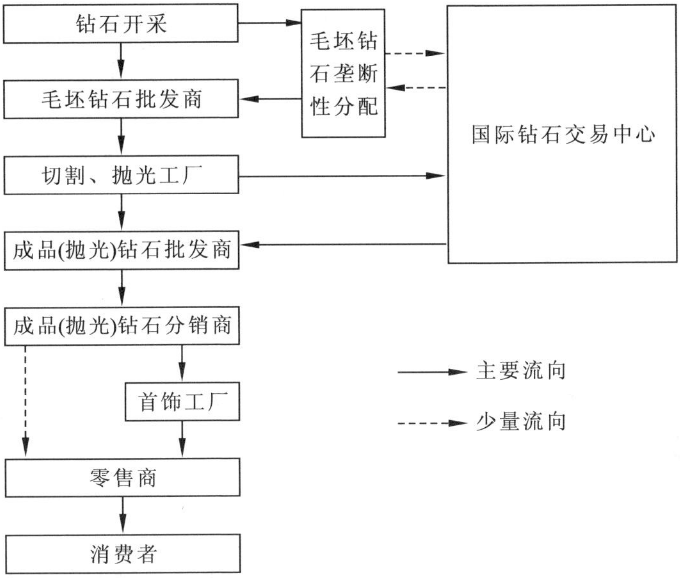

图 5-1　钻石产业链框架图

价格的确定过程，事实上并不会完全依据客观的品质水平，它除了和钻坯本身的品质有关外，还与生产国的经济实力和生产能力，洽谈小组成员的眼光、谈判能力，以及整批钻石品质的高低组合情况有关。对于一些混合样品，有时会谈是极为紧张和耗时的，有时品质水平的差异可能会产生数百万美元的出入。当磋商取得一致意见后，钻坯会被封装运往伦敦查特豪斯大街 19 号的销售中心总部。那里有 500 多名专家，将这些钻石与来自世界各地的产品混合在一起，然后由 DTC 在伦敦、南非约翰内斯堡和瑞士卢塞恩每年举行的销售看货会上出售。

在钻石的开采过程中，钻石生产组织通常会粗略地将不同的钻石作简单的分类。最粗略的分类是将钻石分成可切割的钻石和工业钻石两类。钻坯分级经常按照钻石的形状、大小、净度、颜色 4 个因素来进行分级。

一、钻坯的大小分级(类)

钻坯的大小主要是利用钻石筛子来确定的。标准钻石筛由在无色钢板上按一定直径钻出的圆形孔组成,用钢板围成圆柱形,筛孔的大小用号码 1～23 来表示。号码为 1 的筛子的孔径为 1.08mm,而号码为 23 的筛子的孔径为 10.2mm。凡是大于某个筛子孔径而不能通过该筛子的,在该筛子号码前用"+"号表示,而能通过者用"－"号表示,"+3－5"大小的钻石表示能通过 5 号筛子而不能通过 3 号筛子的钻石。

一般较大的钻石除了用筛子分级外,还会用质量来分级。凡质量大于 50ct 为记名钻石,即可单独命名的钻石;10.8ct 或大于 10.8ct 的钻石称为特大钻石,每一颗都进行单独分类并有固定的价格表;而 2ct 或大于 2ct 的钻石,称为 sizes 钻或称为大钻;格令是钻石质量单位之一,1grain＝0.25ct,格令钻是指质量变化在 0.25～2ct 之间的钻石;小钻是指大小介于筛子"+1～－3"之间的钻石;而混合小钻则为 7～40 颗 1ct(0.15～0.025ct/颗)大小的钻石。钻石的大小是影响钻坯价格的重要因素,有时甚至是第一位的因素。

二、钻坯形状分级

根据钻石大小及形态不同,钻坯在西方一般可以被分成以下不同的类别。但俄罗斯最大钻石垄断企业阿尔罗萨公司(ARS)采用的 CITY 体系则相对复杂和更加细致。

大于 1ct 的钻坯通常可分成以下 6 类,分别为:

石形钻坯(stone),主要是指有八面体或十二面体且形状完整的钻石;

规形钻坯(shape),指有八面体或十二面体且形状规则或较规则的钻石;

解理块钻坯(cleavage),指一些形状不规则的钻石晶体碎块,通常是沿解理裂开形成的;

马口钻坯(marcles),呈三角形,具双晶的扁平钻石晶块;

扁平形钻坯(flat),呈细板状扁平碎块的钻石,可能是以马口石进一步沿解理裂开而形成;

立方体形钻坯(cube),有 6 个面、面与面近于垂直的钻石,包括圆化立方形、破碎并具尖棱的立方形和倒置的立方形 3 种不同类型。

小于 1ct 的钻坯可以分成以下两大类,分别为:

米粒(力)钻坯(melee),指 1ct 以下具有规则形态的钻石晶体(4 颗/ct);

片屑钻坯(chip)，指一些小裂片或形态不规则的钻石碎块。

按其加工性能，钻石毛坯也可分成两大类，分别为：

可制形钻坯(makeable)，指直接可按其形状切磨抛光成一颗特定钻石的钻坯；

可锯形钻坯(sawable)，指可以被劈开或锯开成两块，从而能加工成两颗钻石的钻坯。

钻石的形状对钻坯的价格有直接而重要的影响，因为不同形状的钻石在加工过程中的出成率是不同的(所谓出成率是指一颗钻坯加工成钻石裸石时，成品钻石占原钻坯的质量百分比)。

三、钻坯净度分级

钻坯净度的分级通常在 6～10 倍放大镜下进行。分级师根据钻石中钻石包裹物的数量、大小及分布位置来决定其类别，对于可切割的宝石级钻石，可以分为 5 种类型：

(1)明显干净透明的；

(2)含小瑕疵和裂纹但容易被抛磨去的；

(3)含有颜色较暗、较大的瑕疵但能被切磨去的；

(4)含小斑点，其外观较暗的；

(5)色黑但可以分割的。

对于一些准宝石级的钻石则可分成 3 种类型：1 号多瑕钻、2 号多瑕钻和 3 号多瑕钻。对于一些外表带碳膜或皮壳的钻石则只能通过粗略的估计来确定其品级。这类钻石需要抛光出一个“窗口”(类似翡翠赌玉开“窗口”)，才能评估其净度。

四、钻坯颜色分级

钻坯颜色的分级和抛光钻石相似，所不同的是钻坯分级通常是在自然光的条件下进行的。在北半球，钻石分级大楼采光面设在北面，通过许多大的透明玻璃，让阳光透过而不直接照在分级钻石上，以免产生暗光或黄光，从而影响钻坯的色级。而在南半球，钻石分级大楼的采光面则设在南面，光线随进行分级的地点、时间及季节而改变。事实上正是这些影响有可能会使在不同地点、时间和季节进行的分级结果产生差异，因此可采用更为客观的人工中性光源系统进行颜色分级。无色—黄色的钻坯可以分成 5 大类(级)。

第一类为最高级(极白钻石)，第二类为次高级(很白钻石)，第三类为高级(白色—微浅白钻石)，第四类为开普钻(浅白钻石—开普黄)，第五类为暗色开普钻。另外，褐色和绿色的钻石则单独分类，对于褐色钻石又可据其颜色程度分成 4 级。

目前 DTC 分级师除了在伦敦、瑞士的卢塞恩进行钻石分级外，还在一些钻石生产国及集散地如博茨瓦纳首都哈博罗内、纳米比亚首都温得和克及南非金伯利、中国香港等地，根据DTC提出的样品进行钻石的分选。

根据上述4个分级因素，中央销售组织的分级师将来自世界各地的钻坯分为15 000多种，每一种都和一定的价格相对应。而DTC根据每次看货会钻石看货商提出的要货级表及DTC钻坯的存货情况，将不同品质的钻石组成为不同的“手”(Lot)，分销至主要的钻石切割商及贸易商[第一手分销商(sightholder)的数量不定期公布，成为第一手分销商需要满足DTC特定的要求；力拓钻石公司(Rio Tinto Diamonds)则称为特选钻石分销商(select diamantaire)]。其最终价格将根据钻石市场供求情况的不同及每包钻坯各种品质级别钻石组成的情况而定，一般DTC要改变某种钻石的价格，往往会提前作出决定，并向市场公告。

虽然DTC对钻坯的分级是极为严格的，分级师亦有明确的分工和职责，分级工人、高级分级师、部门检查员及地区检查员会对经过分级的钻石进行层层把关检查，但最终仍然没有办法达到绝对的准确。这是因为每一级之间并没有清楚定量的界线，相邻级别之间通常会存在过渡的情况。

此外，虽然DTC控制了钻坯绝大部分的市场，但仍然没有办法杜绝一些来自非正规途径的钻坯流入市场。20世纪90年代初期，从扎伊尔和纳米比亚每天都会有价值几万美元的钻坯通过比利时安特卫普或者其他的地方进入世界钻坯市场，那些偷窃和走私的钻石，由于急于脱手等原因，其品质分级是较为粗放的，其价格亦大大低于市场的平均价。因此，可以说在市场上交易的钻坯的价格与品质级别的对应也不可能完全一致。

第二节　无色—浅黄(褐、灰)色抛光钻石的品质分级

根据颜色的不同，抛光钻石可分成无色—浅黄(褐、灰)色系列和彩色系列。其中，无色至浅黄色是钻石(尤其是宝石级钻石)最常见的颜色。由于贸易的需要，人们在长期的摸索和总结中建立出适用该颜色系列钻石的多种颜色划分规则和分级标准。

纵观世界多套抛光钻石的品质分级标准，其主要内容是基本相同的，都以钻石4C作为分级的基本依据，即抛光钻石的品质决定于该钻石的克拉质量(carat)、颜色(colour)、净度(clarity)及车工(cutting)。但是由于钻石的加工及贸易在世界上已有几百年的历史，不同的国家和地区，在几百年的历史形成过程中，往往有自己对4C，特别是净度、颜色及车工3个因素的不同理解，有关的术语表达也存在一定的差异，因此，要做到完全统一并不容易。目前，国际上比较流行的标准包括IDC国际钻石分级标准(1979)、CIBJO钻石分级规则(1974)、GIA分级标准(1970)、

Scan. D. N 钻石分级标准(1969)、比利时 HRD 分级体系等。

中国钻石分级国家标准主要是参考 CIBJO 钻石分级规则及美国 GIA 分级标准来制定的。

一、克拉质量分级

钻石的质量和大小是决定抛光钻石价值最重要的因素之一,许多钻石的切磨师在决定如何加工一颗钻石时,往往首先考虑的便是如何在尽量不影响钻石质量级别的条件下,使加工好的钻石质量最大。也就是说,钻坯形状及大小是选择钻石车工及款式的主要依据。

克拉是国际钻石的标准质量单位,历史上各国所用的克拉质量并不是完全一致的。1918 年,许多国家都赞同把克拉质量统一起来,因此形成了今天的公制克拉,即 1ct＝0.2g。中国国家标准规定克(g)是钻石标准质量单位,有效数值保留小数点后四位。当贸易中使用克拉作为钻石的质量单位时,应标示小数点后两位,第三位逢 9 进 1,其他忽略不计,如只有 1.059ct 才标为 1.06ct,而 1.058ct 标示为 1.05ct。

除了克拉这一单位,钻石业中常用的还有格令(1grain＝0.25ct)、分(1ct＝100 分)、粒/ct(指每克拉有多少粒碎钻,通常用在钻石的批发贸易中)。

对于钻石的大小及质量的测量,不同情况下可使用不同的方法。单粒散钻目前基本上是用电子天平来称重,我国国家标准规定要用精确度高于 0.000 1g 的天平称量,数字式分析电子天平的精确度可高于 0.001ct。

小钻石的质量可通过筛网进行,这是因为圆形钻石采用明亮琢型,其直径和质量有很好的相关性。这种钻石有时又叫米粒钻(melee)。因此,不同直径的筛网,可以很快将不同质量的钻石区分开来。表 5－1 列出了印度切工好的钻石大小、质量与筛孔之间的关系。

表 5－1　印度切工好的钻石大小、质量与筛孔的关系

筛子大小(mm)	直径(mm)	质量(ct)	筛子大小(mm)	直径(mm)	质量(ct)
+0～1.5	1.1	0.006 6	+11～11.5	2.7	0.077 4
+1.5～2.5	1.2	0.008 6	+11.5～12	2.8	0.083 7
+2.5～3.5	1.25	0.009 8	+12～12.5	2.9	0.098 3
+3.5～4	1.3	0.012 5	+12.5～13	3.0	0.110 0
+4～4.5	1.4	0.013 6	+13～13.5	3.1	0.117 7
+4.5～5	1.5	0.014 5	+13.5～14	3.2	0.129 0

续表 5－1

筛子大小(mm)	直径(mm)	质量(ct)	筛子大小(mm)	直径(mm)	质量(ct)
＋5～5.5	1.5＋	0.015 7	＋14～14.5	3.3	0.145 7
＋5.5～6	1.6	0.018 8	＋14.5～15	3.4	0.153 3
＋6～6.5	1.7	0.021 1	＋15～15.5	3.5	0.164 6
＋6.5～7	1.8	0.026 7	＋15.5～16	3.65	0.182 0
＋7～7.5	1.9	0.030 5	＋16～16.5	3.7	0.198 9
＋7.5～8	2.0	0.034 7	＋16.5～17	3.8	0.206 0
＋8～8.5	2.1＋	0.041 8	＋17～17.5	3.9	0.230 0
＋8.5～9	2.2	0.046 4	＋17.5～18	4.0	0.248 0
＋9～9.5	2.3	0.051 1	＋18～18.5	4.1	0.256 0
＋9.5～10	2.4＋	0.058 1	＋18.5～19	4.2	0.265 0
＋10～10.5	2.5＋	0.065 1	＋19～19.5	4.3	0.300 0
＋10.5～11	2.6	0.072 6	＋19.5～20	4.4	0.320 0

钻石质量与直径的对应关系是在标准切工的条件下才成立。如果钻石车工有变化就可能有误差。其中腰棱厚度是影响其质量的重要因素。表 5－2 列出了不同腰棱厚度时花式切工钻石的修正系数。

表 5－2　花式钻估算质量的腰棱厚度修正系数表

宽度(mm)	稍厚修正系数(%)	厚修正系数(%)	很厚修正系数(%)	极厚修正系数(%)
3.80～4.15	3	4	9	12
4.15～4.65	2	4	8	11
4.70～5.10	2	3	7	10
5.20～5.75	2	3	6	9
5.80～6.50	2	3	6	8
6.55～6.90	2	2	5	7
6.95～7.65	1	2	5	7
7.70～8.10	1	2	5	6
8.15～8.20	1	2	4	6

修正后的质量(ct)=估算质量(ct)×(1+修正系数)(袁心强,2000)

对一些破损钻石进行评估时,首先要对其进行质量重估,估算出该钻石重新切磨后的质量。在这种类型的评估中,首先应确定最优的琢型方案。琢型确定以后还要确定最大腰棱尺寸(或最大长径与短径)。对明亮琢型而言,钻石的高度可按其直径的 60%计算,而花式切工可按其短径的 60%计算。

估算质量(ct 圆)=直径(mm)×直径(mm) ×直径(mm)×0.6×0.006 2

估算质量(ct 花式)=长径×短径×短径×0.62×系数(系数由其琢型比例关系决定)

对于已镶嵌的首饰钻石,可用钻石孔仪及首饰卡尺(测径仪)来测定,钻石孔仪的设计原理与筛网相近,所不同的是它将直径大小不同的圆孔同时放在一个金属片上,根据镶嵌钻石与不同孔径的对应关系可估计钻石质量。有时也用 1 克拉有几颗钻石表示,如 0.25ct 的钻石又可说成是 1 克拉 4 颗的钻石。首饰卡尺测量钻石的质量根据一系列的经验公式计算,因为某种切工的抛光钻石,要达到较好的光学效果,钻石的长、宽、高比例是较为固定的,因此可依据其比例关系计算出质量大小。

标准圆钻:$W=D^2\times H\times k$(0.006 1~0.006 5)(腰部极厚时 k 取 0.006 5,厚时取0.006 4,中等时取 0.006 3,薄时取 0.006 2,极薄时取 0.006 1)

椭圆钻:$W=D^2\times H\times 0.006\,2$,$D=(L+B)/2$

心形钻:$W=L\times B\times H\times 0.005\,9$

榄尖形、梨形及祖母绿形:$W=L\times B\times H\times F$

其中,D 为钻石腰的平均直径,H 为台面到底部的高度,L 为钻石长轴方向的长度,B 为短轴方向的长度(单位均为 mm)。F 为系数,取决于钻石的长宽比(表 5-3)。

表 5-3 钻石的长宽比与系数 F 的取值关系表

$L:B$	榄尖形	$L:B$	梨形	$L:B$	祖母绿形
3∶2	0.005 65	5∶4	0.006 15	1∶1	0.008 00
2∶1	0.005 80	2∶3	0.006 00	3∶2	0.009 20
5∶2	0.005 85	1.66∶1	0.005 90	2∶1	0.010 00
3∶1	0.005 95	2∶1	0.005 75	5∶2	1.010 60

标准圆钻型钻石的质量,国际上已有直径和质量的对照表,只要知道直径,查表即可知大约质量。相同直径成品钻石的质量影响因素中,腰厚度的影响最为明显。表 5-4 列出了钻石质量与腰围直径的对应关系。

表 5－4　标准圆钻型钻石质量与腰围直径对照表

质量（ct）	腰围直径（mm）	质量（ct）	腰围直径（mm）	质量（ct）	腰围直径（mm）	质量（ct）	腰围直径（mm）	质量（ct）	腰围直径（mm）	质量（ct）	腰围直径（mm）	质量（ct）	腰围直径（mm）	质量（ct）	腰围直径（mm）
0.01	1.40	0.26	4.14	0.51	5.19	0.76	5.92	1.02	6.53	1.52	7.46	2.05	8.24	3.60	9.95
0.02	1.76	0.27	4.19	0.52	5.22	0.77	5.95	1.04	6.58	1.54	7.49	2.10	8.31	3.70	10.04
0.03	2.02	0.28	4.25	0.53	5.25	0.78	5.97	1.06	6.62	1.56	7.53	2.15	8.38	3.80	10.13
0.04	2.22	0.29	4.30	0.54	5.28	0.79	6.00	1.08	6.66	1.58	7.56	2.20	8.44	3.90	10.22
0.05	2.39	0.30	4.34	0.55	5.32	0.80	6.02	1.10	6.70	1.60	7.59	2.25	8.50	4.00	10.29
0.06	2.54	0.31	4.39	0.56	5.35	0.81	6.05	1.12	6.74	1.62	7.62	2.30	8.57	4.10	10.39
0.07	2.67	0.32	4.44	0.57	5.38	0.82	6.07	1.14	6.78	1.64	7.65	2.35	8.63	4.20	10.47
0.08	2.80	0.33	4.48	0.58	5.41	0.83	6.10	1.16	6.82	1.66	7.68	2.40	8.68	4.30	10.55
0.09	2.91	0.34	4.53	0.59	5.44	0.84	6.12	1.18	6.86	1.68	7.72	2.45	8.75	4.40	10.63
0.10	3.01	0.35	4.57	0.60	5.47	0.85	6.15	1.20	6.90	1.70	7.75	2.50	8.81	4.50	10.71
0.11	3.11	0.36	4.62	0.61	5.50	0.86	6.17	1.22	6.93	1.72	7.78	2.55	8.87	4.60	10.79
0.12	3.20	0.37	4.66	0.62	5.53	0.87	6.20	1.24	6.97	1.74	7.81	2.60	8.92	4.70	10.87
0.13	3.29	0.38	4.70	0.63	5.56	0.88	6.22	1.26	7.01	1.76	7.84	2.65	8.98	4.80	10.95
0.14	3.37	0.39	4.74	0.64	5.59	0.89	6.24	1.28	7.05	1.78	7.87	2.70	9.01	4.90	11.02
0.15	3.45	0.40	4.78	0.65	5.62	0.90	6.27	1.30	7.08	1.80	7.89	2.75	9.09	5.00	11.10
0.16	3.52	0.41	4.82	0.66	5.65	0.91	6.29	1.32	7.12	1.82	7.92	2.80	9.15	5.50	11.46
0.17	3.60	0.42	4.86	0.67	5.68	0.92	6.31	1.34	7.16	1.84	7.95	2.85	9.20	6.00	11.79
0.18	3.66	0.43	4.90	0.68	5.71	0.93	6.33	1.36	7.19	1.86	7.98	2.90	9.26	6.50	12.11
0.19	3.73	0.44	4.94	0.69	5.73	0.94	6.36	1.38	7.23	1.88	8.01	2.95	9.31	7.00	12.41
0.20	3.80	0.45	4.97	0.70	5.76	0.95	6.38	1.40	7.26	1.90	8.04	3.00	9.36	7.50	12.70
0.21	3.86	0.46	5.01	0.71	5.79	0.96	6.40	1.42	7.29	1.92	8.09	3.10	9.46	8.00	12.98
0.22	3.92	0.47	5.05	0.72	5.82	0.97	6.42	1.44	7.33	1.94	8.09	3.20	9.56	8.50	13.24
0.23	3.98	0.48	5.08	0.73	5.84	0.98	6.45	1.46	7.36	1.96	8.12	3.30	9.66	9.00	13.50
0.24	4.03	0.49	5.12	0.74	5.87	0.99	6.47	1.48	7.40	1.98	8.15	3.40	9.76	9.50	13.75
0.25	4.09	0.50	5.15	0.75	5.90	1.00	6.49	1.50	7.43	2.00	8.18	3.50	9.85	10.00	13.98

注：据吴瑞淇，1999。

目前钻石业的报价是用克拉单价来表示的。对于由许多相近大小的钻石组成的批样来说，每颗单粒钻石的价格，不是平均质量乘以该报价（即克拉单价），而是该粒钻石质量乘以该批钻石的报价，如该包钻石＄1 200/ct，则其中一粒0.50ct钻石的价格为＄600，而0.55ct的钻石则为＄660。

二、颜色分级

钻石的颜色是钻石报价单中独立的一项可相对量化的指标。对于无色—浅黄（褐、灰）色系列的钻石而言，如果其他品质要素相同，则总是无色钻石的价格高于带褐色及黄色钻石的价格。这种序列的排列原因来源于两个方面：一是自然界中完全无色的钻石较稀少，二是人类审美心态中认为无色的钻石的美学效果优于带黄色色调的钻石。

目前世界各国对钻石颜色的量化仍然存在一定的差异。这种差异主要表现在3个方面。其一是划分方案仍然有一定的差异，对于某些特定颜色的钻石有些细分，有些则划为一类。如国际钻石委员会（IDC）和国际珠宝联盟（CIBJO）划分为微浅白色的钻石，美国宝石学院及北欧钻石术语委员会（过去译为斯堪的纳维亚钻石委员会，Scan D. N）则细分为I、J及顶级Crystal和Crystal两级。其二是所使用的名称不统一，部分钻石的传统产地仍然使用一些钻石产地名称来命名某种颜色的钻石。其三是在具体分级时，一些技术性的要求也不同。如欧洲推荐用5 000～5 500K范围作标准光源，而美国则以6 500K的光为标准光源。对于钻石的荧光分级，不同的钻石组织采用的标准也不同。

尽管不同的组织或地区对钻石颜色分级有着各自的体系，但其划分级别大体上是一致的，而且有着对应的关系，这使得全球钻石贸易可以比较顺利的进行。表5-5列出了世界不同组织钻石颜色与分级[无色—浅黄（褐、灰）色系列]。

抛光钻石的颜色分级是在规定的环境下采用比色法进行的，要使分级结果尽量准确，需要具备如下条件：具有一套合适及足够数量的标准钻石比色石；具备合适的光源，合适的中性色调的分级环境；具有训练有素和经验丰富的分级人员；分级师具有正常的心理及身体状况；正确的分级步骤。

1. 比色石

比色石由一套标定颜色级别的抛光钻石组成，依次代表从高至低连续的颜色级别。通常钻石业的标准比色石是由国际权威的钻石专业机构提供的，完整的比色石由D～Z的23粒比色石组成。我国钻石分级标准规定90色以下可不细分颜色，因而只要11粒比色石。实际运用中一般5粒比色石亦可。

作为比色石的抛光钻石须达到以下严格的要求：标准圆钻型切工，较为标准的车工，很好的对称性；质量一般大于0.30ct（CIBJO和IDC建议用0.70ct的比色石），大小均匀，同一套比色石质量差异不能大于 0.10ct；达到一定的净度，较好的透明度，通常要在 SI 级以上，不能含有带颜色的包体及色带；除了微黄或微褐的色调外，不能带其他颜色；不能有明显的荧光。

表 5-5　世界不同组织钻石颜色与分级[无色—浅黄(褐、灰)色系列]

中国国家标准(2010)		美国宝石学院 GIA	国际珠宝联盟 CIBJO 及 IDC	英国	美国宝石协会 AGS	南非的老术语	斯堪的纳维亚 Scan. D. N. (1980)	经验判断
100	D	D	超特白	蓝白	0	高级蓝白钻石	最稀有白色	无色
99	E	E	特白	高级纯白		河水钻		
98	F	F	超稀白		1		稀有白色	只有有经验的人才能识别弱色、近无色
97	G	G	稀白	纯白		高级维谢尔顿钻		
96	H	H	白	白	2	维谢尔顿钻	白	
95	I	I	微带白色	商业白	3	高级晶体	轻微带色白	有经验的人可见带色的白色
94	J	J		高级银白好望角钻	4	晶体		
93	K	K	带色白	高级好望角钻	5	高级好望角钻	带色白	
92	L	L	带色 1			好望角钻	轻微淡黄	无经验的人也可看出黄色色调
91	M	M		好望角钻	6	好望角钻	淡黄	
90	N	N	带色 2			低级好望角钻		
<90	<N	O	带色 3	浅黄	7	浅黄	浅黄	无经验的人也可看出黄色
		P	带色 4		8	黄	近黄	
		Q						
		R			9～10			
		S-Z		黄			黄	

在具体分级时，只有当比色石与待分级的抛光钻石大小相近、车工款式相同时，才有可能获得较准确的结果。但一般认为质量为 0.70ct 的标准石可用于 0.50～3.0ct 抛光钻石的比色。

另外，比色石分为上限比色石和下限比色石，两种比色石互相错开一个级别，因此在使用比色石进行分级之前须注意区分。

2. 光源

传统的钻石颜色分级可以利用自然光进行，但光线可随地点、时间及季节的变化而改变，从而具有不稳定性，因此目前抛光钻石的颜色分级大多已使用较为稳定的人造中性光源。对光源的要求首先是其光波组成和阳光的光波组成近似，但不含紫外线且光线柔和。

目前，由白光管组成的钻石分级灯是普遍使用的光源，对这种白光光管的色温要求，不同的国家和地区有一定差异。英国使用 5 000～5 500K 的光管，美国使用 6 500K的光管，中国使用 5 500～7 200K 的光管，CIBJO 将 5 000/5 500K 的光管作为标准光源。分级灯的背景为白色。

3. 分级环境

通常要求作钻石颜色分级时的环境是单纯而中性的，包括分级室的四周墙壁、地面、桌椅、窗帘甚至分级人员的衣物等都最好具有中性的色调，即白色、灰色或黑色。分级时，除分级灯外，不要有其他外来光源干扰。一般认为在灰色暗室中利用钻石分级灯是较为理想的。

4. 分级人员

从事钻石颜色分级的人员一般要求有过专门的钻石分级训练，取得相应资格或具有较好的钻石分级经验，从事过大量的钻石颜色分选。

目前世界上一些著名的钻石组织，如比利时 HRD、美国 GIA、英国宝石协会等都提供钻石颜色分级的专业培训，学员考试及格则发给相应的专业资格证书。一些国际上权威的宝石研究机构在进行钻石颜色分级时，通常要求 2～3 名分级人员，对同一样品进行评估，当结果相一致时，才确定其颜色色级。

5. 正常的心理及身体状况

进行抛光钻石颜色分级时，钻石两级颜色之间的差异其实很微小，评估者或分级师必须处于正常的心理和生理状况。所谓颜色是指一定波长的光波在通过人眼后在大脑形成的反应，一个人在生病期间或者是刚喝过酒，他对颜色的反应会迟钝得多。因此，在不同的状况下，一个人对颜色的反应会有很大的差异。

6. 正确的分级步骤

要取得正确的颜色分级结果，遵从一定的步骤是必要的。在分级时，可按下列步骤进行。

(1)用酒精或不含麻的软布(皮)对待分级抛光钻石及比色石进行清洁。注意清洁时不要碰撞(尽量避免使用超声波清洗机)，必要时可用硫酸煮。

(2)确定待分级抛光钻石的准确质量，以免和比色石混淆，通过 10 倍放大镜获得待分级钻石的内部特征对于防止混淆是很有意义的。

(3)将清洁过的比色石按照无色—浅黄色的顺序从左至右、台面朝下放置在钻石灯下的白色比色板的刻槽内，保持每个比色石相距 2cm 左右(简单的可用白色无荧光比色低槽代替)。

(4)将待分级的抛光钻石从左边开始依次放入比色石间隙，与比色石进行比较。进行比较时，使用不同的比色系统，会有不同的判别规则。GIA 钻石分级标准规定比色石为每一色级的上限，比色石从 E 开始；而 CIBJO、HRD 及 IDC 等都用每一色级的下限，比色石从 Ew+(D)开始。我国目前的钻石比色方法和 CIBJO 规则一致。如果待分级钻石放在左边时较比色石色深，而放在右边时较比色石色浅，则待分级钻石的颜色正好是与比色石一致。换种说法，就是把待分级钻石放入两粒标准色之间，如 F 色和 G 色，它的颜色比 F 色深而比 G 色浅时，一般就把待分级钻石的颜色确定为与较低色级标准石一样，即 G 色。如果比较时，放在两颗石之间比左边的浅或相同时，就应向左边序列(E—F)之间移动再比较。如果是比右边的比色石深或相同，就往下一格移动(G—H 色)。

事实上，目前的颜色分级系统中，各个色级的划分并不是连续的，也就是说每个颜色色级之间会有一个颜色的范围，因此划分为某一色级的钻石的颜色有时并不是完全一致的。在对比待分级钻石时，一般是要对比相同部分的颜色，较为标准的是从平行于腰的方向观察，但对于标样钻石与待分级钻石有一定的质量差异时，在垂直亭部的某个位置观察是允许的。CIBJO 和 HRD 共同决定的 IDC 的比色标准中，将每一级区分为“++”、“+”和“=”3 个级别。

但是应该清楚地认识到，要准确确定与标准石质量相差较大的钻石颜色，或者确定一些花式加工，如橄榄形、梨形钻石的颜色，几乎是不可能的。对于两颗颜色相同、但大小不同的钻石而言，大颗的感觉上总是颜色较深。

另外，对于不同色系的钻石，如带褐色的钻石，其颜色的感觉往往也较明显，也就是说这种抛光钻石看上去的色级往往会较实际级别低。

(5)记录已分级钻石的色级，并重新称重以确定没有和另外的钻石混淆。

通过上述的步骤，我们基本上可获得钻石颜色的准确分级。但实践的经验表明，虽然各方面的条件都符合，但有关结果还会出现偏差。如两颗颜色色级一样的钻石，在日常的条件下，却可能有明显的颜色差异，这种情况的出现通常和钻石的荧光或磷光以及钻石存在带颜色包裹体色带等有关。因此国际上有些实验室和机构，如 CIBJO 及 GIA 在进行钻石颜色分级的同时，还要对钻石的荧光情况进行评估。

CIBJO 使用 3 粒具不同强度荧光的标样钻石将荧光分成为 4 级，分别为无荧光、具轻微荧光、中等强度荧光及强荧光，凡是比具轻微荧光标样的荧光强度更低的为无荧光。

而GIA则利用两粒具微弱荧光和中强荧光的钻石标样，将钻石的荧光分成5级：强度低于微弱荧光标样的为无荧光，和标样相近的为弱荧光，介于两颗标准样品之间的为中等荧光，略高于中强荧光的为强荧光，而明显高于中强荧光标样的为非常强荧光。我国新的国家标准采用3粒具有强、中和弱荧光的标样抛光钻石，将所有钻石的荧光划分为强、中、弱、无4个级别，和标样钻石具有相同荧光的按照标样钻石的荧光表示，比强荧光还强的仍然用强表示，在两者之间的按照低的级别表示，低于弱荧光的用无表示。

具有强—非常强蓝色荧光的钻石，平时所见的颜色会比实际色级显得更白；而具强—非常强黄色荧光的钻石，平时所见颜色比实际级别黄。

对于一些已镶嵌在首饰上的钻石的颜色分级，由于其颜色受到首饰托的影响，因此无法准确评级，通过腰及突出的冠部来对比，可尽可能减少金属托对颜色色级评估的干扰。

三、净度的分级

抛光钻石的净度也是一项对钻石价格有独立影响，而又可以相对量化的因素。但是由于影响净度的因素变化极大，因而结果要达到完全一致也是困难的。影响抛光钻石净度分级最重要的因素是分级师的实际经验。目前，世界各国对抛光钻石净度评价的主要差异有如下几个。

(1)对部分影响因素的理解。如CIBJO在进行净度分级时，一般不包括外部特征，比如擦痕及多余小翻面。IDC则提出了5μm规则。但GIA则无论内部还是外部特征都要考虑。另外对于部分瑕疵，不同组织有不同归属，如GIA认为破口(chip)是内部特征，而另外一些组织则归入外部特征。

(2)对个别级别的细分。如对于完美的抛光钻石大多数国家只作一级考虑，而GIA则细分为无瑕和内部无瑕二级。而CIBJO只对0.47ct以下钻石进行每一级别的细分，VVS分为VVS_1、VVS_2；小于0.47ct的钻石，两项不细分。

(3)影响净度所用符号有一定差异。表5-6、表5-7分别为GB/T 16554—2010对抛光钻石内部特征和外部特征的标记图例，其中内部特征用红色表示，外部特征用绿色表示。

净度分级时常出现的有关概念及表示：内部特征指全部分布在钻石内部，可达到或未达到钻石表面的包裹物，包括包裹体、裂隙、结构现象、缺口和激光钻孔等，一般用红色表示。外部特征指分布在钻石外部而未渗入到钻石内部的特征，通常不是钻石原有的而是在后来加工或佩戴时所引起的，包括刮痕、损伤表面结构特征及部分加工缺陷，如多余面等，通常用绿色表示。对于一些主要分布在外面，但同时又深入到钻石内部的一些瑕疵，有时同时用红色和绿色表示。

表 5-6　钻石内部特征符号表(据国家标准 GB/T 16554—2010)

编号	名　　称	英文名称	符号	说　　明
01	点状包体	pinpoint	●	钻石内部极小的天然包裹物
02	云状物	cloud		钻石中朦胧状、乳状、无清晰边界的天然包裹物
03	浅色包裹体	crystal inclusion	○	钻石内部的浅色或无色天然包裹物
04	深色包裹体	dark inclusion		钻石内部的深色或黑色天然包裹物
05	针状物	needle	＼	钻石内部的针状包裹体
06	内部纹理	internal graining		钻石内部的天然生长痕迹
07	内凹原始晶面	extended natural		凹入钻石内部的天然结晶面
08	羽状纹	feather		钻石内部或延伸至内部的裂隙,形似羽毛状
09	须状腰	beard		腰上细小裂纹深入内部的部分
10	空洞	cavity		大而深的不规则破口
11	激光痕	laser mark	⊙	用激光束和化学品去除钻石内部深色包裹物时留下的痕迹。管状或漏斗状痕迹称为激光孔。可被高折射率玻璃充填

表 5-7　钻石外部瑕疵类型符号表(据国家标准 GB/T 16554—2010)

编号	名　　称	英文名称	符号	说　　明
01	原始晶面	natural		为保持最大质量而在钻石腰部或近腰部保留的天然结晶面
02	表面纹理	surface graining		钻石表面的天然生长痕迹
03	抛光纹	polish lines		抛光不当造成的细密线状痕迹,在同一刻面内相互平行
04	刮痕	scratch		表面很细的划伤痕迹
05	烧痕	burn mark	B	抛光不当所致的糊状疤痕
06	额外刻面	extra facet		规定之外的所有多余刻面
07	缺口	nick	∧	腰或底尖上细小的撞伤
08	击痕	pit	×	表面受到外力撞击留下的痕迹
09	棱线磨损	abrasion		棱线上细小的损伤,呈磨毛状
10	人工印记	inscription		在钻石表面人工刻印留下的痕迹。在备注中注明印记的位置

钻石的净度分级及标准如下所述。

抛光钻石净度分级的工具是 10 倍放大镜或显微镜。

分级前必须对抛光钻石进行清洁，方法和颜色分级时近似。经过清洁的钻石用镊子或夹子夹住，利用暗场照明，以黑色或白色为背景，对钻石进行有顺序的观察。所谓顺序是指观察时一般以冠部某一棱作为始点，相当于时钟 12 点的位置，先从台面观察，然后顺时针观察冠部。观察时可将镊子夹钻石的部位作一次变换，以便能对第一次夹住钻石的位置进行观察，但应记住原先观察的位置。

当观察完冠部后，可将镊子向左或向右旋转 180°，或者向前或向后旋转 180°，以观察亭部可能出现的各种内部或外部特征。当以前一种方式旋转时，记录其净度可采用平排图式(以垂直为镜面对称)；反之，可用垂直记录图式。必要时可把夹钻石的方式改变为一端夹住台面，而另一边夹住钻石底部，转动 360°观察亭部 24 个面的瑕疵，并记录位置。

为了能准确将各种瑕疵的相对位置记录下来，可以将冠部的某个特征的瑕疵(如果有的话)作为 12 点位置，其他的瑕疵位置便可相对确定。

描绘瑕疵素描图时，有两种不同的习惯：一种是冠部和亭部平行排列，以南北向垂直线为镜面，则冠部及亭部 12 点与 6 点位置相同，但 9 点和 3 点位置正好相反；另一种是冠部和亭部上下排列，以东西向水平线为镜面，3 点和 9 点位置相同，而 6 点和 12 点位置相反。

只有在亭部才能观察到的瑕疵画在亭部素描图上，而在冠部及腰部所观察到的瑕疵画在冠部的素描图上，如在冠部及亭部都可见到的瑕疵可在冠部或亭部表示(图 5－2)。此外，对有些净度特征还可在素描图旁用文字进行描述。

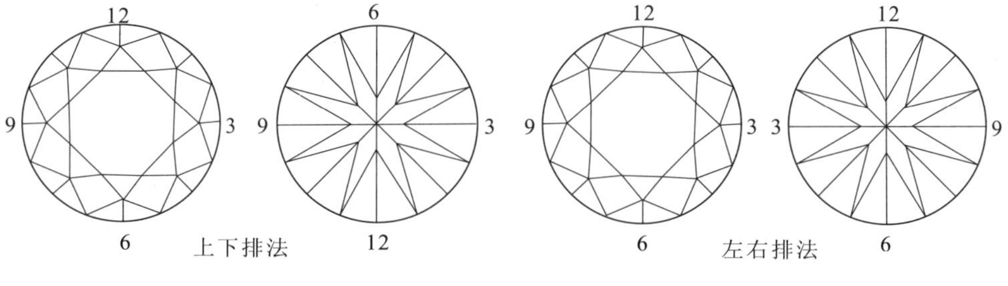

图 5－2　钻石投影图的排列(据袁心强，1998)

在钻石净度分级时，有时会难以确定是靠近表面的包裹体，或是表面没有清洁掉的灰尘。处理方法是将钻石转动一个角度，使光在刻面上形成斜角入射，即此时刻面形成一个亮的“镜面”，如果是内部近表面的包裹体一般会隐去不见，而表面的灰尘则会成点状突起。如果实在仍无法把握，建议对钻石重新清洁，然后再作观察。根据内部特征及外部特征的多少、大小、分布及其可见性等，不同的抛光钻石按净度可分成 6 大级(11 或 12 小级)，表 5－8 给出了不同分级系统钻石净度分级标准。

表 5－8　不同分级系统钻石净度分级标准

<table>
<tr><th>CIBJO</th><th>中国国家标准</th><th>GIA</th><th>经验性判断</th><th>中国原工艺标准</th></tr>
<tr><td rowspan="2">绝对透明，无内部特征
放大镜干净</td><td rowspan="2">LC</td><td>无瑕级 LC</td><td>10 倍放大镜下无任何瑕疵和包裹体</td><td rowspan="2">完美或无瑕</td></tr>
<tr><td>内部无瑕级 IF</td><td>无包裹体，但有小的瑕疵，这些瑕疵可通过重新抛光消除</td></tr>
<tr><td>非常非常小的包裹体，10 倍放大镜下很难发现</td><td>VVS_1
VVS_2</td><td>VSS_1
VSS_2</td><td>微小包裹体，很小或无意义以致 10 倍放大镜下难以确定位置</td><td>微微丝</td></tr>
<tr><td>很小的包裹体，10 倍放大镜下几乎不能发现</td><td>VS_1、VS_2</td><td>VS_1、VS_2</td><td>小的包裹体，其大小、数量及位置介于 10 倍放大镜下难以定位和有点易于定位之间</td><td>一号花</td></tr>
<tr><td>小包裹体，10 倍放大镜下易于发现</td><td>SI_1、SI_2</td><td>SI_1、SI_2</td><td>10 倍放大镜下易于见到明显的包裹体，SI_2 级石从亭部一侧观察时，肉眼也可见到包裹体</td><td>二号花</td></tr>
<tr><td>10 倍放大镜下马上可从冠部发现包裹体，但肉眼难以看到，这种包裹体不影响明亮度</td><td>Pique Ⅰ</td><td>$Ⅰ_1(P_1)$</td><td rowspan="3">从冠部，10 倍放大镜下包裹体明显，而且肉眼可见。级别从肉眼难以发现的包裹体到肯定能影响耐用性的解理</td><td>三号花</td></tr>
<tr><td>大和/或大量包裹体，从冠部一侧肉眼易于发现，并会略微减弱钻石的明亮</td><td>Pique Ⅱ</td><td>$Ⅰ_2(P_2)$</td><td rowspan="2">大花</td></tr>
<tr><td>大和/或大量包裹体，从冠部肉眼非常容易发现，减弱钻石的明亮度</td><td>Pique Ⅲ</td><td>$Ⅰ_3(P_3)$</td></tr>
</table>

通常影响钻石净度分级准确性的因素有 3 方面：一是分级师的经验，二是光线照明问题，三是钻石的夹持方法。即使是很有经验的分级师，如果照明方法或夹持方法不恰当，有时也会遗留一些细小的瑕疵无法观察。相反一些瑕疵由于折射作用亦会显得比实际明显。

四、切工的评估

切工是影响钻石价格中最不确定的因素，一般而言，品质级别(主要指颜色与净度要素，下同）高而颗粒大的钻石切工会较好。这是因为高品质的钻石通常会在一些技术水平较高的钻石加工中心加工，或者是由较有经验的技师加工，因而价值自然较高；而品质较差的钻石，则一般会在劳动力低廉而技术水平相对较低的中心加工，切工也较差，其价格也自然较低。对切工好坏的评估，国际上主要从两个方面考虑，一是钻石的切工比率（proportion），二是钻石的修饰度（finishing）。另一个对钻石价值有影响的切工因素是钻石被切磨的款式。根据我国最新的《钻石分级标准》（GB/T 16554—2010），切工比率测量的项目包括：台宽比、冠高比、腰厚比、亭深比、全深比、底尖比、星刻面长度比、下腰面长度比 8 个方面。而切工的修饰度分级则包括对称和抛光两项。

关于钻石切工好坏的评价历来存在争议，不同的组织和机构对此都有不同的划分标准，对于什么样的切工最好，目前亦无一致结论。但一般认为好的切工可以使钻石的亮度（闪光）和火彩（色散）取得比较好的平衡。最新的钻石分级国家标准（GB/T 16554—2010）按比例及修饰度品质好坏将钻石的切工级别分为极好（EX）、很好（VG）、好（G）、一般（F）、差（P）5 个级别。当不同要素之间级别有差别时，按差的级别评级。

（一）切工比例

钻石的切工比率是评判钻石加工完美性的重要方面。新国家标准规定切工比率划分中需测量的 8 个项目如下所列，除此以外，超重比例、刷磨和剔磨也会影响比率级别。

冠高比：指台面到腰的距离与钻石腰直径相比较所得的百分比率。

台宽比：指台面八角形最宽对角线与腰直径的百分比率。

腰厚比：指腰的厚度与腰直径的百分比率。

亭深比：指腰到底尖（小面）距离与腰的直径的百分比率。

全深比：指台面到底尖的距离与腰的直径的百分比率。

底尖比：指底尖直径与腰的直径的百分比率。

星刻面长度比：指星刻面顶点到台面边缘距离的水平投影与台面边缘到腰边缘距离的水平投影的比率。

下腰面长度比：指相邻两个亭部主刻面的联结点到腰边缘上最近点之间距离的水平投影与底尖中心到腰边缘距离的水平投影的百分比率。

从实际操作的角度，钻石切工比例的分级有两种不同的方法。其一是钻石比例仪分级法，目前主要是针对圆形钻。除了钻石比例仪外，还有圆钻比例分析镜等不同类型的仪器。其二是经验分级法，是利用钻石各个部分相对位置关系通过经验总结获得的分级方法。

1. 钻石比例仪法

钻石比例仪法是通过放大投影技术，将钻石投影在一个有刻圆形亮度琢型图形及刻度尺的屏幕上，通过投影图与标准图形及标尺的关系来分析其切工比例并获得其对称性资料的方法。

(1)测定台宽比是指首先将清洁过的钻石按规定夹好在钻石比例仪的专用夹具上，然后将夹具的上夹杆顶住圆钻的台面，再将钻石亭尖放入下夹杆的空洞中，转动下夹杆手轮并通过调节物镜将钻石清晰地投影到屏幕上。如果钻石大小和屏幕的圆形不一致，则通过放大镜手轮改变投影大小，使之正好与标准图相一致。

测量时还必须注意钻石投影的腰棱两端应与水平标尺两端的垂线重合，而且钻石冠部梯形投影的斜边必须正好成为一直线(通过转动下夹杆，调整其方向达到)。

当钻石投影台面两端位置刻度值读数一致时，说明台面不偏心，读数值为台宽比；如果两端读数不一致，则说明台面偏心，两数值平均后才是其台宽比。移动钻石样品，测定出 4 组对角的台宽比，平均即为该钻石台宽比。当台面偏心时，数值最大的一组的数值之差除 2 即为其偏心度，即：偏心度$=(R_{大}-R_{小})/2$。

(2)测定腰厚比是指在测定台宽比时，直接读出腰棱垂线上的读数，即为其腰厚比。一般而言，这样测出的腰厚比是其最厚的腰厚比。

(3)测定冠高比是指将屏幕圆钻图案冠部的左右下角移至与钻石投影的同一位置对齐，通过右边冠部图上的标尺即可读出冠部高度百分比，转动钻石，在和测台宽比及腰厚比一致的位置上，测出 8 个数值，平均即得到待分级钻石的冠高比。

(4)测定冠部角是指移动屏幕，使屏幕上图案左右、两垂线上短横线和垂线的焦点与钻石投影的冠部阴影左右下角对齐，根据图上平行角度线确定钻石冠部角。如果两线不完全一致，可用插入法进行估计，准确到 0.5°。

(5)测定亭深比是指移动屏幕图形，使其亭部左右上角与钻石投影的左右上角对齐，通过中央垂直标尺的右侧读数测定出其底尖阴影所达到的数值。如果钻石偏心，此时亦可同时读出偏心度(亭部阴影与中央标尺相交读数与底尖读数之差)。

(6)测定全深比是指将屏幕上标有“0”的水平线与钻石投影台面平行重合，底尖投影在中央垂线标尺左边的刻度，就是该钻石的全深比。

(7)圆度测定是指将钻石台面向下平放在透明玻璃上，放到比例仪物镜下，通过对焦使其圆形腰棱和屏幕的圆圈重合。如果完全重合，说明钻石圆度为 100%；如果有不重合，使其圆形腰棱和屏幕的圆圈一边重合，然后用左下方标尺去测定其对边最宽处的宽度，即为其偏差值。

2. 经验测定法

经验测定法和比例仪法相比，不必依赖仪器，实用简便，但缺点是其准确性受诸多因素制约，只有在观察过大量不同切工钻石的基础上才有较好的精确度。因而一般在贸易过程中使用较多，或在要求不是很严格的评估中使用。

在此不详细介绍经验测定法，但对一个真正合格的评估人员而言，有时经验测定法可能是更有效和重要的。

花式切工钻石的比例，目前并无统一的评估标准，其评估主要依据其外观光亮度和火彩进行判断。一般而言，与明亮琢型的相比，花式切工钻石的光亮度稍差，会或多或少出现漏光，从而形成外观的“暗影”或“白色透光区”，即所谓的“蝶影”和“鱼眼”现象。凡是“蝶影”和“鱼眼”不明显，亮度和火彩好的，一般说明其比例比较理想，相反则差。

对于花式切工各种比例关系的定量描述，通常参考圆形明亮琢型钻石的描述方法评述，但一般不作严格分级。

表 5－9 是国际上关于切工好坏的判断标准。值得一提的是，过去我国的钻石切工比率分级与之相类似，2010 年采用新国家标准以后，切工比率则先按照测得的台宽比或台宽比范围，查找到相应的比率分级表再进一步判定。表 5－10 为我国的钻石比率分级表（以台宽比＝50％为例），显示了我国正尝试对钻石切工分级作更详尽、精确的规定。

表 5－9　国际钻石切工比率及角度分级表

组织	内容	等级				
		一般	良	优	良	一般
国际钻石委员会（IDC）	台面宽（％）	＜53	53～55	56～66	67～70	
	冠高比（％）	＜9	9～10	11～15	16～17	＞17
	上角（冠部角）（°）	27	27～30	31～37	38～40	＞40
	亭深（％）	＜39	39～40	41～45	46～47	＞47
	下角（亭部角）（°）	＜38	38～39	40～42	43～44	＞44
	腰围厚度		极薄	薄—中	厚	很厚
	底尖面宽（％）			＜2	2～4	＞4
GIA	台面比（％）			50～62	63～65	66～69
	冠部角（°）			34.5～36	32～36	30～31
	亭深（％）		46	43～45	41～42	47～48
	腰厚			中等或薄	中等—很薄	厚—很厚
	底尖面宽			小到无	轻微大	中—大

表 5-10 我国钻石切工比率及角度分级表(以台宽比=50%为例)(据 GB/T 16554—2010)

项　目	差	一般	好	很好	好	一般	差
冠角 α(°)	＜20.0	20.0～21.6	21.8～26.0	26.2～36.2	36.4～37.8	38.0～41.4	＞41.4
亭角 β(°)	＜37.4	37.4～38.4	38.6～39.6	39.8～42.4	42.6～43.0	43.2～44.0	＞44.0
冠高比(%)	＜7.0	7.0～8.5	9.0～10.0	10.5～18.0	18.5～19.5	20.0～21.0	＞21.0
亭深比(%)	＜38.0	38.0～39.5	40.0～41.0	41.5～45.0	45.5～46.5	47.0～48.0	＞48.0
腰厚比(%)			＜2.0	2.0～5.5	6.0～7.5	8.0～10.5	＞10.5
腰厚			极薄	很薄—厚	很厚	极厚	极厚
底尖大小(%)				＜2.0	2.0～4.0	＞4.0	
全深比(%)	＜50.9	50.9～59.0	59.1～61.0	61.1～64.5	64.6～66.9	67.0～70.9	＞70.9
$\alpha+\beta$/(°)		＜65.0	65.0～68.6	68.8～79.4	75.6～80.0	＞80.0	
星刻面长度比(%)			＜40	40～70	＞70	—	—
下腰面长度比(%)			＜65	65～90	＞90	—	—

(二)修饰度的评估

1.对称性

抛光钻石的修饰度评价主要包括两项内容:对称性和抛光。中国钻石分级国家标准中列出了多个影响对称性的要素:腰围不圆;台面偏心;底尖偏心;冠角不均;亭角不均;台面和腰围不平行;腰部厚度不均;波状腰;冠部与亭部刻面尖点不齐;刻面缺失、刻面畸形;非八边形台面;额外刻面。对称性好坏可以通过经验目测判断的方法进行判定(表 5-11)。

表 5-11 对称性等级及其特征(据 GB/T 16554—2010)

对称性级别	对称性偏差情况
极好(EX)	10 倍放大镜下无或很难看到影响对称性的要素特征
很好(VG)	10 倍放大镜下台面向上观察,有较少的影响对称性的要素特征
好(G)	10 倍放大镜下台面向上观察,有明显的影响对称性的要素特征;肉眼观察,钻石整体外观可能受影响
一般(F)	10 倍放大镜下台面向上观察,有易见的、大的影响对称性的要素特征;肉眼观察,钻石整体外观受到影响
差(P)	10 倍放大镜下台面向上观察,有显著的、大的影响对称性的要素特征;肉眼观察,钻石整体外观受到明显的影响

2. 抛光

抛光钻石抛光好坏的分级主要根据钻石的外观特征进行考察，其影响要素包括抛光痕、划痕、烧痕、缺口、棱线磨损、击痕、粗糙腰围、“蜥蜴皮”效应、粘杆烧痕。其中，抛光痕和烧痕的区别在于，抛光痕是指钻石翻面上出现的一些由抛光粉产生的线状沟纹，一般不同翻面方向抛光痕不同；烧痕即是钻石翻面上出现的一些表面透光降低的区域，常常呈斑块状，严重的呈“糊糊状”或“斑膜状”。前者是由于抛光不良产生的，后者则是由于操作失误使钻石表面温度过高产生的，严重的抛光缺陷对钻石的净度也有影响。

根据两种瑕疵分布的多少及其可见性，亦可将抛光好坏分成 5 级：极好(EX)、很好(VG)、好(G)、一般(F)、差(P)。凡是 10 倍放大镜下见不到的为“极好”，台面向上观察有较少抛光缺陷的为“很好”，有明显抛光缺陷而光泽可能受影响的为“好”，易见抛光缺陷且光泽受影响的为“一般”，抛光瑕疵显著且光泽受明显影响者则为“差”。

第三节 彩色钻石的品质分级及价格影响因素

所谓彩色钻石是指除了浅黄色外还带有明显的其他颜色色调的钻石。目前市场上常见的有粉红色、桃红色、绿色、金黄色、棕色以及少见的红色、蓝色、橙色等，国内也有人根据英文译为花色钻石(fancy color diamond)。

20 世纪 80 年代以前，彩色钻石的价值并未被普遍认识。70 年代末澳大利亚阿盖尔钻矿的开采，使市场上彩钻的供应逐渐增多，特别是该矿所产的一颗仅 0.95ct 的粉红色钻石(Hancock，汉珂克红钻)。1987 年在美国纽约拍卖出 88 万美元的高价(未算佣金)，使全世界为之轰动，每克拉的价格达到了 92.06 万美元。而 1989 年巴黎珠宝展上一颗 2.23ct 的红色钻石更被标价 4 200 万美元，每克拉达 1 885 万美元的天价。彩色钻石的品质分级比较特别的部分是颜色分级，其他和无色钻石相近。

目前彩色钻石的颜色分级和有色宝石相似，一般是根据其色彩、饱和度及亮度来划分。

图 5－3 和表 5－12 列出了美国 GIA 的分级方案及分级术语，其中具有浓和鲜丽颜色的彩钻一般是市场上最稀有和最受欢迎的彩钻，因而也是价格最高的钻石。值得注意的是，美国 GIA 彩色钻石的分级中每个级别的空间是不均等的，有些颜色包含的空间大，而另外一些则比较小。

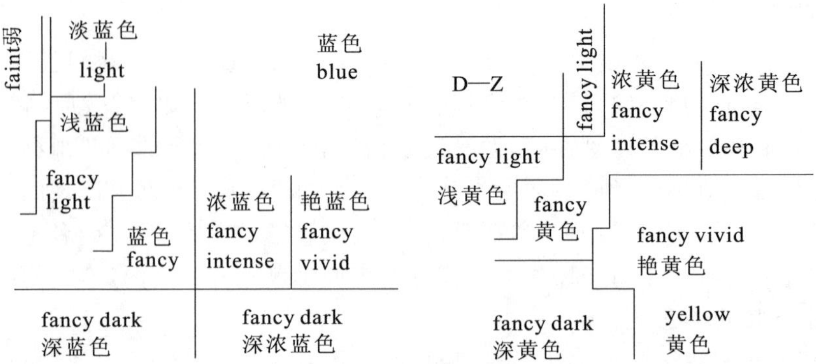

图 5 - 3　GIA 彩色钻石分级

表 5 - 12　美国 GIA 彩色钻石描述术语

9个辅助性前缀术语	亮度	饱和度
faint(极浅)	极高	极低
very light(很浅)	很高	低
light(浅)	高	较低
fancy light(浅彩)	较高	较低
fancy(中彩,一般不译出)	中等	中等
fancy intense(浓彩)	中等	较高
fancy vivid(艳彩)	中等	高
fancy deep(深彩)	暗	中—高
fancy dark(暗彩)	较暗	低—中等

在进行彩钻分级时,除了要求和白钻分级一样的环境外,一般应将视线近于垂直台面或冠部,转动钻石以消除表面反射、色散或加工对颜色的影响。分级时彩色钻石会显示出体色和关键色。体色是由于钻石对光吸收产生的,而关键色则是由钻石台面向上时,观察者所见到的该颗钻石具有代表性的或真实的、综合了加工产生的效应的颜色。分级一般以钻石的关键色为准。

事实上,不同的国家对彩色钻石的分级标准及术语并不统一。以桃红色为例,

GIA 共分为很亮的桃红、亮桃红、适度桃红、强/暗桃红、深桃红及最深桃红 6 级；而日本全国宝石协会则将之分为弱桃红、很亮桃红、杂色亮桃红、杂色桃红 4 级。如 1996 年 9 月在日内瓦举行的粉红色钻石投标会上，一颗 0.93ct 的椭圆钻石，美国 GIA 认为是紫红钻石，而 HRD 则评为深紫粉红色，两者有一定差异。

澳大利亚力拓钻石公司彩钻分级体系主要针对粉红色钻石，将阿盖尔产的粉红色钻石按颜色分为 5 大类：紫粉红色、粉红色、粉红玫瑰色、粉红香槟色及蓝紫色。每个系列中按颜色的亮度、饱和度的高低分为 1～9 个等级，是一个操作性比较强的分级体系。

目前对彩色钻石成因的研究仍在继续，一般认为引起彩色钻石颜色的原因有双晶面带色、晶格歪斜致色、塑性形变致色（Argyle 产钻石）以及天然辐射致色，不过由于市场上有大量人工辐射致色的钻石存在，因此对彩钻的分级是极为专业的工作，并非一般分级人员可完成。

彩色钻石是近年来（2005 年以后）最受关注的钻石品种，目前已经成为重要的投资性珠宝。根据苏富比和佳士得两大国际拍卖公司官方网站 1996—2011 年的数据（绝大部分是 2001—2011 年），我们选取其中彩色抛光钻石或以彩钻为首饰主石并伴镶较小/少的无色或彩色钻石（伴镶的无色/彩色钻石对价格的影响可忽略不计或扣除）的拍品为研究对象，搜集分析 1 300 件红色、粉红色、蓝色、绿色、黄色、棕色系列彩钻的价格变化，如表 5-13 所示。

表 5-13　各种颜色彩钻的数量及占整体的比例

颜色	拍品数量（件）	占整体比重（%）	最低单价（美元/ct）	最高单价（美元/ct）
红色系列	13	1.0	64 933	1 170 796
粉红色系列	322	24.8	1 859	2 166 144
蓝色系列	131	10.1	2 856	1 316 985
绿色系列	66	5.1	1 523	1 221 791
黄色系列	657	50.5	1 212	208 598
棕色系列	111	8.5	636	324 728

据不完全统计，影响彩色钻石价格的因素中，彩钻价格基础主要建立在颜色稀有程度及消费者偏爱之上，对价格影响最大的是其颜色色系、色彩瑰丽程度（饱和度、亮度和次要色调）。彩钻克拉单价通常与大小呈正比，但存在例外的情况。而

净度对彩钻价格(值)的影响较难单独衡量,更多受制于颜色的影响。另外,拍卖时间、彩色钻石来源(品牌)、彩钻的类型等对其成交价格也有一定的影响。

第四节　钻石的来源与贸易

一、钻石毛坯来源

世界市场上钻石毛坯主要来自两种不同类型的矿床:原生钻石矿和次生钻石矿。原生钻石矿是指钻石开采时是产自原生赋存的岩石内的,这些岩石包括金伯利岩、钾镁煌斑岩及榴辉岩。原生钻石来源可以分成两大类,它们归属于两类不同的成因。其中一类来源与上地幔的橄榄岩有关,钻石形成时代一般大于其寄主岩石——金伯利岩和钾镁煌斑岩;另一类型的钻石是属于变质成因的,主要与榴辉岩、麻粒岩有关,钻石的年龄和榴辉岩或其他变质成因形成的岩石是同龄的。除此以外,在陨石及陨石的冲击坑以及部分变质岩中也发现了微粒钻石,但这些类型的钻石目前尚无商业开采价值。

钻石在原生矿中的分布是不均匀的,其含量变化很大,每 100t 岩石可含钻石 0.5～680ct,而其中达到宝石级的钻石只有 1/5,因此勘探开采所花费的投资非常巨大。在非洲,有些露天开采的矿坑的深度可达 800m;在加拿大,近几年投入勘探的资金达 1.3 亿美元。上述的情况说明,从市场供应的角度上看,原生钻石毛坯的产量增长是有限和难以预测的。

目前全世界已探明钻石的储量基础约为 19 亿 ct,保有储量 9 亿 ct。2000 年前后,澳大利亚、刚果(前扎伊尔)、博茨瓦纳、俄罗斯、南非 5 国储量占世界总储量的 90%以上,其产量则占 95%。全世界已开采出的钻石约有 510t(也有说 330t)。2000 年世界钻石产量达 1.2 亿 ct,南非、俄罗斯、澳大利亚、博茨瓦纳、刚果和纳米比亚是世界六大钻石产出国,其年产量占世界年产量的 80%,宝石级约占 70%。2010 年,俄罗斯、博茨瓦纳、加拿大、南非、澳大利亚、安哥拉、刚果(金)和津巴布韦是世界最主要的钻石产出国,这 8 个国家钻石的总产量占全球总产量的 97%,钻石总产值占全球总产值的 90%,在钻石生产及贸易中占有非常重要的地位,如图 5 - 4 和表 5 - 14 所示(其中图数据来自发表的文献,表格数据来自国际金伯利进程官方数据,两者略有出入)。现以近年钻石产量对世界钻石市场的重要性为序,对世界上一些主要的钻石来源及特征作简单介绍。

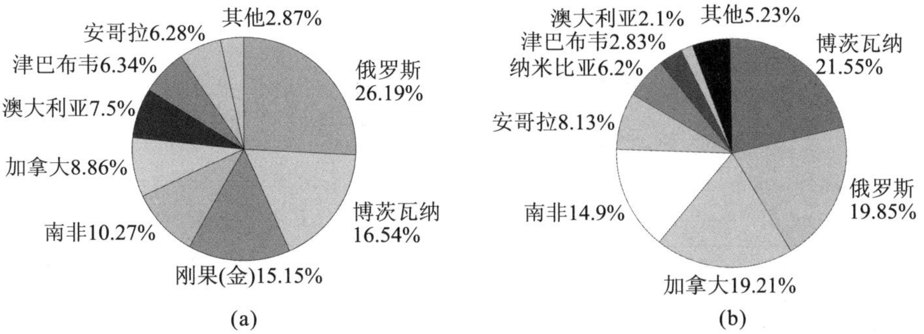

图 5－4　2010 年 8 个国家钻石的产量比率(a)及产值比率(b)

表 5－14　2010 年全球毛坯钻石的产量、产值及单价

国　家	2010 年毛坯钻石产量	产值(美元)	单价(美元)
俄罗斯	34 856 600.00	2 382 290 100.00	68.35
博茨瓦纳	22 018 000.00	2 586 396 620.00	117.47
刚果(金)	20 166 220.14	174 281 769.00	8.64
加拿大	11 804 095.00	2 305 388 014.70	195.30
澳大利亚	9 976 154.50	251 722 189.57	25.23
南非	8 862 912.00	1 194 279 170.00	134.75
津巴布韦	8 435 224.02	339 751 797.27	40.28
安哥拉	8 362 139.06	976 318 204.86	116.75
纳米比亚	1 692 579.30	744 004 429.95	439.57
其他	2 143 537.58	438 514 928.04	204.58
总计	128 317 461.60	11 392 947 223.39	88.79

注：数据来自金伯利官方资料。

1. *俄罗斯钻石*

俄罗斯第一颗钻石是 1829 年在维柳伊河发现的，1954 年在西伯利亚的雅库特发现了第一个含钻石的金伯利岩筒——“闪光岩筒”。至今为止，俄罗斯已发现 800 多个金伯利岩筒。原生钻石是俄罗斯钻石的主要来源，占其钻石产量的 90%

以上，主要矿床分布在西伯利亚中部。1994 年和 1995 年在西伯利亚东部冻土地带又发现了大型钻石矿。

俄罗斯钻石储量为世界第三，近几年钻石产量及产值如表 5－15 所示，2010 年产量世界排名第一，产值第二。据说俄罗斯钻石基金储备中有钻石 2 亿 ct，价值 70 亿美元，平均价值 35 美元/ct。

表 5－15　2006—2010 年间俄罗斯天然毛坯钻石产量及产值

时间(年份)	2006 年	2007 年	2008 年	2009 年	2010 年
钻石总产量(百万 ct)	38.36	38.29	36.93	34.76	34.86
钻石总产值(十亿美元)	2.57	2.63	2.51	2.54	2.38

目前俄罗斯正在生产的矿山主要属雅库茨克钻石公司管辖。该公司是俄罗斯与哈萨克斯坦共和国合资组成的股份制公司，国家投资约占 3%，所生产的钻石占世界产量的 1/4 左右。

2. 博茨瓦纳钻石

博茨瓦纳以盛产名贵高质钻石著称，钻石发现于 1962 年，但大规模金伯利岩筒的发现则是在 1966 年。目前保有钻石储量达 3 亿 ct。该国的钻石主要由博茨瓦纳政府与戴比尔斯公司共同开采，各占 50%股份。1994 年产量达 1 700 万 ct，超过南非成为世界第二大钻石生产国及世界首饰钻石的主要供应国。博茨瓦纳、纳米比亚和南非三国生产的钻石占世界宝石级钻石的 50%以上。博茨瓦纳目前有三大钻石矿在生产，它们是：奥拉帕钻石矿、钻宁钻石矿和莱特拉卡纳钻石矿。

博茨瓦纳也是世界上非常重要的钻石产出国，2006 年至 2010 年连续 5 年钻石产量产值稳居全球前三甲之列。2010 年，博茨瓦纳的钻石产量约为 220 万 ct，占世界总量的 16.54%，仅次于俄罗斯列第二位。其钻石产值约 26 亿美元，占世界总产值的 21.56%，是钻石产值最大的国家(表 5－16)。

表 5－16　2006—2010 年间博茨瓦纳天然毛坯钻石产量及产值

时间(年份)	2006 年	2007 年	2008 年	2009 年	2010 年
钻石总产量(百万 ct)	34.29	33.64	32.28	17.73	22.02
钻石总产值(十亿美元)	3.21	2.96	3.27	1.44	2.59

3. 刚果(金)钻石

刚果(金)第一颗钻石于 1907 年发现在切卡帕地区，1938 年储量超过南非成为世界钻石储量第一大国。其中刚果(金)的砂矿是世界上最富的残积和冲积型砂矿,个别矿钻石的品位达 1 000ct/m^3。1988 年产量为 1 820 万 ct,产值在 2.78 亿美元以上,曾排名世界第一。2010 年,刚果(金)工业钻石的产量占世界总产量的 15.15%,宝石级钻石的产量大约占世界总产量的 6%。该国 70%的钻石产量来自小规模的个体采矿,陈旧的开采技术限制了钻石开采业的发展(表 5－17)。个体开采的钻石大多来自 Kasai 西部,包括 Orientale 的 Aketi,Kasai-Oriental 的 Bakongo、Bakwachimuna 和 Tshibue,以及 Bandundu、Bas-Congo、Quateur 和 Katanga。

表 5－17　2006—2010 年刚果(金)天然毛坯钻石产量及产值

时间(年份)	2006 年	2007 年	2008 年	2009 年	2010 年
个体开采钻石产量(百万 ct)	26.03	27.22	20.15	17.00	
大规模开采钻石产量(百万 ct)	2.91	1.04	0.80	1.28	
钻石总产量(百万 ct)	28.99	28.45	33.4	21.30	20.17
钻石总产值(十亿美元)	4.32	3.65	4.32	2.25	1.74

4. 南非钻石

南非最早的著名钻石是原重 20.25ct 的“尤利卡”,于 1866 年在奥兰治河冲积层中发现。1869 年 9 月在布尔特丰坦的金伯利城发现了世界上第一个含钻石的金伯利岩筒。目前,世界最大的单粒原钻“库利南”,重达 3 106ct,来自南非的普列米尔矿(Premier)。南非钻石以品质好、产量大、颗粒大而闻名于世。至今为止,南非共发现超过 100ct 的钻石 1 849 颗,其中超过 500ct 的就有 15 颗。平均而言,南非钻石中宝石级约占 35%,加上准宝石级,占可切割钻石的一半以上,是世界上钻石产值最大的国家之一。2006 年至 2010 年南非钻石产量和产值如表 5－18所示,钻石产值连续 5 年排列全球第四,产量排名由 2009 年的第七位上升至 2010 年的第六位,位于俄罗斯、博茨瓦纳、刚果(金)、加拿大和澳大利亚之后(表 5－14)。

南非的钻石既有原生矿,也有砂矿,其中前者是主要的。南非正在开采的原生钻石矿有近 10 个。原生钻石的品质在不同的矿床有明显不同,其颜色有无色、浅蓝、浅红、浅绿、褐色、黄色等多种,形态为八面体、双晶聚合体、浑圆状、晶体碎片和集合体等多种。钻石砂矿的分布与原生钻石有密切联系。1～3ct 的钻石常见,其颜色有无色、红色、蓝色、棕色及绿色多种,形态以菱形十二面体及浑圆八面体为主。

表 5－18　2006—2010 年间南非天然毛坯钻石产量及产值

时间(年份)	2006 年	2007 年	2008 年	2009 年	2010 年
钻石总产量(百万 ct)	14.93	15.21	12.90	6.14	8.86
钻石总产值(十亿美元)	1.36	1.42	1.24	0.89	1.19

5.加拿大钻石

加拿大大型原生金伯利矿的发现，是 20 世纪钻石勘探史上又一重大突破，目前已在加拿大西北部地区发现了 51 个金伯利岩筒，大部分岩筒含钻石，其中 5 个岩筒证实有重要的经济价值。初级的采选评估表明，钻石平均品位(25～100)ct/100t，钻石以无色透明为主，品质好，宝石级的占 25%～40%，钻石平均售价在 110～120 美元/ct。有资料表明，加拿大 215 年内可生产 7 亿美元的钻石原料，估计其产量可达全球首饰级钻石的 8%～12%。首个加拿大钻矿依卡蒂(Ekati)于 1998 年 10 月开工。

2006 年至 2010 年钻石产量和产值如表 5－19 所示，自 2007 年起连续 4 年钻石产量稳居全球第四位，产值稳居前三甲之列，2010 年钻石均价居全球之最。

表 5－19　2006—2010 年间加拿大天然毛坯钻石产量及产值

时间(年份)	2006 年	2007 年	2008 年	2009 年	2010 年
钻石总产量(百万 ct)	13.28	17.01	14.80	10.95	11.80
钻石总产值(十亿美元)	1.41	1.66	2.25	1.47	2.31

6.澳大利亚钻石

1979 年在西澳大利亚发现世界上独特的钾镁煌斑岩型(又叫金云橄榄岩型)钻石矿床，使世界钻石的供应出现继南非发现原生钻石矿以后的第二次重大转变。1986 年澳大利亚成为 20 世纪世界钻石最重要的来源地，年产达 2 920 万 ct。1994 年阿盖尔(Argyle)钻矿年产钻石达 4 300 万 ct，约占世界钻石产量的 1/3，其中宝石级 5%，以工业钻石为主，占 95%，占世界钻石总值的 7%。最高产量达到 4 千万 ct。

阿盖尔的钻石，晶形大部分不完整，小部分为八面体晶形，颜色大多为浅褐色、白色、灰色，并含有较多的浅蓝、浅红、金黄及香槟色的彩色钻石，是世界上彩色钻石最重要的来源。该矿的钻石色彩丰富，彩钻平均达 3 000 美元/ct。它所产的色泽鲜艳的玫瑰色及粉红色钻石在全球吹起了一股彩色钻石旋风，其中一枚重0.95ct的粉红色钻石拍卖出88万美元，而另一颗3.5ct玫瑰色宝石级钻石售价达350万美元。

7. 安哥拉钻石

安哥拉是中非地区重要的钻石产地，已探明储量占世界总储量的11%，在非洲国家中仅次于南非和博茨瓦纳居世界第三位。而其高品质首饰级钻石的储量仅次于纳米比亚，居世界第二位，钻石平均价格为275美元/ct。钻石主要来源于砂矿。

安哥拉钻石粒度较细，单粒平均0.175ct，晶形以八面体为主，也有十二面体和少量立方体及集合体产出，颜色以无色高净度优质钻石级为主。

8. 纳米比亚钻石

纳米比亚钻石主要分布在大西洋滨海砂矿，有近150km的钻石海岸线，由于受到海水的长期冲刷，保存下来的大多为优质钻石，宝石级占80%以上，钻石品质极佳。近几年平均售价为315～325美元/ct，年产量为140万～160万ct。戴比尔斯与纳米比亚政府合资组建纳达比(Namdeb)公司，开采纳米比亚海岸30%的钻坯，并通过中央统售组织销售。该国的钻石产量1998年为120万ct。

9. 津巴布韦

近年来津巴布韦正逐步成为国际上重要的钻石开采国，2010年钻石的产量从2009年的0.96万ct飞跃似地增长至8.44万ct(表5-20)，产值和产量排名均升至全球第七。

表5-20　2006—2010年间津巴布韦天然毛坯钻石产量及产值

时间(年份)	2006年	2007年	2008年	2009年	2010年
钻石总产量(百万ct)	1.05	0.70	0.80	0.96	8.44
钻石总产值(十亿美元)	0.34	0.31	0.44	0.20	3.40

10. 中国钻石

截至1987年底，中国已探明的钻石保有储量约为2 900万ct，其中地质储量为760万ct，居世界第九位，年产钻石15万～20万ct。2000年，中国钻矿年产量大约20万ct。

辽宁的钻石矿是中国最主要的工业矿区，瓦房店钻石总公司是辽宁钻石最主要的采矿组织，1989年正式投产，至2000年生产钻石27万ct，首饰级钻石达75%

以上。其中,95%销往世界各钻石加工中心,5 年创汇 3 355 万美元,统价约为 100 美元/ct。2002 年,该矿主要产钻石的 50 号岩筒基本采空,目前已没有正常开采。

山东钻石是中国钻石的第二个重要来源,既有原生矿,也有砂矿。原生矿储量超过 1 120 万 ct,宝石级占 5%～15%,高级工业级占 2.15%,其他工业级占 82.87%～92.87%。2010 年后,山东蒙阴钻石矿的开采量已明显降低。

中国钻石另一个重要产地是湖南沅水流域。该地的钻石主要发现在砂矿中,其中宝石级占 60%～80%,高级工业级占 4%,其他工业级占 3.2%。其混级钻石单价是几个产地中最高的。钻石粒度较小,但品质好,且含少量天然彩色钻石。该地钻石毛坯平均重 10.4mg,下游矿区最大者达 8.64g,大于 20mg 的颗粒百分比为 10%～47%,中、大金刚石含量为 17.3%,宝石级的含量达到 60%～90%。资料记载,湖南发现的最大金刚石重 62.1ct。但根据当地挖矿人的口述,该地发现的最大的金刚石达到 80 多克拉。现代河流中有很多大金刚石出现,只是黄溪口至滩头河段大于 10ct 的金刚石就超过 100 颗。湖南砂矿金刚石以带有磨圆特征的完整晶体居多,完整度较高,一般表面带有色斑。20 世纪 70～80 年代曾较大规模开采过,现在已没有正式开采,农闲期间有间歇式开采,年产量不稳定。

总的来说,中国混级钻石平均售价高于博茨瓦纳,而低于南非钻石售价,在世界上属优质范畴。

11.印度钻石

印度是历史上发现钻石最早的国家,据说印度钻石的发现至今已有 4 000 年历史。在 1725 年巴西发现钻石矿以前,印度一直是世界上钻石最主要的供应国。中世纪时,印度钻石已在欧洲各国宫廷中被视为至宝。

世界上最古老的钻石来源于德干高原的高安德拉邦南部的葛尔康达砂矿。该矿在 18 世纪中叶以前一直是世界钻石市场的主要供应者,其钻石以完美和无棱的八面体为主,无色或微带浅蓝色、浅绿色、浅黄色,还有棕色、蓝色、苹果绿色及优质深红色的钻石。该地区以盛产大颗无色高净度珍贵钻石而著称。

20 世纪初,印度最主要的原生矿来自默奇格万(又译马加旺)岩筒,该筒过去是作为金伯利亚岩筒描述的,现在则被认为是钾镁煌斑岩,矿床钻石品位(1.1～10.47)ct/100t,平均粒度重 0.6ct,其中宝石级达 80%以上,以无色透明为主,间有红色和蓝色。该矿床估计储量为 550 万 ct,而保有储量约 60 万 ct。

12.巴西钻石

巴西钻石最早发现在 1725 年的米纳斯吉拉斯州中部的迪亚曼提纳。据说该地原名叫塔夫司,由于勘探人员在该区寻金时意外发现了钻石,才改名为迪亚曼提纳。在 1725～1870 年的 145 年里,巴西取代印度成为世界钻石最主要的来源地。

1938 年 8 月,巴西发现了世界上名钻之一——一颗重达 726.60ct 的优质钻石“瓦加斯总统”(President Vargas)。目前巴西钻石年产量约居世界第十一位。2000 年前后,巴西(包括其他南美洲国家)的钻石年产量为 50 万~100 万 ct,其中巴西本国产量约占一半。

巴西各地砂矿钻石一般粒度较小,大多为 0.5~6ct,钻石晶形良好,品质较好。阿巴埃特河流域以盛产大钻石闻名,被称为“大钻石之乡”。

13. 西非钻石

西非诸国如塞拉利昂、加纳、几内亚、科特迪瓦、利比里亚和马里等,虽然国家不大,但由于其钻石品质好、品位高,因而从西非诸国来源的钻石也是国际钻石来源的重要组成部分。2000 年前后,西非诸国年产钻石 200 万~300 万 ct,约占世界钻石产量的 3%。

除此以外,1992 年利比里亚的产量为 15 万 ct,科特迪瓦为 1.5 万 ct,中非产量为 37.8 万 ct,坦桑尼亚为 10 万 ct。

二、钻石贸易

钻石虽然来自 10 多个生产钻石的国家,但市场上钻石的供应其实只由为数不多的跨国集团控制,其中以戴比尔斯联合矿业集团为主,以价值计,该公司销售的钻坯最高曾占世界总价值的 65%~70%。

1. 戴比尔斯钻石矿业集团

目前,戴比尔斯钻石矿业集团是英美公共有限公司(Anglo American Plc)(又译安格罗公司)的姊妹公司。1998 年底,英美公司(Anglo American Corporation)、戴比尔斯和戴比尔斯百年公司协商重组,由占 38.20%的英美公司及占 22.5%的米诺高(Minorco)合并为英美公共有限公司,在伦敦上市,成为全球最大的采矿及天然资源公司之一。

2001 年 6 月,戴比尔斯钻石矿业集团以 196.7 亿美元的价格买断了原上市公司的股票,完成了戴比尔斯公司的私有化。私有化后的戴比尔斯在约翰内斯堡和伦敦的上市公司全部撤出,其后,新的戴比尔斯钻石矿业集团由奥本海默家族拥有的中央集团有限公司(CHL)、英美公共有限公司、Debswana 三大公司组成,股份分别为 45%、45%和 10%。2011 年 11 月,奥本海默家族宣布退出经营百年的钻石业,把其中全部钻石股份销售给母公司英美集团和博茨瓦纳政府。

2. 单一渠道销售系统

所谓单一钻石销售系统,是指原钻石中央销售组织 CSO(现为 DTC)对钻石毛坯、勘探、开采、分选评级,钻石首饰的设计、制造、零售及消费实行统一指导经营管理的单一交易系统，其中 CSO 对钻石毛坯、勘探、开采、收购和分选评级及分配实行直接的投资控制，而对钻石加工、设计、制造和零售及消费宣传实行指导性的管理。

世界各主要钻石产出国通过协议将钻石毛坯销售给 CSO，由 CSO 统一混配、分级，卖给有权参加拍卖会的钻石看货商（Sightholder）或钻石经纪人（Select Diamantaire），然后由竞买主（看货商）在二级市场上进行加工或转售，卖给其他规模较小的钻石商。

此外，戴比尔斯还在世界一些重要的钻石贸易中心设立一些小型的钻石分级及销售机构，负责协调世界钻石贸易及投资，如香港的戴梦得（Diamdel）公司即属此类机构。其规模虽然小，但运作方式和伦敦总部近似，它还和各区域钻石推广及企划部门一起协调钻石的投资、推广和发展事务。

1990 年 CSO 销售全世界 77％的钻坯，共 7 742 万 ct，占世界钻石销售价值的 70％，约为 38.42 亿美元，1995 年达 45.31 亿美元。1995 年成交的钻坯中来自俄罗斯的钻石约占 15 亿美元，来自南非的钻石占 6 亿美元，来自澳大利亚的钻石占 4 亿美元，来自刚果的钻石占 2 亿美元，来自其他国家产地的钻石仅占 1 亿美元左右。

3. 多渠道销售

多渠道销售是相对单一销售渠道而言的。所谓多渠道销售是指 2000 年前后钻石业由于市场供需力量的变化，使数十年来主要由中央销售组织控制的钻石单一销售渠道受到挑战，越来越多的市场竞争者加入钻坯市场，不经过 DTC 而销售他们自己的产品。DTC 控制的钻石市场份额不断下降。

除了单一渠道对钻石的供应外，其他一些国家的矿业公司，如俄罗斯、西非、巴西、委内瑞拉、中国等的钻石矿业集团对世界钻石原料供应也有一定的影响，他们总共占世界钻石供应的 20％～30％。这些国家的钻石主要通过比利时的安特卫普、英国的伦敦、以色列的特拉维夫和印度的孟买进入世界市场。20 世纪 90 年代末，这些来源的钻石总产量约为 2 361 万 ct，其中宝石级和准宝石级的钻石约为 1 500万 ct，价格约为 16.9 亿美元，虽然这些其他来源的钻石占世界钻石的份额并不太大，但其影响亦不可小视。

多渠道销售始于 20 世纪 90 年代初。1992 年，优质钻石的生产大国安哥拉，由于国内政局动荡，内战频繁，使国内钻石产区生产失控，致使大量优质钻石通过走私渠道流入国际市场。虽然戴比尔斯在安得卫普设立了外围收购站，动用数亿美元收购这些无序流出的钻石，但由于该国钻石来源于较易开采的砂矿，且多为优质钻石，宝石级和半宝石级的份额达 90％以上，因此，大量走私钻石买卖仍然影响了钻石的供应。1994 年，由于俄罗斯经济形势恶化，俄罗斯急需大量资金来支持其经济改革，而其钻石储备又极为丰富，因此不通过中央销售组织直接向市场销售了约 6 亿美元的钻石，成为钻石市场的另一重要的供应者，形成所谓俄罗斯渠道。这些钻石主要通过比利时钻石交易中心向外销售。上述的影响致使金融市场产生明显反应，戴比尔斯的股票 1994 年下跌了 40%～50%，公司股票市值损失达数十亿美元，其每股股价从全盛期的 38.22 美元下降到 22.10 美元，跌幅达 42.2%。1997 年，曾经是世界上最大钻石产量国的澳大利亚正式宣布脱离中央销售组织，独立销售其生产的钻石，使钻石多渠道销售正式形成。澳大利亚的脱离至少使钻石市场 6%的产量成为不受 CSO 控制的钻石来源，这些钻石主要是小颗钻石，销往印度加工中心，从而形成除 CSO 以外的低档钻石供应的印度渠道。不受中央销售组织控制的钻石，除了部分会被中央销售组织的外围收购中心收购外，实际上往往会直接被比利时、以色列及印度等钻石贸易加工中心吸纳，或在部分产地国直接加工成为钻石裸石进入市场。

研究表明，戴比尔斯(DTC)创立的单一销售市场体系不断面对市场的挑战，其压力不仅仅来自俄罗斯、加拿大和澳大利亚，也来自全球自由贸易化。钻石业在不同程度上受到汇率、股市投机和发展中的世界经济所困扰。钻石销售网络竞争激烈，反映了全球范围内制造业和商业方面不同的结构和技术变化。与其他行业相同，控制价格的能力已经从销售商向买家方向转移。顾客现在想从供应商的供应商那里买货，而资讯业的发达已使这种可能性成为现实。

2000 年 7 月，由戴比尔斯(DTC)领导的钻石单一销售渠道正式结束，戴比尔斯(DTC)开始将自己定位为“最佳供应商”，中央销售组织(CSO)转型为戴比尔斯属下的钻石贸易公司(DTC)，负责全球钻石销售业务，而戴比尔斯(DeBeers)的品牌不再在钻坯销售中使用[和路易·威登(LV)进行品牌合作，开发零售业务]。2010 年后，国际钻石业全面进入多渠道销售主导的时代。2010 年，全球钻石业复苏，DTC 钻石毛坯价格提升了 27%，2011 年上半年钻石毛坯价格累计上涨了约 35%，销售额创下历史新高。2010 年全年，上海钻石交易所交易总额为 28.86 亿美元，比 2009 年增长 91.9%；从 2000 年 10 月上海钻石交易所成立到 2011 年 10 月，上海钻石交易所累计实现钻石交易 122 亿美元。2009 年，在全球钻石行业受到金融危机影响最为严重的时期，中国钻石市场钻石需求增长 30.2%，超过了日本市场；2010 年，中国市场钻石进口额加速增长，同比增幅达到 85.3%，稳居全球第二大钻石消费市场。显然中国钻石市场对国际钻石市场的影响正不断加大，成为考察国际市场的重要参考市场。

第五节 钻石毛坯评估

钻石毛坯(以下简称钻坯)评估是一件非常细致复杂的工作,评估人必须有钻石切割的经验。评估除了要考虑钻坯的品质及市场行情外,更主要的是要考虑钻石加工后可能获得的价值。一般来说,评估时应首先考虑的因素有以下几点。

一、钻坯的来源及组合

钻坯的来源是影响价值的重要因素。不同来源的钻坯的价格之所以有明显不同,是因为不同产地钻石的组成不同。一些国家所产的钻石主要以首饰级或者说宝石级的钻石为主,如安哥拉、南非等地砂矿所产的钻石;而另一些产地的钻石则主要以工业级的钻石为主,如澳大利亚。因此对大量的样品来说,某些产地来源的钻坯的价格就高,而另一些产地的钻坯价格则较低。20 世纪 90 年代前后的数据显示,全世界宝石级钻坯价格最高的为纳米比亚,分别为 268.6 美元/ct 和 315 美元/ct;而最低的为澳大利亚,为 72.4 美元/ct。如果包括工业级,钻石的平均价格最低的仍是澳大利亚,为 6 美元/ct;而最高的仍然是纳米比亚,约为 300 美元/ct。表 5-21 列出了 2000 年前部分主要钻石产地钻坯的平均价格。2006—2010 年世界 8 个主要产钻国钻石的平均价格如表 5-22 所示。

对于一些已经过挑选的钻坯,如果以大颗、高品质(色好、干净)、易加工且加工出成率高的钻坯为主,该批钻坯的价格就高;反之,则低。事实上在中央销售组织,凡是大于 10.83ct 的钻坯是单独进行销售的。一般而言,宝石级钻石钻坯的价格比同样产地平均的钻坯价格要高 10 倍左右,而比半宝石级的钻坯高 20~30 倍,比工业或技术级的则可高 50~60 倍,甚至百倍以上。如 1986 年澳大利亚磨料级(技术级)钻石价格为 1 美元/ct,而半宝石级为 8~9 美元/ct,宝石级的平均为72.4美元/ct,而其钻石平均价格则为 6.5 美元/ct。

数据还表明,2000 年前后,实际上无论是从 DTC 获分配钻石或 DTC 以外(包括走私的)来源的宝石级钻石的平均价格是相近的,变化在 170~176 美元/ct 之间。

需要特别说明的是,由于各国的出口税收政策以及监管情况不同,在出产国统计的毛坯钻石价格未必能够充分反映国际市场上的价格。以上的分析也仅提供大致的参考。

二、钻坯的大小

钻坯大小不同对价格的影响是非常明显的,无论是毛坯或抛光钻石,理论上,

表 5-21　主要钻石产地钻坯平均价格表(2000 年前)

国　家	价格(美元/ct)	宝石级(%)	统计时间
纳米比亚	315(315)	95	1993 年,砂矿
南非	103.1(105)	近 50	1990 年
刚果(原扎伊尔)	153(277)	5～6	1986 年,按总价值/产量平均,其中,切卡帕地区平均 100～150 美元/ct
博茨瓦纳	65.7(67)	50	1988 年
安哥拉	275(157)	80	20 世纪 90 年代
加纳	165	50	2000 年
塞拉利昂	173	60	2000 年
俄罗斯	100(95)	40	1992—1994 年平均
澳大利亚	6～10(6),60～68*	5	1986 年(Argyle 新的产地 Ywain 岩筒),1998 年
加拿大	120～130	25～40	估计数,1998 年
巴西(南美)	85(83)		1991 年
中国	100(60)	60～70	20 世纪 90 年代中期 5 年的平均值

注:括号内为 1991 年的数据,* 为 1998 年的数据。
资料来源:1991 年,国外矿产年评;1993,中国地质矿产信息研究院;其他,综合。

表 5-22　2006—2010 年世界主要产钻国钻石均价(美元/ct)

国家 \ 时间(年份)	2006 年	2007 年	2008 年	2009 年	2010 年
俄罗斯	67.11	68.56	67.95	67.34	68.35
博茨瓦纳	93.53	88.00	101.41	81.00	117.47
刚果(金)	14.90	12.82	12.93	10.60	8.64
南非	91.18	93.18	95.82	144.23	131.65
加拿大	106.17	97.43	152.32	134.75	195.30
澳大利亚	18.69	19.67	21.86	20.04	25.23
安哥拉	123.43	131.11	135.83	87.04	116.75
津巴布韦	32.36	45.18	54.97	21.20	40.28

其价格与质量(大小)的平方成正比关系,可见钻石质量(大小)对价格的影响较其他因素更为重要。一般来说,钻石原料市场常常是先用不同大小筛孔的筛子对钻坯进行分级,在相同大小的情况下,再考虑钻石品质级别、形状及可能的出成率,从而确定价格。大批量的样品看货人通常根据经验估计出一批货物的平均情况,再来估计其价格。如 DTC 对钻石进行分配时,就是将不同品质级别的钻石放在一起销售的,而对于样品数量较少的情况应将不同大小和形状的钻石分类后分别评估,然后再获得总的价值。事实上 DTC 对钻坯的分类达 5 000 种左右,由此可见要作出准确的分类及评估的难度。对于单颗的钻石原料的评估,笔者认为可以结合后面所讨论的因素并根据其加工出成抛光钻石的可能大小及品质级别,用倒推重置成本法确定其市场价格,然后扣除加工及销售成本来决定该钻石的价值。

三、钻坯的形状

钻坯形状的影响主要表现在不同形状钻坯出成率明显不同。如一颗完整八面体且干净的钻坯,通常可以磨出两颗大小相近或两颗一大一小的钻石,其出成率可能达到 60%以上;而同样品质的马合钻石,由于形状不利于切割加工,其出成率可能就低得多,为 15%或更低,且加工出来抛光钻石的大小也小得多。在这种情况下,相同品质而形状不同的钻坯,其价格就可能相差一倍甚至数倍。因此,实际上钻坯的形状对价格的影响主要是因成品抛光钻石质量及品质级别的影响而产生的。

四、钻坯的颜色

钻坯颜色对其价格的影响和成品抛光钻石颜色对价格的影响直接相关,所不同的是对钻坯而言,要准确确定其颜色更为困难。有些来源的钻石,由于加工前后颜色变化较大,需要评估人具有丰富的加工及看货经验,才能对钻坯加工后的颜色有准确的认识。这一方面的情况和翡翠毛料近似,不同的是较大的钻坯比较透明可以直接观察。如我国沅水流域的钻坯,一般加工后的颜色会变得稍高;而非洲某些来源的钻石,加工后的颜色则不如钻坯外观的颜色。部分钻坯需要酸洗甚至像翡翠赌石一样在表面抛光出“窗口”,才能对内在的颜色进行判断。

五、钻坯的净度

净度在钻坯评估中的影响也与颜色对抛光钻石价格的影响直接相关,与颜色影响不同的是,钻坯净度的价格影响因素更为复杂,还涉及到钻石的大小、形状、出成率、瑕疵分布位置以及影响加工切割工艺等问题。原因是假如有两颗瑕疵数量相同的钻坯,由于瑕疵分布的情况不同,经过适当的设计和加工后,可成为大小及品质完全不同的抛光钻石，形状好及瑕疵分布在较边部的钻坯较瑕疵均匀分布或形状不好的钻坯有更高的价格。而内部瑕疵的种类（如大的解理或固体包体）也可能会对加工过程中的切割、打边等工序产生重要的影响，直接影响出成效果，从而影响其价值。事实上这也是钻石加工中划线设计是最重要的加工工序的原因。因此，对钻坯净度的判断也成为确定钻坯价值非常重要的一环，需要有极为丰富的实际经验。同样，部分钻坯需要酸洗甚至像翡翠赌石一样在表面抛光出"窗口"，才能进行净度的判断。

六、钻坯的晶体结构以及内应力

钻坯的晶体结构包括是否有双晶以及外部纹理的状况等，是对其价格产生影响的又一重要因素。如果钻坯存在双晶或特别的纹理，其切割方案可能就要进行调整。此外，如果钻坯存在较大的内应力，则不适宜进行高效率的传统锯割或激光锯开。

因此，如果晶体结构以及内应力的状况不理想，将直接影响加工工艺的选择，很可能会加大加工成本以及风险，从而影响其价格。

七、单颗（或数颗）钻坯的描述及评估

当接到钻坯的评估任务时，应着重从以下方面对钻坯进行描述和评估。

1. 描述

（1）原石的外形特征及类型。在进行外形特征观察时，评估者对钻石表面的一些特征也应进行记录，特别是一些裂口、双晶纹、解理面等，可能对钻石的价值产生重要影响，也为该钻坯的确认提供依据。

（2）钻坯的质量大小及比例关系。对于一些比较大的钻坯，评估者还应进行长、宽、高的测量，可用游标尺或数显卡尺测量，一般用 mm 表示。

（3）在日光下或标准光源下确定钻石的颜色。如果钻石内有色带，还应对色带的颜色特征及分布进行描述。

（4）确定钻石的净度及晶体结构状况。对钻坯而言，净度的级别固然重要，但更重要的是其内部特征或表面瑕疵的分布及其可能对出成率的影响。因此，评估者应特别留意钻坯内含物的颜色、大小、分布位置，为确定出成率提供关键数据。描述时应选择一定的角度画图，标示重要内部特征及外部纹理。

（5）钻石荧光特征。钻坯价值主要取决于加工后抛光钻石可能的品质级别，因为钻石的荧光特征可对钻石品质级别产生影响。因此，评估时也应了解钻坯荧光特征。如具有蓝白色荧光的钻坯一般就比有强黄绿色荧光钻坯有更好的价值认同。描述荧光特征也可以采用抛光钻石的描述方法。

(6)综合上述因素,对钻坯的加工方案进行评述,并确定其可能的出成率。

2.评估

钻坯的评估,主要是要确定其市场价值,其他几种价值形态少见。

钻坯的价格虽然可以根据其集散地或加工地、市场的价格的调查来确定,但实际上由于每一颗钻石都是独特的,很少有评估者会有足够的市场经验进行这种调查。

因此,成本法评估是更为可行的方法。评估者只要了解到该钻坯可能的出成率及出成后钻石的市场价值,减去钻石的加工费用,减去销售者的平均利润,便可获得该钻坯的重置成本价值。

即使如此,对单颗或成批钻坯进行评估也不是件容易的事,其关键要看评估者对钻石加工了解的程度。对一般的没有钻石加工经验的评估人而言,建议邀请有钻石加工经验的专业人员参加评估,以获得接近实际的、可为市场认同的评估价值。

第六节　抛光钻石的评估及估价

抛光钻石的评估相对而言是一件具有可比性的工作,主要原因是目前抛光钻石有较为明显的世界市场行情。美国纽约雷派波特(又译雷朋博)Martin Rapaport 每两个星期即向世界各国会员推出一份美国纽约抛光钻石现行询价行情(rapaport diamond report)(附录 3),而 Gemguide 及 HRD 等亦先后推出了自己的报价系统。虽然这些报价并非实际的成交价格,但它们对世界市场抛光钻石有较重要的影响,也是实际市场抛光钻石供求关系的直接反应。因此抛光钻石通常采用成本法进行评估。

根据笔者的研究以及与钻石业内的接触,虽然 Martin Rapaport 报价表并不是美国市场实际的成交价,成交价可能比报价单上的价格有 25%左右的折扣(甚至更高或低,视市场需求、交易数量和交易人情况而变),但在中国市场,由于各种钻石批发商要进入中国市场,还要花费大量的成本,如税收、运输及保险费用、销售费用以及其本身经营利润,因此在中国市场上,从零售的角度来看,该报价表与中国市场钻石的抛光钻石市场价格相近或稍低 10%～20%,可以作为现行市价法评估的重要参考。当然由于美国市场是世界上最成熟,也是最重要的珠宝市场,其市场成本费用也是最高的,因此美国纽约的报价自然代表的是一种较高的价格水平。可以想象,如果抛光钻石直接从以色列或者印度进口,即使是相同品级的抛光钻石,其价格也会低一些。

不过就目前世界资讯的发达程度及经济学上的一价原理(即相同品质的商品在不同市场上会有向相同价格靠拢的趋向——最终接近均衡价格),可以推断,从市场的角度看,其差值不应超过两地来回的运输费用、关税、保险费用以及汇率变化所产生的风险的总和。如果说有差别,则可能是由于资讯障碍及技术状况产生的。

对于明亮琢型的圆形钻石,对数年来Rapaport(缩写Rap.)钻石价格表抽样研究表明(参阅附录),质量、颜色、净度与价格之间有着微妙的关系。下面根据2000年前后的数据就影响抛光钻石价格的几个因素进行讨论。

一、质量的影响

钻石质量和价格的关系主要受两方面的因素影响。一是钻石质量大小本身,不同质量范围的钻石的价格,有时会有突然的改变,即克拉溢价。克拉溢价是指超过1ct的钻石的价格会比靠近1ct钻石的价格有明显增加(跳高)的现象。二是国际市场上的供求关系,如果某段时期内某个质量范围的钻石供应较小,而需求较大,CSO就可能会提高某范围钻坯的价格(如1996年将2ct以上钻坯价格上调7%,而一般大小的钻石只升了3%),从而直接影响某地市场钻石的价格。

质量是影响钻石价格最重要的约束条件,克拉溢价是普遍存在的规律,也就是说,1ct或lct以上的钻石较相同品质级别的0.99ct或0.99ct以下的钻石价格有明显的跳跃式增加,同样,2ct或2ct以上的钻石也较1.99ct或1.99ct以下的钻石有跳跃式增加,体现在Rapaport的钻石报价上,这些钻石分布在不同的档次中。实际上除克拉溢价外,对部分小于1ct的钻石还有10分溢价现象,如0.30ct或以上钻石较0.29ct或0.29ct以下钻石,0.70ct或0.70ct以上钻石较0.69ct或0.69ct以下质量的钻石的价格也有跳跃式增加,因此,对于这些区域范围内钻石的评估就必须注意到这种溢价现象。在钻石加工中,加工者往往为了能获得更好的市场价格,会降低加工的比例要求,而使加工好的钻石质量正好在溢价台阶之上,而不是之下。市场上所谓“补卡庄”钻石,实际上就是一些如果严格按规定比例进行加工后其质量可能会低于1ct(“卡”)的钻石,正是因为放松比例要求其质量才达1ct以上。对于这类钻石,评估者除考虑质量与价格的关系外,应对切工或净度等方面有所考虑,作适当的价格扣减。近200年来,钻石界认为钻石(原料或成品)的价值(格)与钻石质量的平方成正比,可以用一个简单的公式表达:

$$钻石价值=钻石质量^2\times单位钻石价格\times K(市场系数)$$

其中,市场系数实际上反映了市场对这一定价原则的认同程度,或者说是市场对某一级别钻石的接受程度。根据Rapaport 1997年9月5日钻石报价单的报价,以I色的钻石为例进行了计算(表5-23)。实际计算结果表明,大约0.30～0.99ct范围的钻石市场系数近于1或大于1,表明该质量范围内的钻石价格基本上

表 5－23　1997 年 9 月 5 日以 I 色为例按质量平方计算的价格与实际报价的比较

价格（百美元）净度 / 质量(ct)	IF	VVS$_1$	VVS$_2$	VS$_1$	VS$_2$	SI$_1$	SI$_2$	SI$_3$	I$_1$	I$_2$	I$_3$	注
0.30～0.37 (0.33)	7.3	6.9	6.6	6.3	5.6	5.3	4.6	4.3	3.3	2.6	2.0	1
	6.6	6.3	6.0	5.8	5.4	5.1	4.6	4.0	3.3	2.1	1.3	2
	1.11	1.09	1.1	1.08	1.04	1.04	1	1.08	1	1.24	1.54	3
0.38～0.45 (0.36)	9.4	9	8.6	8.3	7.6	6.5	5.8	5.4	4.3	3.2	2.5	1
	7.9	7.5	7.1	6.9	6.8	6.1	5.4	4.8	3.9	2.5	1.6	2
	1.20	1.20	1.21	1.20	1.17	1.06	1.07	1.13	1.10	1.28	1.56	3
0.46～0.49 (0.47)	14.6	13.6	12.7	11.8	10.8	9.4	8.5	8.0	6.1	5.2	4.23	1
	13.5	12.8	12.1	11.7	11.0	10.4	9.3	8.2	6.6	4.2	2.7	2
	1.08	1.06	1.05	1.01	0.98	0.90	0.91	0.97	0.92	1.24	1.57	3
0.50～0.69 (0.59)	21.2	19.5	18.31	16.5	15.3	14.2	13.0	11.2	9.4	7.1	5.2	1
	21.2	20.2	19.1	18.4	17.4	16.4	14.6	12.9	10.4	6.6	4.2	2
	1	0.97	0.96	0.90	0.88	0.87	0.89	0.87	0.90	1.07	1.26	3
0.70～0.89 (0.79)	34.0	32.4	30.8	29.2	28.4	26.9	23.7	20.5	18.2	11.8	7.9	1
	38.1	36.2	34.3	33.1	31.2	29.3	26.2	23.1	18.7	11.8	7.5	2
	0.89	0.90	0.90	0.88	0.91	0.92	0.90	0.89	0.97	1	1.05	3
0.90～0.99 (0.95)	48.5	46.6	44.7	42.8	40.9	39.0	35.2	30.4	25.6	18.1	10.5	1
	55.1	52.3	49.6	47.8	45.1	42.4	37.9	33.4	27.1	17.1	10.8	2
	0.88	0.89	0.90	0.89	0.91	0.92	0.93	0.91	0.94	1.06	0.92	3
1～1.49	61	58	55	53	50	47	42	37	30	19	12	4
1.5～1.99 (1.75)	122.5	110	115.5	112	106.8	96.3	84	73.5	59.5	40.3	22.8	1
	185.8	177.6	168.4	162.3	153.1	143.9	128.6	113.3	91.9	58.2	36.75	2
	0.66	0.67	0.69	0.69	0.71	0.67	0.65	0.65	0.65	0.69	0.62	3
2.00～2.99 (2.50)	220	212.5	202.5	190	177.5	157.5	137.5	117.5	95	65	35	1
	381.3	362.5	343.8	331.3	312.5	293.8	262.5	231.3	187.5	118.8	75	2
	0.58	0.59	0.60	0.57	0.57	0.54	0.52	0.51	0.51	0.55	0.47	3
3.00～3.99 (3.50)	409.5	374.5	357	329	280	255.5	224	196	168	101.5	56	1
	747.3	710.5	673.8	649.3	612.5	575.8	514.5	453.75	367.5	232.75	147	2
	0.55	0.53	0.53	0.51	0.48	0.44	0.44	0.43	0.46	0.44	0.38	3

注：1. 按平均质量乘以实际报价计算出的每颗钻石的实际报价；2. 按质量平方乘以 1～1.49ct 单位价格得到的计算价格；3. 1/2 后获得的市场系数（K）值；4. 除 1～1.49ct 为每克拉价格外，其余为每粒钻石价格，单位为百美元。

等于质量平方与克拉单价的乘积。进一步的研究表明，在相同质量范围内品质较差的钻石 K 值较大，表明美国市场对该类型钻石需求更大，相反，对于大于 1～1.49ct的钻石而言，其 K 值小于 1，且质量越大，K 值越小，说明市场上大于 1～1.49ct的钻石品质越差，K 值系数越小，与 0.30～0.99ct 范围的规律相反。

实际上以上情况和美国钻石市场 1997 年的实际情况是吻合的。据《亚洲珠宝》报道，1997 年美国市场对瑕疵级（SI 级）及严重瑕疵（P 级）需求强劲。K 值较大部分的钻石恰好是美国零售市场上近于平均价格、销量最大的钻石，这些钻石因为是以装饰型为主的，其更新周期短，因而人们更注重价格而不是品质级别；相反，对于大于 1ct 的钻石，由于其价值较高，许多美国人也是以投资的观点来看待该类钻石消费的，因此更注重其投资保值功能，而非其价格变化，因而高品质的钻石更受欢迎。对中国钻石市场的考察表明，这一规律同样适合于 1995—1998 年中国市场的情况，这也解释了目前中国市场小颗钻石（小于 0.5ct）最大销量的品质级别范围是颜色为 J—K、净度为 VS—SI 级钻石的原因。因此，对中国钻石市场上的钻石及其首饰进行评估时，应考虑上述因素。

二、颜色与净度的影响

颜色和净度对抛光钻石价格的影响，随大小不同及抛光钻石的品质不同而有变化，但总的来说，仍是有规律可循的。

（1）颜色和净度均较好的高品质的钻石（I 色以上，VS_2 以上）中，颜色和净度其中一个因素保持稳定，而另一因素逐级变化时，每一级变化对单位价格的影响近于相同。也就是说，颜色下降一级（净度不变），如从 D 色→E 色所引起的价格变化与净度下降一级（颜色不变），从 IF→VVS_1 所引起的价格变化近似，但各级之间的变化率不同。以 2012 年 7 月 27 日的报价为例，1～1.49ct 的钻石，D 色和 IF 的钻石价格为 28 000 美元/ct，颜色降为 E 色（净度不变）时，为 20 300 美元/ct；而净度变为 VVS_1 时（颜色不变），亦为 20 300 美元/ct 。当净度为 VVS_1 时，颜色从 E→F 时，价格变为 17 400 美元/ct；当颜色不变，净度从 VVS_1→VVS_2 时，价格变为 17 800 美元/ct。这一规律如果在报价表上，以横坐标表示净度变化引起的价格变化，纵坐标表示颜色变化引起的价格变化，作价格矢量坐标表图，则报价表的左上角位置，净度和颜色逐级变化引起的价格变化是近乎等距离的。

（2）对于一些颜色较好但净度较差，或者净度较高而颜色稍差的中等品级的钻石而言（即分布在报价单左下部或右上部的钻石），颜色和净度的影响不同。

对于颜色较好的钻石，净度每一级别变化引起的价格变化大，也就是说，净度对价格影响大。同样以 2012 年 7 月 27 日 1～1.49ct 钻石为例，一颗 E 色 VS_2 的钻石单价为 10 100 美元/ct，而一颗 F 色 VS_2 的钻石单价为 9 100 美元/ct，后者比前者低 10%左右;而一颗 E 色 SI1 的钻石单价为 7 700 美元/ct,后者和前者单位价格相差 24%。

对于净度较好而颜色级别较低的钻石,颜色每一级别变化引起的价格变化也大,也就是说,颜色对价格的影响更大。如一颗 I 色 VVS_1 钻石的单价为 8 600 美元/ct,而 I 色 VVS_2 钻石的单价为 7 700 美元/ct,两者价格相差 10.5%;但一颗 J 色 VVS_1 钻石的单价为 7 100 美元/ct,前者和后者价差则达 17.4%。

(3)对于一些颜色和净度均较差的钻石而言,颜色和净度变化对价格的影响相近,但相对而言,净度变化的影响更为明显,其中 P_2 和 P_3 之间单位价格差异最大,1～1.49ct 和 1ct 的钻石,两者价格相差可达 35%～40%。如一颗 L 色净度 I_1 级钻石的单价为 2 700 美元/ct,而 M 色净度 I_1 级钻石的单价为 2 400 美元/ct,两者相差 11.1%;但 L 色净度 I_2 级钻石的单价为 1 600 美元/ct,前者与后者之间相差达 40.7%。

三、切工的影响

切工对抛光钻石价格的影响,目前没有确切的数据,但是按照国际市场上的普遍认识,一般认为同样品质的条件下,俄罗斯工、中国工、比利时工或纽约工(此处是指优质切工,不单纯是区域范围概念)的钻石具有较高的克拉单价,而以色列工或泰国工等好的或中等品质的切工的钻石价格中等,印度切工或一般切工的钻石市场价格较低。这种切工判别与国内工艺界所说的标准规工、规工及普通规工的判别近似。根据笔者的经验,在国内市场上,优质切工钻石的价格较一般切工钻石的价格认同可相差 15%～40%,也就是说,在相同品质的情况下,一颗优质切工的钻石,如果市场售价为 10 000 美元/ct,则一般切工钻石往往只能卖到6 000～8 500美元/ct。国际市场上 Rapaport 的钻石询价表是以较好的切工为参照的。

可以肯定的是:具相同品质的钻石,切工好的会较切工差的卖出更高的价钱,至于高多少,以及是否更容易卖,则和不同区域市场有关,一般是越成熟的市场对切工的敏感程度会越高。

四、汇率的影响

汇率对抛光钻石价格影响的主要原因是大多数钻石批发商是在国际市场上进行买卖的,如比利时安特卫普或以色列特拉维夫,多是以美元、英镑或欧元结算。在国内市场上,虽然批发商收人民币,但收到人民币后,他们仍然要将人民币换成美元,才能使生意继续。因此,人民币对美元的汇价是直接影响抛光钻石价格的重要因素。一般而言,由于许多钻石公司目前仍然没有采用正式的外汇兑换途径进行兑换,因此,黑市汇率是影响价格的最重要因素。如 1998 年底,虽然人民币与美元的汇率是 1 美元兑人民币 8.3 元左右,但实际上国内市场钻石交易时却往往按

1∶(9.0～9.2)进行计价。因此，人民币与美元汇率，有时甚至与欧元汇率或日元汇率的关系是影响国内钻石价格的重要因素，当钻石用外币报价时，国内钻石的价格计算公式是：国内市场价＝外币价×人民币的外币汇率＋手续费。

除了直接参考国际市场报价，抛光钻石的评估亦可通过价格系数与钻石品质因素之间的关系来评估。

前面的讨论已说明钻石（抛光钻石）的市场价格亦可以表达为价格：基础价×实际质量×K（市场系数）。其中，基础价可以理解为某个时间内、某种品质水平单位克拉钻石的价格，而 K 值则是颜色、净度、切工及质量等因素对钻石价值的综合影响。如果我们将某种市场条件下确定品质水平单位克拉钻石的价格系数确定为1（如其色级为 H，净度为 VVS_1，切工为优，而质量为 1ct），在其他条件不变的情况下，便可以根据钻石过去价格变化的规律，确定出不同条件下某种因素与标准单位克拉钻石品质因素之间的价格指数关系。例如，其他条件不变只有颜色变化时，H 色级钻石的价格为 10 000 美元/ct，而 G 色级钻石的价格为 14 000 美元/ct，则可认为该钻石的价格是 H 色级钻石价格的 1.4 倍，如 H 色级的价格系数为 1，则 G 色级钻石的价格系数便为 1.4。在颜色和其他条件不变时，如 VVS_1 的钻石价格为 10 000 美元/ct，VS_1 净度的钻石为 8 500 美元/ct，则可以同样确定，VS_1 级净度钻石的价格系数为 0.85。以此类推，表 5－24 实际上就是根据这一原理来分别确定出不同影响因素的价格系数，最终钻石的价格是受质量、颜色、净度和切工等因素联合影响的，因而市场系数 $K=K_1\times K_2\times K_3\times K_4$，也就是质量价值系数、颜色价值系数、净度价值系数和切工价值系数的乘积，即钻石评估价格＝标准基础价格×K×实际质量。

其中，标准基础价格是指 1ct 某种品质水平的圆钻的市场价格，该价格可从钻石交易所的定期报价中获得。由于国内市场的价值认同是国内评估的基础，因此，在参考国际市场标准的条件下，笔者通过对不同影响因素的价格系数的调整，获得更适合中国市场抛光钻石评估的价值系数评估表（表 5－24）。

表 5－25 为钻石系数评估法评估与 Rapaport 报价及中国市场价格比较。表 5－25 的数据表明，大于 0.30ct 的高品质钻石，国内市场价与纽约 Rapaport 的批发现金报价较为接近，而低品质及小于 0.32ct 的钻石价格则相差较远。计算评估价和中国零售市场钻石首饰中的钻石零售价有较大的差异，因此，该价格系数表低估了质量小、低品级钻石的价值，这一现象反过来可以说明，低品级钻石在中国价格较高，而高品级钻石则卖不起价，与国际市场有一定的距离。一些大颗优质如 1～10ct、H 色级以上、净度 VVS 的钻石，在香港被称为“日本庄”、“欧洲庄”货品，适合在欧洲、日本等市场销售，而一些低品级或质量小的钻石在一些发展中国家市场则有较好的价值认同。

表 5 - 24 中国市场部分品级钻石的价格系数表

价格系数(%)	色级	净度	切工	质量(ct)	价格系数(%)	色级	净度	切工	质量(ct)
185	D			2.0	65	M			0.6
175	E			1.5	60			差	0.5
140	F				55	N			
130	G	LC			50	D	P1		0.4
105	H	VVS_1			45	P			
100	I	VVS_2	优 1.0		40	Q	P2		0.3
95		VS_1	好		35	R			
90	J				30	S			
85	K	VS_2	中	0.90	25	T			
80		SI_1		0.80	20	I	P3	0.20	
75	L				18				0.10
70		SI_2		0.70	15				0.05 以下

资料来源:据王雅玫等,1997,修改。

表 5 - 25 调整的依据是国内市场发展较欧美市场晚,我国国民收入水平远低于欧美国家,因而将基础标准价格相应调低为 I 色级、净度为 VVS_2、切工为优质的钻石价格。由于我国有较好的市场认同,质量在 0.30～0.80ct、I 色级、净度为 SI—VS 的钻石相应调高其价格系数。另外,一些高色级、高净度的钻石,由于其产量历来较低,在国际市场上价格一直稳定,国内市场买卖较少,因而其价格系数仍然维持原来水平。表 5 - 25 计算估价 2 是按照调整后的价格系数表计算的,更接近我国市场的实际水平,和纽约 Rapaport 报价也较为一致。我国的钻石批发价格一般相当于 Rapaport 报价或价格系数估算价的 60%～80%水平。由于价格系数估算法只需要知道市场上基础标准钻石价格(受市场上供求关系及其他条件影响)就可以计算,因此是一种较容易掌握的概略评估方法。准确的评估可参照具体市场条件进行必要的调整(因为数据源自 2000 年前,当前市场状况已发生明显变化,只能当做方法学习,无法直接利用相关系数进行实际评估)。

例如,2000 年左右,一颗 50 分、H 色级、净度为 VSl、切工优的钻石,其市场置换价格可按下式估算:

估算价格=标准基础价格×色级价格系数×净度价格系数×切工价格系数×质量价格系数×实际质量=5 500×1.05×0.95×1×0.6×0.5=1 645.8(美元)。

表 5-25 钻石系数评估法评估与 Rapaport 报价及中国市场价格比较

质量(ct)	颜色	净度	切工	计算估价 1(元)	计算估价 2(元)	Rap.(元)	中国市场零售价(含铂金)	市场零售价(扣除铂金)(平均)
1	H(96)	VVS_2	优	55 176	53 361	55 440	85 000～110 000	99 740(8g)
	I(95)	VS_2	好	37 243	39 083	44 000	65 000～80 000	69 740(8g)
	K(94)	SI_1	好	18 622	31 266	35 200	48 000～66 000	54 240(8g)
0.50	H(96)	VVS_1	好	15 972	16 008	18 040	28 000～38 000	30 930(6g)
	H(96)	VS_1	优	13 576	14 483	15 400	23 500～30 000	24 680(6g)
	J(94)	SI_1	好	11 607	9 931	10 120	18 000～23 000	18 430(4g)
0.30	I(95)	VVS_2	优	4 469	5 808	5 280	8 500～11 000	8 370(4g)
	J(94)	VS_2	好	3 165	4 221	3 960	6 800～7 600	6 280(4g)
	K(93)	SI_1	好	1 675	3 751	3 168	5 500～7 000	4 870(4g)
	L(92)	P_1	中	933	1 851	1 848	4 100～5 500	3 320(4g)
0.20	H	VVS_1	优	2 323	2 134	2 059	4 800～5 500	3 770(4g)
	J	VS_2	好	1 406	1 407	1 848	3 800～4 600	2 820(4g)
	J	SI_1	好	844	1 324	1 672	3 300～3 800	2 170(4g)
0.05	J	VS_2	好	176	264	308	960～1 380	480(2g)

注:①本表的标准价由 1997 年 9 月 5 日 Rapaport. 报价表得出 1ct(H,VVS_1)钻石的报价为 6 600 美元;②美元与人民币汇率按 1∶8.8(市场折中价)计算;③中国市场零售价以广州、北京、上海等地国营大商场的价格为参考;④市场平均零售价由(高价+低价)/2 标准求得,扣除铂金按每克 150 元(含工费)计算,且市场代销价格按 2.3 倍计算扣除;⑤计算估价 1 按表 5-24 及笔者研究计算所得。最后一列括号内为钻石首饰白金重量。

按 1∶8.8 的汇率计算,相当于人民币 14 484 元。这一价格的 70%为10 139 元,相当于国内钻石批发价格,而这一价格的 2.1～2.5 倍,21 291～25 346 元即为市场零售价。计算结果和我国 2000 年前后的市场现实基本吻合。

近年来 Rapaport 的钻石价格行情,除了给出圆形明亮琢型钻石的报价外,也给出了花式切工钻石的价格行情,其中圆形琢型钻石的单位价格仍然是最高的(见附录)。表 5-26 表明在相同品级及品质的条件下,如果以圆形明亮琢型的克拉单价系数为 1,则依价格高低次序排列为:圆形琢型>马眼形琢型>梨形琢型>祖母绿琢型。

但是，正如 Rapaport 钻石报告指出的，对花式切工的钻石进行评价较对圆形钻石评价更为困难，主要原因是花式钻石的市场需求变化受市场推广及潮流影响更为明显。另外，花式切工钻石的切工好坏对钻石的价格影响极为明显，切工好的钻石的价格远远高于切工差的钻石价格，而配对好的钻石也有较高的价格。

对 Rapaport 花式切工钻石询价表的研究表明，圆形抛光钻石质量、颜色及净度等因素对价格的影响程度及其变化规律对花式切工来说同样是有效的。表 5－26为不同形状钻石价格对比。

表 5－26　不同形状钻石价格比较表

质量(ct)	颜色净度	形　状		
0.18～0.22	I—J 色 VS	马眼形(1)	梨形(水滴形)(0.95)	祖母绿形(0.72)
0.23～0.29	I—J 色 VS	马眼形(0.95)	梨形(0.91)	祖母绿形(0.75)
0.30～0.39	J 色 VS_2	马眼形(0.86)	梨形(0.86)	祖母绿形(0.8)
0.38～0.45	I 色 SI_1	马眼形(0.94)	梨形(0.88)	祖母绿形(0.78)
0.46～0.49	J 色 VS_1	马眼形(0.95)	梨形(0.90)	祖母绿形(0.81)
0.50～0.69	I 色 VS_2	马眼形(1)	梨形(0.96)	祖母绿形(0.84)
0.70～0.89	K 色 VS_2	马眼形(0.96)	梨形(0.92)	祖母绿形(0.86)
1～1.49	I 色 VS_1	马眼形(0.96)	梨形(0.90)	祖母绿形(0.79)

注：括号内为和同质量圆钻价格比较获得的系数，圆钻为 1。

五、抛光钻石的描述

对抛光钻石进行评估时，对抛光钻石的描述可参考 4C 品质分级标准进行，同时也应该对钻石的外形特征进行必要的描述，其步骤如下。

(1)了解评估的目的。

(2)根据评估的目的及用途，确定其价值类型和相应的评估方法。对抛光钻石而言成本法或市场比较法都可以使用。使用成本法时，若手头的参考资料不充分，则可适当根据 4C 分级要素关系来确定其价格。

(3)颜色描述。一般要在报告中说明所使用的颜色分级标准。目前国际上使用的颜色分级标准中，GIA 的标准已被广泛使用。与此同时，国际珠宝首饰联盟(CIBJO)也形成了一个被许多国家接受的“钻石贸易规则”，这一实践法规在其成员国被广泛认同，包括英国、德国、比利时、西班牙、法国、奥地利、荷兰、瑞士、意大利、丹麦、挪威、瑞典、芬兰、加拿大、印度、澳大利亚、智利和日本。

两套标准虽然可以对应，但其颜色描述术语不同，GIA 的标准更细一些。如 CIBJO 称为 slight tinted white（微黄白色）的颜色，GIA 则划分为 I 色和 J 色两个系列。

一般而言，根据客户评估用途可能涉及的区域选择有关标准，可能会使报告有更好的适用性。

（4）净度的描述。不同的评估体系对净度的描述也不相同，因此应对使用的评估体系有所说明。有些国家在进行净度分级时习惯使用显微镜，而有些则用 10 倍放大镜。IDC 还产生了 5μm 的极限法则。

评估净度时，不同的评估体系对结果的影响可能不大，但作出实际的说明更有利于双方的沟通。

在实际评估的净度描述中，有时“内部特征”（瑕疵）或“外部特征”的位置分布可能和净度的级别一样重要。虽然“瑕疵”分布的位置在净度分级中已有所考虑，但现实市场中不同的地区对净度的敏感性可能不一样。两颗净度级别一样的钻石，如“瑕疵”分布的位置明显不同，在市场上很可能会产生不同的价值认同。实际上很多钻石商正是利用了这种区域差异来获利。

因此，评估师不能不考虑这种客观的影响价格的敏感因素，并在描述中予以说明。

中国市场对钻石净度级别及“瑕疵”的分布特别敏感，一些分布在抛光钻石边部的、不是很显眼的内部或外部特征，对价格的影响较小，而那些明显的解理纹、裂纹或黑斑（晶体）对价格有严重影响。

（5）切工的描述。在描述钻石切工时，有 3 个部分必须予以说明。

①钻石的形状。对相同形状的钻石，应对其形态的美观程度或市场的接受程度予以描述，如形态优美、符合时尚规范或形状较为普通、比例有欠和谐等。

②不同部分的比率关系。

③修饰度。对钻石的对称性、刻面大小、分布、腰的形状及抛光等方面进行描述，并最终确定其切工的级别。

不同的国家对切工级别的要求不同。中国的标准是按 2010 年发布、2011 年 2 月 1 日开始实施的 GB/T 16554—2010 钻石分级标准进行规范的。目前，中国零售市场上相同颜色净度及质量大小的钻石首饰价格的差异很大程度上体现在抛光钻石切工级别的差异上。但对镶嵌钻石，国家标准的品质分级是在 10 倍放大镜下对满足切工测量者做简单的切工比率要素测量和修饰度影响要素描述，因此评估师在采用或参考其他质检部门出具的钻石分级报告时，要特别留意该方面的问题。

Rapaport 的钻石报价是以标准比例切工、整体切工良好（但未说明哪种规范标准）作为基准报价的，切工特别好或特别差的钻石价格可能与报价有 50%～

80%的差价。

(6)质量的描述。对抛光钻石的质量标准,中国国家标准规定要用精确度高于0.000 1g的天平称量,以克为单位,而且用"质量数"表示其质量,质量数数值后的括号内注明其相应克拉值,克拉值保留小数点后两位,第3位逢9进1,如0.200 0g(1.00ct)。

但在国际钻石贸易的习惯中,一般仍用克拉作为质量单位,因此评估师在描述时应特别说明。

(7)评估。对抛光钻石进行评估时,无论是使用成本法还是市场比较法,除了要进行严格的品质分级外,还需根据评估目的、用途、评估市场的级别和市场环境进行详尽的市场调查,以确定使用什么样的市场资料是必不可少的。

目前,国际及香港钻石贸易大多使用Rapaport报价作为参考,但评估师必须清楚实际钻石的成交价与Rapaport的报价可能有很大的出入,主要是因为Rapaport是以纽约现金市场交易价格为参考的,而国内公司钻石的实际成交价受交易双方的实力、交易数量、交易方式以及汇率等多种因素的影响。

国际上,除了Rapaport外,Gem Guide、比利时HRD、以色列的大钻石集团也推出了各自的报价系统,这些系统都有各自的分级系统和参考市场。评估人员不能简单套用××品级、××品质的钻石有××价格这样简单的类比来评估,而必须了解评估目的、市场行情、交易或购买的实际情况,从而进行评估。另外,国际互联网也是钻石价格的重要来源,有关网站数量庞大,评估师需要判断选择,如http://www.diamond.com/,http://www.adiamondisforever.com/,http://www.diamonds.be/,http://mineral.galleries.com/,http:/www.diamondring.com/……

其他的原则可参考前述内容。总的来说,抛光钻石有比较明确的国际行情,要找到相关的参考并不难,但要确定出一个很符合实际的评估价格并不容易,需要评估师对市场有全面和深入的了解,与钻石商界有广泛和长期的接触,了解当地劳动市场及商业环境。

(8)其他说明。如果被评估抛光钻石是比较特别的,如特别大、切工特别、颜色或净度特别好等,在当地很少有类似的交易,缺乏可比较的参照系,评估师就应该作出说明,以便使用者了解评估报告的限制条件。

六、彩钻的价值评估

彩色钻石的评估是最困难的工作,目前并没有一套行之有效的方法,主要的困难来自两个方面:其一是目前对彩色钻石的鉴定仍然有一定困难,并非所有彩色钻石都易于区别出天然与人工处理,而市场上确实存在许多经过人工辐射或其他方式改色的钻石;其二是彩钻品质分级的标准并不统一,特别是世界不同国家对颜色的喜爱程度有较大的差异，消费偏好不同，因而国际市场上彩色钻石的价格变化非常大。表 5－27 列出了 2004—2009 年来国际市场上拍卖成交的一些钻石的价格。

表 5－27 2004—2009 年来国际市场上拍卖成交部分彩色钻石价格一览表

拍卖年份	颜色	质量(ct)	金 额	币种	美元/ct
2009	艳彩粉红	5	83 540 000	港元	枕形 2 200 000 美元
2008	浅黄	23.28	371 679	美元	15 965
2005	彩黄	5.00	449 600	港币	57 920
2005	鲜彩黄	3.16	1 091 200	美元	345 316
2004	艳彩黄	12.52	8 014 400	港币	82 522
2005	粉红	5.00	13 000 000	港币	335 181
2008	深红	1	333 063	美元	333 063
2004	紫红	0.91	4 318 000	港币	611 769
2006	艳彩粉红	10.04	48 280 000	港币	618 228
2007	鲜彩黄绿	3.07	1 194 206	美元	388 992
2008	艳彩蓝色	35.35	24 311 191	美元	6 890 120
2005	棕黄	4.00	456 000	港币	14 694
2005	黄棕	8.00	7 960 000	港币	128 257
2006	橙棕	2.35	66 000	港币	36 008
2006	香槟色	4.75	201 571	美元	42 436
2007	变色钻石	6.10	1 320 000	港币	27 907
2007	灰黑	3.06	35 484	美元	11 596

第七节 钻石首饰的描述及评估

一、描述

进行钻石首饰的评估，同样首先需要了解其评估目的及评估报告的使用用途，从而确定其价值类型和评估方法。

钻石首饰描述的内容包括以下两个方面。

其一是抛光钻石的描述，超过一定质量、较好品质钻石的价值通常会占钻石首饰价值的一半以上，因而对钻石首饰中钻石的描述仍然是非常重要的工作。基本的方法和抛光钻石的描述相似，仍然是以 4C 品质分级标准进行。但有所区别的是钻石首饰中的钻石是已经镶嵌好的，有关数据的获取方法及精确度有所不同。如若钻石质量是测量计算所得，就必须注明是用什么公式估算的质量。有关钻石是否经过改善处理的鉴定也应说明。也就是说，要对有关数据的精度进行说明，包括说明有关分级是在未取出钻石的情况下进行的，等等。

其二是对首饰的描述，包括以下几个方面。

(1)钻石首饰的种类：戒指、项链，或其他类型的首饰。

(2)男式、女式，或其他。

(3)钻石首饰的制作方法及工艺特点。

(4)钻石首饰所用的金属及含量。

(5)钻石首饰的全重及尺寸。

(6)钻石及其他伴钻的数量。还应对伴钻的品质、大小等进行必要的说明(如果已在“钻石”部分描述则尽量简单)。

(7)钻石首饰的来源及有关公司的信誉情况。

(8)如果是旧式钻石首饰(如民国时制作的)，则应对该钻石是否需改制及可能产生的变化进行说明。

(9)钻石首饰描述工作样单(见附录 5)。

二、钻石首饰的评估

钻石首饰在国内已有较为成熟的市场，因而其真实的价格资料较为容易获取。采用成本法或市场比较法进行评估均可。

1. 成本法

(1)评估师应对钻石首饰中主体抛光钻石进行准确的品质分级，确定出它的颜色、净度及切工级别。在进行颜色分级时，需要尽量消除镶嵌金属对钻石颜色的影响；进行净度分级时，则需要认真观察钻石“爪”下或金镶边附近的包体情况，以获得准确的品质级别；对于普通的钻石首饰，切工的分级一般可以简化，只要了解其加工质量是优、良或差即可。钻石的质量可根据测量的结果进行计算，并根据切工情况校正。计算结果与标示质量有较大误差时，应进行进一步的核实。根据钻石的质量，利用国际钻石报价表(如 Rapaport，Gem Guide)或国内市场批发报价表，查出或计算确定出评估基准日时主抛光钻石的成本价格(P_1)。

(2)评估师应分析测定出首饰用金属的种类、成色及伴钻的数量、质量、品质，根据评估基准日国际报价，计算出所用金属的成本价格及伴钻(同样需要进行品质确定)的价格(P_2)。

(3)评估师可对钻石首饰总体的设计制作质量进行评价。根据其制作方法、款式类别和加工精细程度,确定其级别及镶工费用(通常包含劳动力成本),并确定出其相应的金属耗损率,其中所用金属价格应加上同类加工品质首饰的损耗金属价格(P_3)。

(4)根据目标市场的毛利率水平确定出市场价格,在我国目前的市场惯例下,劳动力成本一般已包括在市场毛利率涵括范围内,可不必单独计算。

(5)根据我国平均税赋水平(增值税 17%,钻石及钻石饰品消费税 5%),加上该件首饰的应付税金即为其零售市场价值。由于我们目前所能获得的钻石报价资料一般是不含税的,而各种镶嵌厂或公司的报价中一般也不含税(即不开发票),因此这一部分的价格一般没有在前面的计价中体现。正规来说,应该是:总价格×(1+税收率),但考虑到现实当中增值税是可以抵扣的,因此计算就会显得很复杂且有争议。从税务部门的简化税收方法看(不管你如何抵扣,必须交交易额的 7%~8%),钻石首饰合理的税赋目前可简化为 12%(必交的增值税 7%,消费税 5%)。

(6)钻石批发商的毛利率通常在 50%~100%之间变化,而零售商则在此基础上加 100%~160%。

因此,一件钻石首饰的批发重置成本价为:重置成本价$=(P_1+P_2+P_3)\times$ 1.12(税收、消费税在加工环节收)×1.5(批发商毛利率按 50%计算)。

【案例说明】

评估一件 0.45ct 铂金女装钻石首饰的资产价值,首饰为铸模制造,款式适合当前市场销售,首饰用的金属是铂金(Pt950),质量为 6.6g,伴钻共 12 粒,每颗为 1 分。评估目的是保险估价,评估用途是为了进行财产保险,评估基准日为 2011 年 6 月 3 日。

(1)价值类型:新重置成本价值

(2)首先对该钻石首饰进行品质评估,确定该钻石的颜色为 I 色(95 色),净度为 VS_1,为切工比例及修饰度均为好(G)的理想琢型白色钻石。

(3) 根据 2011 年 6 月 3 日(或靠近日期)Rapaport 钻石报价行情,I 色、VS_1 级、好切工圆形钻石的国际市场报价为 2 200 美元/ct,因此该钻石的美元价格为 0.45×2 200=990(美元)。根据前面讨论,如果批发商在批发购买该钻石时获 20%折扣,而其进关报税、保险运输及利润分摊的费用正好占其价格的 20%左右,则在中国市场重新购买钻石的批发价亦为 990 美元[实际情况下,这个分摊费用不一定会出现,特别是非正式渠道进入,如果不考虑此费用,则批发价为钻石美元价×Rapaport 钻石行情折扣率(25%左右常见,见前面讨论)],按实际情况当时与人民币的兑换价为 1∶6.476 9(折中价),则该主抛光钻石价格为 6 412 元(P_1)。

(4)计算出所用金属的成本价格及伴钻(同样需要进行品质确定)的价格(P_2)。该首饰用的是铂金Pt950,重为6.6g,伴钻共12粒,每颗为1分。

P_2=首饰用金量×(国际金价(美元/盎司)/31.103 5×美元汇率牌价/直接采用国内黄金交易所的黄金牌价/国内主流企业不含工费金属价格)+伴钻质量(数量×粒数)×伴钻单价。

评估基准日当天上海老凤祥Pt950铂金不含工费价格为496元/g,则首饰铂金价为496×6.6=3 274(元)。伴钻品质很好,1 600元/ct,伴钻价为1 600×12×0.01=192(元)。

确定该钻石首饰所用金属及伴钻的价格:P_2=3 274+192=3 466(元)

(5)对钻石首饰总体的设计制作质量进行评价,根据首饰的制作方法、款式类别和加工精细程度,确定其金属耗损率及镶工费用(通常包含劳动力成本)(P_3)。

P_3=首饰用金量×(1+损耗率)+镶工费用(伴钻较多时,超过规定不收费的伴钻每粒加收3~5元镶工费用)。

钻石首饰是一种款式新颖的铸造女装钻戒,其上有部分磨砂,是市场流行的款式,但不是名家设计的品牌产品,因此重新镶嵌一款该钻石的成本费用约为100元。同类加工品质首饰的损耗率为16%,损耗金属质量为6.6×16%=1.056(g),价格为1.056×359(价值基准日Pt950铂金牌价378×0.95)=379(元)。伴钻超过5粒部分每粒加收3元。

金属损耗及镶工费 P_3=379+100+(7×3)=500(元)。

(6)上述各步骤所得价格之和加上该件首饰的应付税金及批发利润,即为在评估基准日重置该钻石首饰的批发价格,亦是该钻石的批发重置成本价格。

该钻石首饰批发重置价格为:(P_1+P_2+P_3)×1.12×1.5=(6 412+3 466+500)×1.12×1.5=10 378×1.12×1.5=17 435(元)。

熟悉市场的珠宝专业人士会发现,实际上在现行中国市场上,该类型钻石首饰的合理零售市场众数价格大约为35 000~38 000元,而评估批发价格为17 435元,两者相差达17 566元,相当于市场零售价格是批发价格的200%~218%,事实上这一差值正好就是零售商所要求的必要的经营利润(批发价格上加100%~150%毛利)。

因为保险市场购买一般属大型批发或长期客户,保险资产评估应该按照批发重置价格进行确定。

对于一些设计独特的钻石首饰,在进行重置成本估算时,应加上设计的费用。一般而言,名家设计或名牌公司的钻石首饰,该方面的价值可占总价值的15%~35%,应视具体情况而定。

2. 市场比较法

市价比较法评估钻石的价格，主要依据的是现行市场或评估市场钻石首饰的交易价格，按照钻石的品质以及首饰用金属的种类、质量和首饰的款式等因素，考虑各种市场因素来确定其价格。

正如上面所讨论过的一样，由于钻石交易者(公司)的情况不同，交易数量差异等因素，通常钻石市场的交易价格也可有较大的差异，那么以哪一类为准才合理和接近市场的实际情况呢？

一般而言，钻石批发商的交易价格很难为不参加交易的人员包括评估人所了解，因而评估难以考虑。而一些小型公司的价格则较多受环境甚至个人情绪(如交易者熟悉程度等)所影响而具有较大的不确定性，从而不具有代表性。

鉴于上述情况，并考虑到我国目前的珠宝首饰的大多数销售是在珠宝公司(百货大厦珠宝部)完成的，这种类型公司的销售份额一般较为固定（依公司的地位及销售量也有一定差别，但变化在同一数量级范围内）。在正常情况下，其价格一般较为固定(折扣变化相对少，市场毛利水平是厂商批发价格再上调100%～150%)，因此，笔者认为对国内珠宝市场钻石的评估，可以以当地最大的大百货或商厦珠宝部的零售价作为现行市场比较法评估的参考价格，根据评估目的的不同进行修正。

(1)确定要评估钻石的品质及钻石首饰镶嵌金属的种类、质量，款式的新旧程度，伴镶钻石的大小及品质状况，厂家的声誉及售后服务情况。

(2)了解当地市场多家主要百货商厦(场)珠宝部钻石的零售价格，进行综合获得某种品质钻石或钻石首饰的众数零售价格水平。表5-25是笔者在2000年前后对广州、北京、南京、深圳等地市场钻石首饰价格了解下做出的。评估者可根据当地市场的情况及评估基准日的市场情况变化进行适当的调整，或自行调查，按评估基准日当地市场同样的钻石首饰的价格作参考。

(3)根据评估目的确定价值类型。一般而言，笔者认为这种公司的零售价可以理解为正常合理的零售重置价值，可以直接作为馈赠及财产纳税等评估目的估价。而钻石首饰的批发价可作为以保险公司资产评估和再销售为目的的估价。

钻石首饰的批发重置价值，或者批量首饰交易的价格，可以根据零售市场重置价值扣除零售商利润进行反推。

【案例说明】

例如，在广州市场，要对一枚主钻为0.30ct的铸模18K黄金钻石戒指进行评价(钻石有1分伴石8粒，戒指共重8g)。评估目的为馈赠物评估。该钻石首饰是在上海一名牌珠宝公司购得，时间为2012年3月5日。评估基准日为2012年7月23日。

(1)在标准的情况下,确定该钻石的颜色为 94 级(J 色),净度为 VS_2,钻石出火及反光均较好,无明显加工瑕疵(良工),确定为明亮琢型的以色列工钻石。

(2)在广州的大国营百货公司中调查,发现有两家公司的两枚钻石首饰与评估原首饰风格相似,钻石大小及品质均近似,但所用金属及质量不同,伴钻有一定差异。其中一枚 18K 黄金为 6g(已经减去主钻石及伴钻质量),伴钻共 3 颗,每颗 2 分,钻石首饰零售价格为 12 200 元。而另一枚为 Pt950 的铂金钻石,铂金重 4.6g(已经减去主钻石及伴钻质量),优质伴钻 8 颗,为 1 分,质量优于评估对象,钻石首饰零售价格为 15 600 元。

(3)对参照物进行价格调整,以使其金属及伴钻与评估对象一致。

第一枚钻戒因为金重 6g,因此,如果与评估物一致,则应增加 18K 黄金 2g(近似,如要精确可扣减(或加)钻石质量),其费用为 18K 黄金市价乘以克数,据调查当时 18K 黄金的价格为 329 元/g,则 2g 18K 黄金价格为 2×329=658(元)。而其伴钻与评估对象亦有差异,其中据调查两分该质量的伴钻市场价为 2 300 元/ct,而评估对象伴钻的价格为 1 500 元/ct,则与评估物相一致时价格调整为(由于不同粒数分钻的镶嵌费差很小,在此忽略,对复杂的首饰需要要作考虑):

(3×0.02×2 300)-(8×0.01×1 500)=18(元)。

因此该枚钻戒如果与评估对象金重及伴钻近似一致时的市价应为:

原价+调整价=12 200+(658-18)=12 840(元)。

第二枚钻戒因为该钻戒为铂金 Pt950,金重量及价格与评估对象均不同,作价格调整。首先按市场上铂金的镶嵌厂价计算出该参照物金价,然后按市场上 18K 黄金镶嵌厂价计算出评估对象的金价。如前者大于后者,则对参照物价格进行扣减,反之则应增加。

参照物:4.6×497 (Pt950 市场报价)=2 286(元)。

评估对象:8×329(18K 金珠宝商报价)= 2 632(元)。

评估对象的黄金价值高于参照物铂金价值,则参照物的价格应做增加,差价为评估对象金价减去参照物金价,即 2 632-2 286=346(元)。

伴钻调整:因参照物伴钻质量优于评估物,为了和评估物相一致,则应对参照物的伴钻进行扣减。经分析铂金钻戒的伴钻为 1 800 元/ct,则扣减额为:

8×0.01×(1 800-1 500)=24(元)。

因此当第二件参照物与评估物伴钻及金属均一致时,价格为:

15 600+(346-24)=15 922(元)。

如不考虑其他因素,该评估物在广州市场的零售重置价值近似为两件钻石品质及大小相近、风格近似钻石首饰市场价格的平均值,则为:

(12 840+15 922)/2=14 831(元)。

如参考物不只两件而是几件，其一般公式应为$\sum P_{n-2}/(n-2)$（去掉最高价和最低价）。但在理论上，最有参考价值的价格为众数价格，即和被评估钻石首饰相似的参照物常见的价格；在实际评估中，要找到这样的众数价格并不容易。作为近似，如果两件或多件首饰与被评估物非常相似，可采用算术平均的方法计算。

实际上因为评估物不是在广州买的，参照物是广州国营大百货商厦的销售物，而评估物是上海名牌公司的产品，因此更准确的做法是应根据区域市场的变化及购买环境的不同作进一步调整。

广州、上海、北京是中国钻石市场发育最完善的区域。根据调查，三者钻石市场定价水平接近，因此在本例区域市场变化对价格影响不大，但由于评估物是在名牌珠宝公司购买的产品，商品中附加有一定的商誉价值，而根据前面的分析，作为参照物的国营大百货公司的商品其价格系数为1～1.2，而名牌公司一般为1.2～1.5，此处如取1.4，和参照物相比，购自名牌的评估物可有20%±的溢价。因此，实际的评估应为14 831×(1＋20%)＝17 257元。

上例表明，珠宝评估所用的市场比较法实际上是一种类比认定法，其核心是不同标的物的匹配，因此市场比较法的关键其实是匹配分析。由于要在同样的市场条件下，找到各方面条件完全一致的钻石首饰几乎是不可能的，有时虽然能找到大小及品质完全一致的两枚钻石首饰，但实际上首饰的设计风格、用金、销售条件都可能完全不同，此时评估者就应根据评估物和市场调查所得钻石首饰的不同作适当的匹配调整，以使评估结果尽量接近实际的情况。

在珠宝评估中有一条最根本的原则是：任何接近真实的评估都是指在相同评估目的下，评估的结果能尽量接近某个时刻（评估基准）实际买卖成交的众数价格。

钻石首饰中钻石的大小及品质对价格的影响与抛光钻石近似，所不同的是，有时钻石镶嵌成为首饰后，其颜色及净度级别的评价较抛光钻石困难，评估人需要有足够的经验去获得钻石首饰上钻石准确的品质资料。实际上，包括一些在镶爪下隐藏的瑕疵，有时也会直接影响到钻石首饰的价格。从这一层意思上看，一些带有权威鉴定评估机构（如美国GIA、比利时HRD）鉴定评级证书的钻石首饰（包括抛光钻石），其品质由于有额外的担保，价格会有5%～10%的溢价。

钻石首饰设计对价格的影响主要是指其设计是否由名师完成，其设计是否新颖独特，是否符合潮流及市场的偏好。从目前市场的情况看，设计风格独特、新颖的钻石首饰可能较一般普通钻石首饰有15%～35%的溢价。

钻石首饰零售公司商誉对价格的影响主要是由公司规模、公司经营珠宝的历史、公司在消费者心目中的形象、公司的销售方式、公司的售后服务及税收的多少等因素综合产生的。换句话说，公司无形资产的存在对所销售珠宝的价格会产生一定的影响，这也就是所谓名牌效应产生的影响。就国内目前的情况看，如果以中等规模的珠宝公司(如各种金铺、黄金珠宝公司)钻石首饰的价格系数为1计算,具有连锁服务,或在全国大城市有大量专卖公司的大的珠宝公司及一些大的国营商厦、商场珠宝部钻石首饰的价格系数,将会在1.1～1.5之间变化;而一些规模较小的珠宝公司或品牌独特的专业珠宝公司,其钻石首饰的价格系数在0.7～1.1之间变化;一些历史悠久或具自己品牌的名牌珠宝公司,如国外的Cartier(卡地亚)、Tifanny(蒂芙妮)等,其价格系数可变化到1.5～2.5,甚至更高;一些私人或个体经营者所销售的钻石首饰的价格系数,则可能只有0.7～0.8。也就是说,在正常的市场状态下,私人或个体经营者卖7 000～8 000元的钻石首饰,在一些中等规模的珠宝公司和金铺中可能卖11 000～15 000元,而在一些名牌大公司中则可能卖15 000～25 000元。当然这里需要强调的是所讨论的是正常的情况下,并不是说大公司的钻石首饰一定较小公司的贵,有时大公司由于资源丰富,入货时批量大、价格低,具经营规模的优势,为了占领市场,其零售价格可以比一般公司低30%～50%。后一种情况通常只会出现在市场较差或者恶性竞争的条件下,在评估时一般不应以此为参考。

钻石首饰用金属对钻石首饰价格的影响是显而易见的。就目前国内市场情况看,大多钻石首饰是用铂金或黄金来镶的,铂金用得最多的是Pt900或Pt950,即含90%或95%的铂(Pt)合金;而黄金用的最多的是18K黄金或18K白金,也就是指含黄金(Au)75%的合金。这两种金属在国内的镶嵌厂的价格明显不同,一般Pt900每克的价格是按当天(出货或合同)国际铂金价加上手续费计算现货价;而黄金的价格通常按国内黄金批发价加上手续费计算,有些外资或合资厂则按国际市场金价加上人民币与美元的兑换差价计算。不同城市的厂商不同贵金属的镶嵌价格也有一定的变化,表5-28列出了不同地区几个厂家在2000年前后的价格。数据表明,国内市场上一般钻石首饰镶嵌工费差异在10%～30%之间变化。但最好和最差的相比,工费差别可达150%～200%。工费对小钻石首饰影响较大,而对贵重钻石首饰的影响较小。

2012年,客户下单数量较少时黄金镶嵌工费报价(数量大的客户可在此基础上有折扣):男戒100～150元,女戒35～50元,吊坠45元,耳环100～150元,项牌250元,手链250～500元,伴钻超过一定数量的另外加收镶工3～5粒,卡装钻加收工费100～150元,铂金的工费则比黄金高30%左右。

除此之外,税收实际上也是影响钻石首饰价格的无形因素之一。一些大的珠宝公司由于税收规范,需要交纳17%的增值税(可抵扣部分)及5%的消费税,可以说这些钻石是按较正规的途径报关入境的,因此其钻石首饰的价格就较高。相反,一些小公司因为税收较宽松,不必交或只需交纳小部分税收,因此其价格可能就较低。就正常的评估而言,笔者认为,税收应计入钻石首饰评估之中。

表 5－28　不同厂商黄金、铂金 2000 年前后首饰镶工工费表(批发价:元)

项目	北京某两公司		沈阳某公司		深圳某公司	番禺某公司
金属	铂金(Pt900)(公司 1)	铂金(Pt900)(公司 2)	铂金(Pt900)	18K 黄金	铂金(Pt900)	铂金(Pt900)
男戒	80	80	80	60	70	121
女戒	70	50	50	20	55	71
吊坠	60	30	40	15	35	61
耳环(副)	90	50	—	—	60	99
项牌	100	80	80	30	60	110
手链	190/300	150	220	200	130	330
其他	电铂喷沙 5 元/件,镶伴石 1 元/粒	—	—	—	铂金当日金价加 12% 损耗,电金喷沙不收费	免费喷沙、电白、免费镶伴石,铂金金耗 15%,黄金金耗 12%,金价按国际市价

重置成本法和现行市场比较法相比,重置成本法是较为简单方便的方法。由于抛光钻石有世界市场行情,且黄金或铂金的价格亦较易获得,只要将钻石的价格加上黄金或铂金的价格及伴钻的价格,再考虑不同风格的首饰镶嵌费用,便可以求得一件首饰的重置评估价值。

思　考　题

1. 评价钻石的颜色有哪些要注意的问题?
2. 评价钻石的净度有哪些要注意的问题?
3. 评估钻石的切工有哪些要素,它们是如果影响钻石价格的?
4. 国际钻石市场上的钻坯主要来自哪些国家,它们是通过什么方式最终进入市场的?
5. 什么是钻石的单一销售渠道和多渠道销售?
6. 钻坯的价值评估包括哪些内容?
7. 如何进行抛光钻石的价值评估?
8. 进行钻石首饰的评估时,应如何正确描述钻石首饰?
9. 2010 年前后,国际钻石市场主要的变化有哪些,对抛光钻石的价值评估会有什么影响?

作 业 题

有一枚女装钻石戒指，铂金(Pt900)铸造，爪镶，戒指全重6.86g，钻石质量为0.80ct(G色，VVS_1)，伴钻爪镶，围绕主钻。伴钻单颗重0.05ct(有两颗I色VS_1，三颗I色VS_2)。戒指做工精美，系国内名牌珠宝公司产品。请设定评估基准日，为拍卖评估提供一份评估报告估价(其余条件自定)。如果是为企业作资产清算，结果又如何？请另写一份报告。

第六章 有色宝石及其首饰的评估

有色宝石的品质主要根据宝石分级确定。有色宝石的分级与钻石一样，主要依据4C，即颜色、净度、切工及克拉重来确定。但有色宝石的分级更为复杂一些，尤其那些具有特殊光学效应的宝石（如欧泊）分级所考虑的因素更多一些，且国际上目前尚无统一的标准。事实上，不具有特殊光学效应的有色宝石与具有特殊光学效应的宝石，在分级时各自都有不同的分级标准。

第一节 有色宝石的颜色分级

颜色是影响有色宝石品质和价值最主要的因素，它的影响一般占到50%甚至85%。而宝石的颜色描述则要从颜色的三要素入手，即色彩、色调和饱和度。有色宝石的颜色分级就是确定宝石颜色的色彩、色调和饱和度，再确定其颜色的品质级别。

世界上已有不少关于有色宝石的颜色分级体系，但尚无完全为珠宝各界人士广泛接受的体系。不过，国际上应用较广的主要有Howard Rubin的Gemdialogue颜色描述和分级体系及GIA的有色宝石分级体系（The GIA Colored Stone Grading System）。这两个体系都按颜色的三要素进行分级描述，而且都是利用与标样对比的手段来进行颜色分级的。

Gemdialogue颜色分级体系已为美国宝石贸易协会（AGTA）接受并作为官方的颜色描述标准，推荐专业评估师使用这一体系。Gemdialogue以便携的颜色手册的形式提供了60 000种颜色标样供对比，有21种透明的颜色色标，每个色彩都按10个级别的饱和度分别印在10张透明塑料片色标上，另配有黑色或褐色的色罩用来调节色调。黑色和褐色色罩也有10种不同饱和度的色标样。通过将宝石与各个色标对比，找出最相近的颜色，即可确定宝石的色彩、色调和饱和度。

GIA的有色宝石分级体系也提供了一套便携的比色标样，即Gemset。Gemset由塑料铸模成型为圆多面型的颜色标样（Gemset），这些标样的颜色是经过严格的色度测量标定的。标样由31种色彩组成，每种色彩都有7个级别的色调和6个级别的饱和度，共有324个颜色标样。在颜色分级时，只要将宝石与各个标样对比，找到对应的颜色标样，就可确定宝石的颜色(标样上标记了其颜色、色调和饱和度的级别)。GIA 在 1979 年还生产出了一种用于颜色对比的仪器 ColorMaster，但于 1996 年春已停止生产了。

在进行颜色分级时，要选择合适的光源。因为光源的强度、光源类型(白炽灯或日光灯)、宝石的透明度、观察角度(如具多色性的宝石)、观察者的情绪都会影响到观察的效果。过去，人们主要以自然日光作光源来观察，而且认为观察颜色最好是上午 10 点到下午 4 点，借助来自北边窗口的散射光。

根据国际照度委员会(CIE)的规定，对颜色的描述或测试应该采用色温为 6 775K的近日光的光源。对宝石颜色的分级也都采用这种标准光源。如果选用的光源不合适，就会引起颜色判断的错误。如人们去云南瑞丽购买翡翠，常常会发现在瑞丽看来颜色很好的翡翠，回到内地颜色却变得太深，这是因为瑞丽的日光比内地的明显强的缘故。

1. 色彩

色彩即基本色红、橙、黄、绿、青、蓝、紫。宝石常常显几种色彩的混合色。

在观察颜色时，首先凭视觉从台面观察，确定宝石中最主要的色彩，再仔细观察宝石，找出宝石中次要的色彩及次要色彩所占的比例。当然，确定它们的比例是很主观的。

一般按次要色的比例分为：

很弱的次要色(次要色占 5%～10%)，如很弱的蓝绿色(蓝色占 5%～10%，绿色占 90%～95%)；

弱的次要色(次要色占 10%～15%)，如弱蓝绿色(蓝色占 10%～15%，绿色占 85%～90%)；

明显的次要色(次要色占 15%～25%)，如蓝绿色(蓝色占 15%～25%，绿色占 75%～85%)；

强的次要色(次要色占 25%～35%)，如强的蓝绿色(蓝色占 25%～35%，绿色占 65%～75%)；

很强的次要色(次要色占 35%～45%)，如很强的蓝绿色(蓝色占 35%～45%，绿色占 60%～65%)；

平衡的两种色(次要色占 45%～55%)，如蓝—绿色(绿色与蓝色各占近 50%)。

在 GIA 的 Gemset 标样和手册上都标记有其色彩的英文缩写，如表 6－1 所示。

宝石的色彩应该按主要色和次要色的比例来描述，如上所述。

人们在贸易过程中，习惯将宝石的颜色用类比法来描述，如“鸽血红”、“鸭血红”、“苹果绿”等。这种描述带有明显的主观色彩，在珠宝评估和彩色宝石分级中要尽量避免。

表 6-1　颜色色彩描述术语及英文缩写

色彩	缩写	色彩	缩写	色彩	缩写
紫	P	黄	Y	绿蓝	gB
红紫	rP	绿黄	gY	极弱绿蓝	vslgB
红—红紫	RP/PR	黄—绿	YG/GY	蓝	B
强红紫	stpR	强黄绿	styG	紫蓝	vB
弱红紫	slpR	黄绿	yG	蓝紫	bV
红	R	弱黄绿	slyG	紫	V
橙红	oR	绿	G	蓝红紫	bP
红—橙	Ro/oR	极弱蓝绿	vslbG		
红橙	ro	蓝绿	bG	例外	
橙	o	极强蓝绿	vstbG	粉红	pk
黄橙	yo	绿—蓝	GB/BG	褐	br
橙黄	oY	极强绿蓝	vstgB		

2. 色调

色调即色彩的明亮度，又称明度。即色彩与光亮或黑暗的混合，导致苍白或很暗的色调。

GIA 在有色宝石分级中将色调分为 11 个等级：

0　无色或白色(colorless or white)；

1　极浅(extremely light)；

2　很浅(very light)；

3　浅(light)；

4　中浅(medium light)；

5　适中(medium)；

6　中深(medium dark)；

7　深(dark)；

8　很深(very dark)；

9　极深(extremely dark);

10　黑(black)。

而实际操作中比较简便的仅分为 7 级,即白色、浅、中浅、中、中深、深和很深。海蓝宝石的色调一般很少超过 4 级到 5 级。

3. 饱和度

饱和度又称浓度,指色彩的强度或鲜艳程度。饱和度最低时,即颜色为完全中性的灰色,而饱和度最高即纯光谱色。GIA 的有色宝石分级体系中将饱和度分为 6 级,即灰(褐)、淡灰(褐)、极淡灰(褐)、中浓、浓及鲜艳,分别用数字 1、2、3、4、5、6 来表示。有色宝石的饱和度很少能够达到浓,所以在有色宝石颜色品质分级表上饱和度在 5、6 处常常为空白。

4. 颜色级别

因为各种宝石颜色的特征不同,而且人们对不同宝石品种的颜色需求和满意程度不同,具有相同颜色特征的不同宝石应该对应不同的色级。根据各宝石品种的颜色相对满意程度、稀有程度和需要程度,将宝石的颜色品质分为 10 级(表 6－2),即 1～10,并且归入 4 大类:极好(8～10 级)、很好(6～8 级)、好(4～6 级)和商业级(1～4 级)。所以在确定有色宝石的色彩、色调和饱和度的等级后,还要根据颜色三要素的等级及宝石的种类,查 GIA 的 GemSet 手册或 Gemguide 手册确定该宝石的颜色品质的等级(1～10 级)。

表 6－2　各颜色品质分级

颜色分级	颜　色
极好(8～10 级)	颜色是该品种已知最好的,色调为该品种最理想的,饱和度为鲜艳、均匀
很好(6～8 级)	颜色稍稍偏离理想色,稍浅或深的色调,饱和度稍低
好(4～6 级)	与理想颜色可有较大的偏离,较浅或较深的色调、较低的饱和度
商业(1～4 级)	与理想颜色偏离大,很浅或很深的色调,饱和度很低

5. 利用 Gemset 对有色宝石颜色分级

利用 Gemset 对有色宝石颜色分级的步骤如下。

首先让光透射宝石,找出宝石色彩中的主要色和次要色。如一个祖母绿,通过透射光观察其颜色主要色彩为绿色,次要色彩为很弱的蓝色,则色彩记为vslbG。

然后在 Gemset 的颜色标样中找到不同色调和饱和度的 vslbG 标样,与样品对比,找到最接近样品的标样,若色调为 5,饱和度为 3,则表述为 vslbG 5/3(色彩色调/饱和度）。

在查明该宝石颜色特征后，再查对应宝石品种的颜色分级表，确定其颜色等级。就本实例中的祖母绿样品，查色彩为 vslbG 的祖母绿的颜色等级表（如表 6－3），该表横坐标为饱和度，纵坐标为色调，表中对应的数字即颜色级别。查表即得其颜色级别为 9，说明该祖母绿的颜色品质极好。

表 6－3　色彩为 vslbG 的祖母绿的颜色等级表

	饱和度						
色调		1	2	3	4	5	6
	2	1	2				
	3	1.5	3				
	4	2.5	5	7			
	5	3	6	9			
	6	3	7	10			
	7	2	4	6			
	8	1	2				

6. 利用 Gemdialogue 色标对有色宝石颜色进行分级

用 Gemdialogue 体系描述有色宝石颜色的方法与 Gemset 不同。Gemdialogue 提供的是一本不同颜色的透明塑料片以及作为色罩的黑色和褐色透明及黑—灰色不透明色卡。在描述有色宝石颜色时，先对比各色标，找出与宝石颜色接近的色标，然后叠加不同的色罩，找出与样品颜色最接近的颜色强度带。

例如，这颗带很弱的蓝色色调的绿色祖母绿，对比各种绿色的色标，发现 B1G 的色标颜色与该祖母绿接近，即为弱的蓝绿色，其中为 90 的颜色强度带与该祖母绿颜色最接近，但样品颜色更暗一点。这时可以找出黑色色罩，叠加在颜色强度带为 90 的 B1G 色标上，用不同强度带的色罩叠加，结果发现 30％的黑罩与 90 的 B1G 色标叠加后与该样品颜色最接近，所以该样品的颜色描述为 B1G 90/30 black。

查明宝石颜色特征后，查 Gemdialogue 手册提供的各种宝石不同颜色的品质分级表（表 6－4）。根据本实例中的祖母绿，查祖母绿的颜色初始等级表，可以查到其初始色级为 10，再根据其色罩 30％黑，减掉 1 分（表 6－5），即得其最终色级为 9。

表 6-4　祖母绿的颜色初始等级表

级别	10	9	8	7	6	5	4	3	2	1
颜色表	颜色强度带									
Y2G		100/90	80	70	60	50	40	30	20	10
Y1G	100/90	80	70	60	50		40	30	20	10
G	100/90	80/70	60	50	40		30		20	10
B1G	100/90	80	70	60/50	40		30		20	10
B2G		100/90	80	70	60	50			20	10

表 6-5　色罩对颜色初始等级的影响

色罩(%)	0～5	5～10	10～20	20～30	30～40	40～50	50～60	60～70	70～80	80～90	90～100
黑色	0	0	−0.5	−1	−1.5	−2	−2.5	−3	−3.5	−4	−4.5
褐色	0	−0.5	−1	−1.5	−2	−2.5	−3	−3.5	−4	−4.5	−5

第二节　有色宝石的净度分级

国际上关于有色宝石净度分级的体系所采用的术语很不统一。但有一点是统一的，即有色宝石的净度分级没有钻石的净度分级那样严格，其分级主要依据肉眼观察，而不是依据放大镜下观察的特征来分级。

一、有色宝石净度特征

GIA 将有色宝石的净度分级采用了与钻石净度分级一样的术语，即 VVS、VS、SI_{1-2}、I_{1-3}，但赋予它们不同于钻石净度级别的含义，而且对不同类型的宝石的含义也不一样(表 6-6)。如 VVS 对Ⅰ型宝石(如海蓝宝石)为 10 倍放大镜下无瑕或近无瑕；对Ⅲ型宝石(如祖母绿)为肉眼无瑕，10 倍放大镜下可含少量瑕疵，因此很容易造成混淆。

美国宝石协会(AGS)提出的有色宝石净度类型的术语完全不同于钻石净度分级的术语，为无瑕(FI)、小瑕(LI_{1-2})、中瑕(MI_{1-2})、重瑕(HI_{1-2})和极重瑕(EI_{1-2-3})。其定义如下。

表 6－6 GIA 有色宝石的净度类型与级别

<table>
<tr><td rowspan="10">净度级别</td><td colspan="3">净度类型</td><td rowspan="2">净度定义</td></tr>
<tr><td>Ⅰ型</td><td>Ⅱ型</td><td>Ⅲ型</td></tr>
<tr><td>VVS</td><td rowspan="2">VVS</td><td rowspan="2">VVS</td><td>极少量或很难见到包体</td></tr>
<tr><td>VS</td><td>有小的包体</td></tr>
<tr><td>SI_1</td><td>VS</td><td>VS</td><td>可见到明显包体</td></tr>
<tr><td>SI_2</td><td>SI_1</td><td>SI_1</td><td>包体明显到显著</td></tr>
<tr><td></td><td>SI_2</td><td>SI_2</td><td>显著的包体对宝石的外观和耐久性有中等的影响</td></tr>
<tr><td>I_1</td><td>I_1</td><td>I_1</td><td>显著的包体对宝石的外观和耐久性有很大的影响</td></tr>
<tr><td>I_2</td><td>I_2</td><td>I_2</td><td rowspan="2">显著的包体对宝石的外观和耐久性有严重的影响</td></tr>
<tr><td>I_3</td><td>I_3</td><td>I_3</td></tr>
</table>

无瑕(free of visible inclusion 或 FI)：暗域或顶灯照明且无放大的情况下，肉眼见不到瑕疵。

小瑕(1ightly included 或 $LI_{1\text{-}2}$)：可有少量瑕疵，但瑕疵对宝石的美丽没什么影响，即使在暗域照明下也较难看见。

中瑕(moderately included 或 $MI_{1\text{-}2}$)：可见瑕疵的痕迹或色带，在顶灯下可见，对宝石的美丽有稍许影响。

重瑕(heavily included 或 $HI_{1\text{-}2}$)：瑕疵在顶灯下明显引起观察者的注意。

极重瑕(excessively included 或 $EI_{1\text{-}2\text{-}3}$)：严重的瑕疵已经损害到宝石的瑰丽。

AGS 使用的净度术语避免了与钻石净度术语的混淆，更容易为人所接受。

二、有色宝石净度品质的级别

不同于钻石的净度分级，有色宝石的净度特征不是最后的分级，还需要根据宝石的类型确定其净度品质的级别(1～10)。

由于不同种类的宝石的生长条件及性质有其各自的特点，有的宝石品种很少含有瑕疵，而有些则很少不含瑕疵，所以具有相同内部特征(如 L1)的不同宝石品种的稀有程度不同，也应该属于不同的净度品质级别(分 10 级)。为此，GlA 根据宝石生长的自然状况及各种宝石的内部特征出现的稀有程度不同，将宝石划分为Ⅰ、Ⅱ、Ⅲ类(表 6－7)。

Ⅰ类宝石为天生通常没有明显的瑕疵。

Ⅱ类宝石一般含有适当的瑕疵。

Ⅲ类宝石为通常总是含有瑕疵的。

表 6－7 常见有色宝石的净度类型

Ⅰ类宝石	Ⅱ类宝石	Ⅲ类宝石
海蓝宝石，绿色、粉红色、黄色绿柱石		祖母绿
绿色、黄色金绿宝石	变石	
烟晶	紫晶、黄水晶	
绿色碧玺	蓝、橙、黄、红紫、杂色碧玺	红色、西瓜碧玺
蓝色锆石	绿、橙、红、黄色锆石	
黄玉 黝帘石 锂辉石	红柱石 石榴石 尖晶石 堇青石 橄榄石 红宝石、各色蓝宝石	

如内部特征为小瑕(LI)的祖母绿属于Ⅲ类宝石，其净度级别为 9；但海蓝宝石为Ⅰ类宝石，小瑕(LI)的净度级别就只有 6。表 6－8 给出了 AGS 关于各种类型有色宝石不同内部特征对应的净度品质级别。

表 6－8 各种类型有色宝石不同内部特征对应的净度品质级别

类型 / 宝石品种 / 品质级别	Ⅰ类	Ⅱ类	Ⅲ类
	海蓝宝石	蓝宝石	祖母绿
10	FI	FI	FI
9	F	FI	LI_1
8	FI	LI_1	LI_2
7	FI	LI_2	MI_1
6	LI_1	MI_1	MI_2
5	LI_2	MI_2	HI_1
4	MI_1	HI_1	HI_2
3	MI_2	HI_2	EI_1
2	HI_1	EI_1	EI_2
1	HI_2	EI_2	EI_3

GIA 将Ⅰ、Ⅱ、Ⅲ类型的宝石的 VVS 级别定为极好级(8～10),VS 定为很好级(6～8),SI 定为好级(4～6),Ⅰ定为商业级(1～4)。

第三节　有色宝石的切工分级

切工质量也会影响有色宝石的外观,如亮度、火彩、闪耀程度,甚至颜色及净度的观察效果。但切工质量对有色宝石品质的影响不如钻石那么严重,切工分级也不如钻石那样严格。一般对总质量的影响只占 20%～30%。

有色宝石的切工质量也是从比例、对称性和抛光质量来评判。

对有色宝石比例的评价主要看外观轮廓形状的美观和协调性,因为大多数有色宝石折射率不高,很难达到全内反射而不漏光,所以亭深比的影响不是很大。如心形琢型的长宽比通常为 1∶1 比较美观(表 6－9)。此外,琢型轮廓的亭部和肩部要饱满,不能太过膨胀或塌陷。但是对折射率较高的宝石而言,正确的亭深比可以产生很好的亮度,所以除了外观轮廓外,主要通过观察台面漏光区域的大小来评价其切工的好坏。然而,在切磨有色宝石时,加工匠总是更注意保留更大的重量,甚至不惜以牺牲切工为代价。如果对颜色很暗的宝石,加工匠会故意采用浅的亭部,让更多光通过宝石,避免产生完全不透明的外观。这主要是因为有色宝石的切工对其品质和价值的影响远小于颜色。

表 6－9　几种形状的宝石理想的长宽比例

椭圆形	1.33∶1～1.75∶1
橄榄形或马眼形	1.75∶1～2.25∶1
梨形	1.5∶1～1.75∶1
心形	1∶1
长方形或祖母绿型	1.5∶1～1.75∶1

切工评价还要考虑其对称性,如果发现下列明显的对称性缺陷,或有明显的抛光痕和颤痕,则要对其切工酌情扣分。这些对称性缺陷包括台面或底尖偏离中心、形状不规则、台面或腰棱倾斜、冠亭错位、刻面棱不交于一点等。

对弧面型宝石,主要从长宽高的比例、形状和轮廓的优良、对称性和抛光质量等方面来评判其加工质量。

切工总分为 10 分。1～4 分为一般商业级切工品质,4～6 分为好,6～8 分为很好,8～10 分为极好的切工。对有色宝石一般只要比例和轮廓优良,没有肉眼可见的明显对称性缺陷和抛光缺陷,切工就可以达到 6～8 分。

第四节　有色宝石的克拉质量

宝石的质量以克拉为单位,一般测量精确到小数点后的第二位。如果是裸石,其质量可以直接用秤精确称出。而实际上评估师每天工作中所遇到的大多是镶嵌着的宝石。将宝石取下来,称完质量再镶嵌上去,是不现实的。即使客户同意这样做也应该尽量避免,因为有损坏宝石的危险。评估时应该通过测量宝石大小并用公式估算镶嵌宝石的质量。即使客户出示的发票清晰地记录着宝石的质量,仍然应该测量、估计宝石的质量,并记录在评估报告中。

利用各种宝石专用的量具测量宝石的大小,通常以毫米(mm)为单位。根据宝石的琢型利用对应的公式和宝石的相对密度,便可估算出宝石的质量,计算的结果以克拉为单位。

数显卡尺是精确测量镶嵌宝石的大小以便估算宝石质量的主要量具。Leveridge Gauge 是常用的卡尺品牌。用 Leveridge 卡尺测量时,要注意卡尺测齿的位置,使测量结果尽可能准确。这种数显卡尺可以用高凸测齿来测量背面未封闭镶嵌的宝石总深度。若宝石是爪镶的,测量直径或宝石的长度和宽度时,注意将其高凸测齿卡在两爪之间正对的方向测量;如宝石是包镶的,测量时应该用测齿测量相对刻面腰棱间的距离。

测量的误差会导致宝石质量计算的误差,从而影响到其价值,所以要求测量的精度达到 0.1mm。以 0.1mm 的精度测量切工好的钻石,计算出的质量与实际质量的差可以在 3%～4%的范围内,大多数精确的计算误差都低于这个范围。表 6－10列出了估算常见琢型的宝石质量的计算公式,可供参考。

在评估报告中要写明估算宝石质量采用的公式来源。如钻石质量是用 Leveridge 卡尺测量,并采用美国宝石学院的公式计算的。

例如,一颗镶在戒指上的三角形坐垫型蓝宝石,用 Leveridge 卡尺测量的尺寸近似为 9.4mm×9.6mm×7.4mm,用 GIA 的公式估算的质量为:

$$L \times W \times D \times SG \times 0.00165 = 9.4 \times 9.6 \times 7.4 \times 4 \times 0.00165 = 4.41(\text{ct})。$$

对由设计师特别设计的奇异琢型的宝石的质量估算,也有一些特定的公式,还要结合考虑其轮廓鼓凸因素来估算。对亭部具有凹入刻面的琢型,在计算其质量时,一般在正常情况下的质量上减去 5%的质量。

表 6-10　估算常见琢型的宝石质量的计算公式

宝石的琢型		估算质量的计算公式(长度:mm;质量:ct)
圆混合型		$W\times W\times D\times SG\times 0.0020$
圆明亮型		$W\times W\times D\times SG\times 0.00173$
椭圆混合型(切工好)		$L\times W\times D\times SG\times 0.0022$
马眼混合型		$L\times W\times D\times SG\times 0.0017$
梨形混合型		$L\times W\times D\times SG\times 0.0018$
三角形坐垫型		$L\times W\times D\times SG\times 0.00165$
去角长方阶梯型	正方形	$W\times W\times D\times SG\times 0.0023$
	长方形	$L\times W\times D\times SG\times 0.0026$
弧面型圆	高凸	$W\times W\times D\times SG\times 0.0021$
	低凸	$W\times W\times D\times SG\times 0.0024$
	扁	$W\times W\times D\times SG\times 0.0027$
椭圆形弧面型	高凸	$L\times W\times D\times SG\times 0.0023$
	低凸	$W\times W\times D\times SG\times 0.0026$
	扁	$W\times W\times D\times SG\times 0.0029$
去角正方形弧面型	高凸	$W\times W\times D\times SG\times 0.0025$
	低凸	$W\times W\times D\times SG\times 0.00275$
	扁	$W\times W\times D\times SG\times 0.0031$
去角长方形弧面型	高凸	$W\times W\times D\times SG\times 0.00285$
	低凸	$W\times W\times D\times SG\times 0.0031$
	扁	$W\times W\times D\times SG\times 0.0035$
马眼弧面型	高凸	用马眼刻面型的公式×110%
	低凸	用马眼刻面型的公式×120%
梨形弧面型	高凸	用梨形刻面型的公式×110%
	低凸	用梨形刻面型的公式×120%
圆珠(有孔则减去5%)		W×W×D×SG×0.002 62

在评估时也会遇到一些特别设计的奇异琢型的宝石。尤其是一件首饰中由几颗奇异琢型的宝石协调地组合在一起,如一枚戒指,中间为1颗腰鼓形,两侧紧密吻合镶嵌2颗半圆形的刻面宝石。在评估这类由设计师特别设计的奇异琢型的宝石时,计算总成本时,要在一般琢型的宝石批发成本上,再考虑额外的劳动力和原

料消耗。一般对成对的或组合的奇异琢型的宝石，考虑额外劳动力和原料的消耗，在一般同等质量的宝石上加25%的溢价。

有色宝石的质量是影响价格的重要因素之一，但大小与价格之间并非简单的线性关系，因为宝石的大小会影响到颜色及适用性。一般对正常大小(通常在2cm以内)的有色宝石，每颗的克拉价随大小有明显的正比关系。而过大和过小的宝石会因为尺寸对颜色造成了明显的影响或影响到镶嵌效果，市场需求量也受到严重影响，这种与价格的正比关系因而会有所改变。一般对过大的宝石的克拉价格会有所降低，且有较大的变化范围，可以通过协商解决。

第五节　宝石的总品质分级

前面我们已经讨论了对有色宝石的颜色、净度和切工的分级。而对有色宝石的评价，还要综合考虑各因素，确定宝石总品质的级别，宝石总品质级别分为10级。

颜色对有色宝石的总品质的影响最大，一般占到50%～85%；而净度和切工的影响明显较小，通常分别为30%和20%。一种简单的方法就是将宝石的颜色分(即级别)、净度分、切工分分别乘以各自的权重。如：

总品质的级别=50%颜色分+30%净度分+20%切工分。

事实上，净度和切工对有色宝石总品质的影响程度也并非简单的线性关系。Gemguide报价参考手册上专门提供了一个综合考虑颜色、净度和切工品质得出总品质等级的表(表6-11)。该表是在颜色级别的基础上，加上或减去净度和切工级别对总品质造成的影响来计算总品质等级的。

表6-11　颜色、净度和切工级别对总品质的影响

初始颜色分级	净度级别/切工级别			
	1～4	4～6	6～8	8～10
商业级 1～4	−1.5/−0.5	0/0	0/0	+0.25/+0.25
好 4～6	−2/−1	−0.25/0	0/0	+0.25/+0.25
很好 6～8	−2.5/−1.25	−0.5/−0.25	0/0	+0.5/+0.5
极好 8～10	−3/−1.5	−1/−0.5	0/0	+0.5/+0.5

例如，颜色分级为8.5、净度分级为9、切工分级为5的宝石，从左列找到颜色

级 8.5 属于极好(8～10),在这一行找到与净度为 9 所在的列(8～10 列)相交的格,格内线上部分的数字为净度对总品质的贡献分,为＋0.5,即有 0.5 分的贡献。再看与切工为 5(即 4～6 列)相交的格,格内线下的数字为－0.5,表示切工会对总品质产生负面的影响,要在颜色级上减去 0.5。所以,总品质分为:

8.5＋0.5－0.5＝8.5。

表 6－12 为宝石总品质分级标准。

表 6－12　宝石总品质分级标准

品质分级	颜色	净度	切工
极好级(8～10 级)	颜色纯正、强、鲜艳、均匀	Ⅰ类宝石:肉眼几乎见不到瑕疵 Ⅱ类宝石:肉眼可见或不可见,10 倍放大镜下少见或明显 Ⅲ类宝石:有明显瑕疵	比例好、无外观轮廓方面的缺陷,抛光精良
很好级(6～8 级)	颜色可稍偏离纯正,稍浅或深,饱和度稍低	Ⅰ类宝石:肉眼几乎见不到瑕疵,10 倍放大镜下可见 Ⅱ类宝石:肉眼可见瑕疵,10 倍放大镜下明显 Ⅲ类宝石:肉眼明显可见瑕疵	比例稍偏离,对称性和抛光稍差
好级(4～6 级)	与理想颜色可有较大的偏离,较浅或较深的色调,较低的饱和度	Ⅰ类宝石:肉眼明显见到瑕疵 Ⅱ类宝石:瑕疵肉眼十分明显可见 Ⅲ类宝石:肉眼可见瑕疵,极其明显	比例明显偏离,对称性和抛光较差
商业级(1～4 级)	与理想颜色偏离大,很浅或很深的色调,饱和度很低	肉眼明显可见瑕疵,Ⅲ类宝石的瑕疵已严重影响到其透明度	比例偏离大,对称性和抛光差

一般总品质在 6 级以上的都是品质很好的宝石,国内市场上出售的大多数祖母绿、红宝石等有色宝石都属于商业级。

对于具有猫眼、星光效应或变色效应的有色宝石,一般先进行颜色分级,再评判这种特殊光学效应的效果及净度和切工。在颜色分级的基础上,应考虑特殊光学效应的影响。对其净度的影响,主要从分析除导致特殊光学现象的包体外,其他在笔筒手电照明下肉眼可见的瑕疵(如裂隙等)及透明度的影响。而切工的分级则依据弧面型宝石切工的评价方法。宝石的总品质以颜色和特殊光学效应的完美程度为依据,在此基础上,考虑净度和切工的影响,来酌情加减一定的分。

对具猫眼效应的宝石的评价,要特别注意以下几个方面:其亮带是否清晰明亮、是否居中、张合是否明显;宝石是否具有乳白—蜜黄效果(即猫眼石显示的亮带一侧为乳白色,另一侧为蜜黄色的效果);透明度如何;有无影响其耐久性的裂隙;

有无明显的外部瑕疵;底部是否过于厚重;等等。

对具星光效应的宝石的评价,主要看星线是否清晰、连续;星线是否居中、平直;星线与背景的反差是否明显;底部是否过于厚重;底部有无裂隙或破损;等等。

对具有变色效应的宝石的评价,主要注重以下几个方面:宝石在不同光源下的颜色;是弧面型还是刻面型;透明度如何;在笔筒手电照明下是否存在影响其耐久性的裂隙或包体;净度如何;是否存在外部瑕疵;变色的效果是否明显(变化的颜色反差是否大);等等。

第六节　有色宝石评估各论

因为不同的宝石品种在自然界的产出情况和市场需求不同,在评估时对不同的宝石品种,甚至不同产地的同一品种都需区别对待。

一、贵重有色宝石的评估

(一)红宝石

红宝石主要产自缅甸、泰国、斯里兰卡、柬埔寨、巴基斯坦、坦桑尼亚、肯尼亚等国,近几年在俄罗斯、阿富汗、澳大利亚、印度及中国也发现了红宝石矿。最优质的红宝石仍然产于缅甸,尤其是抹谷。缅甸传统产地的红宝石的克拉价比其他产地的红宝石要高一些。国际报价表通常都特别给出缅甸红宝石的报价资料,而且其价格比同类其他产地的红宝石要高一些。不过,主要指的是传统产地如抹谷的红宝石。而对新产地如孟宿的红宝石,一般要低于缅甸红宝石的报价,但也非绝对的。孟宿红宝石的颜色为褐红或深紫红色,还带有蓝色或黑色的核。许多裂隙发育的孟宿红宝石都经过硼酸钠充填处理。

泰国红宝石颜色较深,多为浅棕红至暗红色,颜色均匀,透明度低,缺少色带和金红石针状包体,以含大量软水铝石和煎鸡蛋状包体为特征。斯里兰卡红宝石颜色较浅,以浅棕红、粉红到樱桃红色为主,透明度高,色带发育。坦桑尼亚红宝石为红到紫红色,带褐色和橙色色调,包体多。

星光红宝石的价格略低于同等质量的透明红宝石品种。星光红宝石主要产自缅甸和斯里兰卡。

泰国是红宝石的主要产地,也是红宝石热处理的重要基地和贸易中心。目前红宝石80%以上是经过热处理的,所以国际报价一般是指经过热处理的价格,如果确定没有经过热处理的,其克拉价会高一些(15%~50%不等)。而经过硼酸钠充填处理和玻璃充填处理的,价格则明显降低,每克拉约几十到几百元人民币。

各种方法合成的红宝石都在市场上出现了，其中以水热法合成的红宝石价格最高，其次是助熔剂法合成的。焰熔法合成的红宝石最多，助熔剂法查塔姆(Chatham)合成的红宝石价格一般为 80～300 美元/ct，焰熔法合成红宝石的克拉价通常只有 10～30 元。

我国市场上的红宝石大多属于商业级(低到中低档)，1～2ct 大小的红宝石通常克拉价在1 000元以下，对这些宝石的估价可以采用市场比较法进行。对于品质很高的红宝石，在国内市场较难找到参照对比物，则尽量参照国际报价表采用成本法进行评估(见附录 2)。

(二)蓝宝石

蓝宝石主要产于缅甸、印度、斯里兰卡、泰国、美国、澳大利亚、柬埔寨、肯尼亚、坦桑尼亚、马拉维、巴西、马达加斯加等国。中国山东也产蓝宝石，但颜色太深，即使经热处理也没有明显的改善，所以在国际市场上缺少竞争力。

最优质的蓝宝石产于克什米尔，其特征颜色是矢车菊蓝，即微带紫色调的蓝色，并具有天鹅绒般的质感。但因为其产量极其有限，一般的报价表没有单独给出克什米尔蓝宝石的价格，但单独给出了缅甸蓝宝石的报价。缅甸蓝宝石具有纯正亮丽的蓝色，大量的卷曲的流体包体是其特征的内含物。未经过任何处理的缅甸蓝宝石的克拉价比除克什米尔外其他产地的经过热处理的蓝宝石高将近一倍。

斯里兰卡蓝宝石以颜色艳丽、透明度高为特征，含大量指纹状包体、锆石和锆石晕。马达加斯加蓝宝石与斯里兰卡蓝宝石相像，但常含更多灰色成分。泰国蓝宝石颜色较深、透明度较低，常常具有雾状外观，富含软水铝石针状包体。澳大利亚蓝宝石占世界产量的 70%左右，为透明度较低的深蓝色，色带发育。中国蓝宝石与澳大利亚蓝宝石相近，但颜色较深，而透明度和反光较弱。美国蓝宝石颜色为均匀的中等深浅的蓝色，内部较干净。

星光蓝宝石的克拉价比同等质量的透明蓝宝石品种略低一些。

泰国、斯里兰卡、德国及印度是蓝宝石的重要加工中心，泰国也是蓝宝石热处理中心。目前市场上绝大部分蓝宝石都经过热处理，一般的报价表都是指经过热处理的蓝宝石的报价，如果确认未经过热处理，则可在报价基础上上浮最多 1/3。

扩散处理的蓝宝石改色效果很好的，国际报价可高达 40 美元/ct 左右。改色效果一般的，也就每克拉几十元人民币。

合成蓝宝石因合成方法不同价格也有很大差异。焰熔法和提拉法合成的蓝宝石一般为 10～50 元/ct，而查塔姆(Chatham)公司用助熔剂法合成的高质量蓝宝石在 5ct 以下的成品一般每颗 120 美元；拉姆拉(Ramaura)公司用助熔剂法合成的蓝宝石价格每颗在 75～300 美元不等；金伯利(Kimberley)公司用水热法合成的优质蓝宝石则为 50 美元/ct。

详情参见附录 2 国际报价。

(三)祖母绿

祖母绿主要产于哥伦比亚、津巴布韦、印度、乌拉尔、南非、巴西、奥地利、巴基斯坦、赞比亚等国。哥伦比亚出产世界上最好的祖母绿,其中契沃产的祖母绿为蓝绿色,穆佐产的稍带黄色调,以方解石和三相包体为特征。巴西祖母绿颜色较浅,常含铬铁矿和黄铁矿包体。巴西和哥伦比亚产出的祖母绿占祖母绿市场的 70% 左右。

澳大利亚产祖母绿颜色略偏浅,裂隙发育,常含锡石和毒砂等包体。津巴布韦祖母绿颜色艳丽,其特征是含弯曲的透闪石包体。乌拉尔祖母绿颜色为黄绿色,以竹节状阳起石包体为特征。南非祖母绿为苹果绿—深绿色,含黑云母及辉钼矿等包体。

祖母绿最好的颜色应该是翠绿色或弱的蓝绿色,其次是弱的黄绿色。祖母绿按净度分属于Ⅲ类宝石,即产出时总是含有大量瑕疵的宝石,所以一般在肉眼下便可见瑕疵。如果在暗域照明下仔细观察方可见少许瑕疵,则其净度也属于极好级的(8 以上)。大的商业级祖母绿常见,而 15ct 以上的优质祖母绿则极其罕见,故其价格可以协商。祖母绿最理想的琢型是祖母绿型,瑕疵较多、裂隙发育的祖母绿常常加工成弧面型。

目前祖母绿的切磨中心在印度、哥伦比亚、伊朗、以色列、德国、泰国等国。祖母绿通常都进行注油处理,注无色油处理的祖母绿已为世人接受,但价格明显较低。

5ct 以下的助熔剂法合成的祖母绿,通常的国际报价为每颗 80～200 美元;水热法合成的祖母绿 50～100 美元/ct。

详情参见附录 2 祖母绿的国际报价。

(四)金绿宝石

金绿宝石主要有猫眼石、变石、变石猫眼和透明黄绿色品种。其中,以前 3 种特别稀有且珍贵。猫眼石主要产自斯里兰卡、巴西、印度、马达加斯加、津巴布韦和赞比亚。斯里兰卡产的猫眼石品质最好,巴西猫眼石颗粒较大,印度猫眼石透明度较高。变石主要产于斯里兰卡、俄罗斯、巴西、马达加斯加、缅甸及印度等国。俄罗斯的变石在日光灯下显示绿色,而白炽灯下显红色;巴西的变石则分别显示黄绿—蓝绿色和橙红—紫红色。巴西产的变石有的还显示猫眼效应,质量好者则价值极高。近些年来,非洲产出了大量的变石,品质在商业级到好级之间。

最好的猫眼石在日光灯的正下方显示蜜黄—乳白效应,即亮带一侧为蜜黄色,另一侧为乳白色。猫眼石在加工时,加工匠往往因为过于注重保留更多的质量而牺牲了其切工比率和对称性。在评估时,对过于厚重的底及偏离中心的亮带要在总质量分中进行酌情扣减。猫眼石很少达到 10ct 以上,对过大的猫眼石克拉价可以协商解决。

最好的变石在日光灯下应为翠绿色，在白炽灯下为血红色，所谓“白昼的祖母绿，夜晚的红宝石”，但实际上极其罕见。在日光灯下分别为绿色、淡绿色，白炽灯下分别为紫红、淡粉色的变石，品质则依次降低。变石的净度特征属于Ⅱ类宝石，而巴西变石通常具有很高的净度。3ct 以上的变石罕见，5ct 的变石的价格可以协商。

透明的黄绿色金绿宝石因为市场需求不大，也缺少吸引力，价格不高。其净度特征属于Ⅰ类宝石，即内部通常很干净，一般比变石和猫眼石的颗粒要大许多，但 15ct 以上的仍然罕见。

金绿宝石因为产量很少且十分不稳定，没有十分集中的市场。我国国内市场上猫眼石和变石都很少见。因此，在评估时，采用市场比较法会很难获得可对比的参照物及成交价格资料，最好采用成本法对宝石进行分级、计算价格。

合成变石主要用提拉法、水热法及助熔剂法生产，一般国际知名品牌的合成变石价格在 25～70 美元/ct。

附录 2 给出了金绿宝石各品种的部分报价。

二、欧泊的评估

（一）欧泊的来源与贸易

欧泊主要产于澳大利亚、墨西哥和美国。世界上优质白欧泊和黑欧泊主要来源于澳大利亚，而火欧泊主要产自墨西哥。澳大利亚也是欧泊的主要加工集散地。澳大利亚欧泊主要出口中国香港、美国、日本和欧洲各国。欧美和日本是优质欧泊的重要市场，而一般欧泊的市场主要在澳大利亚、加拿大及美国等地。

（二）欧泊的品质分级

由于欧泊的特殊外观，在评价欧泊时，通常采用不同于其他有色宝石的特别分级标准。Paul B. Downing 博士在《Opal Identification and Value》一书中介绍了欧泊的品质分级方法，并为许多珠宝评估专家所认同，GemGuide 的报价表也推荐这种分级方法。这种方法主要根据影响欧泊的几种主要因素对欧泊进行分级或分类，不同的级别或类型都有不同的权重。

天然欧泊分级主要依据以下因素进行。

1. 欧泊类型

通过鉴定首先确定欧泊的类型，是块状、砾背欧泊（围岩作为底一起切磨的）还是基质欧泊（欧泊呈脉状于围岩中一起加工的），是否经过优化处理，是否为合成欧泊。

2. 底色类型

黑色：从顶部看，变彩处在黑色背景下。底部可以是任何颜色。

黑色透明：具有变彩，透明—半透明，底色为黑色。

半黑色：半透明—不透明，从顶部看变彩在暗灰色背景下。

灰色：具有变彩，半透明—不透明，底色灰。

白色：具有变彩，半透明—不透明，底色白—偏白。

半透明：具有变彩，但体色半透明，底色略灰—白。

透明：具有变彩，但体色透明，无底色。

橙色：具有变彩，半透明—不透明，底色为橙色。

褐色透明：具有变彩，但体色透明，底色为褐色。

果冻欧泊：透明，但不显变彩，如无变彩的火欧泊等。

蓝色欧泊：透明—不透明，体色为蓝色，无变彩。

此外，还有其他颜色的块状欧泊及上述颜色的砾背欧泊。

3. 变彩的亮度

一般在 100W 的灯照明下，将宝石放在略低于桌面的位置，较远距离地观察欧泊各个角度的色斑亮度。按亮度强度分为 5 级（表 6－13）。

表 6－13　欧泊变彩亮度的分级

亮度级别	名称	描　述
1	微弱	仅在阳光直射时可见变彩，且色斑仍然很弱
2	弱	在弱的光源下可见一点色斑的颜色，但即使在阳光直射或分级灯下色斑的亮度也很弱
3	明亮	在弱的光源下可见弱的色斑，但在阳光直射或分级灯下显示非常好的变彩
4	很明亮	在弱的光源下可见好的色斑，在阳光直射或分级灯下见清晰灵活的色斑
5	耀眼	在阳光直射或分级灯下显示特别明亮的色斑，即使在弱的光源下也常可见色斑

4. 色斑的颜色

欧泊的变彩颜色通常有几种，先确定其主要色和次主要色。如果主要色多于两种，则称为多色色斑。常见的色斑颜色类型按品质由低到高为：纯蓝色、纯绿色、蓝色—绿色、橙—绿色、橙—红色、红色、多色、红—蓝多色。

5. 色斑图案

针尖状色斑：从侧面看像细柱或针状，顶面看似针尖，是非常小的色斑。

闪火色斑：大面积的、不规则色斑，占据宝石表面一半的面积。

大块色斑：色斑覆盖整个宝石表面或大部分表面。

游动色斑：当宝石转动时，色斑游动于整块宝石表面。

彩纹色斑：其英文 harlequin 实际上是一名著名小丑的名字，用来特指含有紧密镶嵌的各色方形或角状艳丽色斑块的变彩。真正的彩纹色斑是十分罕见的。

6. 色斑的一致性

色斑的一致性是指色斑的亮度、分布、色斑颜色的分布是否均匀。

7. 变彩的方向性

变彩的方向性是指不同方向色斑出现是否均匀。无方向性最好。如果色斑仅在一个角度明显，则不好。

8. 瑕疵

肉眼可见且影响其美观的瑕疵对其价值有较大的影响，位于宝石底面的包体只要不影响到其耐久性，都不会降低其价值。表面布满龟裂纹的欧泊没有商业价值。

9. 形状

形状主要有标准的椭圆形、其他标准形状、雕件，其切工评分由此依次降低。

弧面型按高度分低凸、中凸、高凸。因为欧泊总是成细脉产出，所以大多为低凸弧面。好的切工应该是抛光好的带斜面底边的高凸弧面型。

10. 质量

质量一般分为小、中、大、很大。1～15ct 的欧泊通常是最好的大小范围，克拉价较高。低于 1ct 或大于 40ct 的欧泊克拉价较低。

对于不具变彩的火欧泊，主要按颜色和透明度进行分级（表 6－14）。GemGuide 报价表上按级给出了切工良好、内部干净的各种品质火欧泊的价格。

表 6－14　无变彩火欧泊的品质分级

底色	透明度		
	雾状	清澈	很清澈
浅黄	1～4	1～4	1～4
黄	1～4	1～4	4～6
黄—橙	1～4	4～6	4～6
橙	4～6	4～6	6～8
红橙	4～6	6～8	8～10
红色	4～6	4～6	6～8
深红	1～4	4～6	4～6
红—褐	1～4	1～4	4～6

(三)欧泊的估价

由于欧泊分级的主观性更强,许多宝石学家在进行欧泊品质分级时,都赋予影响欧泊的总品质的各个因素以不同等级定量的权值,最后根据所有加权值的和来求得价格指数,再乘以报价表上良好品质欧泊的价格,即得其价格。下面是加拿大的 Rechard Cartier 赋予影响欧泊的总品质的各个因素不同的加权值(表 6-15)。

表 6-15 影响欧泊的总品质的各个因素不同的加权值

各色斑类型			方向性	变彩图案
	白欧泊	黑欧泊		
纯蓝色	−0.50		无方向性(+0.10)	针尖(−0.05)
纯绿色	−0.10	−0.20	稍有方向性(−0.00)	大块
蓝色—绿色	−0.05	−0.10	有点方向性(−0.05)	游动(+0.10)
橙—绿色	+0.05	+0.15	方向性明显(−0.20)	彩纹(+0.20)
纯红色	+0.05	+0.25	高度方向性(−0.30)	稀有或特殊图案(0.00～+0.20)
橙—红色	+0.10	+0.30		
多色	+0.10	+0.30		
红—蓝多色	+0.25	+0.50		
色斑图案和亮度的一致性	瑕疵	大小	形状	做工质量
一致(0.00)	FL (+0.00)	低于 0.49ct (−0.30)	标准椭圆 (+0.15～0.00)	依差的程度 (−0.10～−0.50)
少量为弱的点状图案(−0.10)	LI (−0.15)	低于 0.49ct (−0.30)	随形(−0.00)	
主要为弱的点状图案(−0.20)	MI (−0.20)	0.50～0.99ct (−0.20)	其他形状 (−0.00～−0.20)	拱高
散乱(−0.20)	HI (−0.50)	15.00～19.99ct (−0.15)	雕件 (−0.30～+0.10)	低凸(−0.10)
		20.00～−29.99ct (−0.20)		中凸(+0.00)
		30.00～39.99ct (−0.25)		高凸 (+0.10～+0.20)
		40.00ct 以上 (−0.30)		

对砾背欧泊的评价与上述具变彩的块状欧泊相近。GemGuide 报价表上给出了黑色砾背欧泊的价格，如果围岩在正面出现，则其价值要酌情降低。透明或半透明褐色砾背欧泊的价格为黑色砾背欧泊价格的一半，表面有裂纹的价格要降低20%～40%。

此外，具变彩的欧泊二层石的价值相当于对应块状欧泊价值的1/10，而且切工的影响较大。

三、常见有色宝石的评估

常见有色宝石因为自然界广泛产出，且产量很大，所以市场上非常常见，且价格较低。对这类宝石的质量评价，仍然采用4C的概念进行分级。而对其价值的评估，则可以采用成本法或市场比较法进行。不过，因为这类宝石在市场上容易找到可对比的参照物，所以采用市场比较法进行评估更加方便。

四、稀少或收藏有色宝石的评估

尽管任何宝石的价值都依赖于颜色、净度、切工、克拉质量以及传统上人们对这种宝石的需求愿望，但是对稀少或收藏宝石而言，因为其过于稀少，其价格资料很难获得。因为没有一个稳定和足够大的需求市场，建立一个系统的市场价格体系是不太可能的。因此，大多数情况下是所谓的“一锤子买卖”。销售稀少宝石的人通常根据已知类似材料的成交价格经验来出价，购买者则可进行讨价还价来达成交易。

所以，作为评估师，平时应该通过阅读大量信息、参加各种展销会来收集各种稀少宝石的成交价格资料，以备后用。表6-16给出了1999年部分稀少宝石的价格资料。

表6-16 1999年部分稀少宝石的价格资料

宝石	克拉重	琢型	净度	颜色	来源	克拉价(美元)
红柱石	1.80	椭圆形	F	淡红—绿蓝色	巴西	55
蓝锥矿	0.55	三角形	VS_1+	蓝色	美国	600
方硼石	0.26	阶梯形	SI	浅蓝绿色	德国	400
斜硅镁石	0.38	祖母绿形	VS	金黄色	俄罗斯	450
硅孔雀石	0.86	椭圆形	TL	蓝—绿色	美国	40
蓝柱石	1.20	椭圆形	F	很浅的蓝	不明	200
塔菲石	1.20	三角形	VS_1+	蓝—蓝紫	斯里兰卡	450

第七节 有色宝石及其首饰的估价

一、宝石的估价

我们可以采用成本法计算宝石的批发成本价，也可以根据所收集的同类、同品质的宝石的价格资料来确定宝石的成本价。

经过前面对宝石的品质分级，宝石的总品质分级和质量(测量或估算出的)，查报价表即可计算出宝石的批发成本价。

国际上著名的宝石报价表的提供机构及地址如表 6 - 17 所示。

表 6 - 17 国际上著名的宝石报价表的提供机构、地址及部分询价网址

钻石报价表	彩色宝石报价表	公司地址
The Guide	The Guide	Gemworld International, Inc. 5 North Wabash Chicago, IL 60602
Diamond Market Monitor	Precious Gems Market Monitor	Precious Gems & Diamond Market Monitor 66 Washington, PA 15228; Pittsburgh, PA 15228
	American Gem Market System	Gem Watch 1001 Country Club Drive Moraga, CA 94556
	Gem Connoisseur	Bennett-Wall, Inc, P. O. Drawer 1 Rotan, TX 79546
Rapaport Diamond Report		15 West 47th strect New York, NY 10036
Jean Francois Moyersoen		C/o Ubige, s. p. r. l. Avenue Louise 221, boite 11 B-1050 Bruxelles, Belgium
AGMS		1001 Country Club Drive Moraga, CA 94556
美国www. diasource. com www. bluenile. com www. diamonds-usa. com www. diamonds. net/ 南非 www. e-diamonds. co. za 加拿大 www. bhp. com	www. gemstoneindex. com www. preciousgemstones. com www. jcwclryinfo. org www. tahiti-blackpearls. com	

宝石的价格资料主要来源于定期发行的宝石报价表，Gemworld International,Inc. 发行的“*The Guide*”（价格指南）是行内公认的较为合适的价格参考，成为国际上珠宝评估师主要的参照标准。

此外，各种大型珠宝贸易展销会、拍卖行的销售记录都可以为评估提供大量的价格资料。评估师平时也应该积极收集珠宝首饰在各种市场级别交易的价格资料，根据自己长期的价格经验，分析整理出合适的价格记录，供评估时参考。

IT 行业的发展给我们查询价格资料提供了便利的条件，我们可以了解各珠宝首饰公司最新的报价资料。随着电子商务的发展，一些网上销售珠宝首饰的经营者，因为其经营成本较低，因而可以提供最有竞争力的价格。

报价表“*The Guide*”（表 6－18）是按宝石品质 1～10 级和不同的质量范围给出的克拉价，所以据宝石总质量分级和宝石的克拉重查表便可获得其克拉价，宝石的克拉重与克拉价的乘积即为该宝石的价格。对有些特别的宝石，报价表给出的是不同重量或大小范围的每颗的价格，如砾背欧泊、拼合欧泊。*The Guide* 的报价是以美元为单位，在计算时要注意换算成人民币。

表 6－18　Gemguide 祖母绿的报价表（部分）

	Good		Fine	
	4～5	5～6	6～7	7～8
1/2 to under 1ct.	125～325	325～500	500～900	900～1 250
1 to under 2 cts.	300～600	600～800	800～1 250	1 250～2 000
2 to under 3 cts.	500～1 000	1 000～1 250	1 250～2 000	2 000～3 900
3 to under 4 cts.	625～1 150	1 150～1 450	1 450～2 350	2 350～3 900
4 to under 5 cts.	800～1 400	1 400～1 900	1 900～2 800	2 800～4 200
5 to under 6 cts.	1 100～1 600	1 600～2 500	2 500～3 700	3 700～6 800
6 to under 8 cts.	1 350～2 350	2 350～3 250	3 250～5 700	5 700～8 000
8 to under 15 cts.	1 700～2 850	2 850～4 200	4 200～6 400	6 400～8 400

某宝石的批发成本价的计算，即为查表获得该重量范围内的克拉价乘以其克拉质量。

例如，通过分级确定的祖母绿总质量级为 4，重量为 2.50ct。查表可得到其克拉价为 500 美元。该宝石的重量与克拉价的乘积即为该祖母绿的成本价，约 1 250 美元。

二、计算贵金属部分的成本及工费

（一）测定贵金属质量及成色，计算金属成本价

通过测量获得金属的质量，或用首饰的总质量减去估算的宝石质量来获得。

可以利用试金石用化学方法分析条痕来测定金属的成色，也可以利用 X 射线荧光光谱仪分析金属的成色。然后用原料的成本价乘以金属的质量来计算金属的成本价。

贵金属原料成本价随市场行情而变，所以要查评估基准日（价值日期）的单价。2002 年上半年的 24K 黄金原料价为 70～80 元/g，2012 年 8 月 1 日足金原料价格约 330 元/g。如果为 18K 的，则用足金原料价乘以 75%。国内一般珠宝首饰都用 18K 或足金，西方常用的是 14K 的金。计算 Pt900 或 Pt950 首饰中铂金原料成本时，要在足铂的价格上乘以其成色 90%或 95%。

因为首饰制作过程中有原料的损耗，在计算贵金属原料价格时要考虑损耗部分的成本。加工过程的损耗，随工艺品质的不同及金属种类不同而在 10%～18%之间变化，质量越好，损耗越大。铂金的损耗较黄金大。一般对金首饰的制作过程的材料损耗计为现有质量的 10%的材料损耗，而对铂金原料则加上 12%～15%的损耗。所以贵金属原料的质量为实际质量加 10%，或 12%～15%。如果是制作翡翠首饰，其金的损耗比钻石首饰略高 1%～2%。

例如，18K 金首饰中金原料成本的计算公式为：

足金原料价格×75%（成色）×首饰中金质量×[1＋10%（损耗率）]。

（二）分析首饰制作工艺质量，计算首饰制作成本

首饰的制作成本与首饰制作质量密切相关。为了确定首饰的制作质量，有必要针对其各独立指标进行评价，如制作、设计风格、工艺水平、抛光质量、修饰、可佩戴性、质量标记、商标等，有时还包括设计者。

以下是美国高级估价师课程教材中当前采用的首饰制作质量等级的定义，现已成为不同市场级别中的首饰制作品质分级的标准。

1～10 级：

Best：第 10 级，各方面都很完美，可以是手工或机械制造，表面都完全抛光。工艺、设计、比例和技艺都属最高级。完美的镶嵌。无任何缺陷。

Better：第 9 级。制作方式不限，设计、比例和技术细致入微，镶嵌精细，镶爪棱角分明、均匀、对称，整个表面抛光完全，无明显缝隙与焊接点，高档工艺，接近完美。

Very Good：第 8 级。工艺质量高，但较最高级略差，设计、比例和技艺都很好。几乎整个表面都经抛光，宝石镶工良好。砂眼及其他肉眼可见的缺陷极少，属于高档铸造首饰。佩戴时应见不到砂眼，大部分砂眼都经过适当的填补。这一级首饰不允许有太多砂眼、填补或隐孔。顶部须充分抛光，底部可允许局部抛光。镶嵌应牢靠，并保证相邻宝石镶嵌面平齐。允许宝石略微偏离槽镶边界或爪尖和轻微的抛光不足。镶嵌须牢固。从其工艺、设计、比例和技艺来看，首饰是熟练工人或训练有素的珠宝匠的产品，但不属于大师级水平。

Good：第 7 级。多是生产线或机器批量加工的产品。滚光会将设计的线条或棱角部分磨圆。可能采用浇铸镶嵌。底座和背面仅部分抛光，肉眼可见砂眼。有些砂眼中露出焊点。镶嵌应是安全可靠的。在消费者或未经训练者看来，宝石整齐协调。镶石位和爪尖一般完好，可能会呈一定程度的不规则状和未修饰的铸造毛边。这一等级的产品常见于电视直销节目，大部分是低级产品，偶有稍好的。多数古董首饰的复制品和文物复制品都属这一类。

Fair：第 6 级。属于大批量制造的产品或工艺品，不够专业的银制品。由具有一定水平的工匠制作。抛光不好。设计、工艺水平低，允许存在结构上的缺陷。大多 9K、10K 的首饰都属于这一类，虽然成色不是划分等级的唯一标准，多数电镀饰品为此级。有时便宜的镶嵌有弧型面的宝石首饰也属此类，当然弧型面宝石可被镶嵌在任何等级的首饰上。

Declasse 分 5 级

低级品 5：可以是手工或机制的首饰，虽然在设计技巧、工艺水平、比例或艺术性方面可能有个别令人满意的地方，但整体上仍属于次品。宝石镶嵌不好。

低级品 4：镶嵌不很牢靠，宝石没有镶在同一水平上，或爪的尺寸不一。镶工缺陷常常表现为粗心的槽镶或混乱的工艺步骤。结构的缺陷易导致变形、掉石或迅速损坏等问题。

> 低级品 3：这一类级别的首饰完全不符合美国制造标准，是低劣的机制与手工产品。包括非专业工匠制造的不适合日常佩戴的极薄的金属首饰（如金箔饰品）及新颖廉价的小饰品，常见于跳蚤市场或珠宝展览会。
>
> 低级品 2～1：这一级首饰十分低劣，毫无用处。它们结构残缺，不可修补。毫无实用性和经济价值，制作工艺过时。

在计算首饰制作的劳动力成本时，要根据首饰制作质量来确定。首饰制作品质精良的金匠劳动力成本高，低劣粗糙的则金匠劳动力成本低。

金匠的劳动力成本

金匠的劳动力成本根据首饰工艺复杂性程度、做工精细程度、贵金属类型及镶嵌费而定。

国内的珠宝首饰的金属部分绝大多数都是由一次铸模成型的单片首饰，如果非一次铸模成型的多片组合首饰，金匠的劳动力成本一般要高许多。工艺越复杂、越精巧，则金匠劳动力成本越高。手工制作、工艺精良的首饰劳动力成本比铸模成型的生产成本更高。

区分单片首饰与多片组合首饰，主要观察结合处颜色与周围有无差异来确定是否存在焊料，手工制作的在内侧见不到针状物、多孔状表面及卵状表面。

对具有创新设计或在标准设计上有所改动的首饰，要计入相应的设计成本。

不同类型的贵金属在制作首饰时难度不同。铂金比许多其他金的合金硬，其劳动力成本相对要高一些。足金最软，制作的难度也最低，因此制作的劳动力成本也较低。

未镶宝石的简单足金首饰，金匠的制作工费一般根据工艺的复杂程度在 1.2～2.5 元/g 范围内变化。其他类型的贵金属首饰，一般按件计费。国内镶宝石的首饰大多数是用 18K 金或 Pt900/Pt950，其工费一般与镶嵌费一起按件计价（表 6 - 19，表 6 - 20）。而且钻石首饰的工费比有色宝石首饰的工费略高，因为翡翠大小形态变化不一，其首饰加工费比钻石首饰的工费更高一些。翡翠首饰如需要特别起版，设计的费用每件 150～250 元，豪华款的要 300～500 元。

单纯的铂金制作工费一般较金高出 1～3 倍。国内未镶宝石的简单铂金首饰的工费一般 6～8 元/g，镶宝石的铂金首饰通常与镶嵌费合在一起，根据款式的复杂程度按件计费。

表 6－19 钻石首饰加工及镶嵌费表

	Pt 工费(元/件)	18K 工费(元/件)	Pd 工费(元/件)
男戒	180	150	200
男戒(克拉钻)	320	240	350
女戒(一般)	60	40	80
女戒(豪华款)	70	50	90
女戒(克拉钻)	140	80	160
吊坠(一般)	50	30	60
吊坠(豪华款)	60	40	70
吊坠(克拉钻)	100	70	120
链牌(一般)	120	80	120
链牌(豪华款)	300～400	180～280	300～400
耳钉	80	50	90
耳环	100	70	110
胸针	160	120	160
手链	200	150	220
手镯	220	180	240

表 6－20 翡翠镶嵌加工费

	Pt 或 Pd 首饰的加工费(元)		18K 金首饰的加工费(元)	
	手工封底	免封底	手工封底	免封底
男戒	210	190	190	170
女戒(一般)	90	80	60	50
女戒(豪华款)	180	160	160	140
女戒(全包花件、佛)	170	150	150	130
吊坠(怀古、葫芦、花形等)		80		70
吊坠(倒模全包观音佛)	120～160	100～140	110～150	90～130
链牌(一般倒模)	130～190	110～170	100～160	90～150
链牌(豪华倒模)	320～620	270～520	270～520	220～420
耳钉	110	100	80	70
耳坠	160～210	140～190	140～190	110～160
手链	230～310	210～290	190～270	170～250
手镯	260～360	240～340	210～310	190～290
胸针	170～330	160～310	120～290	110～270

宝石镶嵌费与镶嵌工艺的复杂程度和宝石的类型及大小有关。一般珠镶和轨道镶比爪镶的工费贵1倍，隐藏镶的镶嵌约为一般爪镶的2.5倍，还不包括在宝石亭部切槽的费用。国内大多采用的是爪镶、包镶、轨道镶及钉镶，很少采用珠镶和隐藏镶。一般首饰所含辅石较多时，要额外加收辅石的镶嵌费，通常1颗加收2～5元的镶嵌费。圆形辅石一般1颗的镶嵌费为2元，而马眼形、梯形、方形的镶嵌费每颗3元。

各种大小的宝石以及各种镶嵌款式的镶嵌费可以从各首饰生产公司免费获得。平时应注意收集有关的资料，以供评估时查询。

三、计算总的零售重置价

首饰的零售重置价为宝石的成本、贵金属材料的成本和首饰制作工费，以及原材料的损耗、制作者的利润、税和经营者的利润之和。

宝石批发成本＋贵金属原料成本＋金匠工费＝总成本。

整个首饰的零售重置价，则要在上述总成本上再加上税和利润。

我国对珠宝首饰的税有17％的增值税和5％的消费税。

珠宝首饰的利润根据珠宝首饰的类型不同有所差异。

一般评估过程中，将首饰的原料和加工成本乘以毛利率，来计算其零售重置价。未镶宝石的简单贵金属首饰考虑的毛利率从100％(2倍)到40％(1.4倍)；精细手工制作的首饰可以有更高的利润；一般镶有宝石的贵金属首饰和养殖珍珠的首饰的毛利率在130％(2.3倍)到40％(1.4倍)；所有镶嵌有钻石的首饰及其他高档首饰，毛利率由160％(2.6倍)到40％(1.4倍)不定。就同一类型首饰而言，随其成本的增加，选取的利润率应该逐渐降低。

所以，总的零售重置价(含税)的计算公式为：

(贵金属部分的总成本 ＋ 宝石的批发成本)×1.22×毛利率(1.4～2.6)。

式中，1.22为加入17％的增值税和5％的消费税的结果。

零售重置价也可以简化地计算，即用总的批发成本乘以一个批发到零售的加价倍率，实际这个加价倍率就包括了利润、税费和销售成本等。对应有色宝石首饰从批发到零售的加价倍率大约为3～4，而钻石首饰的加价倍率为2～3。不同的国家和地区的珠宝商采用的利润和征收的税是不同的，所以关于计算零售重置价的公式也有差异。美国的珠宝首饰评估师们通常采用以下公式来计算：

[金属原料价＋金匠劳动力成本(含宝石镶嵌费)＋首饰设计成本＋宝石的成本]×加价倍率(1.4～2.6，通常取2.5)。

【案例说明】

一枚镶有椭圆混合琢型蓝宝石的18K金男戒，其总质量为6.6g，评估其在

2012年8月1日的市场价值。

蓝宝石颜色为vslgB7/2，即略带绿的蓝色，色调深(7)，饱和度低(2)，其色级为2。其净度为中瑕MI_{1-2}，可见色带，蓝宝石属于Ⅱ类宝石，所以其净度级别为5～6。切工好(6)。查表6-11可以得出其颜色对总质量的影响为0，切工对总质量的影响也是0，所以其总品质分级为2。

蓝宝石大小为8.8mm×6.8mm×3.8mm，计算出的质量为：

$$W = L \times W \times D \times SG \times 0.0022 = 8.8 \times 6.8 \times 3.8 \times 4 \times 0.0022$$
$$= 2.00(\text{ct})。$$

蓝宝石批发成本：根据市场资料或查价格表得其克拉价为370元。

370元/ct×2.00ct=740(元)。

贵金属部分的总成本的计算：

18K金重：总质量－宝石质量=6.6g－2.00×0.2g=6.2(g)。

当日千足金价：330元/g

18K金属原料成本：

330元/g×75%×6.2g×1.12(损耗率12%)=1 718.64(元)。

金匠劳动力成本(含宝石镶嵌费)：为一般的简单铸模单片首饰，铸模及镶嵌费为100元。

首饰设计成本：没有创新的设计，故不考虑设计成本。

贵金属部分的总成本：

1 718.64元+100元=1 818.64(元)。

零售重置价(取批发到零售的有色宝石首饰加价倍率为3)：

(蓝宝石批发成本+贵金属部分的总成本)×3

=(740+1 818.64)×3=7 675.92(元)。

取值为7 670元。

由上述方法计算出的是一般的零售重置价，即一个正规的珠宝店不打折扣的零售价。如果根据评估目的要求估清算价或重置(替换)价，则可按一定的比例来折算。

如果采用市场比较法，则根据所收集的对应市场的相应首饰的价格资料分析，求出正确的估价。

表 6-21　珠宝首饰评估作业单

<table>
<tr><td rowspan="3">首饰类型：
女式＿＿＿＿＿男式＿＿＿＿＿；
戒指＿＿＿＿手镯＿＿＿＿胸针＿＿＿；
链条＿＿＿＿＿耳钉＿＿＿＿＿；
测量尺寸：
长＿＿＿＿宽＿＿＿厚＿＿＿＿；
描述：</td><td>编号：
客户：
日期：
评估师：
评估目的：</td></tr>
<tr><td>金属(打圈)
铂金
Pt900　Pt950
金　白　黄
10K　14K　18K　24K
银　纯银　其他
重量：wt/g</td></tr>
<tr><td>印记：有＿＿＿无＿＿＿＿；
有无测试：有＿＿＿无＿＿.</td></tr>
<tr><td rowspan="2">所镶宝石：</td><td>制作类型：
手工制作：＿＿＿铸模＿＿＿＿＿＿＿；
冲压＿＿＿＿＿＿其他＿＿＿＿＿＿＿.
厂家印记</td></tr>
<tr><td>风格：
古典式　现代式
装饰艺术风格　不能确定</td></tr>
<tr><td>参考资料来源(日期)：</td><td></td></tr>
<tr><td>计算和估价：

估价师：＿＿＿＿＿＿＿＿＿＿＿＿＿..</td><td>照片＿＿＿＿＿＿＿＿＿＿＿＿＿＿＿；
作图＿＿＿＿＿＿＿＿＿＿＿＿＿＿＿；
使用了的仪器
显微镜　折射仪
钻石灯　紫外荧光灯
热导仪　偏光镜
分光镜　二色镜
反射仪　钻石比色石
静水称重　重液
试金石　X射线荧光光谱仪
红外光谱仪　紫外—可见光分光光度计
螺旋微尺　数显卡尺
比例仪　天平</td></tr>
</table>

表 6－22 欧泊评估作业单

编号：	检查日期：
客户：	联系电话或地址：
评估目的：	评估师：
欧泊类型(打钩) 块状欧泊 砾背欧泊 基质欧泊 处理欧泊 合成欧泊 块状欧泊的大小： 长： mm； 宽 mm； 厚 mm 砾背欧泊的大小： 小 中 大 很大 极大 <5ct <100mm^2 <10ct <200mm^2 <15ct <300mm^2 <30ct <600mm^2 >30ct >600mm^2 底色：黑白 黑色透明 半黑色 灰色 白色 半透明 透明 橙色 褐色透明 果冻欧泊 蓝色欧泊 其他颜色 变彩的亮度：微弱 弱 明亮 很明亮 耀眼	
色斑的颜色(括号内为黑欧泊的得分，白欧泊再适当减分)： 仅蓝色 -0.50 仅绿色-0.10 (-0.20) 蓝色—绿色 -0.05 (-0.10) 橙—绿色+0 (+0.10) 橙—红色 +0.10 (+0.30) 仅红色 +0.05 (+0.25) 多色+0.10 (+0.30) 红—蓝多色 +0.25 (+0.50)	
色斑图案(括号内为得分)： 针尖色斑 (-0.05) 闪火色斑 (-0.00) 大块色斑 (-0.00) 游动色斑 (+0.10) 彩纹色斑 (+0.20) 罕见或图案色斑 (+0~0.20)	
色斑的一致性(括号内为得分)： 均匀 (-0.00) 霉暗区较少 (-0.10) 霉暗区较多 (-0.20)	
变彩的方向性(括号内为得分)： 无方向性 (+0.10) 略显方向性 (-0.00) 方向性明显 (-0.10) 方向性很强 (-0.30)	
瑕疵(括号内为得分)： FI (+0.00) LI (-0.15) MI-HI (-0.20~-0.50)	
形状(括号内为得分)： 标准椭圆形 (+0.15) 椭圆形 (-0.00) 其他标准形状 (-0.00~-0.20) 雕件 (+0.10~-0.30)	
拱高(括号内为得分)： 低凸 (-0.10) 中凸 (+0.00) 高凸 (+0.10~+0.20)	
价格范围(价格来源)：	
基价调整： 总得分________×基价________=________.	
估价结果： 调整后的基价________×重量________=________.	
估价结论：	

表 6-23 首饰估价计算作业单

构成	数量	单价	成本
金属	g	元/g	元
劳动力	小时	元/h	元
镶嵌	宝石	元/颗	元
抛光	小时	元/h	元
镶嵌成本			元
宝石	质量(ct)及数量	单价	成本
红宝石		元/ct	元
蓝宝石		元/ct	元
……		元/ct	元
……		元/ct	元
		成本价	元
		利润	
		估价	元

思 考 题

1. 有色宝石的质量评估要素有哪些？说明它们各自的划分方法。

2. 哪几种质量要素对有色宝石的质量影响最大，为什么？

3. 为什么有色宝石净度分级中，具相同净度的不同种类的宝石会有不同级别？

4. 欧泊的质量划分方案和其他有色宝石有何异同？

5. 进行有色宝石的估价时，有哪些问题需引起特别注意？

6. 有色宝石的评估和钻石评估有何异同？

7. 练习用 GemSet 或 GemDialogue 的颜色标样或色卡对有色宝石的颜色进行分级。

8. 估算下列宝石的质量。

(1)已镶的祖母绿琢型托帕石，长 8.7mm，宽 6.8mm，深 5.8mm，SG＝3.53；

(2)已镶的马眼形多面型碧玺，长 12.7mm，最大宽度 6.81mm，深 6.0mm，SG＝3.10；

(3)已镶的椭圆高凸弧面型翡翠，长 9.2mm，宽 9.7mm，深 6.0mm，SG＝3.32；

(4)已镶的亭部刻面下凹的祖母绿琢型紫晶，长 18.7mm，宽 13.5mm，深 7.7mm，SG＝2.65。

第七章　翡翠、和田玉及其他玉石的品质分级及评估

新国家标准定义的翡翠是指主要由硬玉或其他钠质、钠钙质辉石（钠铬辉石、绿辉石）组成的，具工艺价值的矿物集合体，可含少量角闪石、长石、铬铁矿等矿物。摩氏硬度为6.5～7，密度为3.34g/cm^3，点测折射率为1.65～1.67（《翡翠分级》GB/T 23885—2009）。但是，目前专业界及市场对翡翠的定义及其名称使用仍然存在比较大的争议，包括是使用jadeite（硬玉）还是采用拼音FeiCui作为英文名称也存在很大的分歧。

而和田玉自从写进国家标准争议就一直存在，因为和田玉没有产地含义，实际上市场上的软玉除了碧玉外大部分都已被冠以和田玉的名称，也就是说和田玉和软玉几乎已经是同义词。理论上，因为国家标准只有和田玉的名称而没有鉴定的标准，而市场又大多接受和田玉而不喜欢软玉的译名，因而本书直接用和田玉（英文的Nephrite）替代原来的软玉。对于真正来自新疆和田的和田玉可以通过产地来源确定（实际上很多情况下不容易）并进行说明。因此，和田玉就是指主要由透闪石和阳起石组成，以透闪石为主组成的玉石，主要产地包括中国新疆、青海、辽宁及贵州，国外则主要来自俄罗斯、加拿大及韩国等。可通过其成分（$Ca_2(Mg,Fe)_5Si_8O_{22}(OH)_2$）、摩氏硬度6～6.5、相对密度2.9（+0.15－0.05）及折射率1.606～1.632（+0.009～0.006）（点测法1.61～1.62））进行确认。

其他玉石是指除翡翠和和田玉外具有玉的质感的矿物集合体。常见的有绿松石、青金石、蛇纹石质玉石、独山玉、石英质玉石、碳酸盐类玉石等。

第一节　翡翠的品质分级及评估

2009年6月1日发布，2010年3月1日实施的我国《翡翠分级》标准（GB/T 23885—2009）（以下简称国标—2009）翡翠分级是从颜色、透明度、质地、净度4个方面对翡翠进行级别划分，并对其工艺进行评价。而云南省《翡翠饰品质量等级评价》（DB 53/T—2009）地方标准，通过对翡翠饰品的色、水、瑕、种、工及综合印象6

个方面按照千分制分别打分，最后根据总分将翡翠饰品分为上品、珍品、精品、佳品和合格品“五档”，除合格品外，其他每档又分 3 个级别，总共是“五档十二级”。和国标—2009 不同，云南地方标准进行了翡翠品级的综合划分，而不仅仅是质量要素的分级。

一、颜色分级

颜色分级是指采用比色法及光学仪器，在规定的环境下对翡翠的颜色进行等级划分的过程。

颜色是影响翡翠品质最感性的因素，也是最难把握的。对翡翠颜色的描述少有完全一致的，目前国际上还未形成一个统一的翡翠颜色分级方案。但不同方案对颜色重要性及其评判标准的认识基本一致。国标—2009 对翡翠的颜色按照颜色的主色调将翡翠分为无色至白色、绿色、黄色至红色、紫色及组合色。绿色、紫色、红—黄色翡翠的颜色以其色调(hue)、饱和度(staturation)、明度(lightness)的差异进行级别的依次划分[本书 hue 翻译为色调和亮度(tone)、明度(lightness)对应]。国标—2009 主要采用目视测色和仪器测色结合的方式进行观察。其中目视测色是借助色卡或颜色标样对颜色三要素进行标定；而仪器测色则主要借助分光光度计进行，通过测定玉器光谱色主波长、饱和度参考值、色卡灰度参考值 L(%)进行半量化界定。一般认为，颜色在翡翠成品中对总品质的影响可达 50%～70%，有“色增一分，价增十倍”之说，是决定翡翠价值最关键的因素。具体的影响程度随其他因素如质地、水头等而变化，也随不同种类的翡翠器形而变。市场上，翡翠颜色的判断基本上以颜色的色彩、色调(亮度，明度)、饱和度颜色三要素为基础确定的“浓、正、阳、和(或‘匀’)”为感性标准。

1. 绿色系列

绿色是翡翠的原生色，也是翡翠最重要和最有价值的颜色。1997 年一串翠绿的“双彩”翡翠珠链拍卖出了 7 262 万港元的天价，让全世界都侧目于翠绿翡翠的价值。

翡翠的绿色丰富多彩，至今为止仍很难用科学的尺度和数据去准确说明与定义。关于绿色的颜色种类，玉石行内有各种象形的说法，但这种说法常随不同区域或不同人的理解而有差异。乐秉璈曾在其《中国宝石和玉石》(1989)一书对绿色翡翠原有的说法进行了归纳和描述。

欧阳秋眉(1997)、摩太等(1998)以及张蓓莉等(2000)根据绿色的纯正程度、均匀程度、浓淡和色泽 4 个指标将具有不同绿色的翡翠分成了 6 个级别，虽然不同学者的分级侧重点稍有差别，但均是围绕“正、浓、阳、和”四字诀进行细分(表 7-1)，国标—2009 的划分分类如表 7-2、表 7-3、表 7-4 所示。

表 7-1 翡翠颜色分级表(2000 年前)

级别	纯正程度	均匀程度	浓淡程度	色泽
Ⅰ级	纯正绿色	不浓不淡	非常艳丽,色与地融为一体	非常艳丽
Ⅱ级	绿色微偏黄色	整体均匀,微浓淡不一	整体浓淡适中	艳丽,可见绿色条带,斑块
Ⅲ级	绿色微偏黄色	显得浓淡不一	浓淡基本适中	较艳丽,整体色泽有变化
Ⅳ级	绿色微偏黄色	均匀	浓淡基本适中	漂亮
Ⅴ级	蓝绿色,黄绿色	较均匀	变化	较漂亮
Ⅵ级	蓝绿色、黄绿色、带有灰色调	均匀	变化	基本漂亮

表 7-2 翡翠(绿色)色调类别及表示方法(GB/T 23885—2009)

色调类别		肉眼观测特征	对应光谱色主波长参考值(nm)
绿	G	样品主体颜色为纯正的绿色,或绿色中带有极轻微的、稍可觉察的黄、蓝色调	500～530
绿(微黄)	G(Y)	样品主体颜色为绿色,带有较易觉察的黄色色调	530～550
绿(微蓝)	G(B)	样品主体颜色为绿色,带有较易觉察的蓝色色调	490～500

表 7-3 翡翠(绿色)饱和度级别及表示方法(GB/T 23885—2009)

饱和度级别		肉眼观测特征	饱和度参考值 S(%)
极浓	S_1	颜色浓郁,发暗,反射光下呈深绿色—黑绿色,透射光下呈浓绿色	≥85
浓	S_2	颜色浓艳饱满,反射光下呈浓绿色,透射光下呈鲜艳绿色	85>S≥65
中等	S_3	颜色浓淡适中,反射光下呈中等浓度绿色,透射光下呈较明快绿色	65>S≥40
较淡	S_4	颜色清淡,反射光及透射光下呈淡绿色	40>S≥20
淡	S_5	颜色很清淡,肉眼感觉近无色	20>S≥5

表 7-4 翡翠(绿色)明度级别及表示方法(GB/T 23885—2009)

明度级别		肉眼观测特征	色卡灰度参考值 L(%)
明亮	L_1	样品颜色明亮、鲜艳,基本觉察不到灰度	≤10
较明亮	L_2	样品颜色稍暗淡,不够鲜艳明亮,能觉察到轻微的灰度	10<L≤30
中等	L_3	样品颜色明显发暗,整体呈灰绿色,能觉察到一定的灰度	30<L≤50
较暗	L_4	样品颜色很暗,整体呈黑绿色,能觉察到明显的灰度	>50

在判断绿色好坏的四字诀中，依据其重要性的排列是"正、阳、浓、匀"。

(1)"正"是指绿色要纯正，它是和"邪"色相对应的。所谓纯正就是绿色的主波长应该比较集中在较窄的绿色波长范围内，摩佽等(1998)认为这一范围为 530～510mm。如果颜色波长偏短波方向，翡翠就会偏蓝(如在 495～480mm 附近，这就是所谓偏色或带"邪"色)；如果翡翠的颜色主波长是偏长波段则会偏黄(如达到 540～545mm)。当主波长范围较宽时，所见到的翡翠的颜色就是多种颜色的混合色，它的颜色效果就不会很纯正。纯正翠绿色的翡翠的价值是最高的，如所谓浓冰绿、宝石绿、祖母绿，其次是纯正绿色中稍带黄色。当纯正翡翠稍带黄色时，一般会使翡翠的颜色更加鲜阳，亦即增加了其颜色的亮度，因而对翡翠品质影响不大，在某些情况下还可能增加翡翠的价值，如所谓的阳俏绿、黄阳绿。当翡翠的颜色中偏蓝色或灰色时，一般会降低或严重降低翡翠颜色的价值，会使绿色变"青"、变"油"。

(2)"阳"就是指绿色的鲜艳程度，它和"阴"相对。翡翠颜色的"阳"与"阴"主要是指其颜色的亮度，当亮度较大时，绿色就会鲜艳，会给人一种明快和悦目的感觉。相反，当翡翠的颜色比较暗、"阴"时，翡翠的美感就会大打折扣。

因此，翡翠的绿色鲜阳与否是决定翡翠颜色的关键因素之一，只有颜色纯正而又鲜阳的翡翠才会有较好的市场价值。

光源是影响翡翠鲜阳程度的外因。在不同的光源下翡翠的鲜艳程度会有明显差别，因此作评估时，应在有阳光时正午±2 小时的时间中观察判断，如果在灯光下观察即应在和正午阳光具相同色温的光源中进行，目前较常见的选择是在白色光管外增加一个普通灯泡(60W 或 100W)产生的混合光中观察，国标—2009 规定的光源是色温在 4 500K～5 500K 范围内，显色指数在 90 以上的荧光灯。

(3)"浓"是指翡翠绿色的浓淡、深浅，亦即绿色的饱和度，更严格地说是指绿色主波长光线在整个光波组成中所占的百分比。当整个光波都由绿色主波长的光线组成时，其饱和度为 100%(实际上极少见)，其绿色就会很深，相反当整个光波中绿色光波的相对百分含量很低时，其饱和度近于零，颜色近于无色。

优质翡翠绿色的饱和度必须达到较高的程度，目前对于这种"较高"程度，并无量化指标，只有所谓"适中"来形容。或者说，过浓或过淡的颜色都不是最优质的。一般而言，从审美习惯来说，近北方纬度较高地区的人群，对饱和度大的翡翠有较强的消费偏好，而低纬度南方消费群则对饱和度稍低的翡翠有更强的消费偏好。

(4)"和"，又称为"匀"，是指翡翠绿色分布是否均匀、饱满，最高档的翡翠其绿色应该是布满整件玉器上均匀分布的，即所谓"满色"。

因此，颜色"和"的指标应该包括两方面的内容：其一是绿色的多少，其二是它的分布。其中绿色的多少是更重要的一个要素。一般说，颜色均匀是指绿色布满整件玉器达 95%～100%的空间，较均匀是指颜色分布面积达 80%～95%，尚均匀的绿色分布面积在60%～80%，如果玉器的绿色分布面积比例少于75%，一般就认为其色“不和”或“不均匀”。

当然，实际上有时颜色的判断和质地是密切相关的。在行内，哪些是“真色”，哪些是“地色”，往往是一个可能引起争议的问题，只有一些地张和颜色差别较大的品种，如“白地青”、“花青”、“豆青”等才能很决然地划分出其“真色”的百分比。因此，我们说玉石颜色“不均匀”或“不和”时，通常是指这种种质的翡翠。

总的来说，由于影响翡翠颜色的因素相当多，上述4个方面本身的组成也是很复杂的，因此，只能抓住最特征的方面来进行颜色分级，完全对应的情况基本上不会出现。

2. 紫色翡翠

紫色是翡翠中最常见且有较高市场价值认同的颜色之一，市场上常见的紫色翡翠根据色彩、明度及饱和度可以分成5种：皇家紫、红紫、蓝紫、紫罗兰、粉紫。

(1)皇家紫(Ⅰ)，是指一种浓艳纯正的紫色，它的颜色色调非常纯正，饱和度一般较高，亮度中等，因而显出一种富贵逼人、雍容大度的美感。这种紫色实际上非常少见，在紫色翡翠中出现的几率低于1%。一只满色皇家紫的手镯，市场价可达到数百万元以上，而饱满的大蛋面可达数十万甚至百万元以上。

(2)红紫(Ⅱ)，是一种偏向翡红色调的紫色，它的颜色饱和度通常中等，少见很高饱和度的类型，在紫色翡翠中不算常见，其价值认同也较高。

(3)蓝紫(Ⅲ)，是一种偏向蓝色的紫色，它的饱和度变化较大，从浅蓝紫到深蓝紫都可见到，是紫色翡翠中较常见的类型，俗称“茄紫”。当饱和度偏高时，颜色常有灰蓝色的感觉。亮度一般较其他类型低。

(4)紫罗兰(Ⅳ)，是一种中等深度到浅色的紫色，这种紫色常常出现在一些质地粗到细的翡翠中，有时也会和绿色一起出现，形成所谓有“春带彩”，因而有时紫罗兰又是地子(质地)的一种类型。

(5)粉紫色(Ⅴ)，是一种较浅的紫色，可能有偏红或偏蓝的感觉，但达不到红紫或蓝紫的水平，其紫色仍然是比较明显的，但饱和度比较低。它常常出现在一些水头较好、质地细腻的翡翠中。

3. 翡色翡翠

翡色是翡翠中与绿色相对的一种颜色，也是翡翠中最常见的几种颜色之一，大部分的翡色(实际上是褐红和褐黄的混合色)主要出现在翡翠的皮壳中，或沿裂隙分布。一般认为翡色翡翠是含铁量较高的翡翠风化后的产物，翡色属于一种次生色，是在翡翠玉石形成以后才产生的颜色。实际上，翡色好而种质也好的翡色翡翠的数量也非常少，并且受到中国人的喜爱。2005年以后，翡色翡翠或者有翡色的多色翡翠成为价格涨幅最大的翡翠品种之一。

根据翡色翡翠的色彩，翡色可分成翡红（Ⅰ）、翡黄（Ⅱ）两类。

翡红又可分为红翡、翡红两个次级色系，其中红翡是以褐色为主、带有红色的翡翠，红翡较常见；而翡红则是以红色为主、带有褐色的品种，后者价值更高。

翡黄同样可分为黄翡和翡黄两个次级色系，其中黄翡是以翡色为主（褐红）、带有黄色色调的翡翠；翡黄则是以黄色色调为主、带有褐色色调的翡翠，最黄的可呈栗子黄、鸡油黄和柠檬黄。一般而言，后者较前者有更高的价值，但后者的价值目前并未被市场真正认知。

因此，狭义的翡色实际上指黄色或红色色系都不是很明显时饱和度较低的一种浅褐红色或淡红褐色的颜色。

当翡红色或翡黄色的颜色深度适中而又出现在质地、水头较好的翡翠中时，也可有较高的市场价值，特别是当这种颜色有一定厚度时（如 3mm 以上）。一般而言，由于岩石的风化层都不会太厚，翡翠中的翡色多被作为俏色用在雕刻中，能达到独立成器的较少。

4. 黑色翡翠

黑色系列的翡翠被重视是近 10 年的事。这种黑色翡翠实际上可分为两种类型。一种是比较纯的硬玉岩，其黑色是由原生或次生细小分散的黑色尘状包裹体（有机质）产生的，这些包裹体主要分布在硬玉矿物的解理纹内。这种黑色翡翠无论是透光或是顶光照明都是黑色的。另一种是含有硬玉和霓石、绿辉石、透辉石的岩石。这种岩石一般在透光下呈绿—墨绿色，但在顶光下或反射光下呈黑色或墨黑色。

根据黑色翡翠在反射光下的颜色，黑色翡翠可分成纯黑色和墨黑色两类。当纯黑色翡翠质地细润、透光下呈现深绿色时，价值较高。

5. 无色翡翠

无色的翡翠常常是很纯的硬玉岩（可含少量钠长石）。除了质地很细腻、水头很高的品种外，真正无色的翡翠并不多见，大多是呈一种白色或灰白色的颜色。

无色翡翠的品质主要取决于翡翠的质地和水头。无色透明的翡翠，也就是玻璃种和冰种翡翠，是 2005 年后价格涨幅最大的翡翠品种。

二、质地分级

质地过去又称为地张、地子。关于质地的认识，历来有不同的理解，传统的认识认为质地是翡翠本身除颜色以外的其他性质，但也有人认为质地就是指翡翠的结构形式，包括翡翠晶粒的粗细、形状及其结合方式。国标—2009 规定翡翠质地是指组成翡翠的矿物颗粒大小、形状、均匀程度及颗粒间的相互关系。

质地实际上是翡翠形成条件及经历过地质作用的一个重要反映，因此是决定其品质和价值的内在因素。翡翠矿物结晶粗细、形态、矿物间结合方式，将会直接影响到成品翡翠的透明度(水头)、光泽以及其完美性，因此，翡翠的质地实际上是比水头(透明度)更为基础的要素，水头很大程度上和质地相关，但也有例外的情况。

陈志强等(1995)对翡翠结构的研究表明，翡翠中存在3类近10种不同的结构，其中变质重结晶作用形成的结构是主要的，其中硬玉粒度越细，翡翠的透明度越好；而翡翠中斑状结构越明显，不同形态的矿物颗粒共存，其透明度也越差；动力变质形成的碎裂结构则直接影响到翡翠的工艺性能、利用率和透明度。奥岩等(1997)、童银洪等(1997)的研究亦认为翡翠的结构决定了翡翠的种类和水头，其中硬玉矿物颗粒越细小，结构越紧密，翡翠的种份越老，水头越好，而后期应力作用形成的碎裂结构则是破坏翡翠品质的重要因素之一。

虽然翡翠的质地是决定翡翠品质不容忽视的要素，虽然它和矿物颗粒大小及结合方式之间的关系可能并不完全是线性关系，但可以肯定的是矿物颗粒越细，结合越紧密，矿物间的裂隙或间隙越不发育、后期应力作用越弱，则翡翠的质地品质就越好。

我国古代论玉(和田玉)有“首德次符”之说，而翡翠行内又有“外行看色，内行看种(种质)”的看法，均说明质地对翡翠品质的重要性。

栾秉璈(1984)比较全面地总结了行内对质地的商业分类。这个分类是行内几十年对翡翠质地认识的总结，正如前面已述及，由于它实际上已包含了翡翠绿色以外的其他因素，因此有时使用起来会出现不同的理解。

另外，欧阳秋眉(1997)、张蓓莉等(2000)根据对翡翠中矿物颗粒的理解，分别提出了6级和5级划分方案(表7-5)。国标—2009质地划分标准如表7-6所示。

表7-5　翡翠质地分级表

质地	划分标准	品质等级	工艺名称
非常细	10倍放大镜下可见结晶颗粒	最佳	玉地(瓷地)
细	10倍放大镜下隐约可见结晶颗粒	佳	
较粗	10倍放大镜下易见结晶颗粒	较佳	粉地
粗	肉眼可见结晶颗粒	差	砂地
很粗	肉眼易见	最差	石地

表 7-6 翡翠(无色)质地级别及表示方法(GB/T 23885—2009)

质地级别		矿物颗粒大小(mm)	肉眼观测特征
极细	Te_1	<0.1	质地非常细腻致密,10倍放大镜下难见矿物颗粒,未见“翠性”
细	Te_2	0.1~0.5	质地细腻致密,10倍放大镜下可见但肉眼难见矿物颗粒,粒径大小均匀,难见“翠性”
中等	Te_3	0.5~1.0	质地致密,肉眼可见矿物颗粒,粒径大小较均匀,偶见“翠性”
较粗	Te_4	1.0~2.0	质地较致密,肉眼易见矿物颗粒,粒径大小不均匀,可见“翠性”
粗	Te_5	≥2.0	质地略松散,肉眼明显可见矿物颗粒,粒径大小悬殊,易见“翠性”

三、透明度分级(水头)

翡翠的水头实际上是指翡翠“润泽”的程度,在一定程度上就是翡翠的透明度。国标—2009 规定,透明度是指翡翠对可见光的透过程度,主要用透过率和单位透过率辨识,前者是指光线透射翡翠时,透射光通量与入射光通量之比,后者即指单位厚度(1mm)的翡翠对可见光的透过率。根据翡翠(无色)透明度的差异,国标—2009 将无色翡翠划分为 5 个级别,由高到低依次为透明(Tr_1)、亚透明(Tr_2)、半透明(Tr_3)、微透明(Tr_4)及不透明(Tr_5)。2011 年昭仪翡翠进一步将透明无色翡翠(Tr_1)的透明度进行了细分,形成新的透明翡翠(无色)国家分级标准,根据单位透过率参考值 t(%)将无色翡翠分为 3 级(表 7-7)。

表 7-7 透明翡翠(无色)透明度级别及表示方法(国标发布中)

透明度级别	肉眼观测特征	单位透过率参考值 t(%)
T_1-1	光斑面积约占样品较暗部分的 90%以上且明亮	$t \geq 89$
T_1-2	光斑面积约占样品较暗部分的 70%~90%且较明亮	$89 > t \geq 87$
T_1-3	光斑面积约占样品较暗部分的 50%~70%且不如 T_{1-2} 级明亮	$87 > t \geq 85$

翡翠的水头主要决定于翡翠的质地及颜色,实际上有时这 3 个因素之间又是相互影响的,因此行内又将这 3 个因素融合成为“种”的概念,将翡翠划分为不同“种”,如玻璃种是指质地细润、透明度好的翡翠,如果再加上颜色翠绿,即所谓玻璃艳绿,就是翡翠中的极品。而花青种的翡翠是指一些具青绿色、质地一般、地子发灰、颜色分布往往呈斑块状的翡翠等。

一般而言，质地细腻的翡翠其透明度就好、水头长，但实际的情况也有例外，有些翡翠如冰种或芙蓉种的翡翠，其颗粒并不太细，有时肉眼下都很明显，甚至颗粒可达到 1～2mm 以上的，其水头仍可很长，或者说透明度仍较好。它说明质地和水头之间不完全是一回事，它们之间的关系比我们目前研究的要复杂和丰富。

颜色和水头之间也有相关性，如果颜色很深，一般水头也会受到影响；相反，如果水头很好，则绿色一般会变得更“娇阳”或“化”的很开，有时也使颜色变浅。观察翡翠的水头绝不能隔着厚玻璃进行，因为无色厚玻璃会增强玉的水头。总的来说，水头好且绿色好的翡翠一定是高档的品种。水头与颜色的配合是评估翡翠品质及价值中很重要的方面。

另外，从工艺评估的角度，光源与翡翠的透明度也有明显的关系，光源强或接近中午时的日光，翡翠的水头就显得好；相反，如果光源弱或阴天，翡翠的水头就显得差。因此，标准的评估应以中午有阳光的时候为准。所谓“无阳不看玉”即是这一道理。

玉石行内对水头或透明度的分级历来标准不一，表 7－8 列出据张蓓莉等(2000)的分级方案。国标—2009 对绿色翡翠的透明度的划分和无色翡翠不同，减少了一个级别，如表 7－9 所示。

表 7－8　翡翠水头分级方案(据张蓓莉等，2000，修改)

级别	透明度	阳光透进度	常见品级(种)
Ⅰ	全透明	10mm 以上	常为无色翡翠或冰花翡翠、花件及手镯
Ⅱ	透明	6～10mm	冰种及少量特级色料，花件及手镯
Ⅲ	半透明	3～6mm	特有色料中常见，高档花件及手镯
Ⅳ	微透明	1～3mm	普通的花件料，如豆青、花青常见
Ⅴ	不透明	基本不透光	大多做大型雕刻件的“砖头料”

四、净度(完美度、瑕疵、包裹体)分级

翡翠的净度(完美度)是指翡翠的内、外部特征对其美观或耐久性的影响程度。净度分级感性来看包括两个主要方面的内容：其一是对翡翠中所包含的包裹体，或者说杂质与瑕疵的多少及其可见性的判断；其二是对裂纹多少及其可见性(裂绺发育的程度)的判断。

表 7－9 翡翠(绿色)透明度级别及表示方法(GB/T 23885—2009)

透明度级别		肉眼观测特征	单位透过率参考值 t(%)	商贸俗称(参考)
透 明	Tr_1	反射观察:内部汇聚光较强,汇聚光斑较明亮 透射观察:大多数光线可透过样品,样品内部特征可见	≥70	玻璃地
亚透明	Tr_2	反射观察:内部汇聚光弱,汇聚光斑暗淡 透射观察:部分光线可透过样品,样品内部特征尚可见	$70>t\geq60$	冰地
半透明	Tr_3	反射观察:内部无汇聚光,仅可见少量光线透入 透射观察:少量光线可透过样品,样品内部特征模糊不可辨	$60>t\geq50$	糯化地
微透明—不透明	Tr_4	反射观察:内部无汇聚光,仅可见微量光线或无光线透入 透射观察:微量—无光线可透过样品,样品内部特征不可见	$t<50$	冬瓜地—瓷地

翡翠的净度和宝石的净度一样是影响其品质最重要的因素之一,有时可能还是影响其价值最重要的因素,它对价格的影响因子有时可超过其他因素的总和。

关于净度的理解,有人把它和裂纹(裂绺)分别考虑,也有人将两者合并在一起考虑。考虑到两者性质相似及对翡翠价值影响的一致性,为简化起见,本书按后一种理解说明(表 7－10)。国标—2009 将净度划分为 5 个级别。净度级别由高到低依次为极纯净(C_1)、纯净(C_2)、较纯净(C_3)、中等(C_4)、不纯净(C_5)(表 7－11)。

表 7－10 翡翠饰品净度分级表

级别	判别标志	包裹体分布
Ⅰ级	10 倍放大镜下不见任何裂绺、白棉、黑色斑点	边缘或底部
Ⅱ级	肉眼不见裂绺、裂纹,但在 10 倍放大镜下可见少量细小的包裹体和棉绺	边缘和小于 1/2
Ⅲ级	肉眼下可见少量黑点及棉绺、翠性,10 倍放大镜下可见少量裂绺及裂纹	边缘或中心
Ⅳ级	裂绺、棉绺、黑色斑点及翠性较易见	大部分
Ⅴ级	明显可见裂绺、裂纹或各种脏点	全部

资料来源:据张蓓莉等,2000,修改。

在影响翡翠的净度因素中,裂纹是最具破坏性的,其次是一些黑色的原生矿物包裹体,即所谓黑屎和黑斑;而白棉或一些翠性及次生的一些翡翠雾状物的影响较少。在评价净度因素时,除了包裹体和瑕疵的种类,其可见性及其与主体翡翠颜色的协调性亦不容忽视。另外,这些包裹体或瑕疵对不同种类翡翠饰物的影响也不相同,其中对首饰及手镯等“光身”翡翠(即表面是光滑抛光的)的影响最大,对花件及雕刻件的影响较小。

表 7－11　翡翠(无色)净度级别及表示方法(GB/T 23885—2009)

净度级别		典型内、外部特征类型	肉眼观测特征
极纯净	C_1	点状物，絮状物	未见翡翠内、外部特征，或仅在不显眼处偶有点状物、絮状物，对整体美观或耐久性几乎无影响
纯　净	C_2	点状物，絮状物	具细小的内、外部特征，肉眼较难见，对整体美观或耐久性有轻微影响
较纯净	C_3	点状物，絮状物，块状物	具较明显的内、外部特征，肉眼可见，对整体美观或耐久性有一定影响
中 等	C_4	絮状物，块状物，纹理，裂隙	具明显的内、外部特征，肉眼易见，对整体美观或耐久性有明显影响
不纯净	C_5	块状物，纹理，裂隙	具极明显的内、外部特征，肉眼明显可见，对整体美观或耐久性有严重影响

一般而言，可以达到首饰级的翡翠，瑕疵一般很少，即使有也只会在不显眼处，否则其价值将大打折扣。而对于一些花牌料或者是饰品类的翡翠，杂色和微裂纹通常是存在的，这也是玉石行内因材施艺的重要方面。凡是高品质的翡翠花件，工艺师都会尽量将杂色去除和利用微裂纹所在的位置进行雕刻处理，而可见杂色或裂纹的花件及手镯都不可能是高品质的翡翠饰品。

对于大件的翡翠摆件，杂色和裂纹通常也是难以完全避免的，要视其对整件工艺品美感的破坏程度而定。有时一些杂色如被作为俏色利用，而与其他的颜色相得益彰，浑然一体，反而可增加该件工艺品的美观及艺术性，这种杂色就可不作瑕疵论。对于裂纹，无论工艺师已作何种方法的处理和掩饰，只要存在总是会降低玉器的价值。

在评估翡翠净度时，有必要对裂纹和石纹作一些鉴别，两者对翡翠价值影响的程度是不同的。玉石行内所说的石纹是指在翡翠内存在而在外表则难以判断的纹理。它们大多是在翡翠早期形成的地质过程中受内部应力作用产生的，在其后的地质过程中往往又被后期的矿物充填愈合，因而它们一般是封闭型的。石纹在透射光照射下容易辨认，而反射光下并不明显或只呈现出透明度变化或“翠性”较强的感觉，它们对翡翠的耐用性及外观的影响较小。

裂纹却是一些通达翡翠表面的损伤。它们可能是在地质过程中受应力形成的剪切或张性裂隙，并没有被后期矿物愈合，也有可能是石料在开采加工或饰用过程中受到破坏产生的。但不管是哪种方式形成的，只要翡翠存在这种在白光反射下即可观察到的裂纹，其价值至少降低 1/3。凡是在一些已抛光的翡翠表面用指甲去刮摸可感到明显阻碍的纹理，都可视为裂纹。

五、工艺分级

对翡翠成品而言，其加工工艺的好坏，也是影响其品质的重要因素。有些时候，特别是一些雕刻的花件和摆件，工艺可能还是影响其品质最重要的因素，对翡翠工艺的评价，一般应分为“光身”成品和雕刻成品两部分进行。

所谓工艺，可以理解为翡翠加工的题材、设计、成品的对称及比例、雕刻抛光的精细程度等诸方面因素的综合。国标—2009 规定，翡翠工艺评价包括材料设计应用评价和加工工艺评价两个方面。材料设计应用评价又包括原材料应用评价和设计评价。加工工艺评价包括磨制(雕琢)工艺评价和抛光工艺评价。可进一步细分为素面类翡翠的工艺评价和雕件类翡翠的工艺评价两大类，其中素面类翡翠的总体要求是比例协调，形制饱满，颜色使用合理，加工精细，抛光到位；雕件类翡翠的总体要求是材质使用合理，主题突出，构图完美，加工精准，抛光到位。

在观察翡翠的“光身”成品(素面)时，应着重考察下列因素：①成品的轮廓；②成品的对称性；③成品的长宽比例；④对蛋形戒面还包括其顶面的弧度。根据这些特征，可将翡翠的工艺好坏分成 5 级(表 7 - 12)。

表 7 - 12　翡翠光身成品工艺分级

切工分级	轮廓	对称	比例	厚度
非常好(Ⅰ)	很标准	很好	很好	双凸或适中
很好(Ⅱ)	标准	好	很好	适中
好(Ⅲ)	一般	好	好	中等稍厚或稍薄
一般(Ⅳ)	不正	中等	一般	薄
差(Ⅴ)	歪斜	差	差	很薄或挖底

资料来源：据欧阳秋眉，1997，修改。

2011 年昭仪翡翠对透明无色翡翠(Tr_1)戒面的工艺分级进行了规定，表 7 - 13 给出了椭圆形弧面翡翠的比例分级要求。除了比例外，参考钻石工艺分级方法，正在形成中的无色透明翡翠的国标还对修饰度进行了规定，影响修饰度的因素包括：①腰围轮廓不对称；②顶面弧度不对称；③底面内凹；④抛光不良，有“橘皮纹”或划痕、凹坑等。根据肉眼观察修饰度级别可分为很好、好、一般 3 个级别，无上面所列各项或仅有轻微的第④项，为“很好”。有除第①项以外任何一项者为“好”，有两项或两项以上者为“一般”。

表 7-13　椭圆弧面型翡翠长、宽、高比例分级表

宽高比	长宽比			
	小于 1.09∶1	1.10～1.50∶1	1.51～1.70∶1	大于 1.71∶1
小于 1.35∶1	一般	好	好	一般
1.35～1.80∶1	好	很好	好	好
1.81～2.00∶1	好	好	好	一般
大于 2.01∶1	一般	一般	一般	一般

而对一些摆件或中低档的饰品而言，工艺的影响有时可能是举足轻重的。同样的一件翡翠原料，加工的题材不同、加工工艺不同所产生的价格差异，有时可能是数倍、甚至是数十倍的。因而设计加工者的素质就成为这种翡翠价值的重要保证。

要准确评估工艺对价值的影响实际上也不是件容易的事，它除了受市场、时尚、潮流等社会审美观念左右以外，有时还会受名人效应所影响。如一件玉器如果是某位有名气或受欢迎的玉雕大师做的，其价值就可能会有很大的溢价效应。

在评估玉器的工艺品质时，以下几个方面可供参考。

(1)该件玉器是否已物尽其材，也就是说它的颜色是否使用恰当，质地的配合是否完美，或者说玉器的题材、工艺有没有最大限度地把玉材的美表达出来。因而在玉石行内，艺人总是把高翠的部分放在显眼要害处，起点睛之用，而把质差部分放在背面或不显眼的地方。

(2)玉器的图案、线条及比例是否完美和谐，特别是一些人像、花卉等的图案是否符合题材的表达要求，雕工是否简洁有力或圆润，线条是否清晰流畅和富有表达力。

(3)俏色的利用是否恰当，对一些瑕疵的处理是否恰到好处。如果对一些杂色或裂纹的处理不着痕迹，就可能使玉雕作品更加生动、惟妙惟肖，使玉器的价值和艺术魅力成倍增加；处理不好瑕瑜互见，则可能严重影响玉器的价值。这一方面关键是要全面把握好题材各部分的关系。在玉石行业中所谓"无绺不做花"、"随绺做花"指的都是这种遮掩绺裂、变废为宝、改瑕为瑜的功夫。

(4)玉器的抛光(上亮)是否精细。抛光行内又称"上蜡"或"出水"，抛光精细可使玉器光泽明亮，柔润传神，增加卖相。

六、大小(质量)或体积分级

翡翠的大小或质量也是影响翡翠价值的重要方面。虽然翡翠原料的买卖有多

种方式,但按品质论价和按质量(重量)来论价总是有机结合进行的。一些高品质的帝王玉,是以 g 或 ct 为单位,一些大块的商业级别花牌料则以 kg 为单位,而一些质地更差的普通砖头料也许是以“堆”或“t”来交易。无论哪种方式,翡翠的质量总是影响价值的重要因素。但是,由于翡翠成品的买卖通常是以“件”而不是以 g 或 ct 进行的,因而要定量评价这一方面的影响就有一定的难度。

另一方面,在翡翠行内,因材施艺是进行加工的重要原则。一般翡翠的加工总是以能实现最大利润为目的。具体地说,如果一块可加工成花件又可作戒面的玉料,加工成戒面估计能卖到 10 000 元,而加工成花件只能卖到 8 000 元,那么事主最可能的选择便会是切除多余的部分,将玉料加工成戒面出售。当然如果事主对某件质量的玉石有特殊的审美感受,或者对市场的趋向捉摸不定时,也有可能会出现例外的情形。

这些情况说明,不能简单比较大小或质量来估价,大小及质量对价格的影响是在相近品质的前提下才能比较。

第二节　翡翠的贸易与市场

翡翠是何时发现的,目前有多种不同的说法。根据日本翡翠专家的研究,日本新泻县西颈城的绳文人在 5 000 多年前就已开始使用翡翠。在新泻县鱼川市长者原遗址及西颈城郡青海町寺遗址出土的翡翠转石、海岸漂砾以及由这些材料制成的大珠或垂珠,说明了日本人可能较早就开始使用翡翠玉制品,它的历史甚至比缅甸翡翠的发现还早 3 000 年。

Wari 认为,缅甸翡翠是一位中国商人发现的。这位购货商人在途经缅甸的勐拱返回云南的时候,发现驮货骡子一边的负荷过重,于是顺手拾起路边河滩的一块石头放入较轻一边的背袋里,回家卸下货品一看,拾作平衡用的石头竟然是一块玉石。英国人布朗(J. Ceggin Brown)著书时认同了这种说法。而与此相近的另一种说法是《缅甸史》上的记载:公元 1215 年,勐拱人珊龙帕受封为土司,在勐拱上游渡河时,无意之中发现了一块鼓状的蓝玉,于是带回家中,惊喜之余决定在该地修筑城池,取名为“勐拱”(鼓城之意),从此,该地便成了翡翠著名的开采地。如果这种说法成立,则缅甸翡翠发现已有 700 多年的历史。

马罗刚和蔡汉伦(1999)根据对腾冲出土文物的考证,认为元代以前腾冲墓葬物中并没有翡翠,因此认为元代以前的翡翠并不是指玉,翡翠玉在中国出现是明朝以后的事。英国历史学家李约瑟在《中国科学技术史》中,也认为硬玉是 18 世纪以后才从缅甸经云南传入中国的。

目前市场上商业品级的翡翠玉石 95%以上来自缅甸，因而翡翠被称为缅甸玉，但市场上已开始出现来自危地马拉及哈萨克斯坦等地的翡翠，其中危地马拉翡翠大多是含有较多绿辉石组分的品种。

一、翡翠的产地及来源

珠宝市场上优质的翡翠大多来自缅甸雾露河（江）流域第四纪和第三纪砾岩层次生翡翠矿床中。它们主要分布在缅甸北部的山地，南北长约 240km，东西宽 170km。1871 年，缅甸雾露（又作乌九、乌龙、乌鲁）河流域发现了翡翠的原生矿，其中最著名的矿床有 4 个，它们分别是度冒、缅冒、潘冒和南奈冒。原生矿翡翠岩主要由白色和分散有各种绿色色调及褐黄、浅紫色的硬玉岩组成，除硬玉矿物外还有透辉石、角闪石、霓石及钠长石等矿物，达到宝石级的绿色翡翠很少。

根据翡翠砾石的来源及皮壳表现不同，在玉石行业内，翡翠具体的产地被称为场区、场（厂）口，实际上是指矿体（玉、石砾）被挖出时矿坑所在的地方，一般用缅甸当地的地方译名来命名。目前主要开采的场区有以下几个。

（1）老场区。老场区是指位于乌龙江中游的次生矿床，约于 18 世纪开始开采，较大的场（厂）口有 27 个。老场区中著名的场（厂）口有帕敢、苇卡、莰通卡和马猛湾等。帕敢场（厂）口位于乌龙河西岸，是个长条形的村镇，其中还包含许多小厂口，属历史上的名坑，开采最早。翡翠砾石的特点是砾石大小不一，大的几百公斤，小的只有鸟蛋大小。砾石磨圆较好，外壳可呈黄盐砂、白盐砂。其内矿物颗粒结晶较均匀、结构细腻、翡翠种好、地子细，如外壳有松花表现，内部一般有绿，色足。老帕敢的黑乌砂，其皮壳乌黑似炭，一般种好、色好、绿随黑走，有枯便有色，目前已采完。帕敢场口的石头、皮壳与玉之间常有“雾状”过渡带，是缅甸产玉的主要厂口，目前市场以中低档砖头料为主。

回卡（苇卡）场口：离帕敢约一天路程的翡翠次生矿。其特点是皮壳薄、色杂，可呈黄、灰、黑、淡绿等色。皮壳具双层结构，外层呈淡红色的膜皮，内层水翻砂，玉石水头不一，一般种好、硬度高，但绿色不艳，有时绿的地方水发，可有满色，个体大小悬殊，大者可达几千公斤，小的只有几两，一般磨圆较好。

四（莰）通卡：该地翡翠皮壳较粗，可呈红、黄白盐砂皮，一般皮下有黄色、白色的雾，其内色多呈绿色，大小变化在几百公斤至几两之间。

马（麻）猛湾石：位于乌龙河岸边，皮壳主要有黄乌砂和黑乌砂两种。壳下常有黄、红、黑、白色的雾。皮壳结晶粗细不等，一般皮壳细腻均匀的地子细，皮壳粗的则地子粗，其色多偏蓝，蓝中夹白。偶尔也见有浓绿色高价值品种。

（2）大马（木）坎场区（又称刀磨坎，打木屑）。该区位于乌龙（鲁）江下游，毗邻老场区，距帕敢约 30km。开采时间较老场区短，大的场（厂）口有 11 个。目前已挖到第三层，主要为坡积及山下河床水石。主要有黄砂皮和黄红砂皮两种翡翠砾石。据说不同场口之间翡翠皮壳表现相差颇大，其中大马（木）坎场口的翡翠和莫格跌（底）皮壳较厚，呈灰色，且皮肉相杂。皮壳下必有雾，雾色呈红、黄、黑、白多种，其中呈红、黑雾的玉石地子灰，黄、白雾的石头地子好。一般是"十雾九有水"，凡是皮壳与黄色（玉）相杂难分的，其玉色偏蓝。该厂口的水石较多，个头一般不大，多在1～3kg之间，但抛光起"钢色"受光，因而是好玉产地。

（3）小场区。小场区位于思多湖南面，毗邻铁路线。较大的场口有8个。矿区已开采到第三层，第一层多黄砂皮，第二层为黄红砂皮，第三层为黑砂皮。翡翠砾石多带蜡壳，其中著名的场口如南奇（琪）石，其特点是皮薄，约为0.3～0.5cm。常见分层，外层为黄砂皮，第二层为半山半水，第三层为水翻砂。南奇石的绿色大多偏蓝、灰，色暗，且多裂烂。色、种、水均好的较少。

（4）后江场区（又称为坎底厂）。该场区位于康底江，即后江而得名，是开采较晚的一个场区，属老厂玉，有约10个场（厂）口，分布在长约3 000m、宽150m左右的狭窄区域内。其特点一般是单件砾石件头小，透明度好，结构致密细腻，原石绿，所谓"十个后江九有水"。皮薄且蜡壳不完整的地子好，而外皮淡阳绿的色正，色浓夹春的则色偏，颜色过深加工后则发黑。后江石的缺陷是裂烂较多。

（5）雷打场区。雷打场区是因出产雷打石（往往加工成品后出现许多裂绺，像被雷打过一般、色绿地干的翡翠）而得名。产地位于后江场的上游，该场区主要有那莫（即雷打之意）和勐兰邦。翡翠矿砾的特点是种干裂多，较软。但如遇到一些可取料的部分，也可能出较高价值的翡翠。

（6）新场区。新场区位于乌龙江上游的两条支流之间。翡翠矿砾分布在表土层下，开采方便，主要的场口有9个，翡翠料多为大件白地青中低档料。

除了缅甸出产翡翠外，世界上有翡翠出产的国家还有日本、美国、哈萨克斯坦、危地马拉和哥伦比亚。这些国家翡翠的特点是达到宝石级的较少，大多为一些雕刻级的工艺原料。

日本的翡翠产地散布在日本新泻县、鱼川市、青海町等地。主要为原生矿，较多是粗粒结晶的硬玉集合体，颜色以绿色、白色为主，质地较干。

美国翡翠主要发现在加州，有原生矿也有次生矿。和缅甸翡翠相比，美国翡翠大多只能用作雕刻材料，缺少首饰级的祖母绿色的翡翠。质地干且结构较粗。门多西诺县的翡翠矿床是利奇湖矿，主要由透辉石、硬玉、石榴石及符山石的细脉体组成，大多也只是雕刻用岩石材料。

哈萨克斯坦的翡翠原生矿主要为伊特穆隆达和列沃—克奇佩利矿，矿化与蛇纹岩体有关。硬玉主要呈浅灰、暗灰、浅绿、暗绿等颜色，具中粒和细粒交代结构。其品质大多和缅甸商品级不透明、水头差、结构粗的雕刻料相当。在早期生成的翡翠中也可见少量祖母绿色的细脉和小块体。

危地马拉翡翠矿是1952年在埃尔普罗格雷素省曼济尔村附近发现的麦塔高翡翠矿床，其翡翠主要由硬玉及透辉石、钙铁辉石组成。危地马拉的翡翠据说在许多年以前的Maya(玛雅)文明中就已非常有名，后来随着Maya文明的神秘消失而失传，直到1975年一对美国夫妇Jay和Lou Ridinger在该国重新发现和开发出这一瑰宝。目前危地马拉的翡翠主要由他们公司控制开采。市场上只销售成品而不卖原料，使该地翡翠更添神秘色彩。目前市场上见到有绿色、紫色、蓝色、黑色和彩虹系列的品种。该地还发现一种同时可见到银、镍、黄铁矿和黄金、白金包体独特的Galactic Gold翡翠。由于该地翡翠没有进行B货和C货等改善处理，因而受到欧美市场的认同，开始成为缅甸翡翠强有力的竞争者。

二、翡翠的交易及市场

要统计历年来缅甸翡翠的产量可以说是一件不可能的事，其原因是玉石的发现往往具有偶然性，翡翠交易也是在很隐蔽的情况下达成的。一般认为，翡翠产区大部分由缅甸喀钦邦管辖，其中由缅甸政府控制的只占20%。1997年以前，政府控制的翡翠在每年的仰光珠宝交易会上交易，其余约70%的产量则走私进入泰国清迈。

缅甸翡翠的年产量在300～500t(余平，1996)。而张天树在“缅甸宝玉石”一文中提到缅甸隆肯地区每年开采翡翠砾石约500t，全部运到仰光加工。帕敢是缅甸最著名的翡翠场口之一，从帕敢开采的翡翠大多被运往瓦城，然后经瓦城分流，高档的料被运到曼德勒或喀钦，而低档的料进入盈江的昔马、苏典和卡场。瓦城是缅甸目前最大的翡翠原料集散地。

历史上，缅甸翡翠的交易主要从两条通道进行，1997年金融风暴前，国际上重要的翡翠交易中心是泰国的清迈。每年3月，泰国清迈都要举行一次大的翡翠拍卖会，大约80%的高档翡翠是经清迈拍卖而进入世界玉石市场的。这条路线大约是在20世纪70年代以后发展起来的，它是从曼德勒(瓦城)进入泰国清迈。1997年金融风暴后这条通道渐渐萎缩。现在曼德勒(瓦城)是缅甸最大的翡翠切磨与交易中心。2005年后缅甸翡翠毛料拍卖开始高速增长，2011年达到顶峰，其中2011年3月缅甸翡翠公盘共展出翡翠18 000多份，是上一次公盘的两倍，参与人数超过1万人，交易金额达20亿欧元，与2010年同期相比，涨幅超过了100%。一块重112kg的冰底飘绿花翡翠原石创下3亿元(折算)的历史天价。2011年7月的公盘交易会上展出的翡翠毛料超过了22 000份，交易显示金额超过了200亿元，创了历史新高。但进入2012年，交易开始快速下滑。

另一条路线则是经瓦城进入中国云南的盈江、腾冲等地。这条路线在历史上曾经是举足轻重的玉石之路。早在公元前 8 世纪的汉代，盈江古里卡镇就已经是“南方丝绸之路”的重要驿站。腾冲曾经是世界上最大的翡翠集散地和解玉琢玉之乡。中国古代便有“玉出腾越”的说法，现在除原有的一些老商号外，腾冲有数百家各种规模的玉石加工厂及商号。除了盈江和腾冲外，瑞丽及畹町等县的许多边境小镇的玉石交易也极为活跃。但是由于我国对珠宝玉石的关税(1989 年德宏州的综合税约为 47%，1992 年为 29%，而泰国为 5%，台湾为 15%，香港、印度免税，美国对最惠国为 1%～2.5%)过高，因而规模受到限制。20 世纪 90 年代中后期，云南的玉石通道交易规模缩小，到 2000 年后逐步被广东的平洲所取代。但是，2010 年后，云南实施玉回云南的发展策略，海关也实施了特殊的通关政策，云南玉路的重要性重新显现。

2000 年前后，广东成为国内翡翠最重要的翡翠加工交易中心及集散地。历史上缅甸和云南的许多翡翠客商往往都是广东玉商。据考证，第一批的广东商人从水路抵达缅甸曼德勒的时间是 1861 年，他们购买了一批翡翠玉石赚了很多钱，由此引发大批的云南和广东商人争相到缅甸做翡翠玉石生意，并以曼德勒为大本营，成立玉石工会。从此，翡翠玉石便源源不断地从缅甸曼德勒水运到广州，由广州北上转运到苏州和北京。大约在明代万历年间，广州的长寿寺一带开始形成玉器墟，而到清代乾隆年间，广州长寿路一带的玉石买卖已形成规模，生意兴隆，成为国内翡翠玉石的加工交易中心。当时许多北京、上海的珠宝玉器商人及广州玉器行都在玉器墟开盘(公开买卖玉器)。

经过几十年的发展，目前广东的翡翠加工交易形成了 4 个不同类型的集散地，其中汕头揭阳的阳美村是目前国内最重要的高档翡翠集散地。全村 3 000 多人中有近 80%的人从事翡翠加工贸易，他们往往集体自筹资金直接到缅甸坑口赌玉购石，然后运回阳美加工。几百万的玉石原料在当地来说并不罕见，加工后的高档翡翠通过香港、台湾商人转销世界各地。目前该地集中了几十家较大型的翡翠加工厂，成为国内最重要的贵重翡翠集散地。2002 年 10 月在阳美举行了首届国际翡翠玉器节。

南海的平州是广东另一类型的集散地，该地过去主要以加工中低档的手镯为主，玉器加工销售前店后厂，有几十至上百户人家加工从缅甸和云南买回的“砖头料”，加工的手镯甚至有云南商人返销回缅甸和云南。除此之外，也有部分人加工玉扣、花件和雕刻。2000 年后，南海平洲成为国内最重要的翡翠毛料拍卖地(投标地)，每年拍卖的翡翠玉料的质量和缅甸公盘不相上下。最近几年(2005 年后)，每年有 20 多场次大小规模不同的玉石毛料投标会，大型的投标会的翡翠玉料超过 10 000 组，小型的投标会也有上千组的翡翠毛料。但 2011 年后情况有所改变，活跃程度下降。

四会是国内重要的翡翠花件及低档翡翠饰物的加工交易中心。该地玉器城有大小过百家的玉石加工厂，加工从云南或广州、平州等地来的中低档翡翠。每天清晨5～7点，就有来自广州及国内的许多玉石厂商来到四会购买雕刻好的抛光和未抛光的翡翠花件（夜光墟），价钱从数元到几千元不等，然后分销到全国各地。有许多来自河南和江苏的雕刻艺人也在该地设点从事翡翠的摆件和花件雕刻加工，该地翡翠的交易成行成市，颇具规模。

广州长寿路玉墟街不但历史悠久，而且也是目前大陆规模最大和最综合的翡翠玉器交易集散地。该地的翡翠交易已不再像从前那样集中在华林街内，有些厂商已从“西来初地”长寿寺附近迁入到新建的荔湾广场内，有些则散布在带河路附近，但总的来说，该地仍以高中低档各种品质翡翠齐全为特色。除了A货天然翡翠外，该地还是全国最大的B货处理翡翠的集散地。其内集中了几百家各种类型的翡翠加工交易商，每天成百上千来自全国各地的玉石商人和顾客到玉器墟选购翡翠、玉器。贵重的翡翠过几十万元不罕见，低档的和一些B货则低到数元和几十元。

过去几十年，国内有分量的大件翡翠大多是在江苏扬州玉器厂、北京的北京玉器厂、广州的南方玉器厂等名厂进行加工销售的。除上述的几个集散地外，河南镇平也是国内翡翠特别是中低档翡翠雕刻摆件和小饰物重要的集散地，该县据说有5 000多户从事玉石的雕刻贸易，镇平珠宝玉器市场也成为国内重要的玉器专业市场。

目前，天然翡翠成熟市场主要是北京、上海和广州等几个政治、文化和商业中心城市。在这几个城市中高档翡翠消费最多的是北京。过去，中国嘉德在北京每年举办的春、秋两季拍卖会上，中高档翡翠一直扮演着重要的角色。1996年嘉德春季拍卖会一件清代翡翠桑蚕佩件，以148万元的高价拍出，创下了国内该类型清代翡翠的拍卖纪录。在每期的拍卖会上，翡翠拍品几乎占50%以上。1999年春季拍卖会上，成交价10万元以上的珠宝中，有6件是翡翠，可见北京消费者对翡翠的鉴赏力。而2010年后，北京每年11月的国际珠宝展上，过千万元/件的翡翠玉器已经不稀罕了，要价5 000万元的翡翠蛋面也可以见到，北京国际珠宝展成为世界最重要的高档翡翠玉器展览会。而广州由于玉器街历史悠久，加上广州人购买此类商品比较细致，广州的大商场也一直坚持销售A货翡翠，使广州成为一般价位天然翡翠最重要的市场，几千元至几十万元的翡翠饰品是广州市场的中坚货品。

香港和台湾曾经是世界上高档翡翠最重要的消费市场，香港的广东道亦曾是全世界重要的翡翠加工中心。香港玉石商人每年直接从缅甸翡翠厂口或清迈的拍卖会上购买大量的色料及各种翡翠原石，运回广东道进行加工，然后销往台湾、日本及欧美市场。广东道兴盛时有近百家专门从事翡翠加工和交易的公司及工厂，但是2003年后两地的翡翠市场已经逐渐被大陆市场取代，但2010年后，香港广东道又有重新启动的趋向。而香港一直是世界上最重要的高档翡翠拍卖地，每年佳士得和苏富比国际拍卖公司在香港举行的珠宝拍卖会上翡翠一直是最受瞩目的珠宝。1994年秋季拍卖会上一条名为“MDIVANI”的翡翠项链由佳士得以3 300万港元拍出，创下当时单件翡翠的拍卖纪录。1997年新的翡翠单件世界纪录，一串名为“双彩”的翡翠项链以7 263万港元成交亦是在香港拍出的。可见香港作为高档翡翠集散地的地位仍然重要，许多台湾及欧美的顾客一直是香港翡翠市场最重要的买方。

第三节　翡翠的综合分级及估价

一、综合分级

上述讨论表明，影响翡翠品质的因素复杂多样，每一个因素的变化对翡翠总品质的影响并不相同，不同因素之间的组合最终决定翡翠的品质，这种组合至今仍然没有一个完整的量化数字，因此，要建立一个完整的翡翠综合分级极为困难。但是翡翠是最常见的玉器珠宝，同时也是我国大众最为喜爱的珠宝类型之一，建立一个基本的翡翠综合分级体系和估价模型势在必行，也极为迫切。因此，不同的学者很早就进行了这方面的尝试。1997年欧阳秋眉在《中国宝石》上发表的《如何评价翡翠》，详细论述了她在1992年提出的4C、2T、1V翡翠评价原则，即根据翡翠的颜色、净度、切工、裂纹及透明度结构和体积大小来评价翡翠的框架；同时，崔文元则提出了4C、2T的评价依据，张蓓莉等(2000)则提出了他们对不同类别玉器(包括翡翠)的评估方案及标准。但无论如何，至今还难以获得像有色宝石那样的翡翠综合分级评分表。

最常见的综合分类是将翡翠分成为帝王玉(特级玉)、商品玉(商品级、商业玉)和普通级(普通玉)三大系列。原料则可分成色料、花件料及庄头料3类，色料通常是用来加工玉石首饰，小小一块，价值可能过万元，往往以克或两计价；花件料通常是一些有色的、质地也可以，但颜色分布不均且裂纹较多的玉料，这种材料既按千克计价，也按件、块计价，通常其价格在每千克几百到几千元之间变化；庄头料是指一些颜色较差、块度较大的玉料，这些玉料因为块体较大，所以适合用来做手镯或摆件等较大件的玉器，其价钱常常根据其质地和裂烂的多少来定，每千克几十到上千元不等。

根据国内市场的实际情况，我们给出不同类别绿色翡翠玉器简易综合品质分级及一般价格定位，如表7-14所示。

表 7-14　不同类别绿色翡翠玉器简易综合品质分级及一般价格定位（范围）（2010 年前）

种类	总品质级别	颜色品质	质地水平	净度水平	工艺品质	大小	价格定位（元）
蛋面及鞍面	优	Ⅰ级	Ⅰ级	Ⅰ级	优或良	正常或偏大	300 000 以上
	良	Ⅱ，Ⅲ，Ⅳ	Ⅱ，Ⅲ	Ⅱ	良或优	正常或偏小	50 000～200 000
	差	Ⅴ，Ⅵ	Ⅵ，Ⅴ	Ⅲ～Ⅴ	良或差	正常	600～20 000
花件	优	Ⅱ级以上	Ⅰ	Ⅱ级以上	优	大或正常	300 000 以上
	良	Ⅲ，Ⅳ	Ⅱ，Ⅲ	Ⅱ，Ⅲ	良	正常或偏小	20 000～300 000
	差	Ⅴ，Ⅵ	Ⅳ，Ⅴ	Ⅳ，Ⅴ	差	正常或偏小	600～20 000
手镯	优	Ⅱ级以上	Ⅱ级以上	Ⅱ级以上	优	正常	500 000 以上
	良	Ⅲ～Ⅴ	Ⅲ	Ⅱ，Ⅲ	良	正常或偏大	20 000～500 000
	差	Ⅵ	Ⅳ，Ⅴ	Ⅳ，Ⅴ	良或差	偏小	1 000～20 000
摆件	优	Ⅳ级以上	Ⅱ级以上	Ⅲ级以上	精工	正常	200 000 以上
	良	Ⅴ，Ⅵ	Ⅳ级以上	Ⅳ	良工	正常	20 000～200 000
	差	Ⅵ	Ⅳ级以下	Ⅴ	差工	正常	1 000～50 000

注：不同类别翡翠玉器的正常大小不同，蛋面正常大小为 6mm×6mm～6mm×8mm；鞍面为 3mm×12mm；花件正常大小为 2.2cm×3.5cm；手镯正常大小是指内圈口为 54～56cm、条子中等的类别；摆件的正常大小为 18cm×12cm×8cm。

不同级别价格变化范围及交叉是由于不同的品质交叉组合，以及其他的一些未考虑要素产生。实际上这也说明对市场不熟悉，完全依靠价格表来进行翡翠估价是很困难的。

（一）翡翠首饰的描述

进行估价前应对翡翠首饰进行描述（表 7-15），以确定其品质级别及特征。描述的内容主要包括以下几个。

1. 翡翠首饰的类型

翡翠首饰的类型主要包括镶嵌翡翠首饰（可分为戒指、吊坠、胸针、项链、耳环等多种类型）及未镶嵌首饰（可分为戒指、指环、玉扣、手镯、玉佩、项链等）两大类。

2. 款式或翡翠首饰的形态特征

款式描述包括男式或女式、是否有伴钻、是否特殊设计、玉器的形态特点等。如果是未镶嵌的翡翠首饰，则应就其主题及形态特征作特殊说明。

3. 玉的品质品级

玉的品质品级可根据翡翠的颜色、质地、净度、工艺等作出评价，说明有关的分类方案及分级依据。

4. 翡翠首饰的大小(质量)

我们使用量具如游标尺或首饰卡对首饰的大小进行量度,一般用 mm 表示,通常量翡翠的长、宽、高,特别形状的需特别说明。如手镯一般要量其口径、最大直径(外径)和内径(口圈直径或条子粗细)。对于镶嵌首饰,则要量度圈口等数据并称重。

5. 翡翠首饰设计制作者的情况

我们需说明是一般的行货制品还是名家作品等,对于名家作品需要了解该作者获奖情况及其作品的数量、风格以及在市场上的流通情况。

6. 镶嵌首饰还应对其金属的种类、含量及制作方法进行说明。

手工制作与铸造制作之间的价格会有明显差异。

7. 翡翠的产地来源

目前我国的翡翠大多来自缅甸,但国际市场上其他产地的一些翡翠(如危地马拉、俄罗斯)已逐渐增多。因此,对于一些贵重的翡翠而言,产地也应有所说明。

8. 翡翠是否经过改善处理

我们需对翡翠的鉴定情况进行说明,如是经过有信誉的实验室鉴定,还是只由评估师自行鉴定。由于翡翠的问题一般较复杂,许多只经历过一般宝石学培训的评估师很难掌握这方面的资讯,因此在评估时给出适当的说明是科学的态度。

表 7-15 翡翠首饰评估工作表

送评公(公司):________________　　评估证编号:____________

评估目的:________________　　收样日期:____________

评估用途:________________　　交 证 日 期:____________

翡翠的类型:__________(镶嵌、未镶嵌)

翡翠的形态:________________

翡翠的颜色:________________

翡翠的质地:________________

翡翠的净度:________________

翡翠的工艺特征:________________

翡翠的大小(或质量):________________

翡翠鉴定的说明:________________

鉴定使用的仪器:________________

照片或图案描图

镶嵌翡翠的情况:________________(行货、设计或艺术品)

翡翠的产地特征:________________

需说明的其他事项:________________(如特殊种质、颜色分布或主题等)

收 样 人:

分级评估人:

（二）估价

1. 成本法

影响翡翠品质的因素复杂多样，要找到一个适用于各种市场及评估目的的评估方案几乎是不可能的，而要在市场上找到完全对应的另外的翡翠玉器也是困难的事。但是由于翡翠原料有一定的行情，而加工的费用是可以确定的，因而采用重置成本法进行评估也是可行的。

(1)要评估翡翠饰品的品质，应该主要从其颜色、质地、水头、净度及大小的状况，了解相应级别原料的价钱行情或者参考集散地市场相似品质成品的价格来确定出该件翡翠的成本价格(包括加工费用及利润)。在确定翡翠的品级时也可以把品质因素量化来确定翡翠的级别档次和了解其价格。

例如汪毅飞(1996)根据翡翠的颜色、质地、透明度、裂隙、加工工艺等品质因素在品质经济评价中所处的重要性，分别进行百分值评分(质优者分高，质劣者分低，满分 100 分)，再将翡翠各个因素的各自品质级别的百分值乘以所对应的百分比例，用它们相加之和来计算翡翠的综合分值，并把翡翠的综合分值作为翡翠品质经济评价的依据，来确定翡翠的级别档次。他给出的翡翠成品综合品质经济评价表如表 7－16～表 7－21 所示。根据表 7－12 的综合品质经济评价，结合对翡翠的分类及评价，可以判断翡翠所属档次，以及处于什么价格范围内。

表 7－16　翡翠品质评价因素及百分比例表

评价因素	成品(%)	原石(%)
颜色	40	30
质地	30	30
透明度	20	20
裂隙	5	20
加工工艺	5	/

表 7－17　翡翠颜色的百分制评价表

级别	百分值(%)	特征描述
极好	90～100	绿色纯正，色极浓，明亮均匀
好	75～90	绿色略带蓝味或带黄味，色深均匀
中	45～75	黄绿色或绿色带灰，色较深，不均匀
差	0～45	灰绿色，干白色，色浅，不均匀

表 7－18 翡翠质地的百分制评价表

级别	百分值(%)	特征描述
极好	90～100	矿物颗粒非常细小，10 倍放大镜下仅见极少
好	75～90	矿物颗粒较细，肉眼难见
中	45～75	矿物颗粒中粒，肉眼易见
差	0～45	矿物颗粒粗粒，肉眼很易见

表 7－19 翡翠透明度的百分制评价表

级别	百分值(%)	特征描述
极好	90～100	半透明，近于透明，水头很足
好	75～90	半透明，水头足
中	45～75	半透明到微半透明，水头短
差	0～45	不透明，水头干

表 7－20 翡翠裂隙及工艺水平的百分制评价表

级别	百分值(%)	特征描述
极好	90～100	裂隙极少，肉眼难见，工艺水平精
好	75～90	裂隙少，工艺水平精
中	45～75	肉眼可见裂隙，工艺水平一般
差	0～45	肉眼易见裂隙，裂隙发育，工艺水平差

表 7－21 翡翠综合品质经济评价表

级别	百分值(%)	特征描述
极好	90～100	原料 100 万元～200 万元/公两，成品 50 万元～300 万元/戒面
好	75～90	成品 5 万元～35 万元之间
中	45～75	成品 1 000～5 万元之间
差	0～45	几元～几百元

(2)根据翡翠成品的工艺品质水平，了解加工该件翡翠成品所需的费用(一般包括雕刻费用及抛光“出水”费用)。目前我国加工翡翠饰品劳动力的基本价格如表 7－22 所示。

表 7-22　不同工艺品质翡翠饰品劳动力的价值标准(元/件)(2010 年)

工艺品质差别	大师级	精工	良工	学徒工	抛光(手抛)	机抛
摆件	随行就市	5 000～50 000	3 000～8 000	100～300	5 000～20 000	500～2 000
花件	8 000～30 000	200～1 500	800～5 000	100～1 000	300～3 000	50～500
手镯	/	500～800	300～500	100～200	50～300	/
蛋面	/	300～500	100～300	20～100	10～100	/

(3)如果翡翠已镶嵌还必须对所用的金属种类、成色,伴石的种类、数量,首饰设计水平进行评估(和有色宝石近似)。一般而言,比较复杂的翡翠饰物的加工设计费用较有色宝石和钻石要高,主要原因是大多数翡翠首饰都是手工制品,而且形态往往不规则,做起来费时费工(工费可在 2 000～20 000 元之间变化)。

2. 翡翠价格曲线估价法

1998 年,台湾翡翠专家郑永镇先生将翡翠品质影响条件中变化多端的各种因素尽量简化,提出种、色、净度、质量、货型 5 个评价要素,分别加以量化,并给出了不同级别要素之间的价格曲线。首先,他根据翡翠的种质,将翡翠分成豆地、翻生地、糯米地、冬瓜地、化地、冰地、玻璃地 7 个档次。其中以豆地的价格系数为 1,玻璃地的价格系数为 10,也就是说,他认为在其他条件一致时,玻璃地种翡翠的价格是豆地种翡翠的 10 倍(图 7-1)。

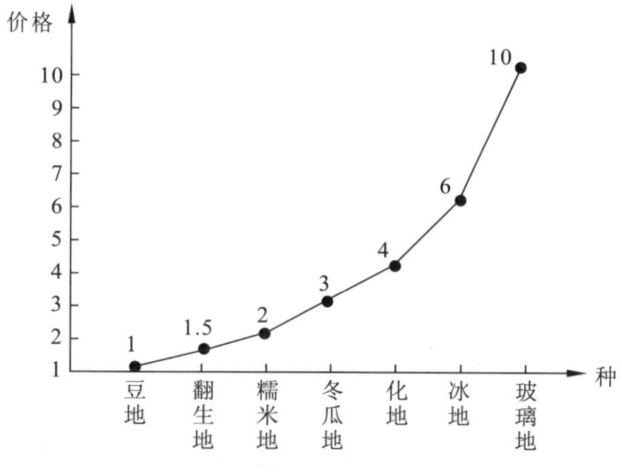

图 7-1　种—价格曲线(其他条件相同)

(据郑永镇,1998)

翡翠的颜色分为黑绿、暗绿、褐绿、淡绿、阳绿、翠绿、艳绿和蓝绿，它们之间的价格关系如图 7-2 所示。

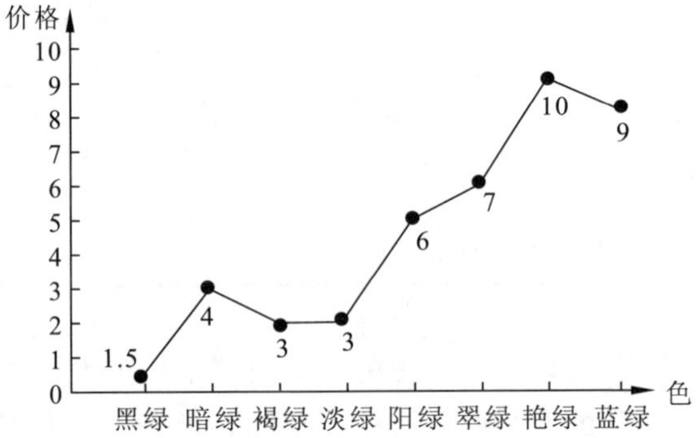

图 7-2　颜色—价格曲线（其他条件相同）

（据郑永镇，1998）

翡翠的净度分为裂纹、石纹、棉、云、甘蔗渣、冻石花、红黑点、丝片状黑烟、透明小石花及全美等 12 类，其价格曲线如图 7-3 所示。

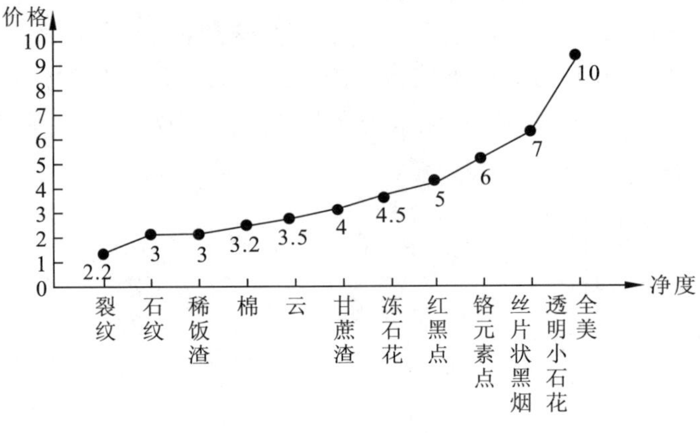

图 7-3　净度—价格曲线（其他条件相同）

（据郑永镇，1998）

翡翠的质量以标准尺寸为基数，其中不同类型饰品不同，旦面为 10mm×12.5mm×4mm，马鞍状为 6mm×16mm×3mm，花坠为 20mm×35mm×5mm。如果其体积比标准大，则溢价；否则，降价。价格曲线如图 7-4 所示。

最后，他将翡翠饰品的类型分为花坠、怀古方玉、水滴、心形、马鞍戒面和旦面等大类，按顺序价格系数递增（图 7-5）。

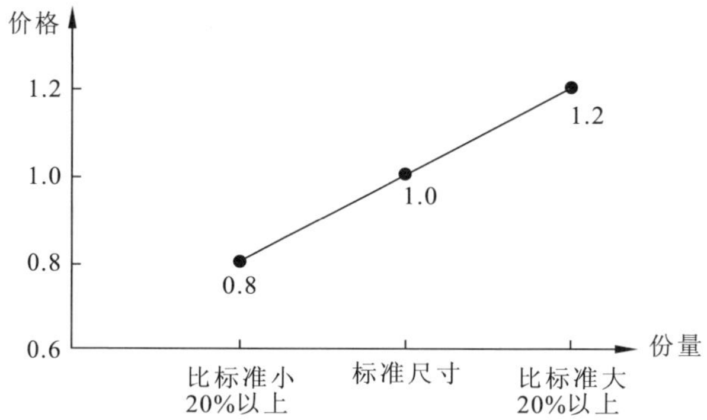

图 7-4　分量—价格曲线(其他条件相同)

(据郑永镇,1998)

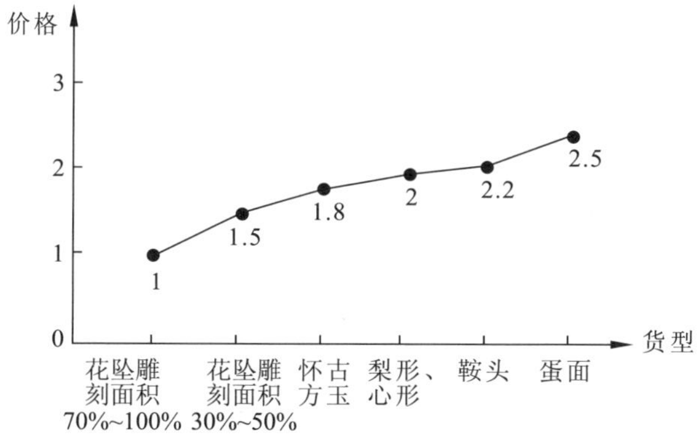

图 7-5　货型—价格曲线(其他条件相同)

(据郑永镇,1998)

综合考虑上述因素后,以某种类型的饰品为基数,乘以其价格系数,最后可获得该翡翠饰品的市场估价。但是上述图表已很难在现实市场使用,主要原因是近年翡翠品种相对价格关系发生了变化,例如玻璃种和冰种的价格已经快速上升,比 1998 年可能有 100 倍以上的升幅,这个方法只能供学习参考。

3. 翡翠要素经济模型估价法

不同种类的翡翠饰品,各种品质因素对价格的影响并不相同,无法找到一个平均的可以进行比较的基准价格,亦无法量化每一种品质因素对价格的贡献。因此,将翡翠饰品分为首饰类(主要指戒面),手镯、玉扣类,花件类和摆件类四大类,分别建立其估价模式。之所以作这样的划分,是同一类饰品其品质影响因素与价格之间的关系可以概略确定,也就是说如果我们将某一类饰品中品质要素为一定的饰品(平均品质水平)确定为平均价格水平的饰品,根据经济学的原理,我们可以通过考察市场中每一个品质要素相对于市场平均(组合)水平变化时引起的价格变化来确定某一个因素对总价格的贡献(此时假定其他的因素不变)来确定该级别品质要素对价格影响的百分比(价格系数)。

例如,如果我们将品质为豆绿色,质地为粉地,水头、工艺和净度均为好,大小正常的翡翠戒面确定为平均品质水平的戒面(即其价格要素为 1 或 100%),其基准(础)价为 2 000 元,如果市场上另一颗品质为阳绿色,而其他品质要素均与平均水平的戒面相同的翡翠戒面价格为 2 900 元,我们可以认为阳绿色对总体价格有 45%的正影响(或者是价格影响的系数为 1.45 或 145%),此时后一种戒面的价格等于平均基础价乘以颜色级别变化价格系数(a_i),即

$$P=P_{基准}\times a_i$$

如果变化的因素不是颜色,而是质地,当质地从粉地变为豆地,而其他因素均不变,其价格为 1 600 元,此时质地(豆地)对价格的贡献是降低 20%,或者说其价格系数等于平均水平的 80%或 0.8。此时价格应为

$$P=P_{基准}\times b_i$$

如此类推,我们通过市场调查便可以确定出每一种品质因素变化对平均基准价格的影响,即确定出其价格系数。

而当饰品相对于平均基准水平而言,不是一个因素变化而是多个因素综合起作用时,饰品价格与市场基准饰品价格的数学关系便可以表示为

$$P_{饰品}=P_{基准}\times a_i\times b_i\times c_i\times d_i\times e_i\times f_i\times K_2$$

式中,a_i 为颜色系数,b_i 为质地系数,c_i 为净度系数,d_i 为水头系数,e_i 为大小系数,f_i 为形制系数,K_2 为估价表内未考虑、但对价格有影响因素系数的乘积。

这便是翡翠饰品估价的基本的数学关系式,对于不同种类的翡翠饰品而言,其中的 a_i、b_i、c_i、d_i、e_i、f_i 是不同的,而其基准价亦随市场供求关系的改变而改变。

根据这一模式,丘志力等(2000)建立了国内翡翠饰品的估价模型,即 2C、2T、2S 估价模型。

翡翠饰品品质的高低主要取决于 6 种因素,它们分别是:颜色;质地;透明度(水头);净度(瑕疵);重量大小;形制(工艺)。其中前 3 个因素是密切相关、相互制约的,玉石行内将这几个因素综合便形成了翡翠种的概念。这 6 个方面的因素实际上也是影响国内市场翡翠饰品价格的主要因素,只要能确定每一件翡翠的品质要素与市场价格之间的联系,我们就可以给出一个具体的估价。有关的术语及划分如下。

(1)颜色。翡翠颜色的划分和前面的分级近似,但考虑到科学性及实用性(可行性)的相互关系,翡翠的绿色只细分成 10 种不同的类型。

①翠绿：指绿色均匀浓艳、青翠明亮而且透明度高（水头好），颜色和地张能相互配合（行内所谓色可“化开”）的一种瑰丽的绿。

这种绿粗略包括前人所讲的玻璃艳绿、玻璃绿、艳绿色、祖母绿、宝石绿、浓冰绿、生绿、辣椒青、硬绿等各种最高档次的绿色。

②阳绿：是指一种绿色鲜艳、色彩明亮、色调较翠绿稍浅的绿，有时绿色中可带“黄味或蓝味”。这种绿有时在不同的光源如日光和灯光下，感觉可能有些不同。这种绿相当于前人所讲的苹果绿、黄阳绿、俏绿、冰绿、金丝绿（种）、鬼绿儿、鹦哥绿等颜色。其价值在翡翠绿色中仅次于翠绿。

③菜绿：是指一种近似于青菜叶子的绿，“水”好者其色艳，质粗者其色多带青或灰味，有时分布也不够均匀，如波菜绿、豆苗绿等。

④豆绿（青）：指一种一般分布在较粗的地子上、青色如豌豆、欠阳艳的绿色，是翡翠饰品中最普遍的一种绿色，所谓“十翠九豆”。根据地子粗细，行内又有甜豆、糯豆、硖豆等名。

⑤瓜青：其色如瓜皮，绿中泛青或者是以青为主的一种绿色，一般偏沉欠阳。同类的有蛤蟆绿、丝瓜绿、瓜皮绿、瓜皮青及部分花青、干青。

⑥水绿：指较均匀分布，比豆绿更浅淡均匀，一般“地”、“色”不分的一种绿。细分又有浅水绿、匀水绿、江水绿等。

⑦油青：指一种暗绿，绿色带油脂感，在不同的背景下可有不同的绿色感觉，是种混合有蓝灰色的绿。在地方方言中奸滑易变的人也有称“油子”，因而“油绿”的“油”是“神”、“形”兼的字，包括油绿、油青、蓝绿等。

⑧斑点绿：是指斑点状或丝状分布不同质地上的一种绿，其名是由色分布而定，而不是色感而定，因而有时也较为混乱，如所谓梅花绿、点子绿、白地青、花青、白地儿俏、韭菜花拌豆腐等绿。

⑨灰绿：指斑杂中分布有多种颜色混杂，而以灰暗的绿色为主调的一种绿色，其质地往往较粗，水头也差，如鸭屎绿、狗屎绿、灰绿、豆腐蔫。

⑩墨绿：指很深沉而近墨黑色的一种绿，透光往往为深绿色，但常发灰、发墨。

（2）翡翠的质地。翡翠质地的好坏主要是指翡翠内矿物颗粒的粗细及其结合的方式。由于翡翠中硬玉通常呈长柱状、粒状或者纤维状，因而常形成纤维结构或粒状镶嵌结构或变斑结构，而形成“翠性”。一般是颗粒越细，结合越致密，则质地越好，地子越细腻。事实上翡翠中的绿色和翡翠的地张，经常是相辅相成的，有些绿色的名称中实际上已有地张的固定含义。如玻璃艳绿是指这种绿色多只出现在像玻璃一样致密细腻的玻璃地子上，而在沙地、石灰地上一般是难以见到玻璃艳绿的。相反，地张中的豆青地、紫罗兰地也均包含有颜色的特定含义。

因而在作翡翠评估时，颜色和质地（水头）的确定是相互制约的，当我们说某种颜色时，要了解其结构，相反，当认定其地张时，也要考虑其颜色的种类及水头的好坏。

为了便于掌握，并方便于分级，将质地作一粗浅条的划分，将翡翠的质地除去色的影响而仅从结构去概括（参考水头的影响），将地张（子）归纳为玉地、粉地、砂地、瓷地和石地 5 种级别。

①玉地：指结构致密细腻，玉质透明，抛光后具强玻璃光泽的一种质地。这种质地一般少见"石花"或"翠花"。肉眼下及 10 倍放大镜下一般均无明显的颗粒感，包括了玻璃地、水地、蛋清地、部分芙蓉地等各种地子。差异主要是颗粒的大小及石花是否明显。

②粉地：指具有细粒结构，结构较为致密而玉质近于半透明者。10 倍放大镜下可见明显的矿物颗粒，但肉眼下矿物颗粒则不很明显。可见"石花"或"翠花"包括清水地、浑水地、紫水地、藕粉地、虾仁地及部分芙蓉地（种）等多种地张。

③砂地：是翡翠中最常见的一种地子，是指具中—中粗粒结构、肉眼下颗粒感明显的一种质地。这种地子一般可见较多的"石花"，是所谓具"砂性"的一种地子，包括部分芙蓉地、豆青地、白沙地、灰沙地、粗豆地、青花地等。

④瓷地：和行内"瓷地"一样，指有较致密的结构，矿物颗粒较细，通常具纤维交织结构或交代结构的翡翠，其透明度一般较差，水干质硬，色不"化"是其特点。相近的还有干白地、细白地、马牙地（种）。

⑤石地（粗砂地）：指肉眼可见很明显的矿物颗粒及边界，透明度很差的质地，如糙白地、狗屎地、紫花地、死地、石灰地等。

（3）透明度（水头）。水头也是影响翡翠品质的重要因素。行内所说的一分水指的是 3mm 厚的翡翠，看上去是半透明的，或者说我们在白天的光线下，可看见翡翠内部 3mm 深的地方，给我们有一种半透明的感觉。二分水即是指我们可以看进翡翠 6mm 处仍然有半透明的感觉。三分水则是 9mm 厚的翡翠仍有半透明的感觉。

事实上，水头的标准具有较大的相对性，主要原因是许多翡翠饰品的厚度是不确定的，人的感觉也无法准确去量度。而且很多时候水头往往和翡翠结构密切相关，为了使价格评估简单化，在评估时可将水头分为很好、好、一般和较差 4 种品级。很好是指很透明，通过翡翠饰品基本可见下面物体；好是指翡翠饰品呈半透明状；一般是指翡翠饰品透光下呈半透明；较差是指翡翠饰品只在透光时呈近微透明、顶光则近于不透明。

（4）净度（瑕疵）。翡翠的净度或者说瑕疵主要是指一些影响翡翠美观的因素，如一些脏色、"石花"、裂纹等。这些因素的多少、分布位置将直接影响翡翠的价值。

根据市场实际情况，在此将净度简单划分为完美、好、一般和较差 4 个级别。

完美是指肉眼及 10 倍放大镜下无法观察到影响翡翠饰品的瑕疵；好是指肉眼下无法见到影响翡翠饰品的瑕疵，可有少量石纹；而一般则是指肉眼下可见影响饰品美观的瑕疵，如石纹和裂纹，但不明显；较差则指肉眼下很容易见到裂纹等瑕疵。

(5)质量(重量)与大小。翡翠饰品的大小或质量也是影响翡翠价值的重要方面。虽然翡翠原料的买卖有多种方式，但按品质论价和按质量来论价总是有机结合进行的。在本评估方案中，大小的评估依据其种类而定，一般分成为较大、正常、偏小和小 4 个级别。所谓正常是指市场上某类玉器最常出现的大小，也就是其平均价格的参考大小；较正常大者视为较大，较正常小者则视为偏小，而特别偏离正常小时(一般为边角料所做)视为小。

(6)形制(工艺)。形制或工艺是影响翡翠价值的重要方面之一，这也许是翡翠评估与其他宝石，如红蓝宝石评估有区别的地方。特别是对于一些中低档的翡翠而言，这一因素的影响就更加显著。

所谓形制，可以理解为翡翠加工的题材、成品的比例、雕刻抛光的精细等诸种因素的综合。为了评估方便，市场上翡翠饰品工艺的好坏可简单分为完美(精工)、好、一般和较差 4 种。完美是指饰品厚薄适中，完全符合上述 4 项要求的玉器；好是上述诸要素中可能有一二项达不到标准；而一般则是有二三项不符合完美要求；差则为每一项都难尽如人意。

根据对国内市场的调查和研究，分别给出首饰类、手镯类及花件类玉器的价格系数。所有系数均只适合一般装饰玉器即所谓商品玉的估价，对于一些收藏品级的翡翠不适用。

(1)首饰类翡翠估价。所谓首饰类翡翠是指那些较小块的颜色和种质都较好，而裂纹较少的翡翠，这些翡翠通常被加工成戒面等，经黄金或铂金镶嵌后使用。虽然影响这类翡翠价值的因素也很多，但归纳起来最重要的因素是颜色、质地、水头、大小、比例和净度 6 种因素。表 7－22 给出了每种因素、级别对价格的影响系数。翡翠首饰的价格＝基础价×K_1×K_2，K_1 是各影响因素价格系数的乘积，K_2 为其他因素。

紫色翡翠的价格系数和水绿相近，而无色的则和油青近似。

(2)手镯和玉扣类的估价。手镯和玉扣虽然大小及外形有差异(俗称光身)，但由于其价格的影响因素较为相近，只是其基础价不同，因而放在同一张估价表中讨论。

其中影响手镯及玉扣价格最明显的因素有颜色、颜色百分比、质地、水头、瑕疵多少及大小 5 个因素，表 7－24 分别给出了它们对价格的影响系数，其中另外一些因素，如多种颜色(福禄寿)等可在其他因素影响系数中考虑。

表 7－23　首饰类翡翠参考估价表(包括各种形态的戒面)(2000 年)

指数(%)	颜色	质地	水头	大小	比例	净度
320	翠绿					
220			很好			
180		玉地				
145	阳绿					
130					完美	
120	菜绿			较大		完美
110						
100	豆绿	粉地	好	正常	好	无
90	瓜青				一般	
80	水绿	豆地	一般			一般
70	油青	瓷地				
60				偏小	较差	
50		石地	较差			
40				小		较差
30	灰绿					

注:①基础价为 1 000 元/粒;②正常大小是指 6mm×8mm 大小的蛋面,7mm×9mm 视为较大,5mm×7mm 视为偏小,4mm×6mm 以下视为小;③比例是包括形制在内的指标,指戒面的长、宽、高比例搭配美观;④不同形态的戒面可以在总价格中在其他因素中考虑,建议系数是男装、马鞍戒面指数为 1.5～1.8,其余形态 0.9～1.1,视戒面美观及用料情况确定。⑤对于亮度和饱和度很好的翡翠其他因素指数可在 1.1～1.5 之间选择,而差的则在 0.7～0.9 之间。上述表格的系数因为时间关系已无法在现实市场中使用,只能作为方法参考。

其中手镯基本价为 6 000 元/只,玉扣基本价为 1 600 元/件,表中项目分类中只考虑了色调及所占百分比,而未考虑其饱和度及明亮因素以及颜色分布的影响,实际上同样颜色但色彩及亮度好和颜色分布协调悦目者可以较中档者有 50%、甚至更高的溢价,相反差的则可有 30%的降价。溢价者可在价格前乘(1＋溢价%),降价者乘上(1－降价%)。表 7－24 对于手镯是以正常大小的条子手镯为参考的,对于其他类型(如福镯、方镯或花镯)或条子特别精细者、圈口特别者,评价者可作 10%～30%的溢价或降价调整。

表 7－24　手镯和玉扣翡翠参考估价表(2000 年)

指数(%)	颜色	颜色百分比(%)	质地	水头	净度	大小
380	翠绿色	70	玉地			
300						
220						
160	阳绿色	60		很好		
140						
120			粉地		完美	大
110	菜绿色					
100	豆绿色	50	砂地	好	好	中等
90	瓜青色		瓷地			
80	水绿色	40		一般		
70	斑点绿色	30				
60	油青色					
50		20	石地	较差	一般	
40		10				小
30	灰绿色					
20					较差	

[例 1]

A:如果市场一只呈阳绿色的手镯,其颜色约占 70%,而质地为粉地,水头好而无可见瑕疵,大小中等,则其市场价格(市场价值)为

$$6\ 000\times1.6\times3.8\times1.2\times1\times1=6\ 000\times7.296=43\ 776(元)。$$

B:如该手镯其他条件与 A 相同,但质地为玉地,则市场价格(市场价值)变化为

$$6\ 000\times1.6\times3.8\times3.8\times1\times1=6\ 000\times23.104=138\ 624(元)。$$

[例 2]

A:一只灰绿色的手镯,绿色约占 60%,质地为砂地,水头一般,无可见瑕疵,大

小中等，其市场价格（市场价值）为

6 000×0.3×3.0×1×0.8×1=6 000×0.72=4 320（元）。

B：如该手镯其他条件与A相同，但水头差，则其市场价格（市场价值）为

6 000×0.3×3.0×1×0.5×1=6 000×0.45=2 700（元）。

［例3］

A：一只中等大小阳绿色，绿色占60%而质地为玉地，水头很好，且净度完美的大玉扣，其市场价格（市场价值）为

1 600×1.6×1.6×3.8×1.6×1.2×1=35 861（元）。

B：如果其他条件不变，但该玉扣的颜色色彩浓艳明亮及颜色分布配合很好，则可加上50%的溢价，其市场价格（市场价值）为

35 861×1.5=53 521（元）。

C：如果其他条件不变，但该玉扣形制较薄，且尺寸也较小，为女装玉扣，则价格可下调，下降幅度确定为30%，则其市场价格（市场价值）为

35 861×0.7=25 102（元）。

（3）翡翠玉佩（花件）的估价。和手镯及玉扣估价不同的是雕工对花件有明显的影响，而除一些高品质的花件外，大小影响则较次要，表7-25给出了花件的估价系数。

翡翠花件的基础价为3 000元/件，其标准尺寸为3.5cm×2.2cm×0.25cm。

未考虑的附加因素：

①形制。花件的形制对其价格有明显影响，如果一件花件的形制不好，一般说明这件花件可能不是由正常大小的原料做成（边角料），或者是原料开成后有特别的毛病，又或者是加工者偷工减料，将只能作两件成品的料开成了三件。因此，无论是哪一种情况，花件形制不正时，均应乘上一个减价系数 K，K 值变化范围根据实际情况可取0.5～0.8。

②大小。大小也是影响花件价值的因素之一，当花件较标准尺寸大时，可适当溢价（10%～30%）。而大小明显小于标准尺寸（如女装花件）时应明显降价，因为花件小一半时，实际上说明原大的花件料可做成品质一样的两件花件，因此降价系数可达0.5以下。

③题材。题材往往和时尚，也和材料的形状以及颜色分布有关。一般来说题材不容易为顾客接受的，或者过于牵强的应乘上降价系数，具体可能在0.5～0.8之间变化。

表 7-25 翡翠花件估价系数表(2000 年)

指数(%)	颜色	颜色百分比(%)	质地	水头	雕工	净度
360	翠绿					
300		90	玉地			
220		80				完美
160	阳绿	70			完美	
140				很好		
120	白地青	60				
110			粉地			
100	豆绿	50	砂地	好	好	好
90	斑点绿	40				
80	瓜青	30				
70	水绿			一般	一般	一般
60	油青		瓷地			
50					较差	
40	灰绿	20		较差		
30		10				较差
20			石地			

④和手镯及首饰翡翠不同,花件的价值与雕刻者的关系更加明显。名师与一般工匠做成的花件两者价格可有明显差别。名师的作品一般可有溢价。溢价系数可在 1.5～2 之间,有时甚至更高。

⑤因为市场上大多水绿色及油青的花件,颜色大多是满色的,颜色所占百分比对其价值影响不大,因此计算时其价格系数均以 100%计。

[例 1]

A:一件近于标准大小,形制正常的翠绿色花件,其颜色约占 80%,质地为玉地,水头很好,无明显可见瑕疵,做工精美,香港市场价格约为 15 万。其市场价格(市场价值)为

$$3\ 000\times3.6\times2.2\times3\times1.4\times1\times1.6=159\ 667(\text{元})。$$

B:如果其他条件相同,但其质地变为砂地,则其广州市场价格为 40 000～60 000之间。其市场价格(市场价值)为

$$3\,000\times3.6\times2.2\times1\times1.4\times1\times1.6=53\,222(\text{元})。$$

[例 2]

A:一件呈水绿色,质地为粉地、水头好、净度完美、雕工好的翡翠花件的市场价格为(与标准价近于同大,形制正常)

$$3\,000\times0.7\times1.1\times1\times1\times2.2\times1=5\,082(\text{元})。$$

B:如果其他条件同 A,但该花件的雕工一般,且形制一般时,则其市场价格(市场价值)为:

$$5\,082\times0.7\times0.7=2\,490(\text{元})。$$

(4)翡翠摆件的估价。翡翠摆件的估价无法用统一的价格系数模式进行,主要的原因在于雕工对价格的影响是非线性的,甚至是对数非线性的。同样一块大小和品质的翡翠原料,一般工匠做成的摆件可能只值数千元,但名师或巧匠冶之则可能变成几十万,甚至过百万。除雕工外,颜色、颜色多少、质地、大小、瑕疵、题材及购买者的鉴赏能力等因素之间对价格的影响也非常复杂。

翡翠的估价是非常困难的工作,上述国内翡翠饰品的估价模型(表 7-26)是在前人工作的基础上,通过对国内市场特别是国营大珠宝商场大量调查获得的,是一种有限归纳的结果。由于翡翠饰品品质的变化极大,每一种因素级别的确定并无完全的科学性,要考察出每一种因素变化对翡翠饰品价格的影响是很困难的,实际上并不是所有组合的翡翠饰品都可能在市场上出现,每一种因素也并不是都能单独考察的。因此估价表中许多级别的价格系数的确定带有很大的人为经验性,并不是严格数学统计的结果。其准确性依赖于对市场更深入、更系统和完整的调查和检验。因此该估价表(模式)只适宜于作为一般估价方法的参考。每次估价时,

表 7-26　国内市场商品级翡翠摆件常见价格范围表

品质＼要素	品质要求	价格(万元)	
		2000 年前	2011 年
优	有明显的绿色或紫色,颜色分布较明显,质地细腻,雕工好,无明显瑕疵,大小在 20cm 以上	3～15	30～300
中等	可有少量(50%以下)的绿色,颜色分布较明显,质地较粗,可见明显翠性,雕工尚可,有少量瑕疵	0.5～6	10～60
一般	无明显可见的绿色,质地较粗,雕工粗或一般,水头差,见明显瑕疵	不高于 1 万元	0.1～2

应具体依据市场变化情况确定基准价，同时还要根据评估目的及用途来调整有关的参数。（注上述基础价均为 2000 年的参考值，2011 年的基础价至少是 2000 年的 5～20 倍，其中手镯变化最大。）

对于玉石毛料的价格，我国玉石行业有许多经验总结。对于没有切开的“赌玉”，从表皮或窗口（指玉石皮上有抛光或磨光的小块）去评估玉料，仍然是在“赌”，因而行内“神仙难断寸玉”的说法很具概括性。因此，基于科学性考虑，一般不应对有皮壳的玉石毛料进行正式估价。对于已切开的玉石毛料（明货）估价，也应“看多少，估多少”，根据玉石可能加工出的玉器种类、品级进行保守估计，评估师必须对玉器加工的各个环节非常熟悉。

第四节　和田玉的品质分级及评估

一、和田玉的品质分级

我国新疆和田玉的开采至少有 6 000 年的历史，从夏朝到清朝的 4 000 年间，和田玉的产量共计约 9 968t，因此可以毫不夸张地说，至今我国对和田玉的认识多基于前人的看法。我国古代所说的玉或真玉主要指的是和田出产的和田玉。我国软玉的品质分级也是以新疆和田玉为标准制定的。

我国玉文化中最著名的论点之一是对玉评价应“首德次符”。关于玉的“德”，较早记载的如春秋时管仲在《管子》一书中“九德”说，“夫玉之所以贵者，九德出焉。温润以泽，仁也；邻以理者，智也；坚而不蹙，义也；廉而不刿，行也；鲜而不垢，洁也；折而不挠，勇也；瑕适皆见，情也；茂华光泽，并通而不相陵，容也；叩之，其声清博彻远，纯而不杀，辞也。是以人主贵之，藏以为宝，剖以为符瑞。”其后孔子也提出玉有十一德之说。

古人所谓“德”，就是本质或根源，对玉石来说是内在的性质，对和田玉而言则是其坚韧、刚硬、细腻等性质。而所谓“符”，则是指其外表外在的特征，如颜色、形态及其纹理、棉绺等。可见质地是影响和田玉品质至关重要的要素。和田玉中最贵重的羊脂白玉除其白色外，更重要的则是其质如羊脂的润泽和细腻。如果没有这种质地，其名就只能称为白玉而非最贵重的羊脂白玉。

（一）质地

和田玉的质地，行内一般理解为玉石表现出来的性质，包括形状、质地细腻、滋润程度、裂纹和杂质等，是一种除颜色以外的综合指标。因此人们常以坑（口）、形（状）、皮（色）、性（状）来判断其质地的品质。

但是在宝石学书籍中，或者在玉器的实际评估中，裂绺及形状等性质实际上是独立考虑的，因此在此仍然将质地理解为和田玉的结构、矿物颗粒的大小、结合方式及其综合表现的光泽。

一般来说，质地最好的和田玉透闪石颗粒细小、均匀，矿物颗粒之间呈毛毡状或纤维交织状结构，抛光后玉石质感柔润有力，光泽介于玻璃光泽与油脂光泽之间，太“油”或太“光”都有害于质感的表现。这种质地的和田玉通常看起来呈半透明状，有“羊脂”的质感。这种玉比较多的情况下是在籽玉中出现，实际上是和田玉经过一定时间低温水岩作用的产物。如果玉器中出现较多的其他矿物集合体或者颗粒明显与主体有差别的条带或碎裂结构，玉器质地的品质就会降低。

（二）颜色

和田玉的颜色多种多样，与其他玉石的颜色相比，其颜色均匀。其中按市场价值由大到小的次序排列为白色、黄色、黑色、青色、碧绿色。青海及俄罗斯还可见翠绿色和紫色的和田玉。

根据其颜色，市场上的和田玉一般分为白玉、青白玉、青玉、黄玉、碧玉和糖玉。而新疆—2009 年地方标准（以下简称：新疆地标），把和田玉分为羊脂白玉、白玉、青白玉、青玉、黄玉、糖玉、碧玉、墨玉 8 类。

羊脂白玉：指质地极纯极润如脂、其色白的和田玉。2010 年 6 月 1 日实施的新疆地方标准规定（以下简称新疆地标），羊脂白玉表示优质白玉，颜色呈脂白色，可略泛青色、乳黄色等，质地细腻滋润，油脂性好，绺裂较少，可有水量石花等杂质（一般 10%以下），糖色少于 30%。根据带糖色的多少可进一步细分为羊脂白玉、糖羊脂白玉。糖羊脂白玉的糖色部分占 30%～85%。

白玉：指呈白色的和田玉，和羊脂白玉的区别是其质地较粗，润泽不够。古人又将白玉分为羊脂白、雪花白、象牙白、鱼肚白、鸡骨白、糙米白、秋梨白、虎皮白等品种，其中以羊脂白最贵重。新疆地标：颜色以白色为主，可略泛灰、黄、青等色调，质地致密细腻，油脂—玻璃光泽，半透明—微透明状，可见裂绺、杂质及其他缺陷。根据带糖色的多少可进一步细分为白玉、糖白玉。糖白玉的糖色部分占 30%～85%。

青白玉：带淡青色的和田玉，色感是“不青不白”，实际上是介于白玉与青玉之间的品种，也有人将其归入白玉一类中。新疆地标：是介于白玉和青玉之间的品种，颜色以白色为基础色，带有灰绿色、青灰色、黄绿色、褐色、灰色等浅—中等色调，半透明—微透明状，质地细腻致密，油脂—玻璃光泽，半透明状，可见裂绺、杂质及其他缺陷。根据带糖色的多少可进一步细分为青白玉、糖青白玉，介于白玉和青玉之间的品种，颜色以白色为基础色，带有灰绿色、青灰色、黄绿色、褐色、灰色等浅—中等色调，半透明—微透明状，质地细腻致密，油脂—玻璃光泽，半透明状，可见绺裂、杂质及其他缺陷。根据带糖色的多少可进一步细分为青白玉、糖青白玉。

青玉：是一种具淡青色—青绿色的品种，其色“非灰非青非绿，又闪(带)灰闪青闪绿”，品种有铁莲青、竹叶青、虾子青、熊胆青等多种，向白玉过渡为青白玉、向绿色过渡为碧玉。它是和田玉中最常见的品种之一，因此价格远较白玉低。新疆地标：颜色有青—深青、灰青、黄绿等中等—深色调，半透明—微透明状，质地细腻致密，油脂—玻璃光泽，可见裂绺、杂质及其他缺陷。根据带糖色的多少可进一步细分为青玉、糖青玉。

黄玉：是和田玉中罕见的品种，其颜色从淡黄—带绿色色调的黄色都有，一般颜色较淡，很少色浓的，名称有蜜蜡黄、栗子黄、秋葵黄、鸡蛋黄、黄杨黄等，其中以栗子黄、蜜蜡黄为上品。古籍《夷门广牍》说“黄玉如栗子者为贵，谓之甘黄玉；蕉黄色次之”，因此质地好的黄玉其价格并不低于羊脂白玉。新疆地标：浅—中等不同的黄色调，经常为绿黄色、栗黄色、带有灰、绿等色调，半透明—微透明状，质地细腻致密，油脂—玻璃光泽，可见裂绺、杂质及其他缺陷。根据带糖色的多少可进一步细分为黄玉、糖黄玉。

碧玉：指颜色从绿色—碧绿色的和田玉，颜色一般深暗，少有鲜明的，主要是因为其矿物组成中除透闪石外，还出现含铁较多的透闪石及阳起石。另外，许多碧玉中还含有磁铁矿组成的黑色斑点状包裹体，称为黑点或黑星。国际市场上碧玉的产量可能是最大的。新疆地标：颜色以绿色为基础色，常见有绿、灰绿、墨绿等颜色，半透明—微透明状，质地细腻致密，油脂—玻璃光泽，可见裂绺、杂质及其他缺陷。

另外，在俄罗斯及我国青海新出产的一些绿色—鲜绿色的碧玉，其质地已和翡翠相近，这种碧玉的价值也很高。

墨玉：指深墨绿色—黑色的和田玉，这种玉的黑色比较常见，是由其内含有的矿物包裹体产生的。古人有乌云片、淡墨光、金貂鬃、美人髻、纯漆黑等名称，其中汉代时认为墨玉“黑如纯漆”者最珍贵。新疆地标：颜色呈灰黑—黑色(占30%以上)，致色因素是因为含有一定量的石墨包体。黑色多呈浸染状、叶片状、条带状聚集，可夹杂白或灰白色，多不均匀，半透明—微透明状，质地细腻致密，油脂—玻璃光泽，可见裂绺、杂质及其他缺陷。

糖玉：是指其颜色、特别是皮色呈糖红色斑驳分布者，如果其花纹如虎皮的，又称为虎皮玉。新疆地标：由于次生作用形成的，受氧化铁、氧化锰浸染呈红褐色，黄褐色、褐黄色、黑褐色等色调，半透明—微透明状，质地细腻致密，油脂—玻璃光泽，可见裂绺、杂质及其他缺陷。糖色部分占到整体样品的85%以上时定名为糖玉。

在评估和田玉的颜色时，除了留意色调外，颜色是否纯正、饱和度是否高也是必须要考虑的。另外，颜色与质地的协调性也必须留意。一般观察和田玉的颜色应在有阳光的自然光下进行，因为和田玉的颜色在灯光下通常会失色。

（三）块度

从玉器工艺的角度，块度也是影响其品质的重要方面。玉石的块度越大，越难得。特别是质地和颜色都好，又达到一定块度的玉更难得，因而其品质就高。

历史上超过100kg的白玉并不多见。许多大块的和田玉在历史上都有记载，特别是古代，由于交通工具的落后和路途遥远，使得大玉的身价倍增。

不同产状的和田玉原料，其级别要求不同。原中国轻工部1981年的标准中，对白玉籽料特级品的要求是块度在10kg以上，20世纪90年代新疆工艺美术公司对白玉籽料特级品的要求只是在6kg以上（表7-27）。因此，和田玉玉器大件的摆件与小件佩件之间价格相去甚远。大块玉器雕件往往是一般小件玉器价格的几倍，甚至几百倍。

表7-27 和田玉玉料工艺等级标准

品种	等级	等级标准
白玉（籽玉）	特	羊脂白色，质地细腻，滋润，无绺，无杂质，质量在6kg以上
	一	色洁白，质地细腻，滋润，无碎绺，无杂质，质量在3kg以上
	二	色白，较细腻，滋润，无碎绺，无杂质，质量在1kg以上
	三	较白，较细腻，稍有绺，无杂质，质量在3kg以上
	等外	凡颜色、质地、块度未达到上述标准的
白玉	特	色洁白或粉青，质地细腻，滋润，无绺，无杂质，质量在10kg以上
	一	色白或粉青，质地细腻，滋润，无绺，无杂质，质量在5kg以上
	二	色青白或泛白，质地细腻，滋润，无绺，无杂质，质量在10kg以上
	三	色青白或泛白，质地细腻，滋润，稍有绺，无杂质，质量在10kg以上
	等外	色白或青白，有绺，有杂质，质量在3kg以上
青籽玉或山料	一	色泽青绿，质地细腻，无绺，无杂质，质量在10kg以上
	二	色青，质地细腻，无绺，无杂质，质量在5kg以上
	一	色青，质地细腻，稍有绺，有杂质，质量在5kg以上

注：转引自唐延龄等，1994。

（四）工艺

和田玉成品玉器中，工艺是极为重要的品质要素。中国历史上历来都是重器必由重工治，也就是说好的玉石只能由有名的能工巧匠来完成，因而历史上的一些有名的玉器往往都是在我国著名的玉石集散地由玉石行内的名师完成的。如我国近代发现的最大的白玉（472kg）就是由我国玉石工艺重镇扬州玉器厂设计完成的，目前这件"大干佛国图"玉山已成为国家珍品。这也从一个方面看出玉石工艺对其品质的重要意义。历史上古人所谓的"玉不琢不成器"，反映出琢与器之间的关系。有时一些没有什么价值的玉料经过名师匠心独具的构思与雕琢，往往也可能成为价值连城的珍品。如我国最早的俏色珍品，乾隆皇帝专门题诗盛赞的"桐荫仕女图"，玉料其实是制碗后剩下的一块有秋梨皮色的白玉玉璞，经过苏州冶玉高手巧手施艺，利用制碗留下的圆洞做成圆月形门，再利用其俏色巧妙制成江南庭院美景，利用白玉雕成亭亭少女，设计成了一件情景交融、惟妙惟肖的玉器名作。乾隆的题诗"义重无弃物，赢他泣楚廷"，把此器和历史名玉"和氏璧"相提并论，可见其工艺价值之高。

和田玉玉器的工艺价值由以下几个最重要的方面决定。

(1)意境。优秀的作品一定是因材施艺、发挥出玉石材质的最高艺术效果的作品。意境高或立意新，无疑成为评估的首要考虑因素。

(2)题材。通常大题材，如各种山子及俏色雕刻摆件、人物等，比佩饰会有更高的价值认同。

(3)造型设计。这是指器形布局是否合理有层次，形象是否生动，各部分之间比例是否协调，对应关系是否明确等。

(4)做工。做工是指刀法是否干净利索或圆润温厚，底子是否够平，抛光是否细腻，人物花卉的细节是否有表现力等。

(五)裂绺及包裹体

和田玉的裂绺对其品质也有显著影响，因此在特级或一级品中一般都强调有无裂绺。

对原料而言，轻微的、不显眼的裂绺是可以接受的，只要考虑相应题材后能通过做工"掩绺"处理掉，对成品价值的影响不大。但对成品而言，如果可见明显的裂绺，则会严重影响玉器的价值。

和田玉中的某些品种经常会出现一些黑斑、黑点或黑丝状矿物包裹体，或者皮壳上分布有一些次生的色斑，这些瑕疵对成品来说有明显的影响，但对原料应具体分析，特别是一些料子如可作俏色处理时，是有可能化"瑕"为"瑜"的。

由于和田玉在多数情况下是用作雕刻材质的(把玩收藏的也可能就璞玉使用)，因此其裂绺及包裹体对品质的影响需具体问题具体分析。

(六)产状及来源

和田玉是我国的传统玉种，它的品质与价值常常受传统观念影响。虽然国际上和田玉的产量会远远超过我国新疆的产量，而且有些产地的和田玉品质相当好，但业内许多人仍然坚持认为，产在新疆的和田玉是"最正宗"、"最好"的，而且其中来自河流中的“籽料”又是其中最优质玉料，相对而言，一些“山料”的工艺性能则较差，价值较低。市场上有时籽料的玉器可以比相同品级山料玉器的价格高数倍以上，因此，但凡是籽料的玉器大多会留“皮”以示产状来源。

可见，和田玉的产状和来源仍然是影响其品质的一个因素，也就是行内所说的“坑”的影响。即使在新疆，来自不同矿区(即“坑”)的和田玉，价值认同也不同。最被认同的“坑”是于田县阿拉玛斯的“戚家坑”，该“坑”始挖于清末，因其料大部分色白质润，即使泛青，琢玉后也能泛白，因而其玉料很出名。

实际上，俄罗斯、青海及台湾等地的部分和田玉也可达到相当高的品质，因此可以认为，和田玉产状和来源对品质的影响会逐渐随市场的开放而减弱。

二、和田玉市场及评估

1. 和田玉的资源及开采

新疆和田玉主要有山料和籽料两种来源，另外还有小量的戈壁料。其中山料产区包括和田地区(3 个矿点，储量在 2.5 万 t)、且末(有数据认为其和田玉储量 33 万 t)、叶城、若羌、喀什等地，新疆地矿局第十地质大队预测和田地区和田玉资源量为 4.7 万 t(不包括新疆其他地区的和田玉山料储量)。籽料主要集中在玉龙喀什河和喀拉喀什河，但在叶尔羌河和且末河也产籽料。目前，籽料开采仅限于一级阶地，二至五级阶地也有籽料。据不完全统计，真正新疆和田玉产量每年在 100～200t 之间，其中籽料产量在 10t 左右。

中国青海产的和田玉在产量较高的时候达到 1 000t 以上；辽宁岫岩、河磨和田玉 2000—2005 年的年产量达到 3 000t 以上；江苏小梅岭发现过和田玉矿，据说曾开采过数百吨的材料，但现时已基本停采；贵州的和田玉料是最近几年发现的，储量及产量均不清楚。

俄罗斯西伯利亚的白玉矿床分布在布里亚特自治共和国北部高寒山区，主要有 3 个矿区，出产包括籽料、山流水和山料等，每年开采和田玉数十吨。但也有资料显示，俄罗斯每年出口到中国市场的和田玉料有 500t 左右。另外，在朝鲜中北部地区的矿化带发现了巨大的 Chunchon 软玉矿床，该矿床矿石总储量约有 30 万 t，每年的产量不详。

2. 和田玉市场

目前和田玉市场主要集中在两端。

一端是高端的和田玉玉雕产品市场。大多数较为大件的和田玉籽料、优质的大块山流水玉、山料由于较难得，多被送到一些有较高工艺水平的玉雕厂，由一些有名的雕刻师设计加工成艺术玉雕作品。这些作品大多参照古人对玉的理解，将玉雕设计制作成富有文化艺术品味的玉雕件或玩件，因此往往价值不菲。2002 年中国宝石协会举办的“天工奖”玉雕作品比赛作品的金奖“百子亭”、“福寿满堂”就是这类作品中的佳作。

这种白玉产品的市场主要在我国的一些文化或商业中心城市，如北京、上海、广州等地，而海外则集中在华人较多和集中的区域，顾客大多非富则贵，或者是文化雅士和社会名流。近 10 年来优质白玉原料价格有数百倍的上涨，主要和这一市场的拓展有关。2011 年市场最高时，最优质的羊脂白玉籽料的价格达到了 200 万元/kg，而优质的俄罗斯白玉料的价格也达到 20 万元/kg。和田玉的价格从 1980 年到 2011 年 30 年间，增长了 2 000～8 000 倍，成为增长幅度最大的宝玉石品种。

和田玉的另一端市场是低端的旅游产品市场，产品主要是在一些旅游城市或商业城市的旅游区销售的小块的籽玉或品质一般的小块玉料加工成的各种小玉佩或玩件。典型地区是作为和田玉产地的新疆乌鲁木齐和作为国际旅游城市的北京、上海等地。近年来由于青海和田玉及辽宁岫岩、河磨老玉（和田玉）产地的开发，该市场有迅速扩大的趋势。价格也逐年增高。适销产品大多以玉佩为主，也有少量玉镯和工艺品类产品。

3. 和田玉的描述及评估

对和田玉进行评估时，除要了解评估的目的和用途外，还应着重对下列内容进行描述。

(1)玉料的类型及可能产地。如果有确切证据则应特别说明，对于籽料，皮子的颜色及分布对玉料的价值也有重要影响。

(2)质地。质地细腻致密的程度。

(3)颜色。包括颜色的色调、均匀程度、是否有俏色或杂色，根据颜色确定出种类。

(4)净度水平及裂绺的形态、杂质分布。

(5)工艺特征。器物类型、设计特色、工艺精细程度、是否是名师作品，有时这是决定作品价值最重要的内容。

(6)大小、尺寸，光泽好坏以及玉料的透明程度对玉料或玉器也有明显的影响。

对和田玉的价值确定可用成本法，亦可用市场比较法或者结合两者进行评估。

成本法评估的重点是确定制作玉石产品毛料的价值及其加工成本。和田玉毛料的价格主要可参考新疆、青海或岫岩等地市场同级原料的价格。对于一些特殊的品级或大块毛料，有时还要结合历史成交纪录及当前市场进行综合调整，而加工成本主要决定于其工艺水平及制作人的资历。低端的旅游品或一般饰品玉器根据加工地劳动力成本确定。而一些高端的艺术品则要对工艺师的“行价”进行详细的调研并参考作品的类别、设计工艺复杂程度、精细程度进行平衡。

利用市场比较法的关键是找到同级市场及同类产品，最好能获得相近产品的众数价格，并根据商品的品质情况进行调整，最终确定出和田玉产品的市场价值。目前国内最有参考价值的市场是北京、上海和新疆的乌鲁木齐。

综合而言，目前国内市场上优质的和田玉原料（籽料）价格已达每千克数10万元，最高的达到200万元，其价格是20世纪80年代初的数百倍甚至数千倍。

第五节　绿松石的品质分级及评估

一、绿松石的品质分级及评估

绿松石是一种古老的宝石，虽然随着许多新的宝石种类的发现和使用，绿松石在珠宝中的重要性逐步降低，但在世界的部分地区，绿松石仍然是一种受尊敬的宝石（如西藏、印第安人居住区，中东的部分地区）。在我国的珠宝市场上，绿松石的品质主要由下述因素联合决定。

1. 颜色

优质的绿松石是呈天蓝—蔚蓝色的绿松石，淡黄色或带绿色色调的绿松石通常价格较低。在评估绿松石颜色时，其颜色分布的均匀程度、颜色明亮的程度及纯色部分的厚度都是需要考虑的因素。颜色亮丽均匀、天蓝—蔚蓝色的绿松石最受市场喜欢。

2. 质地

主要是指绿松石颗粒粗细、粒度的均匀性、结构的致密程度。凡是优质的绿松石一般结构都比较致密，其质地呈现出近于玻璃光泽和半透明的感觉，可以进行直接加工、雕刻。质地疏松、孔隙度较大或结构不均匀含较多其他宝石基质和“铁线”的绿松石其硬度一般也低，通常需浸胶后才能进行加工，其价值大大降低。

3. 铁线的多少及分布

一般绿松石上都分布有褐黑色的风化产物——“铁线”，这种“铁线”的不规则分布常常是影响绿松石工艺性能的一个重要因素。铁线越多、越粗，分布越不规则，绿松石的品质就越低。除戒面外，市场上天然绿松石没有或很少铁线的饰件极少。

4. 纯净度

绿松石在蓝色、绿色的基底上常见一些细小的、不规则的白色纹理和斑块，这些是由高岭石、石英、方解石等白色矿物聚集而成，在玉器行里称为“白脑”或“筋”，这种杂质发育的绿松石在加工时易炸裂，其价值大大降低。

5. 是否经过处理或改善

目前市场上绝大多数的绿松石都是经过改善处理的，最常见的是浸蜡或浸胶以突出绿松石的颜色并优化其质地，更有甚者是注塑和染色。真正完全天然的绿松石甚为少见，因此在评估绿松石时需特别注意，是否经过改善处理及处理的程度是决定绿松石价值的重要因素，价值相差可达百倍以上。

6. 块度大小

绿松石的大小也直接影响绿松石的品质，这种影响主要是从影响绿松石的工艺性能引起的，大块的优质绿松石可以做成比较高档有价值的绿松石艺术品，而小块的优质绿松石可做首饰，品质差的需经改善处理后才能加工成流行的普通饰物。雕刻摆件绿松石艺术品的价值远高于绿松石首饰品，因此块度是影响其价值的重要因素。

7. 工艺

工艺水平也是决定其品质的重要要素之一，有时甚至是很重要的要素，这一方面的特征主要体现在高档绿松石的艺术品上。不同类型档次的工艺设计，其品质可能相去甚远。如我国著名的国家工艺美术大师袁嘉骐先生的大型绿松石作品，20 世纪 90 年代初的价格可达到百万元以上，但现在行内一般工艺的绿松石摆件则多在万元级别水平。

工艺要素中比较重要的包括题材、意境和琢工几方面，与和田玉相比，绿松石工艺可能更强调题材与意境，琢工方面的影响较难体现。

二、绿松石的来源及市场

1. 绿松石的来源

绿松石可以说是我国历史上使用最早的宝石之一。1981 年青海出土的墓葬表明，最迟在 5 000 年前中国人就已开始饰用绿松石。而商周及春秋战国时期的墓葬中，绿松石是最常见的古代饰品之一。元代开始，绿松石被称为“甸子”或“回回甸子”或“襄阳甸子”等。通常“襄阳甸子”所指的是产于湖北荆襄一带的松石，又称为“荆州石”。而“回回甸子”则是指来自“波斯”，即现代伊朗一带的松石。目前陈列在北京人民大会堂湖北厅的一尊“李时珍武昌采药”的绿松石雕刻工艺品，被视为国宝，也可见中国人对绿松石的喜好。

世界上最重要的绿松石商业产地有美国、伊朗、俄罗斯、中国、阿富汗及澳大利亚等。

美国是世界上绿松石产量最大的国家。绿松石产在美国西南部亚利桑那州、科罗拉多州、内华达州和新墨西哥州。美国的绿松石品质及大小不均一，既有优质的天蓝色致密绿松石，也有一些多孔质疏的低质绿松石。绿松石块体最大的可长达 173cm，厚达 83cm（价值 1 000 美元），而小的则是一些数毫米分布的绿松石细脉。总体来说，绿松石是沿着构造破碎带或是风化岩石的破碎带分布，单个矿床的产值并不大，例如即使是露天开采优质绿松石的科罗拉多州的维拉格罗弗矿床，每年产值也仅 4 万美元左右。而其他的一些矿山如莫纳萨矿山，1947 年的开采记录是 900kg，产值 3 万美元。在 20 世纪 80 年代美国亚利桑那州两座铜矿山绿松石的产量曾占西方国家产量的 80%。

伊朗是世界优质绿松石最主要的来源。伊朗的绿松石主要分布在早第三纪灰岩、砂岩及火山岩的风化壳中，开采深度已达地下 100m，所产绿松石主要呈脉状与团状，有时呈网脉状，绿松石多呈蔚蓝色，质地致密，较少铁线分布，其块度大小以几厘米的为多。内沙普尔是伊朗绿松石最重要的产地。

埃及是世界绿松石最古老的来源之一。其绿松石矿山位于西奈半岛，绿松石产在红色含铁矿岩和斑岩之中。历史上该地绿松石的年产量不到 1 000 磅，在 19 世纪有过较大数量的开采，但至今已较少商业生产。商业上埃及绿松石是指一些光泽较弱、颜色为浅蓝色的中低档绿松石。

中国绿松石主要产于湖北郧阳、陕西白河和安康等地以及新疆、青海、安徽等地。有数据表明，中国绿松石探明储量已达数千吨以上，平均每年开采几十吨，是世界市场上重要的绿松石来源之一。

湖北的绿松石最迟在清朝已大量开采，据说当时开采的矿点已达 80 多个，可以说湖北绿松石是我国开发利用较早的宝玉石资源之一，20 世纪 80 年代湖北绿松石的年产量为 20t。目前开采的矿点有 30 多个，地质勘查工作最全面的矿床是云盖寺绿松石矿和喇叭山绿松石矿。

云盖寺绿松石矿主要产在下寒武统水沟口组黑色页岩的各类构造破碎带中，共有 3 个含矿层。该矿是中国优质绿松石的最主要产地，采矿历史悠久，20 世纪 50 年代年产量几吨，60 年代年产十几吨，70 年代最高年产量 27t，80 年代后产量稳定在 20t 左右。

喇叭山矿床位于竹山县城西北 20km，矿化同样和下寒武统水沟口组的含碳硅质岩有关。绿松石分布在该套地层的破碎带内，其中含矿层可划分为 5 层。颜色有蓝色、浅蓝色和蓝绿色。1980—1982 年间，在其中的第一含矿层曾开采出绿松石矿石 7t 左右，最大的两块重 36.5kg 和 40kg，1983 年在其中的第四含矿层开采出绿松石矿石 1 394kg。

湖北的竹山县属世界罕见的绿松石富矿区，全县 17 个乡镇中 13 个分布有绿松石资源。已探明的地质储量潜在价值 1 500 亿元以上，工业可采量 3 万 t，保有可采量 2 万 t 左右。竹山县的绿松石原石及半成品占全国市场的 70%和全世界产量的 49%。2010 年,全县从事绿松石开采、加工和营销的大小企业(户)已达 573 家,年产原石 180t,年加工成品、半成品 150t。竹山县绿松石以其品质好、储量大、分布广闻名全国乃至全世界,享有“绿松石之乡”盛誉。在全球市场上,绿松石约 75%来自于竹山县。2008 年之前,80%以上出口到美国、法国、新加坡、印度等 30 个国家和地区,2008 年销售额近 2 亿元。2008 年金融危机之后有一个短暂的低谷期,至 2010 年逐渐转暖,但国内国际市场发生了较大变化:2010 年国内市场消化了大约 80%的绿松石,国际市场由 2008 年的 5%逐渐上升至约 20%。

陕西的绿松石主要分布在白河、安康及平利县境内,已发现的矿点有 27 个。绿松石分布在下志留统灰黑色石英岩的断层破碎带中。绿松石一般零星分布,呈团块状、鸡窝状产出,块度一般在数厘米左右。结构较为松散,颜色有黄、绿及其过渡色,少量为蓝绿色,属于中低品质绿松石,虽然该地绿松石历代均有开采,但一直是星散开采,开采规模不大。

青海绿松石主要分布在乌兰县。矿化与长城系大理岩中的挤压破碎带有关。目前发现的两个矿点的绿松石呈脉状、角砾状、团块状,零星分布在大理岩和片岩的裂隙中。含矿率一般为 150～1 350g/m^3。颜色为天蓝—浅蓝色及翠绿色,经风化淋滤后颜色发白变黄。绿松石具隐晶质结构,块状、鲕状、肾状、结核状构造,不透明,大小为数厘米。目前并无商业性的开采,仅有零星开采。

目前,湖北的绿松的产量也逐渐减少,陕西的绿松石尚有开采。

2. 绿松石市场

绿松石可以加工成各种各样的饰物及雕刻品。其中大块质地致密的绿松石往往雕刻成有较大价值的工艺品。小块优质绿松石可加工成戒面、吊坠、耳环等首饰。而品质稍差的则可加工成各种形态的珠链或匙扣等饰物。较碎的则可用作颜料或磨碎后进行再造处理。事实上,我国在 5 000 多年前就已掌握了绿松石的加工技术,江苏南京北阴阳营发掘的新石器时代的遗址中的绿松石耳坠就是一个例子,据说唐代文成公主进藏时,曾带去大量的绿松石制品。我国今天所见到的许多古代珠宝制品中,加工好的绿松石是最常见的品种之一。

作为普通首饰宝石,绿松石的市场是世界性的,其中美洲西南部印第安人居住地、中东以及我国西藏高原等都是世界绿松石最重要的消费市场。

自古以来,绿松石就是印第安人心中的圣物,被称为“大地之母”。印第安人相信出征的战士佩戴绿松石可以有助于取胜且获取丰富的战利品。而猎人随身带上绿松石则可获得更多的猎物。一般人佩戴绿松石首饰则可以获得幸福与好运,因而绿松石是印第安人最重要的护身符宝石。在一段时期内,绿松石还是美国西南部印第安人的交易等价物,他们也用绿松石装饰房屋和坟墓,来祈求获取大海和蓝天的灵气。阿拉伯人或者说波斯人对绿松石的膜拜并不亚于印第安人,在波斯语中，绿松石名为“ferozah”或“firozah”，是“胜利”的意思。而在古埃及距今 5 000 多年的墓中发掘出的 4 只包金的绿松石手镯甚至被珠宝业界认为可能是世界上已知最古老的珍贵工艺品，这些戴在埃及皇后（Zer 皇后）木乃伊手臂上的手镯证明了波斯人对绿松石的珍爱。而在被誉为是当代最重要考古发现的亚述帝国珍宝的发掘中，一对镶有绿松石、猫眼、孔雀石和青金石的黄金护腕，反映了公元前 900—612 年间在底格里斯河和幼发拉底河流域最残暴的亚述帝国非常发达的工艺技术及伊拉克人对绿松石的感情。

在中国，特别是西藏、内蒙古、青海的藏民区，绿松石亦是最受尊重的宝石和护身符。在藏语中，绿松石被称为“gyu”，和汉语的“yu”（玉）相同，喻指最珍贵的宝石。它被用于第一个藏王的王冠上，也用作神坛供品及送给邻国的贡品。

在藏族人心目中，绿松石是有灵魂的宝石，佩戴绿松石戒指可保佑旅途平安，而梦见绿松石则意味着吉祥和新生活的开始。因此，绿松石是西藏寺庙、佛像、藏民妇女装饰不可缺少的饰物。据说西藏贵族所佩戴的一种由金、绿松石和珍珠制成的大型耳垂令人生畏，这种耳饰从耳边一直拖到胸部。而在西藏的许多日常饰物，如背饰、奶桶钩、裙带钩等也随处可见绿松石的存在。有人甚至说在西藏的任何一件珍宝玉器上都可能含有绿松石。

绿松石普遍为早期发达的古代文明所崇拜，是一个奇特的宝石文化之迷。

3. 绿松石的综合分级及评估

国际市场上的绿松石原料一般可分成 A、B、C、D 4 级。

（1）波斯级绿松石：指具中—强蓝色，质地较为致密，光泽好，孔隙度小（密度较大、硬度较大）的优质绿松石，可含少量基质。

（2）美洲级绿松石：是指淡蓝色—蓝绿色，孔隙度较大，颜色发白，而光泽中等的绿松石，有或没有铁线。

（3）埃及级绿松石：以黄绿色或蓝绿色色调为主的绿松石，其孔隙度较美洲绿松石小，但色调较深，且铁线明显。

（4）阿富汗级绿松石：又称基质绿松石或铁线绿松石，该品级绿松石含有较多的基岩物质，而且这些基岩物质风化后常常呈褐黑色，俗称铁线。实际上该品级的绿松石是指不完全由绿松石组成的岩石质材料，铁线多时像是蜘蛛网将绿松石网结起来一样。

我国出产的绿松石虽然也有波斯级的，但数量较少，大多是美洲级或埃及级的。

颜慰萱等 1997 年利用中国科学院地理研究所设计的“标准色卡”对我国湖北绿松石进行了品质分级。该方案包括颜色、结构构造及硬度 3 个因素。

A 级：蓝色，俗称高蓝青，青色（C）为 70%～50%，黄色（Y）<30%，硬度为 5～6。

B级：A级加上漂亮的网纹，硬度为5～6。

C级：蓝—蓝绿—绿色，青色(C)为60%～40%，黄色(Y)<60%，有时带网纹，硬度为4～5，有时为3。

D级：淡蓝—黄绿色，青色(C)<40%，黄色(Y)>60%。

另外，根据原料块度大小，湖北绿松石又可分为大于3kg、3kg左右、3～1kg及小料4级。一般A、B级的绿松石，大块的用作摆件艺术品，小的则做成首饰类装饰物；C级的大块料制作雕刻品，小的多用作串珠。

第六节　青金石的品质分级及评估

一、青金石的品质分级

1. 颜色

高品质的青金石往往呈均匀的深蓝色（带青色）和紫蓝色，不含或含少量“黄铁矿”形成的“金”星或条带。

青金石实际上是由青金石、黄铁矿和方解石矿物等组成的岩石，因而完全单一颜色的青金石（岩）并不多见，行内又把这种单一深紫蓝色的青金石矿物组成的集合体称为青金石（矿物），而西方珠宝界又称为“波斯青金石”，而把含有少量黄铁矿与方解石脉的称为青金（岩）。凡是颜色中含有较多的杂色或者颜色呈蓝绿色、褐蓝色、浅蓝色的青金石（岩），其品质相应下降；如果含大量黄铁矿，颜色呈“金色”色调为主时，行内又称之为“金格浪”；当青金（岩）中以方解石为主，颜色呈灰白与蓝色的杂合色，且黄铁矿少见时，行内称之为催生石，这种杂质较多的青金石，国外又称之为智利青金石，其品质均低于真正颜色均匀的青金石。

2. 质地

青金石实际上是一种岩石，其结构的致密程度取决于其矿物组成及其颗粒大小和矿物的结合形式。一般情况下青金岩中青金石是呈粒状的，其中的“金”则呈分散颗粒状或细脉（带）状，方解石呈颗粒状或脉状分布。

质地好的青金石呈半透明，质地致密，粒度感不明显，抛光后为玻璃光泽且明亮。而质地较差的则结构松散，光泽弱，呈明显的脆性或称之为“糟”。这种质地较差的青金石韧性差、抗断力弱，因而工艺性能也差，其品质较质地好者相差很远。

3. 是否经过改善处理

天然青金石颜色及质地均优的并不多，市场上产品大多是经过改善处理的，其中有两种比较常见的处理是加热处理和染色。青金石的蓝色一般认为是硫化物呈色中心造成的，也和其中的硫酸根离子有关。在一定的氧化还原条件下，通过加热处理可改变青金石中硫酸盐的价态，从而使一些浅色的品种改变成为深色优质的品种。另一种重要的处理是染色，经过染色的青金石一般还会作浸蜡或浸胶处理。

经过改善处理的青金石的价值一般只有天然青金石价值的几十分之一。

4. 裂纹

许多青金石中都有裂纹分布，裂纹的多少直接决定了该青金石的用途。裂纹多的一般只有用作价值较低的饰品材料，而裂纹少且块度较大的则用作雕刻、工艺材料或首饰镶嵌材料。

5. 工艺

青金石的工艺水平也是影响其成品品质的重要要素。通常来说，一些具有较高艺术水平的雕刻工艺品可以是普通青金石工艺品价格的几十倍以上。

同样一些加工精美的青金石首饰的价格也可以是一些工艺粗糙的饰物价格的几倍到几十倍。

根据上述因素青金石的品质可综合分成 3 类(级)，如表 7－28 所示。

表 7－28　青金石的品质综合分级

国家	级别	颜色	质地	工艺特性
波斯青金石	特级(珍宝级)	深紫蓝色	均匀致密、细腻	光泽明亮，工艺优良，块度大，多见于雕刻产品，为天然品
	宝石级	深—中等紫蓝色，纯蓝色	较均匀致密，含少量黄铁矿和方解石	多用在宝石镶嵌或雕刻，光泽明亮，为天然品
智利青金石	装饰品级	蓝色—浅蓝色或蓝色和金属色、白色的杂色	均匀或不均匀，质地较粗糙，蜡状光泽为主	多用做普通装饰品，如佛珠、项链等，一般经过改善处理

二、青金石(岩)的来源及市场

至今为止中国仍未发现青金石的商业产地，因而市场上的青金石均来自国外产地。国际上青金石最重要的商业产地是阿富汗(萨雷散格矿床)和智利(安第斯山脉 Ovalle)，另外美国、缅甸及俄罗斯、巴西、澳大利亚也有少量的青金石出产。阿富汗的青金石产在山峰峻奇复杂、峡谷陡峭的 Badakshan 山区，其中最高的山峰兴都库什达到海拔 7 320m。

和绿松石一样，青金石也是历史上人类使用最早的宝石材料之一，其开采使用的时间可追溯到公元前 5 000—6 000 年。早在古埃及和巴比伦时代，青金石就已经是一种显赫的宝石，巴比伦国王曾将青金石作为送给埃及国王的重要礼品，出土的埃及法老图坦卡芒面罩(公元前 1325 年)上的蓝色眉毛被鉴定为青金石。而实际上许多古老的文献所描述的“蓝宝石”指的可能是蓝色青金石。青金石同时也是我国传统使用较多的重要宝石之一。最早的墓葬品见于汉代,中国古代所说的“缪琳”或“琉璃”、金星石、碧琳、瑾瑜、青碧、金碧、金精、金青、兰赤,有部分可能指的是青金石,因此章鸿钊认为公元前 15 世纪,中国已有青金石。

青金石具有独特的颜色,被喻为“色相如天”,而相传佛祖释迦牟尼的鬓髻也是青色的,故称为“帝青色”。中国古代皇帝以天子自居,因此对青金石也情有独钟,其宫殿大多也用“帝青色”,而且青金石是祭天之宝,《清朝典图考》记载“皇帝朝珠杂饰,唯天坛用青金石”,而同时青金石还是清朝四品官员顶戴的标志。

国际市场上大块的青金石大多用作雕刻成工艺品,如佛像、人物、瓶、炉等。另有少部分用在首饰上,镶成戒指或别针,市场包括中东阿拉伯民族、印度、美国及中国的西北地区。国内市场上的青金石饰品,主要是项链、佛珠链、平板状浮雕及吊坠等中低档的饰物,近年来市场上需求并不大,零售市场主要集中在一些旅游地区。

目前我国的玉器收藏市场中,青金石的市场占有率并不高,但随着近几年拍卖市场和网络的不断发展,人们对于青金石的关注度逐渐升温,青金石拍卖品的成交额以及成交比率也呈逐年上升趋势。2005 年北京翰海春季拍卖会上,一件“清乾隆青金石描金御题诗七巧插屏”以 49.5 万元成交;2009 年中国嘉德拍卖会上,“清青金石嵌珠宝象”以 169 万元的高价成交。

第七节　普通玉石的品质分级

一、蛇纹石质玉的品质分级及评估

岫玉出产在我国辽宁岫岩县,主要由蛇纹石组成,也是目前我国市场上最常见的蛇纹石质玉石。对蛇纹石质玉石的评估可以岫玉为代表。

(一)岫玉的品质分级及评估

影响岫玉品质的主要因素包括颜色、透明度、工艺、大小和净度 5 个方面。

1. 颜色

岫玉的颜色有墨绿色、碧绿色、暗绿色、绿色、浅绿色、黄绿色、灰绿色、浅黄绿色、褐黄绿色、暗红色、蜡黄色、黄白色、绿白色、白色、灰白色、黑白花斑等 10 多种,其中暗绿色—黄绿色是其常见的颜色。

不同产地的岫玉,其颜色色系有细微的差异。如岫岩县产的岫玉,以黄绿色为主；广东产的信宜玉，以中深暗绿色为主；甘肃祁连山的酒泉玉，大多为含黑色斑点或斑块的暗绿色。市场上比较受欢迎的是碧绿—鲜阳黄绿色的品种。根据岫玉的颜色，可将岫玉分为绿岫玉、黄岫玉、红岫玉、黑岫玉、白岫玉、花岫玉等品种。

一般情况下，岫玉的颜色比较均匀。如果含有较多云朵状的白斑或黑色的矿物包裹体，从而导致颜色分布不均匀或形成条带，其品质就会下降。但有时如果表皮含有褐红色或褐色、白色皮壳，也可使玉石成为“巧色”玉料而提高其价值。

2. 透明度

岫玉中的蛇纹石矿物往往非常细小，具胶状或隐晶结构，因此，品质好的岫玉细腻、致密，半透明—近透明，抛光后的岫玉呈现出较强的蜡状光泽。

一般来说，透明度高的岫玉具有更高的价值认同，而近于不透明、蜡状光泽比较弱、结构较粗糙的，则品质较差。

3. 工艺

岫玉的工艺是影响岫玉玉器成品品质最重要的一项要素，在总的价格影响因素中可达到 50%～70%的水平。

对岫玉的工艺要求与和田玉基本相似，所不同的可能是琢工对岫玉的重要性更为明显，原因在于岫玉的价值相对较低，意境、题材等方面的因素影响相对较小，而琢工更易为人感觉。

4. 大小

大块的岫玉原料相对更容易获得，因此，对岫玉而言达到特级品的质量必须在 50kg 以上。另一方面，对于一般的岫玉玉器而言，质量大小的影响不是很明显，其意义更多体现在工艺品的器型类别上。

5. 净度（瑕疵，棉绺，杂质）

岫玉中影响净度的主要原因有裂纹、棉绺和矿物包裹体，其中裂纹和黑色包裹体的影响最为明显。在许多成品玉器中，这种瑕疵的存在是不可接受的，因而，对玉器的品质产生较大的影响。

（二）蛇纹石质玉的来源及市场

蛇纹石质玉（国内最著名的是岫玉，以下都简称为岫玉）是我国开发最早的玉石。在新石器时代红山文化遗址中，有相当数量的玉石被认为是岫玉质的。除岫玉外，我国还有近十几处蛇纹石质玉的产地，有名的如广东信宜的南方玉，青海、甘肃的祁连玉、酒泉玉、鸳鸯玉，新疆昆仑山的“昆仑玉”，广西的陆川玉，台湾的台湾玉，山东的泰山玉，安徽的凤阳玉，河南的黑绿玉，四川的会理玉等。国际市场上则有新西兰的鲍文玉、美国的威廉玉、朝鲜的高丽玉等。中国玉石市场上，岫玉的年产量占全国玉石产量的60%以上。

2000年中国宝玉石协会举办的“国石”评选中，辽宁岫岩县的岫玉被评为候选国石，岫玉开始受到市场关注，其产量也开始受到控制，原料价格也有上升趋势。

市场上岫玉的年产量达到数百吨，其中最大的一块是260t的“岫玉王”，被雕刻成一尊巨佛。大量的岫玉主要雕刻成人物、花卉、花鸟，还有碗、筷等工艺品，少量优质的岫玉做成手镯首饰及小佩件。有少量产地的岫玉，如美国加利福尼亚州和马里兰州的蛇纹石，可磨出猫眼效应，称之为“加利福尼亚猫眼石”和“萨特尔猫眼石”，也被用在首饰上。另外，有一部分比较大块的岫玉，还会雕刻成帆船或仿古的大型玉雕，如南方玉的帆船。而另一些特别的岫玉如矿石边缘部分经过处理后还会用作仿古的小雕件等。

岫玉的消费市场很少见到准确的统计数字，最大量的估计还是国内的工艺品及旅游品市场，也有一部分出口到美国、欧洲和日本。一般来说，出口产品主要以玉石工艺品为主，如各种雕刻摆件及玉碗、杯等产品；而国内旅游品市场则以小件的饰品为主，如各种小挂件和一些工艺稍次的雕刻产品。河南镇平是一个产品重要集散地，另外广东、云南、西安、海南是重要的消费市场。

岫玉主要的加工集散地为辽宁岫岩满族自治县，该县现有玉器加工厂3 500多家，从事岫玉开采、加工和销售的人员约10万，年创产值4亿元，利税4 000多万元，成为当地支柱产业，玉雕工艺品有7大系列100多个品种。产品远销亚、欧、美三大洲100多个国家和地区，岫岩玉雕工艺品年出口供货值达1 500万美元，年创外汇200万美元。

在第60届广州交易会上，岫岩县玉器厂用岫玉生产的高1.62m、直径0.62m、坐落在方形汉白玉座上的“龙凤碧玉薰”，造型优美，颜色碧绿，玉质晶莹，器形玲珑剔透，古朴庄重，工艺精细，卖出了26.6万元的高价，是岫玉玉雕作品中的代表作。

（三）岫玉的综合分级及估价

从传统工艺的角度看，我国岫玉原料的品质主要根据色泽、质地和块度等因素进行等级划分（表7-29）。

表7-29　岫玉工艺品质分级

等级	工艺品质
特级	深绿色，蜡状光泽、油脂光泽强，透明度高（质地致密、细腻，无裂纹、杂质），块度＞50kg
一级	绿色，蜡状光泽，透明度高（质地致密、细腻，无裂纹、杂质），块度10～50kg
二级	黄绿色或其他均匀的颜色，蜡状或玻璃光泽，近半透明，质地致密、坚韧，无裂纹，少杂质，5～9kg
三级	杂色或颜色不均，玻璃或蜡状光泽，无裂纹，有杂质，＜5kg

资料来源：据李劲松，1994，有修改。

二、独山玉品质评估

(一)独山玉的品质评价

(1)颜色。独山玉是一种黝帘石化斜长岩。岩石因其含透辉石、铬白云母、黝帘石、黑云母、钠长石、阳起石、金红石矿物种类及含量的不同而呈现出多种颜色，大致分为绿色、紫色、黄色、红色、黑色和白色 6 种类型。据 1958—1998 年开采资料统计，其中白色的占 7%，紫色的占 3%，绿色的占 30%，杂色的占 60%。

颜色是影响独山玉品质的主要因素之一。其中颜色纯净的阳绿色、黄色、紫色或者颜色对比明显的，具有“俏色”利用价值的独山玉品质最好，而一些颜色色彩不特征、亮度沉暗，颜色分布没有规律的独山玉石价值最低。

根据独山玉的颜色，独山玉又可细分为独山绿玉、独山白玉、独山青玉、独山紫玉、独山黄玉、独山红玉和独山墨玉等类别。

(2)质地。质地(包括透明度)是决定独山玉石价值的重要因素。大多数的独山玉由于受多期岩浆热液交代作用的影响，其矿物的结构往往受到不同程度的破坏，因此真正质地致密细腻而又润泽的独山玉并不多见，大多数独山玉的玉质往往较粗糙且“干”。

(3)工艺。独山玉的加工工艺也是决定其玉器价值的重要因素，总体情况与和田玉相似。但在颜色的使用方面，可能较其他要素更为重要。

(4)块度大小。特级独山玉的块度一般要求在 20kg 以上，而对于较小块的独山玉而言，块度大小的影响较颜色及质地的影响要次要得多。

对独山玉而言，块度大小的影响是在其他因素之下发生作用的。

根据上述因素，独山玉的工艺品质可分成为 4 级(表 7 - 30)。

表 7 - 30 独山玉的工艺品质分级

级别	工艺要求	大小	在全部玉石中比例(%)
特级	颜色纯绿色或纯蓝色、绿蓝色中有透水绿白色、质地致密细腻，无杂质，无棉绺	20kg 以上	7～10
一级	白色、乳白色、绿色，颜色鲜艳，质地致密细腻，无杂质，无裂纹	10kg 以上	10～20
二级	干白色、绿色、杂色，色泽艳丽，质地致密细腻，无杂质，无裂绺	3kg 以上	60
三级	色泽较鲜明，质地致密细腻，稍有杂质或裂纹	3kg 以上	20

(二)独山玉的来源及市场

独山玉是产于我国河南南阳市郊北 9km 独山的一种斜长岩质的玉石，故又称为“南阳玉”，而因其优质者和翡翠颇为相似，因此又有“南阳翡翠”的美名。

独山玉是我国历史上使用比较早的玉石，有关独山玉的报道最早出现于新石器时代，而较为确切的实物鉴定可见于殷商时代的出土古玉中。其中安阳殷墟所出土的700余件玉器中，已有部分可推定为独山玉。

《汉书》中已将河南南阳独山称为“玉山”。据不完全统计，河南南阳独山矿区开采的矿坑已有1 000多个，可见独山玉当时的开采颇具规模。除河南南阳外，新疆及四川也有类似的玉种开采。

河南南阳镇平是独山玉的主要加工及集散地。这里早已是我国三大玉器加工基地，1995年被命名为“中国玉雕之乡”。如今，在镇平县85%的乡镇都有玉雕加工业，石佛寺等8个乡镇有玉雕专业村近百个，加工企业4 000多家，形成了20多个块状加工销售带，年产值达10亿多元。镇平县早已成为中国最大的玉雕加工销售集散地。

目前独山玉除少量颜色鲜艳、质地细腻的被用在首饰业做玉石镶嵌外，大部分被用来加工成各种玉器工艺品，如各种人物、动物、花卉和器皿，也有一部分加工成各种小件的装饰件，如手镯、花件和坠子。独山玉以“多色玉料”著称，因而“俏色”工艺的使用在独山玉中是一大特色。有的“俏色”作品远销美国、欧洲国家，而一般的玉石饰品则常见于各种旅游地区。

三、石英质玉石的品质分级及评估

1. 石英质玉石品质分级

(1)工艺品质。对于各种以石英为主要成分的玉石，除贵蛋白石(宝石)外，工艺品质是其所有品质要素中最重要的因素。例如一块貌不惊人的玛瑙材料，如果经工艺大师独具匠心的加工设计，可能会成为国家级的珍品，但相同的材料如果只是普通使用，则可能是一件价值平平的工艺品而已。

(2)颜色及纹理。颜色及纹理(即颜色的分布模式)是影响石英质玉石的内在品质要素中最重要的因素之一。石英质玉石的颜色多种多样，其纹理也千奇百态，凡是颜色鲜艳而饱和度适中纯净的颜色都是有价值的颜色，如鲜红色、翠绿色、金黄色和浓紫色等，而其纹理只要有特殊的表现力，可被“俏色”使用的，就是高品质的纹理。如果颜色分布杂乱、不均匀而又无特征的，则价值低。

(3)透明度。透明度是影响石英质玉石品质的另一个重要因素。凡是透明度高的石英质玉石，品质就好；而透明度低、矿物颗粒明显、结构粗大的，品质就低。

(4)特殊效应。具有特殊美学价值的石英质玉石，往往有较高的价值认同，如猫眼(如木变石)及星光效应(如芙蓉石、蛋白石)，以及风景玛瑙、水胆玛瑙等。它们由于具特殊的美学价值，被用在珠宝首饰或工艺用途中，从而产生更高的价值。

(5)裂纹及杂质。在一些大块的石英质玉石中,裂纹和纹理是不可避免的,也是影响其品质的重要因素。另外一些影响玉石外观的颜色及包裹体也是影响其品质的要素之一。如一些黑色斑点、褐色的纹理以及分散在玉石中的一些矿物包裹体等。

但对原材料而言,有时一些"杂质"特别是具有一定特征的"杂质"有时也可能成为俏色利用的对象,而变得"有用",因此评估时必须充分考虑玉料的工艺用途后才能下结论。

(6)大小。大小是石英质玉石中相对次要的要素,在没有裂纹的前提下,大块的石英质玉石可以产生更大的经济价值,但更重要的仍然是看其颜色、纹理以及透明度的影响,最终则取决于工艺。

2.石英质玉石的来源及市场

石英质玉石是指其成分为 SiO_2,结晶或未结晶的集合体材料。它是世界上使用最早的玉石材料,早在旧石器时代,石英质的玉石(如一些燧石)就已被人类的始祖们使用来作为打猎工具和武器了,然后又作为美化自身的简单饰物。这种玉石最简单的可划分为两大类:一是显晶质的玉石,可称为石英岩的玉石;二是隐晶质或者未结晶的玉石,包括各种 SiO_2 沉淀形成的各种天然材料。

显晶质的石英质玉石的种类包括芙蓉石、东陵玉(石)、京白玉、密玉、贵翠、台湾翠、砂金石、木变石、燧石等。这类玉石的共同特征是,矿物成分主要为石英,往往具有粒状结构(个别为纤维状),硬度为 7,抛光后具有强的玻璃光泽。

隐晶质的石英质玉石包括各种玉髓,如蓝玉髓、绿玉髓、红玉髓和各种玛瑙等。其共同特点是矿物为隐晶质或未结晶的,颗粒细小,结构致密,硬度大,性脆,一般具贝壳状断口,具明显的玻璃光泽。

石英质玉石是世界范围内分布最广的玉石,其来源广泛,但每一个产地的玉石都或多或少带有自身的特点。在国际市场上这种玉石被广泛用来制作各种类型的玉雕工艺品、珠宝首饰及普通的饰物,其市场是国际性的,每年的市场用量在数万吨以上。石英质玉石在国内旅游区的销售量是最大的。

最近几年,产自云南省保山市龙陵县小黑山自然保护区怒江支流苏帕河边石英质的黄龙玉,又称龙黄石,成为国内市场最火暴的石英质玉石品种。这种玉石是 2004 年在云南发现的一种类型,主色调为黄色,但兼有羊脂白、青白、红、黑、灰、绿等多种色,有"黄如金、红如血、绿如翠、白如冰、乌如墨"之称。其成分和广东的黄蜡石没有太大的区别,但由于云南省保山区非常重视,云南省甚至为此专门制定了相关的地方标准,使这种品种的价格一飞冲天,最高时候的某些品种甚至超过了中高档翡翠的价格,6 年时间优质毛料每千克的价格从几元升到 1 万多元。2009 年

3月，云南省质量技术监督局审批通过云南省地方标准《黄龙玉分级》(DB 53/T 282—2009)，从2009年7月1日起实施。该标准分为9部分，包括黄龙玉术语定义、黄龙玉化学成分、结晶状态、常见颜色、光泽、解理、摩氏硬度、密度、光性特征、多色性、折射率、双折射率、紫外线荧光、吸收光谱、放大检查、特殊光学效应等17个指标；根据黄龙玉的颜色、透明度、净度、质地、工艺及质量等因素而制定了相应的分级方法。

2011年2月1日，新一版的《珠宝玉石名称》国家标准(GB/T 16552—2010)正式发布实施，黄龙玉成为正式的天然玉石的名称。

另外，广东台山出产颜色为黄色色系，但质地透明性比黄龙玉略低更像黄色软玉的石英质集合体"台山玉"。该玉石的质地非常细腻，最好品级者和田黄色相似，低品级者即为黄蜡石，这种玉石大多为海水冲刷形成，带有黑度，被当地称为"海中玉"，是一种新的颇具潜力的玉石品种。

而另外一种历史比较悠久的南红玛瑙的价值最近在市场上因为有相似品种的出现而被重新发现。历史上最早的南红玛瑙为战国贵族墓葬中的串饰，如云南博物馆馆藏有古滇国时期出土的南红饰品。另外，北京故宫博物院馆藏精美的清代南红玛瑙凤首杯，典型的南红玛瑙产地主要是云南保山，最具代表性的是保山市玛瑙山，当年徐霞客曾记载该地"上多危崖，藤树倒罨，凿崖迸石，则玛瑙嵌其中焉。其色月白有红，皆不甚大，仅如拳，此其蔓也。随之深入，间得结瓜之处，大如升，圆如球，中悬为宕，而不粘于石，宕中有水养之，其晶莹紧致，异于常蔓，此玛瑙之上品，不可猝遇，其常积而市于人者，皆凿蔓所得也"。据说，老南红玛瑙在清朝乾隆年间已开采殆尽。因此，很长时间这种玛瑙品种市场上很少见到，但是，最近几年，随着近年云南保山、四川凉山州新发现的南红玛瑙矿及甘肃的迭部红玛瑙的开发，这种类型的玛瑙在市场上的价格在不断上升，成为一种新的重要的玛瑙类型。最好品级每公斤达数万元。

四、水钙铝榴石质玉的品质分级

水钙铝榴石质玉是我国20世纪80年代发现的一种新的玉石，因发现在青海，故名青海玉。它主要由水钙铝榴石、含铬绿泥石、透辉石、蛇纹石及碳酸盐等矿物组成。颜色为斑块状翠绿色、绿色、黄绿色、灰绿色及白色，品质较高的水钙铝榴石质玉(以下简称青海玉)的绿色品种颇像翡翠中的白地青，而其黄绿色者又像翡翠中的豆青种，因此该玉又有祁连翠玉、青海翠玉及乌兰玉之称。

该玉石既可制作玉山子、花卉、动物等大型工艺品，也可做成手镯、玉佩和戒面等饰品，以及制作成酒具等器皿。据说酒放入青海玉的酒具后，能改变结构而变得醇厚香甜，因而该玉又有"美酒王"或"乌兰美酒翠"之称。目前该地区玉石主要销往河南、山东、陕西、甘肃、浙江、广东等地加工成10多种不同的玉器产品。和青海玉类似的玉还有新疆的“哈密翠”(石榴石矽卡岩)。

水钙铝榴石玉的品质评价可依据以下几个方面。

(1)颜色。最好的青海玉的颜色是与翡翠相近的翠绿色。它的颜色是由钙铝榴石中的Cr产生的，当翠绿色颜色分布在纯白色的基底时，颜色更加漂亮。对青海玉颜色的评价除了颜色鲜艳外，绿色的多少及其分布同样需要考虑。有人根据其颜色的多少及鲜艳程度将它分成为通体翠和花斑翠，翠色越多越浓，品质越高。

(2)质地。青海玉的质地因所含的杂质矿物的多少而改变，呈隐晶质—显微粒状结构。当玉石中含有较多的绿泥石和碳酸盐矿物时，其质地较软，且抛光效果较差，难以完全抛光，呈明显蜡状光泽。当岩石含有较纯的水钙铝榴石时，一般质地较为致密细腻，呈半透明状，抛光后呈玻璃光泽—油脂光泽，硬度可达6.5～7，后者比前者有更高的品质。

(3)裂纹和杂质。裂纹和杂质是影响该玉石品质的因素之一，其中杂质主要由磁铁矿等深色矿物产生。

(4)工艺。青海玉的价值及其工艺水平之间有明显的正相关。目前市场上的产品大多工艺水平普通，因此该类玉石产品的价值通常在中低档水平。

五、碳酸盐类玉石的品质评估

碳酸盐类的玉石是指主要由碳酸盐矿物(文石、方解石、白云石和菱镁矿等)组成的一类玉石材料。这类材料除被用作大型雕刻作品外，也被广泛使用在玉石摆件及普通的饰物中，因而也是一类广泛使用的玉石材料。

我国历史上有名的蓝田玉(《汉书·地理传》所说的“蓝田山出美玉”)，有学者认为就是碳酸盐类的玉石。章鸿钊认为，蓝田玉石“察之，即大理石也”。另外，在今天陕西省蓝田县即发现一种蛇纹石化大理岩，被认为就是古代的蓝田玉。20世纪80年代初新疆发现的蜜蜡黄玉，是一种蜜蜡黄色的白云岩，也是一种碳酸盐质玉石。北京房山、四川、河北等地出产的汉白玉也是一种碳酸盐组成的大理岩。

除此之外，市场上的阿富汗白玉、京黄玉、白花玉(北京)、夏珠玉(四川)、川白玉、汉白玉、丹东绿(辽宁)、松山玉(山东)、重阳玉(河南)、菱镁矿等也属于碳酸盐质玉石。这类玉石市场主要分成两个部分，其中用量最大的是用来制作室内大型雕刻作品，或用作室内建筑高级装饰材料;另一类则用来雕刻各种普通的装饰性玉器雕件，少量被用来作其他玉石的仿制品及小件饰物，另外也有部分被用来加工成玉枕、健身球和酒具、碗杯等工艺品。

2010年前后，市场上一种价格不菲的所谓的“金田黄”(又称为“印尼金田黄”或者“台湾金田黄”、“太阳石”或者“肥皂石”)，是产自印度尼西亚爪哇岛的太阳溪的含镁和锰较多的方解石，学名是“镁锰方解石”或者“镁菱锰矿”，属于碳酸盐类石材。原料多为团块状、结核状，有的带有共生的“石皮”，透明度较高，有山产的“山料”和河中采掘的“水洗料”。这种石材拥有温润、细腻、油滑的质地和绚丽晶莹的色彩，其色金黄、橙红、粉红，与产于中国福建地区的顶级名石——寿山田黄非常接近，有商家称之为“印尼金田黄”，受到石友和收藏家的青睐。

这种石料最初进入台湾时，并没有引起藏家的特别兴趣。但是，近两年“金田黄”进入福建地区后，身价便陡然暴涨。2011 年，印尼当地台湾商人 1kg 原石原料采购价格已从 2010 年的 3 000 元新台币涨到 3 万元新台币(约合人民币 6 000 多元)，涨幅约是 10 倍，而且这一价格仍在不断攀升。而福建地区一方好的“金田黄”石印从原来的 1 万元到几万元，涨到了十几万元，甚至几十万元，成为市场上继黄龙玉后被爆炒的石材品种。

颜色、质地、块度及工艺是这类玉石主要的品质要素。

(1)颜色。碳酸盐类的玉石的颜色主要包括白色、黄色、淡紫色、粉红色、浅绿色和褐色等类型，其中鲜明、纯净的黄色、白色、绿色和粉红色最有价值。颜色不鲜明或多种杂色分布，价值就低。

(2)质地。由于碳酸盐矿物颗粒粗且解理发育，大多数碳酸盐类的玉石硬度低，质地相对较粗且透明度较低，即使较好的一般也只达到半透明。只有那些颗粒较细、质地致密的品种加工后才显示出较好的光泽和玉质感。

因此，质地好坏及润泽与否是评价该类玉石的重要指标，凡是玉质感强、质地细润的品质就高；相反，质地粗、光泽暗淡的品质低。

(3)块度。不同块度的碳酸盐类玉石有不同的用途。块度大、质地较细、裂纹少和杂质少的，可以被用作雕刻大型作品，而且有较高的价值；相反，一些小块的材料只能用作价值较低的装饰材料或饰物材料。

(4)工艺。工艺也是决定碳酸盐类玉石的重要指标，在某些情况下可能还是主要的指标。

(5)裂纹和杂质。裂纹和杂质对碳酸盐类玉石的品质虽然也有影响，但由于该类玉石的价值相对较低，因此此类问题较严重的材料很少用来加工。

六、云母类玉石的品质评估

云母类玉石主要包括广绿石(广东)、长汀玉(福建)、丁香紫玉(新疆)、阿山玉(新疆)、商雒翠玉(陕西)。其中广绿玉和长汀玉是绢云母岩，丁香紫玉是锂云母岩，而商雒翠玉则是白云母岩。

我国该类玉石的开发使用时间比较短，最早的广绿玉在明末清初时开始成为贡品，而新疆丁香紫玉则是 20 世纪 70 年代后才发现定名的。这类玉石有的可做成不同题材大型雕刻工艺品,也有用作图章等小件石刻饰件的。其最大特点是质地细软,容易雕刻,如果能把握好“俏色”,也是一种受欢迎的玉雕材料。目前开发最好的是广绿玉,在 20 世纪 90 年代初期,广绿玉的产品远销欧美各国、日本、香港及东南亚等地,大件作品卖价可达数十万元之巨。

国际上出产该类玉石的国家还有俄罗斯、瑞典、马达加斯加、美国及非洲的津巴布韦等国。除上述颜色外,其颜色还有石竹色、红色、紫罗兰色、黄色等多种。

可依以下几个方面对其进行品质评估。

(1)颜色。颜色丰富是这类玉石的特征之一,如广绿玉就有墨绿、翠绿、黄绿、葱绿、肉红色、黄色和白色等多种颜色。其中铁离子是主要致色源。而丁香紫玉则可有玫瑰色、丁香紫色、浅紫色、桃红色和无色多种。商雒翠玉为深绿色,而阿山玉则为浅绿和青灰色。

在各种颜色中,颜色鲜艳、纯正的翠绿色、红色、玫瑰色及紫罗兰色品质最好,而且如果同一块料中有不同的颜色分布,既能将俏色利用,又能增加玉石的品质和价值。

(2)工艺。因材施艺是发挥这类玉石工艺价值最重要的方法。该类玉石比较有价值的玉器多是俏色作品,玉匠独特的设计可弥补其质软、光泽弱的缺点。因此,评估这类玉器,工艺的好坏是至关重要的。

(3)质地。通常这类高品质的玉石质地都较细腻。云母呈片状或细鳞片状集合体,具珍珠光泽和丝绢光泽,整体为半透明。当质地较致密时,抛光良好,呈现较强的蜡状光泽;质地较疏松的品种其光泽则较为暗淡,一般需要在外面涂上油、蜡或者其他保护材料才能使用。

(4)块体大小。云母类玉石一般要求有一定的块度才具有工艺价值。由于其质软,小件的除可作图章石外,很少使用在饰品中。

七、蔷薇辉石质玉的品质评估

由蔷薇辉石矿物组成的玉石材料又称为桃花石。因其在 20 世纪 60 年代在北京的开发而闻名,因此又称为京粉翠,根据其色像桃花得名为“桃花石”或者“粉翠”。实际上,此类玉石在世界许多地方都有产出,如澳大利亚、俄罗斯、印度和日本。我国除北京昌平外,四川凉山、青海乌兰和江苏等地均有产出和零星开采。优质的桃花石可用作动物、花瓶、花卉、器皿等玉器的雕刻材料,也可做成小件的珠宝首饰宝石。

其品质评价主要考虑以下几个因素。

(1)颜色。桃花石的颜色有粉红、鲜桃红、玫瑰红等颜色,也有白中桃红和红中夹黑等颜色,其中颜色鲜艳且黑斑较小的品质好。

(2)质地。蔷薇辉石由于结晶粗细不同会形成不同的结构，一般隐晶质或微晶质的蔷微辉石结构较致密，抛光后形成良好的玻璃光泽，品质较好，而颗粒粗大者玉质感差。

(3)块度大小。只有达到一定块度的材料才能用作玉料。

第八节　普通玉石的综合分级及估价

一、综合分级

不同种类的玉石及玉器的品质和价格之间不存在线性关系，也不可能用统一的模式去估价，表 7－31 仅是一个简单的归纳，说的只是一般的情况。如珍品级实际上也并不一定要颜色、质地、净度最优，但工艺一定是极好的，或者设计一定是独特的，它的文化内涵一定有独特之处。

表 7－31　不同类别一般玉石玉器简易品质综合分级

品质分级	颜色	质地	净度	大小	工艺	价格(元)
珍品级	最优或特殊	最优	最优或良	大或正常	最优	几万～几十万
精品级	优	最优	优	正常	优	千元以上
商业级	良	优或良	优或良	正常或偏小	良或普通	几十～几百
纪念品级	普通	良或差	良或差	偏小	普通	几～几十

一般而言，由于不同类别的玉器至今没有一个成熟的市场可以作为参考，因此其估价比较多的采用重置成本法进行。根据评估目的，即参考同类品质玉器的原料或产地价格，根据其工艺品质水平及平均利润、税收等最终确定其重置价格。

二、一般玉石的描述及评估

1. 一般玉石的描述

一般玉石的描述可根据品质分级要素依次进行，并对其中价值影响最大的因素给予特别说明。

2. 评估的基本步骤

估价既可以用成本法也可用市场比较法。成本法着重了解相同品质原料的价格及工艺价值，调研重点在加工集散地；市场比较法需要找到相近市场同质玉石成品的价格，调研重点在消费市场。

具体评估时一般有以下几个步骤。

(1)明确评估目的及评估用途。

(2)确定玉器种类及其性状。

(3)对玉器的颜色、质地、大小及净度等指标进行科学评估，确定出其品质水平及分级。

(4)了解原料来源地市场行情及价格，确定相同品质玉器的原料产地市场价格。

(5)确定玉器工艺品质水平，并了解不同品质加工工艺的成本价格。

(6)了解当地市场中对该类玉器的价值认同程度及特殊的审美倾向。

(7)了解该类玉器的历史成交结果，并最终根据评估目的、税收及利润水平等确定出玉器的价格。

(8)在评估报告中应对一些特别的事项，如该玉器和普通大小玉器的比较、题材及其意义、玉器设计背景及市场审美认同、工艺师的影响力等作出说明。

思　考　题

1. 影响翡翠品质分级的因素有哪些？它们是如何影响翡翠的价格的？

2. 影响和田玉的品质因素有哪些？

3. 玉石的估价与有色宝石及钻石的估价有什么异同？

4. 讨论玉石工艺对玉石品质及价格的影响。

5. 为什么玉石很难形成统一的分级及估价模式？

6. 为什么很难进行翡翠的毛料的估价？如果确实(必须)估价时，应考虑哪些问题？

作　业　题

1. 有一件新的镶嵌阳绿色翡翠戒面的铂金女式戒指，戒面质地细腻，水头好，净度为Ⅰ级，大小为8mm×6mm×4mm，工艺好，铂金托重5.5g，伴镶有0.02ct钻石8颗，戒指为铸造工艺制作，设计工艺良好，圈口为15号。顾客希望通过评估再销售此戒指。请就此案例写出简明评估报告(不足条件自行设定)。

2. 一件岫玉人物摆件是涉案物品，玉石为淡黄绿色，质地细腻，底座部位有微细裂纹，但对外观无影响，摆件大小为30mm×25mm×20mm，雕工好，为行家工。请写出简明评估报告(不足条件自行设定)。

第八章　珍珠品质分级及评估

第一节　珍珠品质分级

国际市场上珍珠的品质主要由珍珠的光泽、皮质、形状、大小、珍珠层厚度、颜色、搭配及钻孔等因素确定。不同的国家由于文化及审美方面的差异，对上述因素重要性的认识并不完全相同，因此珍珠的品质评估仍然是一项经验性很强的工作。

总的来说，评估是在日光或自然光的光源条件下，以白色为背景进行的。

一、光泽分级

珍珠是具有特殊珍珠光泽的一种有机宝石，珍珠特殊的美是由其特有的珍珠光泽产生的，因此珍珠的光泽是珍珠品质最特征性的要素，也是评判珍珠价值的主要依据。特别是养殖珍珠，其他的要素如大小及形状等都可以人为或部分人为控制，光泽更成为一种独特的指标。

珍珠光泽的强弱主要与珍珠层的厚薄、珍珠层文石或方解石的排列有序程度、珍珠的生长状况、水体微量元素等有关，因而珍珠的光泽实际上又是珍珠层厚度的一种外在指标，也是珍珠母贝生长健康情况的体现。一般来说，珍珠的生长时间适度（一般 2～4 年），形成珍珠的水体环境良好，珍珠贝的健康状况良好，珍珠的光泽就越强；相反，珍珠的生长时间过短或珍珠贝的健康状况欠佳，珠贝分泌的珍珠质的数量及品质都差，珍珠的光泽就差。

珍珠光泽好坏的衡量，目前并无完整的量化指标。美国主要根据其表面反光影像线条清晰度将其分为 4 级。

A 级：表面光泽特别明亮、均匀反光如镜面反射、反光影像线条清晰的视为最高光泽。

B 级：光泽清晰明亮、影像清晰的视为高光泽。

C 级：光泽明亮、反光线条均匀但不完全清晰的视为中等光泽。

D 级：珠层较薄、珍珠表面反光模糊、弱而且分散的视为低劣。

我国的珍珠光泽分级要求如表 8 - 1 所示。

表 8-1　海水养殖珍珠光泽分级

光泽级别		光泽特征
极强	A	反射光特别明亮、锐利、均匀,表面像镜子,影像清晰
强	B	反射光明亮、锐利、均匀,影像清晰
中	C	反射光明亮,表面能见物体影像
弱	D	反射光较弱,表面能见物体,但影像较模糊

据 GB/T 18781—2008。

二、皮质分级

皮质又称为皮光或光洁度、净度、瑕疵,它是指珍珠表层结构致密、细腻、光滑的程度,或者是表面瑕疵的明显程度,表面瑕疵的影响取决于其大小、颜色、位置及多少。

珍珠表面常见的瑕疵包括隆起(疱)、纹线、裂纹、凹坑、黑点、缺口、针尖以及珠层剥落等,其中破口和剥落对珍珠品质的影响最严重。

在比较理想和健康的环境中生长形成的珍珠,其表面常常致密光滑。但养殖珍珠的海水中往往有各种微生物生长,珍珠母贝在几年的生长过程中也可能受到某些病菌的影响,同时插核技术也可能会影响到珍珠的形成及其皮质,因此真正完全光滑无瑕疵的珍珠是极少的。大多数养殖珍珠表面都会或多或少带上一些"疱"、"腰线"、"皱纹"、"凹坑"等瑕疵。

这种瑕疵的多少及分布决定珍珠的净度或皮质的好坏,也直接影响到珍珠品质及价值。有时它们还会直接影响到珍珠的使用寿命及珍珠后处理的可能性。

美国 GIA 根据一串珍珠中有瑕疵珍珠的多少,把珍珠串的皮质品质分成完美级(FL)、微瑕疵级(有较微缺陷)(SS)、瑕疵级(有缺陷)(Spotted)和重瑕疵级(有严重缺陷)(VS)4 个级别。

完美级的珍珠(串)是指珠串中绝大部分珍珠的表面都是完美无瑕的,只极少部分可有瑕疵,而且分布的位置非常局限。一般来说这种珍珠的瑕疵难以分辨。

微瑕级珍珠(串)是指珠串中很多珍珠无明显可见的瑕疵,细心观察才能发现少部分珍珠有小瑕疵。

瑕疵级珍珠(串)是指大部分珍珠都有瑕疵,少部分珍珠甚至可见明显瑕疵。

重瑕疵级珍珠(串)是指全部珍珠都可见瑕疵。

实际上,上述标准并不是真正的珍珠皮质分级标准,而是珍珠串的分级规范。对单颗珍珠的皮质分级国际上并无普遍应用的标准,但塔希提黑珍珠已有一个普遍为市场接受的皮质分级规范。按皮质好坏可将黑珍珠分为 A、B、C、D 4 级。

A 级：表面无瑕疵或者肉眼可见的个别瑕疵占整个表皮的 10%以下，光泽很好。

B 级：肉眼所见到的瑕疵占整珠面积的 1/3 以下，且光泽较好。

C 级：肉眼所见瑕疵占整珠面积的 1/3～2/3，光泽较好。

D 级：表皮有较多明显的瑕疵，光泽不论好坏，但珍珠表面至少被 80%珍珠质包裹。2001 年根据市场实际情况，我国也制定了海水及淡水珍珠的光洁度分级规范，最新的珍珠光洁度分级如表 8－2 所示。

表 8－2　海水及淡水珍珠皮质光洁度分级

光洁度级别		品质要求
无瑕	A	肉眼观察表面光滑细腻，极难观察到表面有瑕疵
微瑕	B	表面非常少的瑕疵，似针点状，肉眼较难观察到瑕疵
小瑕	C	有较小的瑕疵，肉眼易观察到
瑕疵	D	瑕疵明显，占表面积的 1/4 以下
重疵	E	瑕疵很明显，严重的占表面积的 1/4 以上

据 GB/T 18781—2008。

实际上，目前所有皮质分级中都没有考虑瑕疵分布的情况，这是不够完善的地方。在实际的交易和估价中，瑕疵的分布有时比瑕疵本身对珍珠的品质有更为直接的影响。如果一颗光泽很好的珍珠有明显可见的瑕疵，但其瑕疵分布非常局限，如只局限在球体表面的 1/20 以下，其品质仍然是较高的，原因是珍珠被钻孔镶嵌后其瑕疵是不可见的；相反一颗相同品质的珍珠如其瑕疵并不太明显，但却散布在珍珠的整个球面上或超过 1/2 的球面上，其品质及价格就会受到严重影响。

三、珍珠的质量或尺寸分级

珍珠的质量或尺寸是影响珍珠品质好坏的重要因素之一。对于天然珍珠而言，质量或尺寸可能还是最重要的要素，因而我国古代又有“七分珠八分宝”之说，意思是说七分(mm)的是珍珠，而八分(mm)的就是宝贝了。对于养殖珍珠来说，在品质较好的情况下，超过一定的尺寸范围，其价格就会有明显的提高(溢价)。

珍珠的计量单位有吨、贯、千克、刀、毛美、钱、克、克拉、格令和珍珠喱，其中吨、千克、克是国际标准计量单位，而贯(Kan)、刀(Dao)、钱、毛美(Momme)比较多见于日本和香港市场珍珠批发时使用，克拉、格令和珍珠喱则用于散珠特别是优质散珠的计量中。除此以外，对于某些品质的成品或原料，行内还有用把、手、颗直接计量的。

1 贯＝3.75kg；1 香港钱＝3.75g；1 刀＝3.75g；1 毛美＝75 格令＝18.75ct；1 格令＝1 珍珠喱＝0.25ct。

在成串的珍珠中，有时更多用珍珠的直径（mm）又称分来计量，通常对近圆形珍珠串而言，一般以 0.5mm 为一个档次进行归类，如 6～6.5mm、6.5～7mm，也有根据最大和最小的珍珠范围来界定，如一串珍珠最大为 10mm，而最小为 8mm，则该串珍珠尺寸为 8～10mm，通常这种渐变珍珠串的尺寸是有规律变化的。

正圆、近圆形海水珍珠的直径一般是以最短方向来确定，而其他形状的则是用最大直径×最小直径。不同珍珠类别常见的大小范围不同，如塔希提黑珍珠一般在 8～14mm 之间，大于 16mm 的就已很稀少。而日本和中国海水珍珠的尺寸大多只在 4～10mm 之间，超过 11mm 的就已少见。淡水珍珠的尺寸一般较小，大于 8mm 的就算大珠（近年有增大趋势）。

日本珍珠一般按尺寸分成 4 级：大珠直径为 8mm 以上；中珠直径为 6～8mm；小珠直径为 5～6mm；细厘珠直径为 5mm 以下。每一等级的直径大小至多相差 2mm。

养殖珍珠的尺寸主要决定于珠贝的种类、植入的珠核大小以及养殖的时间。如以淡水珍珠为例，三角帆蚌所产的珍珠常常是较大的，过去淡水珍珠的尺寸一般小于 8mm，但近年来由于市场行情不好，浙江许多珠农推迟收珠时间，一些淡水珠养殖时间超过 6 年，收获的淡水珍珠可达到 15mm 以上。一般情况下，淡水养殖珍珠贝每年分泌珍珠质层厚 0.15mm。同时，由于养殖淡水珍珠采用了有核养殖技术，一些淡水有核珍珠的大小也可达 10mm 以上，致使不同种类珍珠之间类别差异变得模糊，产生鉴别上的困难。

一些球形珍珠，其质量和其尺寸之间常常有很好的对应关系（表 8－3）。

四、形状分级

珍珠形状是影响珍珠品质最重要的因素之一，它对总价格影响的权重可达 20%。虽然就有核的养殖珍珠而言，要获得球形的珍珠并不困难，但是由于长期以来，特别是天然珍珠中真正的正圆珠极为罕见，因而在人们的观念中，圆球形的正圆珠的价格仍然是最高的。

除了圆球形的正圆珠（或精圆珠、滚盘珠、走盘珠）外，形态规则，特别是较容易镶嵌搭配使用的规则形态的珍珠也有较高的价格，如水滴形（梨形）、椭圆形、钮扣形的珍珠。

表 8－3　珍珠质量计算一览表

直径（mm）	珍珠喱	直径（mm）	珍珠喱	直径（mm）	珍珠喱	直径（mm）	珍珠喱	直径（mm）	珍珠喱	直径（mm）	珍珠喱
1	0.02	3.4	1.1	5.8	5.50	8.2	15.5	10.6	34	13	61
1.1	0.03	3.5	1.25	5.9	5.75	8.3	16	10.7	35	13.1	63
1.2	0.04	3.6	1.30	6	6	8.4	16.5	10.8	36	13.2	65
1.3	0.05	3.7	1.40	6.1	6.5	8.5	17	10.9	37	13.3	67
1.4	0.06	3.8	1.50	6.2	6.75	8.6	17.5	11	38	13.4	69
1.5	0.08	3.9	1.6	6.3	7	8.7	18	11.1	39	13.5	71
1.6	0.11	4	1.75	6.4	7.5	8.8	18.5	11.2	40	13.6	73
1.7	0.14	4.1	1.90	6.5	7.75	8.9	19	11.3	41	13.7	75
1.8	0.18	4.2	2.0	6.6	8	9	19.5	11.4	42	13.8	77
1.9	0.21	4.3	2.25	6.7	8.5	9.1	20	11.5	43	13.9	79
2.0	0.23	4.4	2.40	6.8	9	9.2	20.5	11.6	44	14	81
2.1	0.28	4.5	2.50	6.9	9.25	9.3	21	11.7	45	14.1	83
2.2	0.32	4.6	2.75	7	9.75	9.4	22	11.8	46	14.2	85
2.3	0.36	4.7	2.90	7.1	10	9.5	23	11.9	47	14.3	87
2.4	0.42	4.8	3.0	7.2	10.25	9.6	24	12	48	14.4	89
2.5	0.50	4.9	3.25	7.3	11	9.7	25	12.1	49	14.5	91
2.6	0.53	5	3.5	7.4	11.5	9.8	26	12.2	50	14.6	93
2.7	0.59	5.1	3.75	7.5	12	9.9	27	12.3	51	14.7	95
2.8	0.65	5.2	4	7.6	12.5	10	28	12.4	52	14.8	97
2.9	0.70	5.3	4.25	7.7	13	10.1	29	12.5	53	14.9	99
3.0	0.75	5.4	4.50	7.8	13.5	10.2	30	12.6	54	15	101
3.1	0.82	5.5	4.75	7.9	14	10.3	31	12.7	55	15.1	103
3.2	0.90	5.6	5	8	14.5	10.4	32	12.8	57	15.2	105
3.3	1.0	5.7	5.25	8.1	15	10.5	33	12.9	59	15.3	107

据郑恒有，1998。

形态不规则的珍珠又称异形珠，除个别有特殊的审美诉求和能表达特别主题的以外，如有较好的动物造型或者几个形态特殊的珍珠能组成有特殊意义的图案，仍有一定的价值外，其余价值很低。

从圆球形珍珠到异形珍珠，价格下降是跳跃性的，但正圆形、圆形及近圆形以及水滴形等的价格变化则是渐变的，每个级别之间的价格相差15%～20%。

根据我国养殖珍珠分级标准(征求意见稿)，海水珍珠及淡水珍珠的形态标准分别如表8－4和表8－5所示。

表8－4　海水养殖珍珠形状级别及品质要求

形状级别		品质要求	备　注
正圆	A_1	直径差的百分比≤1%	—
圆	A_2	1%<直径差的百分比≤5%	—
近圆	A_3	5%<直径差的百分比≤10%	—
椭圆	B	直径差的百分比>10%	可以有水滴形、梨形
扁圆	C	具对称性，有一面或两面呈近似平面状	—
异形	D	通常表面不平坦，没有明显对称性	—

据GB/T 18781—2008。

表8－5　淡水养殖珍珠形状级别及品质要求

形状类别及级别			品质要求	备　注
圆形类	正圆	A_1	直径差的百分比≤3%	—
	圆	A_2	3%<直径差的百分比≤8%	—
	近圆	A_3	8%<直径差的百分比≤12%	—
椭圆形类	短椭圆	B_1	12%<直径差的百分比≤20%	——
	长椭圆	B_2	直径差的百分比>20%	可以有水滴形、梨形
扁圆形类	高形	C_1	直径差的百分比≤20%	具对称性，有一面或两面呈近似平面状
	低形	C_2	直径差的百分比>20%	
异形		D	通常表面不平坦，没有明显对称性	—

据GB/T 18781—2008。

五、珍珠层厚度分级

养殖珍珠层的厚度是指植入的珠核表面到珍珠表层之间的距离，珍珠层的厚度主要与养殖时间及生长速度有关，后者又与养殖环境有关。通常情况下，珍珠层的厚度越大，珍珠的光泽就越强，珍珠的价值也就越高。

有经验的人通过对珍珠光泽的观察，基本上就可判断珍珠层的厚度及珍珠养殖时间，在实验室里也可通过装有标尺的显微镜进行测量，一般认为可以接受的宝石级珍珠最低珍珠层厚度是0.3mm。这种厚度对于海水珍珠而言，殖核后养殖时间会接近2年。近年来，我国海水珍珠大多是在6～8个月就开始收获上市，因而许多低质海水珍珠的珠层厚度偏薄，往往呈现出蜡状光泽而非特有的珍珠光泽。

一般情况下，珍珠光泽明亮而圆润的珍珠，珠层的厚度会在0.5mm以上。

我国珍珠分级国家标准(2008)中将海水珍珠的珠层厚度分成5级，品质要求如表8-6所示。

珍珠层厚度对价格的影响实际上综合在光泽及皮质的影响之内，三者很难完全分开。

表8-6 海水珍珠珠层厚度分级

珠层厚度(级别)		珠层厚度 (mm)
特厚	A	≥0.6
厚	B	≥0.5
中	C	≥0.4
薄	D	≥0.3
极薄	E	<0.3

据GB/T 18781—2008

六、颜色分级

珍珠的颜色有多种，珍珠颜色对品质的影响主要受地域文化及传统所影响。

一般来说珍珠的颜色由珍珠体色、伴色和晕彩综合而成。

珍珠的体色主要受珍珠贝母的种类及养殖环境的影响，在养殖环境因素中，水体微量金属元素的影响又是主要的。不同水体中形成的珍珠，由于含致色金属卟啉体的类型和数量不同，会有不同的颜色。有人认为金色和奶油色等黄色色系珍珠中含Cu和Ag较多，粉红色珍珠中含Na较多。

珍珠的伴色是由珍珠的结构与光线结合作用产生的物理效应而产生的，是由一种浮于体色之上的一种或多种颜色混合产生的，似有若无的颜色感觉。伴色主要有玫瑰色、绿色、银白色、铜红色等，通常好的伴色往往会增加珍珠的美感，并获得更高的价值认同。

晕彩是在不同角度观察珍珠时产生的一种可变化的彩虹色彩，它是珍珠光泽体色与伴色综合作用的感觉。明显的晕彩能增加珍珠的美感，它可以增加珍珠总品质20%～50%的评分。

概括而论，国际市场上的珍珠按体色可分成三大色系。

A：白色系的珍珠，如日本和中国的海水珍珠，大部分南洋珍珠。

B：黑色系的珍珠，如塔希提黑珍珠。

C：彩色或有色珍珠，如金色、黄色、绿色和粉红色等颜色的珍珠，有色珍珠在淡水养殖珍珠中常见。

在三大色系的珍珠中，白色色系是产量最大的主流色系，但实际上这一色系大部分都是珍珠后处理的结果，如许多海水养殖珍珠，刚收获的原珠颜色往往是偏黄的。

不同系列的珍珠的价格很难一概而论。近年来，金色的南洋珍珠由于产量稀少，受到市场的追捧，价格最高，而黑色塔希提珍珠由于宣传及品质控制方面工作做得好，市场价格高且稳定，其中一些具孔雀绿伴色的优质黑色珍珠最受市场的喜爱。

白色南洋珍珠及海水养殖珍珠近年来产量一直在增加，其价格不断下降，但总体而论，白色系南洋珍珠的价格仍然是最高的。

由于珍珠染色和辐照改色技术的进步，实际上市场上许多彩色珍珠很难和天然彩色珍珠相区分，再加上颜色受不同市场消费者偏好的影响较为明显(表 8－7)，因而颜色对品质的影响并不是很确定的。

表 8－7　不同国家对珍珠颜色的偏好

颜色	日本	美国	欧洲*	德国	意大利	印度	澳大利亚	中国
金色	＋＋＋					＋＋＋		
黄色	＋		－－	－－	－－	＋＋＋		－－
玫瑰粉红				＋	＋		＋＋＋	
粉红		＋＋＋		＋	＋	－－		
白粉红		＋	＋	＋＋＋			－－	＋
银白						－－		＋＋＋
奶油色						－－		
奶油粉红		＋＋＋	＋＋＋				＋＋＋	
淡奶油粉红						＋＋＋		

注：＋＋＋：特别爱好；＋：爱好；－－：不爱好；欧洲*指英国、法国、瑞士、瑞典、丹麦。

据白井祥平，1981，有修改。

七、搭配分级

搭配是指将两颗或两颗以上的珍珠配合在一同使用。在珍珠首饰中，通常是将一些外形完全相同或可相互匹配、颜色与光泽基本一致的珍珠放在一起制作首饰，如珍珠耳环或珍珠项链。

要同时找到品质完全一致的两颗或多颗（串）珍珠实际上并不容易，需要花费一定的时间成本和技术成本，因而搭配好的珍珠通常较单颗粒的珍珠有更高的市场价值。对于珍珠项链而言，珍珠搭配是一个基本的分级要求，如果将一些不同品质的珍珠串在一起，不但降低了高品质珍珠的价值，同时也使整串珍珠的品级受到影响。

搭配对珍珠品质的影响可达到15%～20%，也就是说，如果一颗优质珍珠的价格是500美元，两颗搭配完美的珍珠耳环的价格可能达到1 200美元。这种情形在我国清代的估价册中就已作为判据：三分的坠一副1 000两（白银），单颗的只有70余两；五分的单颗100两，但成对的一副达2 000两，这主要与天然珍珠配对更难有关。实际上按严格的品质要求配好一串16英寸或10～15mm的南洋珍珠项链或塔希提珍珠项链，可能要花费数年的时间，了解这一点实际上就很容易理解搭配对珍珠品质的影响了。

另外，有时形状不完全一样的珍珠的搭配也能产生意想不到的效果及价值，这种情况主要出现在异形珍珠的设计中，常见于首饰珍珠的评估中。其品质的评估要具体问题具体分析，最重要的是要看其美学效果及认同程度。

表8－8给出了我国珍珠分级国家标准（2008）中对珍珠匹配的品质要求。

表8－8　多粒珠宝级珍珠饰品的匹配性级别

匹配性级别		品质要求
很好	A	形状、光泽、光洁度等品质因素应一致，颜色、大小应和谐有美感或呈渐进式变化，孔眼居中且直，光洁无毛边
好	B	形状、光泽、光洁度等品质因素稍有出入，颜色、大小较和谐或基本上呈渐进式变化，孔眼居中无毛边
一般	C	颜色、大小、形状、光泽、光洁度等品质因素较明显不同，孔眼稍歪斜且有毛边

据GB/T 18781—2008。

八、钻孔分级

珍珠首饰绝大部分都是需要进行钻孔镶嵌的，钻孔的位置大小及好坏同样会影响到珍珠品质。

珍珠的孔有3种：第一种俗称为“通眼儿”，是贯穿孔，从珍珠的球面中间通过，主要在珍珠串中使用；第二种俗称“单鼻眼”，是两个孔眼并列斜向打通，以便将珍珠吊穿使用，大多见于一些民国时期或以前的珍珠首饰中，现在已少用；最后一种是半孔，是在珍珠的某个位置往里钻一半或 1/3 左右，以便于珍珠镶嵌时插针胶结，这种孔常见于现代的各种单颗或群镶的珍珠首饰中。

珍珠钻孔的好坏，直接影响到珍珠首饰的价值。如果项链珠串中，珍珠孔钻的“偏心”或偏大，整串珠的外形就会改变，钻孔过大，有时甚至会危及珍珠的使用寿命。而对于一些有特定瑕疵的珍珠而言，恰当的钻孔同时还是弥补珍珠价值的一种重要手法，因而给珍珠划线、点孔实际上常常是由“熟手”或“师傅”完成的工作，另外，也是珍珠“买手”必修的功课。对珍珠的原料进行评估时，瑕疵的大小及钻孔后可能的变化也是应当考虑的。

因此，钻孔对品质的基本影响是钻孔的位置不当或打偏，或孔眼口边有崩裂等，都会降低珍珠（首饰）的价值。

第二节　珍珠的贸易及市场

一、珍珠的来源及分类

珍珠是最古老的珠宝之一，也是历史上少有的自始至终都深受世人珍爱和追求的珠宝，珍珠独特的美一直伴随人类文明的发展而发扬光大。

珍珠文化起源于印度的恒河流域，印度人把珍珠视为珍品距今已有 5 000 年的历史，但珍珠在地球上出现已有 2 亿年。我国是历史上认识珍珠最早的国家之一，早在距今 4 000 多年的《尚书・禹贡》中就有河蚌产珠的记载，其后《尔雅》、《淮南子》、《周易》、《山海经》等古籍中也有大量关于珍珠的记载。大约在宋代，中国人发明了世界上最早的“珍珠养殖法”，这一事实被 1167 年宋朝庞元英录述于其《文昌杂录》中。

古代伊朗西部（波斯帝国）认识珍珠的时间早于公元前 4 世纪。公元前 200 年古埃及贵族开始使用珍珠作为装饰品，而欧洲饰用珍珠的时间大约在公元 300 年。世界上古老而又保存完好的是日本东大寺三月堂不空绢索观音像宝冠上的珍珠，它是公元 747 年的制品。大约从 1530 年开始，珍珠成为欧洲皇室最流行的名贵珍宝。

珍珠作为一种生物体内特别是珍珠贝生物体内的分泌物，其内源主要与江、河、湖、海水体有关。其母体主要是珠母贝属（pinctada margaritifera）或珍珠贝属（pteria）。珍珠的成因学说有异物成因说和珍珠囊成因说。根据珍珠形成过程中是否有人工技术参与，将珍珠（古时又称真珠）分为两大类：天然珍珠和人工养殖珍珠。

历史上的珍珠主要指天然珍珠(20 世纪以前),它包括天然海水珍珠和天然淡水珍珠。天然海水珍珠主要来源于中国、波斯湾沿岸诸国、孟加拉湾、澳大利亚、委内瑞拉、马纳尔湾、墨西哥、秘鲁、日本、南太平洋诸岛国、红海;天然淡水珍珠分布的国家和地区包括苏格兰、英格兰、威尔士、爱尔兰、法国、德国、奥地利、密西西比河流域、亚马逊河流域、孟加拉国、日本及中国。

人工养殖珍珠在市场上大量出现是 20 世纪初期以后,日本御木本幸吉最早在 1893 年养殖成半圆形贝壳珍珠并成功申请了专利。稍后,日本人 Tatsuhei Mise 和 Tokichi Nishikawa 分别独立完成了养殖圆形有核游离珍珠的试验,而后者更在 1913 年成功申请到这项养殖珍珠的专利。20 世纪中期以前的日本是世界上最主要的海水养殖珍珠产出国,随后养殖珍珠技术逐渐向世界各地传播。1958 年广东水产学校(现湛江水产学院)淡水养珠取得了初步成功;1965 年我国在广西合浦人工养殖珠母贝苗获得成功;20 世纪 70 年代中后期,我国开始推广淡水无核养殖珍珠技术,市场上养殖珍珠逐渐增多。时至今日,我国淡水养殖珍珠产量已达 2 000t,成为世界上的养殖珍珠大国。除我国和日本之外,法属波利尼西亚群岛、澳大利亚、印度尼西亚、缅甸、美国也生产海水或淡水养殖珍珠。

市场上的珍珠除可根据其性状及来源划分为天然珍珠与养殖珍珠、海水珍珠与淡水珍珠外,还可以有各种不同的分类。其中,国际珠宝首饰联合会(CIBJO)根据对国际商贸中珍珠饰品的综合考察,将市场上的珍珠饰品划分成四大类。

A 类:天然珍珠,包括天然海水珍珠和淡水珍珠。

B 类:养殖珍珠,包括海水养殖珍珠和淡水养殖珍珠。

C 类:组合珍珠,指由多个部分组成的珍珠饰品,不同部分可能全是养殖珍珠或部分是养殖贝附珍珠,如马白珠(Mabe,又称似珠或他珠)。

D 类:珍珠仿制品,指外观似珍珠的饰物,主要由人工核(也可以是养殖珍珠贝壳)及珍珠精液涂层构成。

历史上或目前市场上出现的各种分类如下。

按成因分:天然珍珠——珍珠贝在天然条件下偶然形成的珍珠;养殖珍珠——指人工通过在珍珠贝或蚌中植入“核”形成的。

按来源分:海水珍珠——来源于海洋的珍珠;淡水珍珠——在江河、湖泊的淡水中形成的珍珠。

按颜色分:浅色珍珠——颜色较浅的珍珠,如白色、粉红色等;有色珍珠——有较深的颜色,如绿色、黄色、紫红色等;黑珍珠——较深体色,呈铜紫色、灰黑色或黑色的珍珠。

按产出位置分:游离珍珠——在外套膜的珍珠囊内形成的珍珠;贝附珍珠——在外套膜和贝壳之间形成、附着在贝壳上的珍珠,常为“半珠”。

按皮光分：新光珠——颜色白而光泽好的珍珠；老光珠——经饰用光泽变暗的珍珠。

按形状分：精圆珠——色白，光泽强，皮质细腻而圆度又好的珍珠，有时又称"滚盘珠"；木柱珠——圆度次于精圆珠的普通珠；扁圆珠——呈扁平形态的珍珠，也有人称"算盘珠"；馒头珠——下平上圆形似馒头的珍珠；坠形珠——似水滴状，一端小一端大的珍珠；马牙珠——形状扁长，似马牙的珍珠；随形珠——除上述形态外的异形珠。

按用途分：饰用珍珠——用来做珠宝等装饰品的珍珠；药用珍珠——中医用来入药的珍珠，一般是品质较差的。

按品质分：等内珠——达到商业标准的珍珠，又可据大小、颜色、光泽细分；等外珠——品质较差、较难符合一般商业要求的珍珠。

按产地传统分：南珠——南海珍珠；东珠——波斯湾出产的无色珍珠，传统贸易认为东方珍珠主要指天然海水珍珠；西珠——产于大西洋海域的珍珠；北珠——产于中国塞北的淡水珍珠；南洋珍珠——大珍珠贝所产的珍珠，在太平洋澳大利亚等地海域出产的珍珠。

按是否经过处理分：原色珍珠——指天然颜色、未经处理的珍珠；漂白珍珠——指颜色经过漂白或增白的珍珠；染色珍珠——指经过染色处理的珍珠。

二、国际珍珠贸易及市场

珍珠市场是国际性的。市场上的供求关系决定了珍珠的价值及走向。现将近些年来国际市场上最重要的几类珍珠的供求情况综述如下。

1. 南洋珍珠

南洋珍珠是指产于南太平洋海域沿岸国家的天然或养殖的海水珍珠，其产珠贝主要为大珠母贝或马氏贝，主要出产国包括澳大利亚、印度尼西亚、菲律宾、缅甸、泰国等。南洋养殖珍珠是目前市场最重要的高档海水珍珠来源。南洋珍珠的颜色主要以白色系为主，也有部分为金黄色，但产量极少，估计年产量低于 100kg，主要产于澳大利亚、缅甸、马来西亚等国。近年来，金黄色的南洋珍珠在市场上极受追捧，价格最高的南洋珍珠可达 400～600 美元/g。

1936 年全世界南洋珍珠的产量大约只有 18.75kg，第二次世界大战期间则没有准确数据。1956 年澳大利亚开始养殖南洋珍珠，随后缅甸(1957 年)、印度尼西亚和菲律宾也都开始实施各自的养殖计划。1985 年全世界南洋珍珠的产量达到 375kg(100Kan)。1998 年全世界插核的珠贝达到 330 万只，其中印度尼西亚数量最多，达 200 万只，而澳大利亚为 70 万只。1998 年世界南洋珍珠产量为 237.5kg (650Kan)，价值达 22 000 万美元，平均统价 90.3 美元/g。1997 年澳大利亚南洋珍珠产量占世界产量的63%～65%。1998年始，南洋珍珠开始取代日本的Akoya珠成为珍珠市场上的主角。

澳大利亚南洋珍珠主要来自澳洲北部，目前约有20家养殖场，产量占全球的60%左右，价值占70%以上。珍珠平均直径12mm，颜色以银色、白色和蓝色为主。澳洲用来生产南洋珍珠的是大型银白色的白蝶贝，又名珍珠贝，来自澳大利亚西北部。这种珍珠贝外部粗糙厚实，而内部银白细润。由于水温适宜和富含浮游生物，澳洲西北部珍珠贝的生长速度是其他海域珍珠贝生长速度的2倍，是世界30种珍珠贝中最大的。到2年左右珍珠收成时，珠贝最长的可达30cm，重达5.4kg，所产珍珠一般直径为10～25mm。澳大利亚对珍珠养殖业实行配额制，一年允许开采野生珠贝的数量约61万只，其中绝大部分来自澳大利亚西北部。养殖场向专门的采蚌公司购买用来养殖珍珠的白蝶贝，每只用来养殖珍珠的贝约值120港元。

目前采蚌和养殖通常是由同一养殖机构完成，一边采蚌，一边进行现代化养殖，在同样的水体环境中对珍珠贝进行手术，提高了珍珠贝的成活率和珍珠的产量，最高插核成活率为83%。澳洲最适宜进行插核的季节是7月份，一个健康的蚌最多可插核4次，但通常可做第二次插核的只占50%左右，除了新养殖的蚌外，可收成珍珠的蚌是一边采珠，一边重新植入新的珠核。目前珍珠的收成率大约为35%，即1 000只珍珠贝经过2年左右时间的养殖，大约有350只可以收获珍珠，每粒珍珠的平均成本约为1 500元。澳洲采用的是日本的养殖技术。

印度尼西亚由于具有得天独厚的天然条件，加上政府并不限制南洋珍珠的生产，因此印度尼西亚正迅速追赶澳大利亚，成为南洋珍珠重要的生产国。1994年厄尔尼诺现象和赤潮造成印度尼西亚南洋珍珠停产近3年，现开始正式复苏。该国主要生产暖色调(如白色、奶油黄色、黄色、金色)的珍珠，珍珠尺寸较澳大利亚珍珠小，大多直径为8～11mm。由于印度尼西亚有2 000km^2的海岸线可进行珍珠养殖，加上其珍珠生长期较澳大利亚短，一般为18个月，因此实际上无人知道生产了多少南洋养殖珠。有资料显示，该国有5个大的养殖场，每个场养殖有16万～25万只珠贝，而小养殖场则数不胜数。

近年来，菲律宾的南洋珍珠也开始在市场上出现，1998年该国的主要生产商插核20万只，生产的南洋珍珠尺寸较印度尼西亚南洋珍珠小，色调与印度尼西亚南洋珍珠相近，以暖色系为主。

缅甸共有6家南洋珍珠养殖场，3家由缅甸公司与海外合资，3家属本土资金，其中Myanmar Pearl Enterprise由缅甸政府拥有。目前，缅甸合资公司培植珍珠贝的基地已发展成熟，它们以长线养殖法代替旧的海床养殖法，加速珠贝成长，使产量急升。近10年来市场上白色南洋珍珠的产量及组成如表8-9所示。

表 8-9　白色南洋珍珠产量分布表(kg)

国家＼年份	1993 年	1994 年	1995 年	1996 年	2001 年	2002 年
澳大利亚	862	1 050	1 181	1 312.5	2 250	1 687.5
印度尼西亚	275	375	562.5	393.5	1 687.5	1 500
菲律宾	300	375	375	431	1 875	
缅甸	—	37.5	37.5	37.5	90	187.5
泰国	—		37.5	37.5		
中国						
合计	1 387	1 837.5	2 193	2 215.5		

资料来源:根据郑恒有(2001)及亚洲珠宝资料汇编。

澳大利亚的珍珠生产商 Paspaley Pearling Co. Pty. Ltd. 在香港举行的 Paspaley 南洋珍珠拍卖会是国际上最有代表性的珍珠拍卖会之一。拍卖会上的行情是国际市场南洋珍珠的重要批发价格指标。表 8-10 显示了 1995—1999 年南洋珍珠的行情。

表 8-10　南洋珍珠的价格行情(1995—1999 年)

年　月	售出重量(钱)	售出总价		平均价	
		日元(千元)	美元(元)	日元(元)	美元(元)
1995.3	29 092	1 803 000	19 922 651	61 977	684
1996.3	37 605	1 900 602	18 119 450	50 834	481
1997.3	49 563	2 722 583	22 476 537	54 562	453
1998.3	55 150	2 338 292	17 986 861	42 399	326
1998.9	27 478	1 263 488	10 107 904	45 981	367
1999.3	43 313	1 800 000	15 000 000	41 558	346
1999.9	34 705	1 260 249	12 002 371	36 317	345

资料来源:《亚洲珠宝》,1999.11。

由于产量持续上升,资料显示国际市场上南洋珍珠的价格总体上持续下降,其中,1999 年平均价格较 1996 年下降达 28.3%,而较价格较高的 1995 年下降了近 50%。这种趋势一方面反映出市场供应增加、需求不足,另一方面则反映出南洋珍珠平均质量下降。2000 年优良级别白色南洋珍珠的平均价格如表 8-11 所示。

表 8-11　优良级白色珍珠的平均价格(2000 年)

珍珠直径(mm)	9	10	11	12	13	14	15	16	17	18
单颗价格(美元)	100	300	500	1 000	1 500	2 000	3 000	4 000	5 000	20 000
每克价格(美元)	150	200	300	400	500	550	600	650	700	3 000

资料来源:据郑恒有,2000(其中可能包括白色大颗海水珍珠)。

2.塔希提黑珍珠

塔希提黑珍珠(Tahiti,又译成大溪地黑珍珠),主要由分布于 0～20°S、150°E～180°E 近方形的海域的黑蝶贝生产,其中相当部分来自由珊瑚礁组成的岛屿上的咸水沼泽中(郑恒有,2001)。天然黑珍珠大约出现在 18 世纪以前,19 世纪曾遭受严重的人为灾难。20 世纪 60 年代初开始人工养殖,1965 年产出了第一批 1 000 颗黑色养殖珍珠,目前市场上的塔希提黑珍珠绝大部分为养殖珍珠。

塔希提是法属玻利尼西亚群岛中最大的一个岛,也是该群岛的行政中心及主要的旅游景区。玻利尼西亚群岛地处南太平洋的赤道附近,其水域宽广,碧波万顷,水质优良,非常适合黑唇珠贝母生长。目前该岛有 400 个养殖场,养殖黑牡蛎水域超过 2 300km^2。其中产珠的岛屿除塔希提外,还有马尼希基、彭林等。

养殖黑蝶贝一般是从搜集天然繁殖的贝苗开始,每年 11 月至下一年 3 月是黑蝶贝的繁殖期,采珠人通过采苗附着器在含有丰富黑蝶贝的海底采集黑蝶贝苗,然后放在笼中培养 3 年左右,把成熟的黑蝶贝取出植入 8～10mm 珠核,然后通过 2～3 年的养殖便可采珍珠。塔希提珍珠每年的 5 月和 10 月收获两次,每年 7～8 月是塔希提黑珍珠的上市季节,黑蝶贝所生产的珍珠通常是黑色的,高品质的塔希提黑珍珠,除了黑色外,还有绿色、铜紫色、棕色、紫红色、粉色等不同色调的伴色(彩)。珍珠直径一般在 8～16mm 之间,最大达 20mm 以上。有圆形(直径差异小于 2%)、半圆形(直径差异大于 2%)、半异形及异形 4 类,一般塔希提黑蝶贝的成珠率在 30%左右,而极优质者只占 12%左右。

塔希提黑珍珠于 1972 年投产,当年销售量只有 1.56kg;1978 年销售量为 50kg;1983 年产量为 138.8kg,出口创汇 500 万美元,均价 36 美元/g;1988 年最大产量为 44kg;1996 年产量达 5 000kg,价值 15 240 万美元,均价 30.48 美元/g;1997 年平均每颗珍珠售价 80 美元。

塔希提黑珍珠年产量约占南洋珍珠产量的 1%,占世界黑珍珠产量的 93%～95%。法属玻利尼西亚群岛的黑珍珠养殖业主要由 4 个专业商协会控制,分别是专业珍珠生产商协会(SPPP)、塔希提群岛专业珍珠生产商协会(SPPTl)、珍珠合作社(GIE)以及珍珠和首饰从业人员协会(CSBP)。其中 SPPP 所出产珍珠占法属玻利尼西亚群岛珍珠的 70%以上,GIE 负责每年 10 月举行的黑珍珠拍卖会,CSBP 则负责组织每年一度的国际珍珠节。

塔希提黑珍珠最主要的消费市场是欧洲、美国、日本和香港。近年来,一些中低档产品也开始在中国市场上热销。根据国际最具代表性的黑珍珠拍卖会——香港 Robert Wan 拍卖会的信息(表 8-12),1999 年由塔希提最大黑珍珠生产商 Tahiti Pearles 主办的该届拍卖会有 98%的产品全部拍出,销售金额达 880 万美元,共售出珍珠 63 315 颗、4 615 155 钱的塔希提养殖黑珍珠及珠串,239 组售出的珍珠的价格比底价高 49%,拍卖会最大的买家是总部设在瑞士的高利洋行集团,以 750 337美元购入 5 957 颗塔希提黑珍珠;其次为英国伦敦的 The Cultred Pearl Co. Ltd. 及美国的 Pro Vochative Gems lns. 公司,两家联合出价 631 463 美元购入 1 620颗塔希提黑珍珠。香港珠宝制造商古珀行珠宝有限公司则以 3 723 330 美元购入 2 699 颗塔希提黑珍珠而名列第三。表 8-12 显示了该拍卖会的基本情况。

表 8-12 Robert Wan 塔希提黑珍珠拍卖会资料

年份	1989 年 9 月(首届)	1999 年 3 月
销售总额(万美元)	527	880
拍卖珍珠颗数	44 358	64 576
售出总颗数	43 676	63 315
拍卖质量(钱)	31 345.5	46 151.5
售出质量(钱)	30 663.4	45 113.6
售出珍珠平均价(美元/钱)	105	196
售出珍珠平均价(美元/颗)	120	139

资料来源:据《亚洲珠宝》综合。

拍卖会的成交显示优质塔希提黑珍珠价格强劲,而 14mm 以上及较小颗粒珍珠的销售同样热烈。批发商对颜色的要求较过去更多样化,除了深受市场追捧的孔雀绿的黑珠外,一些粉色、浅灰色、淡绿色和银蓝色珍珠亦好销。近年来,塔希提黑珍珠市场价格虽然也呈下降趋势,但和其他种类养殖珍珠相比,塔希提黑珍珠的风险仍然较低(图 8-1)。

2001 年 12 月塔希提珍珠国际宣传协会(GIE Perles De Tahiti)在我国上海举办了首届塔希提珍珠小姐竞赛,正式揭开了塔希提黑珍珠在中国市场上的宣传推广序幕。该活动由香港周生生、周大福、高利洋行及国际著名珍珠品牌 Schoeffel

香港公司共同推动，服装则由著名品牌 Escadd 提供，显示出国际珠宝集团对拓展中国塔希提珍珠市场的决心，相信国内塔希提黑珍珠的市场会逐步形成和扩展。目前则仍集中在上海，北京、广州、深圳、大连、重庆等几个沿海开放城市及政治文化中心。

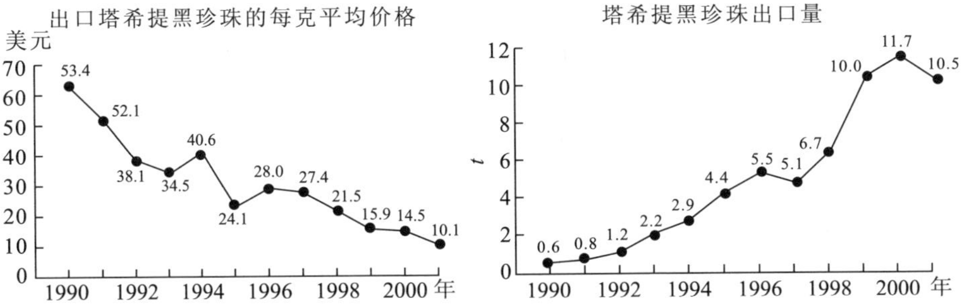

图 8-1　塔希提黑珍珠 20 世纪 90 年代的价格及出口量

（资料来源：塔希提珍珠国际宣传协会）

3. 日本海水养殖珍珠

日本是近代海水养殖珍珠的先驱者。20 世纪 90 年代以前，日本海水养殖珍珠是国际市场的主角，最高年产海水珍珠超过 100t。因此，一段时间内好的海水养殖珍珠又称为 Akoya 珠，主要是因为当时日本南部港湾地区 Akoya（伊势海）的养殖珍珠质量最好，在国际市场上享有盛誉的缘故。

日本的养殖珍珠主要是由马氏贝，又名日本蠔生产而成。目前日本用来养殖珍珠的马氏贝一般靠人工繁殖，每年 11 月将一些细小的贝苗放入笼中，然后养 3 年左右即可取出插核。日本所用的珠粒主要来自美国的淡水猪蹄蛤壳，珠核被磨成 2～9mm 大小不等的圆球，插核由专门的技工完成，一般熟练工人插一只核所用的时间只要 18～30s。经过插核的马氏贝需要放入较平静的水体中一个月左右，使其康复，能成功插核的马氏贝大约占 2/3，插核后的马氏贝约有 25%可以形成珍珠，经过 2～3 年时间的养殖便可取珠。通常日本收获珍珠的季节是 11 月至第二年 2 月。日本养殖珍珠从繁殖马氏贝苗到形成珍珠约经过 5～6 年的时间，养殖珍珠的直径平均增长速度约为 0.15mm/年，远低于澳洲南洋珍珠。

1998 年日本 Akoya 珍珠的产值为 1.8 亿美元。2001 年日本海水珠总产量估计达 7 000～8 000贯，即 26～30t，较 2000 年增长 4%～5%，2001 年收成的日本海水珍珠中 80%是由日本养殖产地的珍珠原料拍卖会拍卖销售的，其余 20%则直接销售给加工及批发商。该年日本海水珍珠拍卖会的成交额为 1.67 亿美元，比 2000 年 1.85 亿美元下降了近一成，商品级珍珠平均价亦由 2000 年的每克 14.2

美元下降到 11.7 美元，低档日本海水珍珠价格由 2000 年的 4.0 美元/g 下降为 3.6美元/g，价格分别下降 17.6%和 10%。

日本海水养殖珍珠最主要的市场在美国、欧洲和香港，其中美国是日本海水珍珠最重要的终端消费市场，而香港则主要是批发集散地。2000 年日本海水珍珠的出口金额仍达到 1.89 亿美元，超过南洋白珠及塔希提黑珍珠的 1.83 亿美元。

表 8－13 列出了日本海水珍珠产量分布及 2000 年最畅销批发价格表。

表 8－13　2000 年前后日本海水珍珠产量分布及最畅销批发价格表

产地	三重县	福井县	爱媛县	对马岛	长崎县	大分县	熊本县	爱媛鱼岛	玄海鱼连
1999 年(kg)	5 012	67	2 719	3 613	3 424	376	993	1 884	276
2000 年(kg)	7 605	87	3 252	3 791	3 736	336	910	3 254	363
2001 年(kg)	6 721	88	4 442	3 112	3 356	460	1 015	4 100	608
珍珠大小(mm)	5.0	5.5	6.0	6.5	7.0	7.5	8.0	8.5	9.0
珠市批发价(美元)	170～330	180～370	210～500	210～540	290～670	370～830	500～1 000	670～1 250	850～2 100

注：珍珠价格是 2000 年的数据，资料来源于日本神户大月珍珠株式会社及日本珍珠出口商会(转摘自《亚洲珠宝》,2001.5)。

4. 中国南海海水养殖珍珠

我国南海海水养殖珍珠大规模进入国际市场是 20 世纪 80 年代，目前的产量已接近日本海水珍珠的水平。2000 年我国生产和适合作珠宝用途的海水珍珠约有 18～22t(《亚洲珠宝》,2001.5)。近 3 年，我国海水珍珠统货价维持在平均 1 000 美元/kg。中高档未加工的海水珍珠 1 285～1 500 美元/kg，6.5～7.0mm 的中低质量海水珍珠的批发价约为 70～350 美元/kg，一般来说，我国海水珍珠平均价格较日本海水珍珠低 3～5 成。

我国海水养殖珍珠主要来自广西的合浦和北海、广东的雷州半岛以及海南的三亚等地。广西合浦珍珠的珠母贝主要为马氏贝(又叫日本蚧)和白蝶贝(又称白唇蚧)。珠核主要采用淡水蚌壳制成，核的大小一般在 2～8mm 之间，最大的达 1.2mm。目前养殖的过程为：5～10 月先从海中收集天然珠母贝，采用人工育苗技术繁殖珠苗，将珠苗养殖 1～3 年便获得 7～9cm 可以插核的成年珠母贝。每年 2 月下旬、4 月上旬和 10 月份是广西合浦珍珠较为理想的插核季节，每个熟练的技术工人每天最多可插核 300 个左右。插过核的珠母贝先要放在环境较稳定、水流平静的水域吊流 2～3 周，以使其内形成珍珠囊。一般珠贝的成珠率为 40%～

50%，最后经过一年左右的养殖场放养，约有75%的珠母贝内可生产珍珠，含珠率为60%～90%。珍珠层厚约0.3～0.75mm，平均0.5mm，平均每万只贝可采珍珠1.2～1.5kg。而合浦天然马氏珍珠贝每万只中可采珍珠仅为500～550g，明显低于养殖珍珠。

广西海水珍珠以色白质优、圆度好而著称，是中国"南珠"最具代表性的品种之一。一般直径在5mm以上的较多，圆及精圆珠为主，皮光细腻，光泽强。合浦养殖珍珠以颗粒计价，普通的5～10元一颗，品质好的20元左右一颗，优质的每粒40～50元，一般通货1万～12万元/kg。好质量的直径达6mm或7mm的广西海水珍珠，在当地的收购价格可达14～27美元/g，比香港同类珠高39%或11%。

广东雷州半岛海水养殖珍珠的产量和质量后来居上，均已超过广西，成为我国最重要的海水养殖珍珠产地。湛江地区的流沙村从1966年开始养珍珠，共有村民1 000多户，其中90%以上家庭从事珍珠养殖业，有珍珠养殖场756个，珍珠商数千人，1994年被国家命名为"中国珍珠第一村"。该地1996珍珠的年产量为8 000～9 000kg。

近年来该地由于受台风影响，珍珠贝养殖时间过短，使所产珍珠品质有所下降，一些只有3～6个月的海水珍珠珠层很薄，光泽差，佩戴半年到一年后出现脱皮现象。

海南岛的养殖珍珠主要来自三亚、陵水、儋县的养殖场。该地的珍珠主要采用大珠母贝生产，所产珍珠以白色和银白色居多，少量金黄色。珍珠直径可达10mm以上，较大的可达16mm，以圆形及近圆形为主。其中一颗10mm的珍珠标价400美元，一颗16mm的珍珠曾以6 500美元售出。

我国南海海水养殖珍珠的市场主要是香港和日本，其中香港是最主要的海水珍珠集散地，许多香港的大珍珠商，实际上大多还是我国海水养殖珍珠的合资者，他们通过直接投资在大陆养殖产地或在当地设立分支机构，进行海水珍珠的收购和出口批发。除此之外，估计有30%～40%低品质海水珍珠直接在大陆市场销售。

另外，从2001年开始，越南也加入养殖海水珍珠的行列，日本公司Orient Pearl在越南拥有3个养殖场，现有工人300个。由于越南的海水养殖环境和我国相近，加上日趋成熟的海水养殖技术，业内估计2008年越南海水珍珠产量达3 750kg。

5.淡水养殖珍珠

世界上淡水珍珠主要分布在20°N～40°N之间，淡水珍珠主要生长在江河及湖泊中。我国历史上有名气的"北珠"就是这种天然淡水珍珠的代表。据《三国志·魏书·东夷传》"夫余在长城之北……其图善养牲，出名马……美珠，珠大者如酸枣"的记载，这种珠最晚在我国汉朝已有使用。有人认为，历史文献中的

“真珠”可能是特指这种湖珠。据历史文献的记载，这种珍珠主要产自黑龙江流域的湖泊及河流之中，因而又有“湖珠”之称。

古代最早开展淡水养殖珍珠的是中国。而现代养殖淡水珍珠出名最早的是日本，日本全国最大淡水湖——琵琶湖无核养殖珍珠有 60 年左右的历史，曾经是世界上淡水珍珠的佼佼者，过去市场甚至将好的淡水珍珠都称为琵琶珠。但 20 世纪 90 年代以后，由于该地水质污染，淡水珍珠的产量已愈来愈少。

20 世纪 70 年代后期，我国淡水养殖珍珠后来居上，使古老的珍珠养殖技术重放异彩。20 世纪 90 年代后期中国年产淡水珍珠达 800～1 000t，占世界淡水珍珠的 80%以上。1998 年《中国宝石》给出江苏武进全年产珍珠 2 000 多吨、深加工产值 4 亿元、珍珠交易及出口额达 3 亿元、出口创汇 2 500 万美元的信息。目前世界市场上绝大部分的淡水珍珠产自中国。

除了无核养殖淡水珍珠外，有核养殖淡水珍珠的技术在日本、澳洲及中国已取得成功，并有少量优质的淡水有核珍珠供应市场。

日本用来养殖淡水珍珠的珍珠贝是属于 hyriopis schegeli 的贻贝（池蝶蚌），而中国用来养殖淡水珍珠的主要是褶纹冠蚌（cristaria plicata）、三角帆蚌（hyriopsis cumingi）、背瘤丽蚌以及蛤蜊等，其中以三角帆蚌培育的珍珠价值最高。淡水养殖珍珠的过程与海水养殖珍珠相似，所不同的是一般无核养殖的淡水珍珠所用的核是来自珍珠贝中的外套膜软体，这种软体在珍珠形成过程中逐渐被吸收，使生成的淡水珍珠内呈现无核的空洞。另外淡水珍珠插核时，可以一次插入 10 多块的细小外套膜软体，经过 2～3 年的养殖，一只淡水珍珠贝可以一次生产几粒到几十粒形状各异的淡水珍珠，产量较海水珍珠高得多。

目前中国生产淡水珍珠最多的是浙江省和江苏省。其中浙江省有 20 多个县市养殖淡水珍珠，诸暨市淡水养殖珍珠水域超过 1 万亩，从事珍珠养殖加工的企业过百家，人员上万人。诸暨山下湖的珍珠市场是目前全国最大的珍珠交易地，市场面积 10 200m^2，交易摊位 1 134 个，1993 年交易量达 500t，成交金额 2 亿元，均价 400 元/kg。2010 年，诸暨市养殖珍珠面积近 40 万亩，年产量占世界淡水珍珠产量的 73%。另外，设在温岭县邱家岸的珍珠市场也有 500 多个交易摊位，每年成交淡水珍珠 35～70t，交易额几千万元。江苏省的淡水珍珠养殖场主要分布在苏州市郊县。其中吴县河家湾珍珠市场面积 7 200m^2，内设 1 000 多个交易滩位，平均每天进场交易达 5 000 人次，全年成交 400～500t，价值 3 亿元，均价 600～700 元/kg。江西同溪镇淡水珍珠的养殖水域也达 500 多亩，年产淡水珍珠 10t 左右。

另外，广东每年还生产约 1t 的插核淡水珍珠。这种淡水珍珠一般直径达 7～8mm，最大达 15mm，珠光圆润，珍珠质厚 0.5～2mm，品质可与海水圆珠媲美。该珍珠现已以发明者谢绍河的名字命名为“绍河珍珠”，平均价格 2.5 万元/kg。

目前，香港已取代日本成为世界最重要的淡水珍珠国际集散地和贸易中心。每年在香港举行的各种国际珠宝展上，淡水珍珠都是最大宗的交易货品之一。我国通过香港向世界各地销售数百吨的淡水珍珠原料及饰品，所销售淡水珍珠占我国产量的七成。2001 年我国最大的两家淡水珍珠养殖公司（山下湖珍珠有限公司和诸暨市佳丽珍珠首饰有限公司），分别在香港成立办事处，在香港销售我国产的淡水珍珠。

除了欧美市场外，国内市场也已成为我国淡水珍珠最重要的消费市场。2000 年国内珍珠销售总额达到 7.25 亿美元，较 1999 年的 6.05 亿美元增加两成，其中上海及北京的珍珠销售大幅增加。在国内销售的珍珠饰品中，淡水珍珠估计占七成以上。其中北京 1995 年启动的红桥市场已成为国内淡水珍珠重要的批零市场。根据 2001 年 5 月的资料，该地需求最大的 5～7mm 的低档淡水珍珠串，批发价为 25～50 美元，而中等品质 6～8mm 近圆形珠串也较受欢迎，最高零售价为 300 美元。2011 年，浙江佳丽公司“爱迪生”高档养殖珍珠面世。这种珍珠平均直径达到 12mm，最大达到 20mm，颜色有白、金、深紫、古铜、紫罗兰等色，具有金属晕彩，《纽约时报》头版进行了报道，2011 年北京展会上，皮光品质好的品种每串标准项链的价格达到 2 万元～8 万元，已经接近南洋珍珠的价格。

我国淡水珍珠的价格在 1994—1996 年跌至低谷，随后有所回升。2000 年由于供应持续放大，且市场忧虑未来几年产量大增，中低档 8 mm 以下淡水珍珠价格一度下降达四五成，价格降至最低。近年来，随着养珠成本的增加及环境污染压力加大，珍珠的价格逐步回升，图 8 - 2 显示了这 20 年来我国淡水养殖珍珠价格变动的情况。2011 年，我国珍珠出口大幅增加，天然和养殖珍珠出口 687.82t，较 2010 年增加 13.8%，出口单价较 2010 年增加 22.28%，每克珍珠达到 0.43 美元（约 2 500 元/kg）。2005—2011 年出口量变化如表 8 - 14 和图 8 - 3、图 8 - 4 所示。

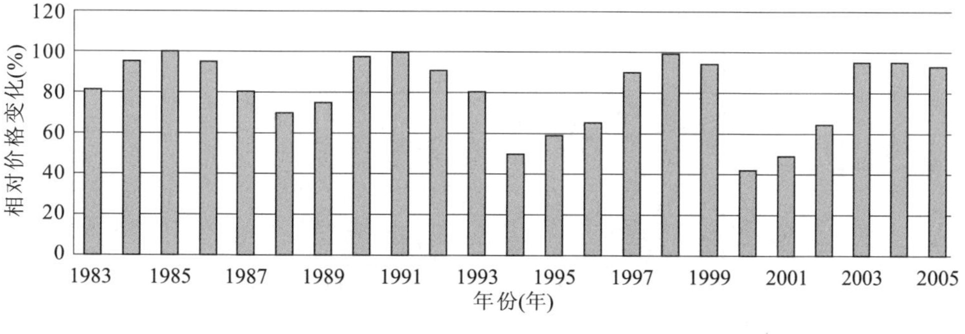

图 8 - 2　1983—2005 年中国淡水养殖珍珠市场相对价格变化趋势
（以 1985，1991 和 1998 年为 100%）

表 8-14　2005—2011 年我国天然或养殖珍珠出口量值变化表

年份	出口量（kg）	同比增长（%）	出口金额（美元）	同比增长（%）	出口单价（美元/g）	同比增长（%）
2005	532 671		146 498 755		0.275	
2006	572 144	7.41	143 969 571	−1.73	0.251 6	−8.51
2007	787 747	37.68	208 363 807	44.73	0.264 5	5.12
2008	563 025	−28.53	212 376 067	1.93	0.377 0	42.53
2009	667 974	18.64	219 931 911	3.56	0.331 2	−12.15
2010	738 570	10.57	257 602 251	17.13	0.348 8	5.31
2011	687 820	−6.83	293 321 416	13.87	0.426 5	22.28

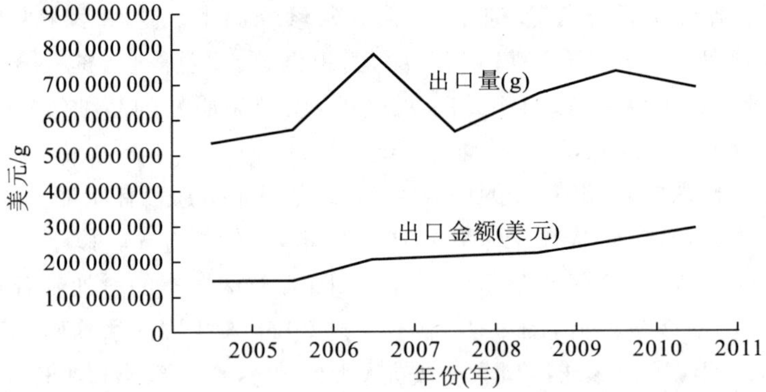

图 8-3　2005—2011 年我国天然或养殖珍珠出口量值变化图（和表 8-14 匹配）

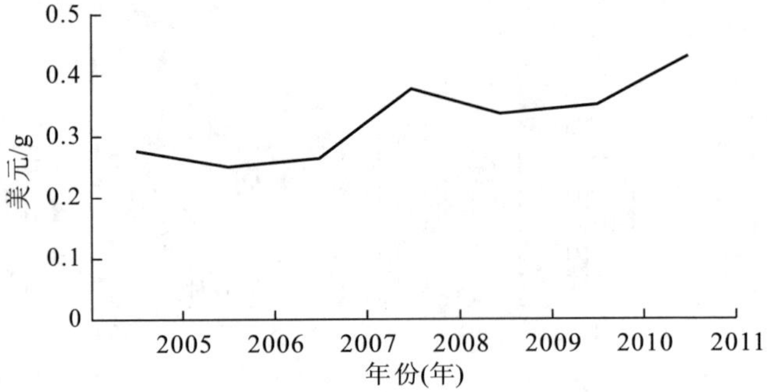

图 8-4　2005—2011 年我国天然或养殖珍珠出口单价变化图（和表 8-14 匹配）

6. 附着珍珠

附着珍珠包括多种类型如养殖半边珍珠及可能有人工夹层的 Mabe 珠等，与一般游离珍珠最重要的区别是这种珍珠往往形成于珍珠贝母与生物体之间，是吸附在珠贝壳上形成的，形态以半圆形为主，只有一部分珍珠可以观赏。目前最主要的产地是澳大利亚北部沿海。

在国际市场上，它主要用于制作一些较大的服装饰品及中低档的珍珠饰品。附着珍珠的国内市场刚刚起步。零售市场上镶嵌 K 金附着珍珠饰品的价格每个以数百至近千元多见。

第三节 珍珠的综合分级及估价

一、珍珠的综合分级

表 8－15 和表 8－16 列出了我国轻工部制定的珍珠品质等级标准。

表 8－15 海水养殖珍珠等级划分

级别	直径(mm)	形状	颜色、光泽
甲级(一)	6～7.5	正圆、无任何瑕疵	粉红、银白、虹彩耀目；晶莹润泽，能明显照见物体
甲级(二)	6～7.5	正圆、圆形(长短径之差在 10%以下)，无瑕疵	粉红、银白、玉红，虹彩明显；细腻润泽，表面能照见物体
乙级(一)	5.5～7.5	正圆、圆形，极少椭圆形，基本上无瑕疵	粉红、银白、肉红、浅奶黄、极好金色；润泽透亮，表面能照见物体
乙级(二)	5.5～7.0	圆形，少量椭圆形，稍变形，极少瑕疵	粉红、银白、奶黄，微金黄色；基本透亮，表面能照见物体
丙级(一)	不分大小	圆形，椭圆形，稍变形，少瑕疵，少量尾巴	白色、奶黄，稍黄，少量棱柱层；基本透亮，有珍珠光泽
丙级(二)	不分大小	圆形、长圆形，比较变形，有瑕疵，尾巴	白色、奶黄，比较黄，杂有棱柱层，珍珠光泽，少量污点
统级	不分大小	由采捕后未经任何分类、挑选的珍珠	各种颜色和瑕疵程度混杂

美国宝石学会根据珍珠的颜色(A)、光泽(B)、珠质厚度(C)、形状(D)、皮光(E)、配合(F)6 个方面进行综合比较打分后，确定珍珠串的综合分级，其中 100 分为最完美的级别，10 分为最差的级别。

表 8-16　淡水珍珠等级标准

级别	珍珠形状	珍珠光泽
一级	圆球形、近圆形状，质量在 0.05g 以上	表面天然玉白色或彩色，全身细腻、光滑、珠光闪耀
二级	圆球形、近圆球形、半圆球形、馒头形、长圆形、蚕茧形，大小不分	表面天然玉白色或彩色，全身细腻、光滑、珠光闪耀，光泽仅次于一级珠
三级	圆球形、近圆球形、半圆球形、馒头形，大小不分	表面天然玉白色或彩色，全身光滑，有细小皱纹，显珠光
四级	半圆形、长形，腰鼓形，馒头形，大小不分	全身基本光滑，有珠光，有细皱纹或微沟纹
五级	不规则形	全身有珠光，有明显皱纹或沟纹
等外珠	包括生珠、河珠、附壳珠、僵珠	生珠也称骨珠，无光珠，表面暗淡，质地松脆；河珠，珠层包裹杂质且疏松；僵珠即半光珠，甚至无光珠

分级要求在白光（和钻石分级光源相近，采用色温为 5 500—7 200K 的日光灯）和白色或浅灰色的中性背景下使用肉眼与 10 倍放大镜结合的方法进行。

(1)颜色：其中以黑色、绿色伴色及浅粉色的珍珠为最好，记为 100 分，而蓝色、金色、灰色及银色为最差，记为 10 分（表 8-17）。

(2)光泽：分为最高、高、中、低、劣 5 个级别。

最高光泽：指珍珠光泽明亮，均匀反光如镜面反射，反光影像线条清晰，记为 100 分；而光泽清晰明亮，但不完全均匀，记为 90 分。

高光泽：80～75 分，指光泽明亮，反光线条均匀，但不完全清晰。

中等光泽：70～50 分，反光一般，如日本养殖珍珠。

低：45～32.5 分，光泽较弱，呆滞，珠层较薄的日本养殖珍珠及大多数南洋珍珠属此类。

劣：30～25 分，指只有模糊反光，反光弱且分散的珍珠。

(3)珍珠层厚度：分成很厚、厚、中等、薄及很薄 5 级。

很厚：全部珠层厚均在 0.5mm 以上，为 100 分。

厚：一串珠中大部分珠层厚在 0.5mm 左右，为 95～90 分。

中等：一串珠中大部分珠层厚 0.35～0.5mm，为 85～80 分。

薄：一串珠中大部分珠层厚 0.25～0.35mm，为 75～60 分。

很薄：一串珠中大部分珠层厚小于 0.25mm，在强光下普遍可见珠核，为 35～25 分。

(4)形状：分成圆、大部分圆、近圆形、不规则形、半异形、异形 6 级。

圆形：指整串珠都是完美的圆形，为 100 分。

表 8－17　珍珠串颜色的综合分级

黑	粉红	白	杏	金	蓝灰银
本身色素黑，表面带有绿色金属性的伴色，100 分	本身色素粉红，表面有淡红、蓝或绿的伴色，100 分	本身色素白，带粉红伴色，100 分	本身色素浅奶白色，表面带有淡红伴色，80～90 分	本身色不比金色，带淡红伴色，15～25 分	蓝色，15 分
本身色素黑，表面带有淡红及微小绿色的伴色，90～95 分	淡粉红(微小或没有伴色)，90～95 分	本身色素白，表面有微绿及淡红伴色，90 分	杏色带淡红伴色，65～75 分	金色(不带伴色)，10 分	灰色，15 分
		本身色白，带绿及淡红伴色，65～70 分			银色，15 分
		白而没有伴色，60～80 分	中等杏色，不含伴色，50～60 分		
		本身色素白，带绿色的伴色，50～60 分	本身色素杏，带绿色，没有伴色；本身色素杏，有绿色的伴色，50～60 分		
			深杏色带淡红伴色，45～50 分		
			深杏色，没有伴色，30 分		
			黄色，10 分		

资料来源：据林小玲，1993。

大部分圆：大部分珠都是完美的圆形，只有少部分为近圆，为 95～85 分。

近圆形：一串珠中有些是圆形，有些是近圆形，远看不甚明显，但近看则可见其形状的差异，为 85～65 分。

不规则形：一看便可见许多珍珠并不完美，为 60～50 分。

半异形：主要由不规则的圆形和其他形状的珍珠组成，为 45～30 分。

异形：主要由形态不规则的珍珠组成，为 25～10 分，如形状配合较好则分较高。

(5)皮光：又称为净度，主要指珍珠表皮瑕疵的明显程度，分为完美级(FL)、微瑕级(SS)、瑕疵级(Spotted)、重瑕疵级(VS)4 个级别。

完美级：指大部分珍珠都非常完美无瑕，只有几颗有细小瑕疵，为 100 分。

微瑕级：很多珍珠无明显的瑕疵，少部分细心观察才有小瑕疵，为 95～80 分。

瑕疵级:大部分珍珠都有瑕疵,少部分可有较明显的瑕疵,为75～60分。

重瑕疵级:全部珍珠都可见瑕疵,根据瑕疵的显眼程度确定分数高低,为55～25分。

(6)珍珠的配合:分为很好、好、中及差4级。

很好:全部珍珠的质量一样,钻孔正中,如属渐进式,其配合柔和均匀,为100分。

好:可有1/4左右的珍珠钻孔不正或配合稍差,为95～90分。

中等:约有1/3的珍珠有明显的差别或配合有明显的不协调,为85～80分。

差:多于1/3的珍珠配合有明显的不协调,如质量不一、钻孔不定或大小不一而又不依次变化,为75分。

根据上述各项评价分级除以100,然后分别相乘,最后再乘100得出其平均的评级分数,凡是平均分数高的则品质级别较好。如果一串珍珠的颜色为100分,光泽为80分,珠层厚为90分,形状为80分,皮光为80分,配合为90分,则其评级分数为$1\times0.8\times0.9\times0.8\times0.8\times0.9\times100=41$(分)(四舍五入)。

而另一串珍珠的分级数据为颜色为80分,光泽为80分,珠层为80分,形状为60分,皮光为70分,配合为90分,则其评级分数为$0.8\times0.8\times0.8\times0.6\times0.7\times0.9\times100=19$(分)。

则第一串珍珠的级别高于第二串珍珠。

这种分级方法虽然将各种因素量化为分数,但由于各国顾客对珍珠颜色的喜好明显不同,见这种量化并不是绝对的,每一因素的影响(权重)并没有得到确切的反映,特别是有些要素在国内市场很难准确获得,而另一些显著影响价格的要素如尺寸则没有反映,因此所计算获得的平均分数具有很大的相对性。如根据上述计算,我们可能会得到质量因素很好但配合不是太好的一串珍珠与配合很好但其质量因素一般的一串珍珠相同的分数,显然这两串珍珠在国际国内市场上的价值(格)会明显不同。

二、珍珠的描述

可根据表8-18作业单上的项目进行描述。

表8-18　珍珠的作业单(据 Anne Mmer,1992)

珠链类型:______________________;(单链、双链、三层链)

圆度:______________________;(全部都圆、大部分圆、稍偏圆、半异形、异形)

光泽:______________________;(很强、强、中、弱)

毫米:______________________;

珍珠颗粒：____；

体色：________________；(粉红色、黑色、淡奶油色、深奶油色、白色，蓝色、银色、灰色、黄色)

伴色：____；(玫瑰色、蓝色、绿色)

连 续 性：______________________________；(差、一般、中、好、极好)

晕彩：______________________________；(无、弱、中等、强)

珍珠层厚度：______________________________；(很厚、厚、中等、薄)

瑕疵：______________________________；(无瑕、轻瑕、瑕疵或重瑕)

长度：______________________________；贴颈链：14～16 英寸

公主链：17～18 英寸

日装链：20～24 英寸

礼服链：28～30 英寸

兜链：3 串以上

绳链：45 英寸或更长

链扣的类型：____；

打孔否？____；

是否经过 X 射线测试确定天然或养殖的？ 是 □ 否 □

检测日期和地点：____；

项链总质量：____。

三、珍珠首饰的估价

普通珍珠首饰在我国也有成熟的市场，因此，既可用市场比较法，也可用成本法进行估价。但一些高档的珍珠首饰，如南洋珍珠及塔希提黑珍珠，国内的市场并不成熟，要找到基本对应的市场资料并不容易，因而较适宜用成本法进行计算。

1. 成本法

(1)根据被评估珍珠首饰的光泽、皮质、颜色、形状等资料确定该珍珠首饰的品质级别。

(2)查找国际珍珠市场报价资料(Gem Guide 或大型国际展览会报价资料)，根据它是天然还是养殖的(天然的只有散珠估价)以及它是哪种海水或淡水珍珠(南洋、塔希提、日本、南海海水珠或淡水珠)、珍珠串的长度，确定其价格。

(3)如果有金属镶嵌，还必须根据其款式、加工质量、伴石的情况，确定所用金属加工的工费成本(如有伴石还要根据伴石种类、多少加上伴石成本)及损耗率。

(4)根据金属成色及损耗率确定金属成本(方法与钻石及有色宝石相同)。

(5)在上述基础上加上税收及基本利润，即为其市场成本价(方法见钻石部分)。

(6)根据评估目的及用途确定其价值。

2. 市场比较法

珍珠的市场价格主要受市场上某种类别珍珠的供求状况、珍珠的品质两方面的因素影响，除此外还受评估目的的影响。

在一定的市场条件下，珍珠品质各种要素对价格的影响一般是确定的，它主要受区域文化及消费者偏好等要素制约，因此，只要能确切了解不同品质要素对价格的贡献，我们就可建立一个市场价格模型来评估确定市场条件下具有某种品质要素珍珠的价格。

根据上述考虑，丘志力等(2000 年)曾初步提出了国内市场上的散珠、海水珠链(16 英寸)、淡水珠链(16 英寸)的市场估价模型，其中海水珠链与淡水珠链的价格的品质影响因素与散珠基本相同。所用的基础价可以根据不同的市场及珍珠种类而设定。

由于珍珠的市场供应及消费者对珍珠的喜爱程度受多种因素制约，同时评价珍珠品质的标准事实上亦存在很大的差异和弹性，对于不同市场而言，许多因素的影响并不是一成不变的，因此要确定一个较为准确的参考体系并不容易。评估目的、品质评估的准确性和市场资料的准确性仍然是影响估价至关重要的因素。

综合上述因素，参考国内目前市场的状况，可以将珍珠分成 3 种类型进行估价：一是散珠(包括海水珍珠和淡水珍珠)的评估，已经镶嵌的单颗珍珠或多颗珍珠可参考该部分内容进行估价；二是海水珍珠链的评估，因为目前国内海水珍珠仍主要以中国产南海珍珠为主，因此该评估以南海珍珠为基础；三是淡水珍珠链的评估，国内几个重要的淡水珍珠的批发市场评估最重要的参照体系。

(1)散珠的估价。对散珠进行估价和对钻石估价有一定的相似性，所不同的是影响因素以及权重会有一定的差异。国际市场上珍珠的品质主要受光泽、颜色、形状、皮质、珠层厚度、大小以及搭配等因素影响，但实际上在国内市场上目前销售的主要是银白色的珍珠，南洋珍珠及黑珍珠的数量仍然不多，虽然也有粉红色及紫色珍珠，但与银白色珍珠价格相近，因此在国内散珠的估价中，颜色的影响可以忽略或单独考虑。搭配虽然也能直接影响珍珠的价格，如一对很好的珍珠的价格可能比一颗相同品质珍珠的价格两倍还要高，但实际上这种情形亦可在具体评估时单独考虑，因此国内市场上影响散珠价格的因素可简化为光泽、形状、皮质和大小。根据这几个因素的影响给出一个简略的估价系数表。

基础价是以 8mm 大小、光泽中强、形态为近圆形、皮质有微瑕疵的海水珍珠的国内市场价格(零售价)作为标准。该标准于 2002 年建议海水珍珠基础价格为每粒 120 元，淡水珍珠为 80 元。

其他包括颜色、配对、是否已钻孔以及来源(海水、淡水)等因素的影响系数，评估者可根据实际情况决定其变化范围。笔者认为 0.6～1.3 之间是合理的。

散珠的价格:基础价格×光泽价格系数×形状价格系数×皮质价格系数×大小的价格系数×其他因素价格系数。

表 8－19 光泽分级与美国宝石学会相一致,大小则按珍珠直径来划分,直径与质量关系如表 8－3 所示(异形珠或球形珠取中值)。形状则分为圆球形、近圆球形、规则形态和异形 4 个品级。而皮光分为完美、微瑕疵、瑕疵及重瑕疵 4 个品级,其中完美是指肉眼下难以见到任何影响美观的疤或凹坑;而微瑕疵是指肉眼下可见少量疤或凹坑、但钻孔或镶嵌后瑕疵不明显的珍珠;瑕疵是指珍珠的瑕疵部分小于 1/3 区域的珍珠;重瑕疵是指瑕疵大于 1/3 且明显影响美观的珍珠。

表 8－19　单粒珍珠价格系数估价参考表

价格系数(%)	光泽	形状	皮质	大小(mm)
330				11
260				10.5
200				10
160	极强		完美	9.5
130		圆球形		9
110	强			8.5
100		近圆	微瑕疵	8
90	中等			7.5
80		规则	小瑕疵	7
70		扁圆		6.5
65	弱			6
55			瑕疵	5.5
40		异形		5
30				4
20			重瑕疵	3

(2)海水珍珠链的估价。以广西合浦或湛江所产的 16 英寸长珍珠链为参考物,参考国内的有关分级标准,不同尺寸海水珍珠链参考基础价如表 8－20 所示(2005 年后合浦珍珠基本上已没有生产,有关表格只供了解市场变化)。

表 8-20 不同大小海水珍珠(链)参考基础价(2000 年)

直径(mm)	基础价(元)	直径(mm)	基础价(元)
9～9.5	5 500	6.5～7	1 500
8.5～9	4 000	6～6.5	1 100
8～8.5	3 000	5.5～6	800
7.5～8	2 500	5～5.5	600
7～7.5	2 000		

海水珍珠链的价格＝基础价×光泽价格系数×形状价格系数×皮质价格系数×配合价格系数×其他因素价格系数。

其中光泽、形状和皮质的品质分级及价格系数同散珠，每一个因素(如光泽)是指当珍珠链 2/3 以上的珍珠具有某些特征时所体现出来的总的特征。配合价格系数是指当珍珠链中的珍珠品质分级完全相同(90％一致)且钻孔正直平衡，视为配合完美，其价格系数为 1.2；2/3 以上珍珠品质基本相同为配合好，价格系数为 1；当 1/2 以上的珍珠品质基本一致时，视其配合一般，其价值系数为 0.7。

[例 1] 一串海水珍珠，其珠 2/3 以上的尺寸为 8～8.5mm，光泽强，呈圆球形，皮质有微瑕疵，全串珍珠配合完美，顾客要求评估市场价格(评估目的是馈赠估值)，则其市场价值为

估价＝3 000×1.3×1.3×1.0×1.2＝6 084(元)。

[例 2] 一串 6～6.5mm 尺寸、光泽中等、圆球形、有微瑕疵和配合一般的海水珍珠的市场价值为

估价＝1 100×1.0×1.3×1.0×0.7＝1 001(元)。

实际上在具体评估时，评估者还可以在等式右边乘上一个其他因素(K)，如珍珠的颜色特征、排列特征以及是否曾经漂白等的影响因素，K 值可在 1.3～0.6 之间变化。

例如例 1 中，评估目的相同，如珍珠链颜色为天然粉红色，排列组合完美，属深受市场欢迎的稀少品种，其他因素取 1.3，即其估价修正为

估价＝6 084×1.3＝7 909(元)。

而例 2 中的珍珠曾经漂白且排列组合一般，是市场上常见而需求稍差的品种，其他系数取 0.7，评估目的相同，其估价可调整为

估价＝1 001×0.7＝700(元)。

因为国内市场上大于 9.5mm 的珍珠链较少见，这里不给出参考基础价，估价者可根据国际市场行情决定。

(3)淡水珍珠链的估价。根据 1994 年市场行情及淡水珠的分级标准，给出不同尺寸淡水珍珠链(16 英寸)的参考基础价如表 8－21 所示。其他价格系数同海水珍珠链。

表 8－21　不同尺寸淡水珍珠参考基础价

直径(mm)	基础价(元)		直径(mm)	基础价(元)	
	2000 年	2010 年		2000 年	2010 年
8.5～9	1 000	1 600	5～5.5	100	180
8～8.5	900	1 300	4.5～5	90	160
7.5～8	700	1 000	4～4.5	80	120
7～7.5	600	900	3.5～4	70	90
6.5～7	450	800	3～3.5	50	/
6～6.5	300	500	2.5～3	30	/
5.5～6	200	300	2～2.5	15	/

例如，一串 6.5～7mm 粒径的淡水珠链，光泽极强，珠呈圆球形，具完美皮质，配合完美，其他影响因素价格系数 K 取 1.1，顾客的评估目的是进行财产保险，2010 年市场新重置成本价格估价为

$$估价=800\times1.6\times1.3\times1.6\times1.2\times1.1=3\ 512(元)。$$

而相同大小的一串米粒珍珠，其光泽中等，具微瑕疵，配合好，市场上较多见，其他因素视为负面，K 取 0.8，其估价为

$$估价=800\times1.0\times0.8\times1.0\times0.8=512(元)。$$

除了使用这种通过市场调查获得的估价模型外，还可以通过市场调查，寻找质量相近的珍珠，根据其众数价格采用市场比较法进行评估。

第四节　珊瑚的品质分级及评估

一、珊瑚的品质分级

宝石级珊瑚在商业上可分成三大类。

最好的一类是活体珊瑚，也就是珊瑚在捕捞上来前仍然是活体，其表面有生物组织，而其骨髓表面有薄膜，珊瑚被磨光后光泽明亮，光彩夺目。

较次的一类是倒珊瑚，是指珊瑚在捕捞时已停止生长，但其骨髓结构仍然未受到海水强烈侵蚀的珊瑚。这种珊瑚的质地仍然较致密，经抛磨后光泽好，虫孔较小。

最差的一类是死珊瑚，这类珊瑚在捕获前已完全停止生长，珊瑚受海水及微生物侵蚀较为严重，其结构已有一定的变化，表面有较多的虫孔，用这种珊瑚加工的饰物光泽一般较差，因而常常是较为低质的珊瑚。

中国工艺界传统上往往以珊瑚的颜色来论珊瑚的品质及作为价值高低的重要指标。颜色深红的珊瑚称为“辣椒红”，而暗红色、光泽较暗的则称为“蜡烛红”；颜色为大红、具良好光泽、质如鲜枣的称为“关公脸”；而颜色桃红、粉红、质地细润而有光泽的称为“孩儿面”。“辣椒红”、“孩儿面”和“关公脸”都是我国珠宝界认同的优质珊瑚，在国际市场上一种稀有的蓝色和黑色珊瑚实际上也是高档的珊瑚原料。白色珊瑚除了纯白色的品种有较高的价值外，大多只能作低档的饰物或者通过染色加工做工艺品。

目前国际市场上并没有公认的珊瑚品质分级标准，商业上珊瑚原料价格的确定是综合珊瑚的大小、珊瑚树形状、珊瑚的质地（是活的或已倒的还是已死的）、珊瑚的颜色来确定品级。

意大利珊瑚市场上，红珊瑚分成 5 级：特级，主干直径＞14mm，品质达 100g 以上；一级，主干径＞10mm（一般 12～14mm）；二级，主干直径 7～9mm；三级，软体红珊瑚主干直径＜7mm；低级，碎片或红珊瑚的残余部分。

珊瑚成品则在上述基础上参考工艺加工水平以及饰物的设计等因素来确定，应该强调的是珊瑚工艺设计加工的水平对珊瑚工艺品的价值有重要的影响。

周佩玲（1995）参考国内市场的实际情况提出了对红珊瑚的分级（表 8－22）。

对于一些混杂有不同级别的原料，如是红色，颜色也较鲜艳，但块度小于 0.6m 的，或者是呈粉红色，具有很好光泽，块度大于 0.6m 的原料，级别的确定则应视实际情况厘定。

表 8－22　红珊瑚品质分级表

级别＼因素	颜色	光泽	质地	块度或尺寸(原料)	做工(成品)
特级	深红、艳红,色匀	很好、好	致密	大而完整,高度大于 0.9m	独特、精细
一级	红色、鲜艳色,较均匀	很好或好	较致密	块度较完整,高 0.6～0.9m	精细
二级	粉红色,色不太均匀	好	致密,可有少量蛀洞	高度大于 0.15m,块度不完整	规则
三级	浅红、橙红、褐红,色不均匀	一般	有较多蛀洞	高小于 0.15m,残缺、断枝	规则或不规则
低级	可呈不同色调红色,色不均匀	较差或暗淡	有较多蛀洞	主要由各种残枝组成	较粗烂

资料来源:据周佩玲,1995,有修改。

对于成品,一般块度尺寸是决定价格的重要因素,但对品质分级而言可不作考虑,亦是说一些颜色、质地、光泽、做工均好的珊瑚就是高品质特级或一级的珠宝。

二、珊瑚的来源及市场

世界上珊瑚到底有多少种仍然是个谜,但能做珠宝的珊瑚主要是红珊瑚、金珊瑚和黑色珊瑚 3 类。过去认为,世界上最有价值的宝石珊瑚是日本的“公牛血红珊瑚”(ox-blood red coral)。目前世界红珊瑚年产量在 100～400t 之间,其中 70%来自太平洋。

珊瑚作为一种海洋腔肠动物,生长条件苛刻,因此大多只分布在南北纬 30°之间,海水温度在 25℃～30℃的热带浅海或深海中。目前作为珠宝的珊瑚大多是生活在海底 200～2 000m 的深海珊瑚虫的骨髓部分,是通过深海捕捞获取的。用作珠宝的珊瑚大多是红色、桃红色,少量为黑色、蓝色和白色,大多数白色珊瑚要通过染色才能使用。红珊瑚可生长在 100～300m,甚至 500～1 500m 的深海。红珊瑚主要来自大西洋沿海,如爱尔兰南部、法国的比斯开湾、西班牙的加那利群岛、葡萄牙的马德拉群岛、地中海沿岸、日本海域及台湾海峡、巴士海峡及钓鱼台海域、阿尔及利亚和突尼斯以及西班牙沿海。其中阿尔及利亚、突尼斯及西班牙沿海是世界上最优质红珊瑚的产区。而黑色和蓝色珊瑚可来自大西洋地中海海域,如喀麦隆沿海。白珊瑚在我国南海海域、西沙群岛及台湾海域有出产。

日本红珊瑚主要分布在四国南侧、小笠原诸岛、九州岛西侧等海域。红珊瑚群体一般呈扇形树枝状,高度及幅度达 30～40cm,基部直径 3～5cm,质量多在300～1 000g 之间。但是实际上地中海海域发现的红珊瑚很少超过拇指粗细的,而日本海域的红珊瑚二指粗的也已难得,台湾海域虽有手臂粗的珊瑚,但仅占产量的 0.1%。桃红色—粉红色珊瑚是宝石级珊瑚中产量最大的品种,多生长在水深 200～800m 的中深海区,珊瑚枝高大,群体高度达 50cm～1m,基部直径 5～15cm,质量可超过 40kg。这种珊瑚主要来自南中国海、台湾近海、澎湖海域以及日本列岛海域的海底中。1980 年台湾澎湖望安乡的渔民陈复在宜兰县龟山岛附近撒网作业时,无意竟捞获了一株包括底座重 155kg 的桃红色巨型珊瑚,这株珊瑚估计已在海底生长了 21 000 年。同年,一艘台湾渔船则在中途岛海域捞获一株净重 100kg、高 1.5m、主干粗 12cm 的桃红色大珊瑚。这两株珊瑚均比当今珍藏在日本皇宫的一株高约 1m 的珊瑚大,堪称珊瑚王,后者据说成交价高达 600 万新台币。

台湾在 20 世纪 70～80 年代是世界红珊瑚产量最大的地区,红珊瑚主要分布在钓鱼岛海域,台湾与菲律宾之间的巴士海域,澎湖至香港之间的海域,关岛、中途岛等太平洋诸岛相关海域。但根据近年的资料,目前台湾及南海海域红珊瑚及桃红珊瑚的产量已急剧下降,以致严重打击了原先兴隆的台湾珊瑚捕捞加工业,但使用白珊瑚进行染色处理的行业获得发展。据说我国厦门附近海域和西沙群岛也有少量的红及粉红珊瑚产出,但产量极为有限。

珊瑚的加工最重要的是量体裁衣,不同大小的珊瑚、不同颜色的珊瑚往往有不同的用途和加工方式。

首先,大的、有一定造型的珊瑚往往是整枝保存,用以设计大的工艺品或摆设,块度较小的珊瑚枝才加工成珠宝或饰物。一些颜色鲜红的红珊瑚可能会被切割抛光成为戒面、吊坠,或雕刻制作别针、项链等首饰。而一些颜色稍差或质地稍次的红色、桃红色珊瑚则用来加工成各种工艺品,如与服饰相配的珠链、袖扣或其他饰品。

在所有的珊瑚品种中,用作雕刻的是价值较高的。在设计雕刻前,设计师根据珊瑚主干的大小、树形、枝杈的分布、颜色及质地来选择雕刻的主题及造型,然后因材施艺。一件好的珊瑚作品,既是珠宝也是艺术品,设计不但要能体现出创作者的艺术功力,还必须与珊瑚本身的特征吻合,只有相得益彰的设计才会充分展露珊瑚的质感和价值。因此对于雕刻的珊瑚而言,工艺是其价值中相当重要的部分。

一直以来,意大利那不勒斯是红珊瑚最重要的加工中心。而日本和台湾则是一般宝石级珊瑚的重要集散地和加工中心。我国的宝石珊瑚原料主要是从台湾及日本进口。

目前世界性的珊瑚市场主要在欧洲和美国、日本。一些具国际影响的珠宝公司如 Cartier 和 Tiffany 等有时会用优质的红珊瑚、蓝珊瑚或金色、黑色珊瑚来设计制作高价的珠宝。国际市场上阿拉伯人和印第安人较喜欢鲜红色的珊瑚,而欧美及日本市场则流行粉红色珊瑚。大众珠宝市场上的珊瑚首饰以桃红色珊瑚为主。每年香港的国际珠宝展上，都有 10 多家台湾、香港及日本的珠宝公司在销售珊瑚的原料及饰品。其中珊瑚珠串是最大量的，其次为用珊瑚做成的小件工艺品和女士饰品。

我国历史上红珊瑚虽然也是非常有名的珠宝，但实际上优质的红珊瑚制品极少，且往往仅限于宫廷皇室及贵族手中，许多大件的珊瑚是用作盆景或摆设以炫耀财富的，一些流传在民间的珊瑚饰物大多是中低品质或者是经过染色处理的。目前中国市场上，除了北京、上海、广州等几个大的政治文化商业中心城市及个别省会城市可以在一些高级商厦中见到天然宝石级珊瑚饰物或制品外，较为集中的市场可能是西藏、宁夏地区。由于藏族人和回族人有视珊瑚和绿松石是天赐宝物的文化观念，认为珊瑚是可以避邪之物，许多西藏喇嘛高僧甚至一般的游牧妇女，都有用珊瑚和绿松石做佛珠或饰物的习惯，因而是国内较为成形的珊瑚消费市场。在旅游市场或一些工艺品集散地所见到的珊瑚饰物大多品质低劣或经过染色处理。近年来，已有专营或兼营珊瑚的公司，但就目前的情况而言，该类珠宝公司在国内较少，只有台湾和香港的个别经销商公司。

三、珊瑚的评估

《格古要论》中说："珊瑚生大海山阳处水底，海人以铁网取之。其色如银朱鲜红，树身高大枝柯多者为腾，但有髓眼及淡红色者价轻。此物贵贱并随珍珠。"这段话除说到古人对珊瑚质量的看法外，还说到了珊瑚的价格。但事实上在中国市场上对珊瑚进行估价仍然是十分困难的，由于影响价格的因素复杂，无法根据质量分级进行质价的一一对应，因此估价的准确性很大程度上依赖于估价人对珊瑚在国际市场上价格的掌握及其市场经验上。

一般来说，在国际市场上珊瑚原料是以 kg 或磅为单位定价的，对于一些大株的优质红珊瑚则按株论价。由于优质珊瑚的产量逐年减少，国际市场上优质红珊瑚价格逐年上升。表 8 - 23 列出了 20 世纪 80～90 年代红珊瑚的市场价格。

1998 年，香港国际珠宝展上优质红珊瑚特级和一级晶每株的价钱可达数万港元。而一般二级、三级的红珊瑚统货价在每磅几百至几千港元之间变化。

珊瑚在中国历史上是重要的珍宝之一，也是佛教七宝中的一宝。佛祖释迦牟尼佛寺中的宝塔就是用包括珊瑚在内的七种宝物装饰的。印第安人认为珊瑚是山河之父。至少在晋朝，我国宫廷就已开始饰用珊瑚这种宝石，历史上有名的西晋富豪王恺与石崇比富的故事就是以珊瑚为题材展开的。到了清朝，红珊瑚还是二品官阶的顶戴，又是定惊明目的中药。一直以来，珊瑚都是我国能工巧匠施展才艺的珍贵材料。对于整枝的红珊瑚，我国工艺大师常常会珍爱其上的每一个枝，甚至连米粒大小的枝杈也施艺求宝。而近代由于台湾成为世界珠宝市场最重要的珊瑚产地及加工地,因此有人认为珊瑚还是中国最具代表性的珍贵宝石品种之一。

表 8-23 1979—1982 年太平洋地区珍贵红珊瑚的产量和价格

经营国和地区		传统产地		中途岛		总产量	
		产量(kg)	价格(美元/kg)	产量(kg)	价格(美元/kg)	产量(kg)	价格(美元/kg)
1979 年	中国台湾	13 000	—	110 000		123 000	99
	日本	14 516	400	76 988	90	91 504	139
	总计	27 516		186 988		214 504	116
1980 年	中国台湾	16 000	—	138 000	80～100	154 000	—
	日本	10 227	530	74 228	82	54 455	137
	总计	26 227		212 228		238 455	
1981 年	中国台湾	14 000	—	240 000	25～150	254 000	—
	日本						
	总计	9 786	541	44 471	72	54 257	156
1982 年	中国台湾	13 200	—	56 000	69	692 000	—
	日本	8 000	—	28 000	48～74	36 000	—
	总计	21 200	—	84 000	—	105 200	—

资料来源:据邹仁林等,1993。

特级或一级红珊瑚雕刻而成的工艺晶其价格弹性最大,主要视雕刻工艺及制作公司的情况而定,其价格在几千到几万港元不等。在国内,一些由工艺大师雕刻的优质红珊瑚工艺品甚至可成为无价之宝,因此对该类珊瑚的评估应特别慎重。

2000 年前后,一些特级和一级红珊瑚做成的珠宝首饰,如戒指或圆珠项链,主要视其尺寸及搭配来定价。5mm×7mm～8mm×10mm 的旦形戒面,一般变化在 300～600 港元/g;圆珠直径为 8～10mm 的 16 英寸长的项链在数千港元左右,且量少;圆珠直径 5～8mm 的项链价格变化在数百至数千港元之间。由二、三级原料加工而成的饰物的价格,戒面 5mm×7mm～8mm×10mm 的为 80～400 港元/g,珠径 8mm～12mm 的 16 英寸长的圆珠链的价格变化在 300～2 000 港元,珠径小于 8mm 的 16 英寸长的圆珠链价格变化在 30～600 港元之间。一些等外级别的珊瑚饰物每件价格变化在几港元到几百港元不等。

2010 年,国内市场上最多的是来自意大利和日本的珊瑚原料,广州荔湾批发市场上常见红珊瑚饰品主要为意大利的少丁料(属于倒珊瑚或者死珊瑚),原料从 5 000～50 000 元/kg 不等,销量最多的为 7 000～13 000 元/kg 的原料;6～8mm

圆珠成品为常见尺寸，批发价格 6mm 为 60～100 元/g 不等，8mm 为 120～200 元/g 不等。另外，来自日本的粉红珊瑚阿卡料，一般料较粗大，使用率也较高，通常饰品价格在 130～300 元/g，最好的可以到 100～150 美元/g，取决于货品的类型及颜色品级。

染色珊瑚的价格一般为同色天然珊瑚价格的 1/5～1/8。一般的规律是愈高档的天然珊瑚的价格与染色的价格差别越大。

第五节 琥珀的品质分级及评估

一、琥珀的品质分级

国际市场上琥珀的品质主要是根据琥珀内是否有稀有的动植物包裹体、颜色、块体大小、透明度及杂质含量等因素来进行分级的。

1. 颜色

琥珀有红色、金黄色、蜜黄色、棕黄色和黄白色等多种颜色，据颜色特征分别称为血珀、金珀、香珀、灵珀和石珀、蜜蜡等，另外还有褐色、黑色等。

不同颜色的琥珀中金黄色和蜜黄色是最受欢迎的颜色。

2. 透明度

天然琥珀的透明度可分为透明、半透明和近不透明 3 类。市场上的琥珀大多是经过加热改善处理的，其透明度比天然品有了极大的提高。因此，分级前确定琥珀是天然还是经加热就很重要。

3. 块体大小

琥珀大小变化很大，它对品质的影响取决于其他要素以及是否曾经加热融合。

4. 内含物

琥珀内含物的类型、稀有性以及美观、完整程度是决定其品质的关键，但难以定量描述，必须根据市场情况决定。通常，罕见、美观的动植物内含物（包裹体）可以使琥珀身价倍增。

周佩玲（1995）根据上述因素将琥珀分成 4 个不同级别（表 8－24）。

二、琥珀的产地及市场

琥珀作为德国和罗马尼亚的国石，有“波罗的海黄金”的美称。在中国，琥珀除了作为珠宝，还是一味重要的中药，具有安五脏、定魂止惊、镇静安神、止渴解烦、化痰利尿、活血化淤的特殊功效。关于琥珀的医疗作用，中国最早系统记载矿物原料的著作《山海经》中已有描述。

表 8－24　琥珀的品质分级表

划分因素 / 等级	颜色	包裹体及裂绺	透明度	块度
特级	红色，金黄色	含完整动植物化石，无裂纹及其他杂质	透明	一般数克以上
一级	黄色，蜜黄色	含少量动植物化石，但形态不完整或常见，无或有少量裂绺	透明	越大越好
二级	黄色	极少含动植物化石，有少量裂纹或杂质	半透明	较大
三级	浅黄，黄褐色	不含化石，有裂纹、杂质	微透明	大小不分

资料来源：据周佩玲，1995，有修改。

波罗的海沿岸的俄罗斯、德国、波兰、英国、法国、罗马尼亚、意大利等国是世界上最重要的琥珀产地。居住在波罗的海东南岸的阿斯特伊人（现立陶宛）早在公元前 3500 年就发现金黄色的琥珀，琥珀是当时一种重要商品。公元 1 世纪，罗马开始从波罗的海地区进口琥珀。连接罗马和波罗的海海滨的主要贸易之路被称为“琥珀之路”。据说，立陶宛流传一个关于琥珀的神话，女神 Jurate 爱上了渔夫 Kastytis，幸福地生活在波罗的海深处的琥珀宫，雷电之神 Perkunas 发现女神居然与一个凡人相爱，就愤怒地以闪电击碎琥珀宫，杀死渔夫。海浪把女神的眼泪——碎琥珀冲到岸边，这是用神话故事来解释波罗的海沿海大量琥珀的来源。历史上有名的“琥珀宫”，就是 18 世纪初德国普鲁士霍亨索伦王朝开国皇帝腓特烈·威廉一世聘请丹麦珠宝名匠花费 10 年时间，加工 100 多块琥珀并雕刻了 150 多个琥珀雕像制成的。该地所产的琥珀来自距今 4 000～6 500 万年的地层。这种含有大量琥珀的地层一直延伸到海中，因此当海浪把岩层掀起打碎时，密度与水相近的琥珀便被海浪冲起浮到岸边，形成独特的波罗的海“黄金海岸”。俄罗斯琥珀的储量占世界储量的 90%，当地每年开采琥珀 600～700t，其中一半为一级品，其余为 8～10mm 的碎琥珀，只用作工业用途。

据考察，波罗的海沿岸琥珀含矿层是第三纪末成岩的泥炭层，厚度一般为 4～5m，厚的达十几米。琥珀呈似层状、团状分布，大的可达 2～3m，而一般的 0.5～1.5m，含矿层的上部是较为疏松的泥沙。当地的开采一般是露天或坑采，沿含琥珀的矿层开掘。由于开采方便，一个工人每人能采到上百千克的原料。靠近海边的含矿层经过海水冲刷，琥珀也可被冲出，而海边还漂浮许多工人选剩的琥珀碎料、废料。波罗的海琥珀最大的特点是块度大、颜色好，且其内常可见各种动植物的包体，而形成珍贵的包体琥珀。

意大利的西西里岛是蓝色琥珀和绿色琥珀最重要的来源。

美洲是世界上出产琥珀的第二重要区域，其中南美洲的多米尼加是琥珀最著名的产地之一。除此之外，墨西哥、阿根廷、巴西、智利、哥伦比亚、厄瓜多尔、危地马拉和委内瑞拉等国都是重要的琥珀产地。多米尼加琥珀形成于距今约 3 000 万年的地层中，1949 年进行商业性开采。该地琥珀最大的特点是其内含有千奇百怪的珍贵昆虫化石。

新西兰在历史上曾有过大量 Karui 树脂的贸易，仅 1850 年出口到英国和北美的树脂就达 1 000t，这种树脂含有丰富的动植物包裹体，与天然琥珀非常相似，但由于其形成时间仅有百万年左右，因而实际上并不能算琥珀，只能算是柯巴树脂。

中国和缅甸亦有琥珀的商业性产地，据说世界上一块名为“缅甸琥珀”、重 15.252 3kg的琥珀王，实际上却是一个名叫约翰·查尔斯·鲍宁的人于 1860 年在中国广东以 300 英镑购得的。

目前中国出产琥珀较多的省份是辽宁、河南和云南。辽宁抚顺的琥珀主要产于第三纪煤层中，与煤玉等共生，露天矿位于市区的西南部一座被称为亚洲最大人工矿坑的露天煤矿，煤矿的面积有半个澳门大，抚顺的琥珀就全部都出产在这个煤矿中，20 世纪二三十年代就有开采，现在已基本没有出产。其成分与波罗的海沿岸的琥珀近似，透明—半透明，有血红色、金黄色、蜜黄色、棕黄色和黄白色等多种颜色，但含煤成分大，原料外层都包裹着一层煤皮，较难找到优质的琥珀。据颜色特征分别被称为血珀、金珀、香珀、灵珀和石珀、蜜蜡等。该产地也发现少量有昆虫或植物包体的珍贵琥珀——虫珀。

河南西峡县的琥珀主要分布在上白垩统灰绿色细砂岩和灰黑色细砂岩中，分布面积近 600km^2。琥珀在地层中呈瘤状、窝状产出，每一窝的产量几到几十千克不等，大小几到几十厘米不等，颜色有黄色、褐黄色和黑色，半透明—透明，其内偶然可见昆虫包体，而大多含有砂岩及方解石、石英包裹体。过去该地的琥珀主要作为药用资源，1953 年后开始用作工艺品，现每年有上千千克的产量。1980 年曾在此处采到一块重 5.8kg 的大琥珀。云南的永平保山历史上曾有过出产琥珀的记载。目前丽江等县的琥珀主要产自盈江第三纪含煤地层中，尺寸以 1～4cm 者为多，颜色为蜡黄色，半透明，目前并无大规模开采。

琥珀除了加工成弧面型宝石被用作戒指、吊坠等首饰外，更大量的通常被加工成各种形状的饰物，饰物的大小和形态通常由琥珀原来的形状及大小决定。对于一些较大块或者含有独特昆虫、植物包体的琥珀则可能会被用作雕刻或者被原块保存。历史上最著名的琥珀艺术品“琥珀宫”就是由加工好的 100 多块琥珀镶板和 150 多个琥珀雕像组成的。琥珀的加工对琥珀价值的影响一般很少，因此市场上很多的琥珀饰物是随形加工后串制而成的。

目前世界琥珀市场每年交易额 2 亿美元，国际性的市场主要集中在美国、加拿大、意大利、日本以及其他产琥珀的国家。近年来俄罗斯和波兰、德国等地珠宝商也积极向其他地区的珠宝消费市场推介琥珀。

俄罗斯将在西北最重要的琥珀产地加里宁格勒，投资 1 350 万美元改造现有琥珀加工厂，并建两个琥珀首饰的合资企业来振兴琥珀开采加工业，从而改变俄罗斯琥珀产品粗糙，成品市场主要由波兰、德国和立陶宛控制的状况。

在波兰，琥珀是最常见的宝石品种，也是波兰最具特色的旅游工艺品。波兰第二大城市格但思克市及其附近的几个城市是波兰琥珀最重要的原料集散地，波兰琥珀加工企业也主要集中在该区域。由于波兰政府严格管制黄金，因此其琥珀绝大多数是使用银镶嵌包边加工的，加工企业以家庭作坊式的小工厂为主，部分工厂也引进意大利、比利时和奥地利等国的加工设备进行规模较大的批量生产。琥珀的饰品花式千姿百态，但大多以小件首饰、饰物和小摆件为主，大型雕刻工艺则相对较少。波兰最大的城市华沙是波兰琥珀最大的零售市场和成品集散地。许多西欧国家、美国、加拿大、中美洲的一些国家及中国香港都在该地开设办事机构，从事琥珀交易。而华沙一般珠宝公司及工艺品柜台摆满各种琥珀制成的首饰镶嵌工艺饰品及摆件，市场消费力很强，外地游客到波兰旅游，琥珀成为首选纪念品，每年的琥珀零售额达 100 万美元，是华沙零售业中大宗收入商品。

从目前的资料看，国际市场上琥珀的供应是充足的。但是由于目前中低档琥珀市场需求仍然很大，特别是一些流行饰物的用量巨大，促进了琥珀改善处理技术的发展。由于处理成本低，加热处理的琥珀及用碎琥珀加热压塑而成的再生琥珀在市场上大量涌现，会进一步影响琥珀，特别是高品质琥珀的价格。应该说近年来琥珀的大量开采，使现在琥珀的市场价格比过去有明显下降。但是琥珀除了做珠宝外，还有药用及工业用途，因而天然琥珀的价值仍然是较高的。

1998 年中国一些商人开始留意到琥珀的市场，通过与俄罗斯等国的琥珀商人联络建立琥珀的销售业务，而部分百货公司也增加了琥珀的产品。但总的来说，除了历史上原有的对琥珀的收藏、玩赏传统外，中国琥珀饰物的大众消费市场仍在形成之中。南京、广州等城市琥珀的零售大多以件计价，一般是十来元至数百元一件（银饰），较为珍贵和优质的则在千元至数千元之间变化。

三、琥珀的评估

历史上中国人对琥珀价值的认同，往往和琥珀神秘的成因有关，美观与否反而其次，其内保存栩栩如生昆虫的琥珀（虫珀）是最有价值和最受欢迎的。《本草纲目》曰：“虎死，精魄入地化为石，故名。”还有传说琥珀是中国神话中神通广大的人首兽身神蚩尤的幽灵通过枫树哭出的眼泪变成的。“琥珀藏蜂”被认为是琥珀中的极品，而颜色鲜艳的红色、金色的琥珀以及具有芳香气味的香珀则是仅次于“琥珀藏蜂”的佳品。

关于琥珀价值的传说很多，在欧洲自古以来琥珀就被视为珍品，因为它不但是珠宝，而且还是药物。古罗马贵族妇女认为琥珀具有医疗魔力，认为佩戴琥珀可延年益寿，青春永驻。罗马与拜占庭贵族穷心尽力寻找琥珀，甚至留下“琥珀之路”的寻宝轨迹。古史拉威克人称琥珀为“珍塔”，认为琥珀可对付“黑暗之魔”。18世纪时琥珀亦被美国贵族视为珍宝，目前美国国家历史博物馆内还保存着玛莎·华盛顿所戴过的琥珀。而琥珀故乡波兰的生物学创始人克利木斯科牧师，以琥珀液来治疗冷热症与感冒，认为琥珀具有杀菌作用，可保护人体不受过滤性病毒的侵袭。国外的这些记载和我国古人对琥珀的认知不谋而合。在中国民间，曾流传过唐代大医学家孙思邈用琥珀救回一产后暴死妇女生命的故事。因此琥珀的价值是双重的。琥珀在古人心中价值几何，《南史》的记载“东晋侯所爱潘贵妃，名玉儿，服御极选珍宝，琥珀钏一支，值170万”可见一斑。据说古罗马时一块琥珀雕成的小雕像比一名奴隶还值钱。

从商业的角度看，琥珀的重要产地前苏联立陶宛的矿区琥珀原料1993年价格是50～60美元/kg，而在波兰格但思克琥珀原料集散地市场上，每千克则在200美元以上，当地市场上一般琥珀饰品的价格从几美元到几百美元不等。1999年香港国际珠宝展上琥珀优质饰品（包银）的批发价格是每克几十到几百港元之间，而一些经加热、含大量“太阳花”包裹体的琥珀戒面及饰物的价格低至每克几港元。

中国市场上的琥珀近年来急剧增多，但鉴定上存在很多的问题，因此市场上的资料也比较混乱。2010年市场上一般品质波罗的海的琥珀原料每千克3 000～15 000元不等，主要取决于块度的大小和工艺用途，如3～5g可以做小的饰品或圆珠的料，基本在30～50元/g；广州批发市场上用作银饰品上的戒面料基本上是在20～80元/g，而半透明的蜜蜡则价格还可稍高20%～30%。但一些品质比较好可以做雕刻件的琥珀料可达120～150元/g。多米尼加的蓝珀一般比波罗的海琥珀有更高的价值认同，较好品质的原材料可以卖到十几万元/kg，因此，做好的蓝珀的成品价格会更高，每克批发价可以到300～500元。

思　考　题

1. 市场上的珍珠有多少种？
2. 南洋珍珠和一般的海水珍珠有何异同？
3. 如何理解“七分珠八分宝”这一说法？
4. 哪些品质要素会影响市场上珍珠的价格？
5. 市场上有多少种获取珍珠价格的渠道？

6. 讨论影响未来市场珍珠价格的因素。

7. 哪些品质要素会影响市场上珊瑚首饰的价值?

8. 讨论影响琥珀价值的因素。

作 业 题

1. 有一串淡水珍珠项链,长 16 英寸,白色,近圆形米粒珠,光泽优,少数珍珠(少于 1/3)皮质有很少的“疤突”或腰线,珠层厚,珠粒大小 6.5～7.0mm,穿孔好,链扣为 18K(重 0.8g),顾客估价是馈赠物。请写出完整的评估报告。

2. 有一只塔希提黑珍珠女装戒指,白 18K 金(重 4g)铸造镶嵌,3 颗伴钻0.05ct 细钻,黑珍珠光泽完美,皮质厚,大小 11mm,圆球形,只在不显眼处有几点“疤突”,带铜绿色晕彩,圈口为 16 号,评估目的是保险估价。请写出完整的评估报告(条件不足可自己设定)。

第九章　贵金属首饰的评估

第一节　贵金属首饰的概念

贵金属首饰是黄金、白银、铂金等贵金属经工艺加工成适合人体佩戴的各种首饰，包括未镶嵌和镶嵌珠宝玉石的贵金属首饰。

贵金属首饰从传统意义上讲，是指戒指、项链、挂坠、胸针、手镯、袖纽扣、领带夹、发钗、耳环、领花、领针等人身装饰品，但随着时代的发展，其含义已有所扩大和发展，如金皮带扣、金眼镜架、饰金手表等。此外，还有金银摆件包括人物摆件（如福禄寿三星、帝王将相、凡夫俗子等）、动物摆件（如龙凤虎豹、鸟虫鱼贝等）、植物摆件（如花卉、松、竹等）、景物摆件（如寺院宫塔、小桥流水等）以及器物摆件等。

第二节　贵金属首饰的类型

贵金属首饰按材料的不同可分为黄金首饰、白银首饰、铂金首饰、包金、镀金首饰以及其他合金首饰。

一、黄金首饰

足金或千足金首饰：指纯度在99.99%以上的黄金首饰。

K金首饰：指黄金与其他金属的合金，按24K=99.9%金纯度计算，即1K=4.166 7%。K金按合金成分和颜色，常分为K黄金、K白金和K彩金。

(1)K黄金：指以黄金为主，与银、铜的合金，颜色呈黄色，常用22K、18K、14K等标记，分别代表黄金含量为91.6%、75%和58.8%。

(2)K白金：指以黄金为主，与镍、铜、银、锌等的合金，颜色呈白色，常用的18K白金是75%的黄金和25%的银、镍、锌的合金。

(3)K彩金：将K黄金中的银和铜分别用少量的锌、镍、钯、镉等金属置换而成，大多数为18K彩金，由75%的黄金和其他不同成分的金属组合而成，构成蓝、红、紫等不同的颜色系列。

二、白银首饰

白银也称纹银，其含银量高达 93.85%，是制作银币和银首饰的材料。用作银首饰或银工艺品常用含银 95%或 85%的银合金。银首饰标记为 S，如 S925 表示首饰含银 92.5%，俗称标银。足银的含银量不小于 99.0%。

三、铂金首饰

铂金也称正白金、真白金、白金，呈银白色，稳定性高，比黄金难得，是目前镶嵌高档宝玉石的主要材料。纯铂金在镶宝石时硬度不够，常加入少量的铱、钯等金属，以提高其韧性和硬度。市场上常见铂金首饰的铂纯度为 95%、90%和 85%，其印记分别为 Pt950、Pt900 和 Pt850。铂金首饰在市场上主要有素铂金首饰和镶钻石铂金首饰。

四、钯金首饰

钯是铂族元素之一，兼具铂金的坚韧和纯白颜色，但比钯的相对密度轻。2007 年 11 月全国首饰标准化技术委员会在云南召开年会，讨论并修订了《首饰贵金属纯度的规定和命名方法(GB 11887—2008)》等国家标准。在这次会议上，钯、铂都被正式批准命名为钯金、铂金。钯金用作首饰时，也可以称为钯金首饰，纯度印记用千分数表示，根据钯金属含量不同，市场上有 Pd999、Pd990、Pd950、Pd500 等多种不同纯度的首饰。2012 年 6 月 25 日，现货钯金报价 710.30 美元/盎司。

五、包金和镀金首饰

包金是用机械等方法将金箔牢固地包裹在其他金属制品的表面上。包金的含金量不低于 14K(58.5%)。

镀金是利用电镀或化学镀的方法在其他金属制品表面镀一层金属层。其含金量也不能低于 14K(58.5%)，厚度不小于 0.5μm。常用标记为 KP 或 KGP。如 18KGP，表示镀金金属为黄金，含量为 75%。

六、其他金属首饰

其他金属首饰指由除铂金、黄金和银以外的金属制造的各种珠宝玉石及人造宝石首饰。常用金属包括钢、铜、锌等金属及其合金。

第三节 贵金属首饰的品质评估

贵金属首饰的评估除了考虑镶嵌首饰中宝石的类型、质量外，还应包括首饰中贵金属的含量、首饰的制作方法及制作工艺、首饰的镶嵌方式、标示和印记标识等内容以及首饰出处、市场需求、销售公司的商誉等因素。

一、首饰中的贵金属含量

在我国大陆，黄金价格过去一直由中国中央银行和物价局定价，国家对黄金的收购和配售价有统一规定。

黄金的价格是指金纯度在99.9%以上金块的价格，以元/g计价。K金的含金量由下式计算：

纯金量(g)＝K金的质量(g)×金的纯度(%)

黄金的价格(元)＝纯金量(g)×黄金的牌价(元/g)

黄金首饰的零售价＝零售金价×金饰质量(零售价含所得税及营销税)。

在香港，零售金价主要由饰金价和手工费两部分组成。饰金价是在国际金价的基础上加适当利润组成。

现在我国国家发展计划委员会也已作出决定，将金饰品的零售价格由现行的以金饰品质量计价的方法，改为“基准价”和“加工费”两部分组成，逐步与国际接轨。

一般Pt900的铂金首饰的价格是按当天国际铂金价加上手续费计算的。

二、首饰的镶嵌及工艺

对于贵金属镶嵌首饰，在首饰铸件执模后，需要把宝石镶嵌在首饰托架上才能成为完整的珠宝首饰。其镶嵌方法、款式和镶嵌工艺的好坏是首饰评价的重要因素。常用的镶嵌方法有爪镶、钉镶、包镶、夹镶、孔镶、群镶、隐蔽镶、蜡镶等。对于镶嵌工艺好的首饰应具备一定的条件，参见第一章有关描述。

三、标示和印记

不同国家和地区的贵金属首饰的标示方法和印记有所不同，但这些方法和规定一般都有公示。如在中国香港，香港生产力委员会(HKPC)和香港技术首饰业技术中心(HKJITC)及香港首饰厂商会(HKJMA)联合出版了《黄金纯度及测试方法国际标准》综合金饰标准指南。该书包含了中国大陆、意大利、南韩、新加坡、美国、英国、加拿大、德国、荷兰、日本及中国台湾地区的金饰纯度及测试方法和标示。另外国外的许多首饰厂商协会也会公布本国或某组织的纯度标示方式方法和规则。香港首饰厂商会的标示规则可在 hkjma@jewelry. org. hk 的网址上查询。

国内贵金属首饰的标示和印记一般有 3 种:①表示首饰材料成色;②表示宝石质量;③表示生产商的印记。2002 年公布的我国国家标准《首饰贵金属的纯度及命名方法》(GB 11887—2002)对贵金属首饰纯度的表示方法、印记和命名规则等进行了统一规定,并已于 2002 年 9 月 1 日起开始实施。2009 年 11 月 1 日开始,上述标准已被新版的 GB 11887—2008 代替,新标准和 ISO 9202:1991 的相关标准基本接轨,但有中国特色的规定。

有关贵金属含量标识如表 9-1 所示,新国标规定,贵金属首饰印记的内容必须包括厂家代号、材料、纯度、镶嵌首饰主钻石(0. 1ct 以上)的质量。

表 9-1 新国标(GB 11887—2008)对贵金属纯度的表示方法

贵金属及其合金	纯度千分数最小值(‰)	纯度的其他表示方法
金及其合金	375	9K
	585	14K
	750	18K
	916	22K
	990	足金
	(999)	(千足金)
铂及其合金	850	—
	900	—
	950	—
	990	足铂,足铂金,足白金
	(999)	(千足铂、千足铂金、千足白金)
钯及其合金	500	—
	950	—
	990	足钯,足钯金
	(999)	(千足钯,千足钯金)
银及其合金	800	—
	925	—
	990	足银
	(999)	(千足银)

注:1. 不在括弧内的值和表示方法将优先考虑;2. 24K 理论纯度为 1 000‰。

贵金属首饰的印记的位置不应影响首饰的整体美观。

综上所述,品质好的贵金属首饰应具备以下要求:整体造型美观,主题突出,立体感强；图案纹样形象自然，布局合理，线条清晰；表面光洁；掐丝流畅自然，填丝均匀平整；浇铸件表面光洁；焊接牢固，无虚焊、漏焊及明显焊疤；錾刻花纹自然，整体平整，层次清楚；弹性配件应灵活、有力；装配件应灵活、牢固、可靠；表面处理色泽一致，光亮无水渍；印记准确、清晰，位置适当。

对常见贵金属饰品的要求：戒指，圈口周正，活动戒指搭扣应吻合、妥贴；耳饰，左右对称，长短一致，夹头牢固，针尖圆钝；项坠，重心正确，挂鼻部位适当；链条，链身基本垂直，不打转，不倾斜；链粒均匀、活络，搭扣大小适当，与链身相配，且牢固有弹性；别针，焊接部位适当，针杆有韧性、弹性，针尖略钝；镯，镯身平整、周正，镯轴平直，内部清楚；摆件，造型主题明确，内部清洁，无明显加工缺陷，表面无坑洼、变形。

第四节　影响贵金属首饰价格的因素

一、贵金属本身价格的影响

就世界范围而言，贵金属的价格首先取决于贵金属矿的平均开采成本、产量等客观因素和市场因素（如黄金的供给、需求、汇率、利率、通货膨胀等宏观经济因素）。

市场上贵金属的供给包括各国贵金属的生产（占供给的大部分）、工业回收再生产、民间通过二手市场回流和官方储备抛售。

贵金属的需求包括货币需求、消费需求和投资需求。其中货币需求指各国银行或财政部门在市场购进黄金，作为储备资产；消费需求主要包括首饰产业和工业对贵金属的需求；投资需求主要是投资市场对贵金属投资收藏的需求。2000 年后，黄金价格十多年来稳定增长，尤其是金融危机以来的出色表现，赢得了各国投资者和央行的青睐，黄金的投资需求猛涨，成为黄金需求中举足轻重的部分。根据国际著名贵金属研究顾问公司 GFMS 的资料，黄金投资的增长主要来自 3 方面：①个人和机构投资者大幅增持黄金交易所交易基金（Exchange Traded Funds，ETF）；②净多头持仓量在期货市场和场外交易市场稳步上升；③个人投资者对金条和金币的直接购买数量增加。

表 9－2 是 2008—2010 年的全球黄金供需表，反映了金融危机对黄金供应量和需求量所带来的影响。表 9－3 显示了 2009—2011 年世界各国珠宝首饰用金的情况及其份额。

数千年来，存世的黄金估计达 12.5 万余 t，其中约 1/3 落入各国中央银行充当货币功能，其余则多为私人收藏及用作饰物。

表 9-2 2008—2010 年全球黄金供应和需求表

供应（单位：t）＼年份	2008	2009	2010
矿床产量	2 410	2 589	2 689
生产商套期保值	−352	−236	−103
总矿产金	2 058	2 353	2 586
官方净售金	232	34	76
回收金	1 316	1 695	1 645
总供应量	3 606	4 081	4 155
需求(单位：t)			
金饰	2 304	1 814	2 107
科技用金	461	410	466
金条和金币	879	778	1 149
ETF 及相关投资品	321	617	338
总需求量	3 965	3 618	3 971
伦敦下午定价(单位：美元/盎司)	871.94	972.35	1 224.52

资料来源：GFMS，World Gold Council，2011。

美国于 1971 年 8 月 15 日宣布停止承担按固定比价兑换黄金的义务，割断了美元与黄金的法定关系。在美国的压力下，国际货币组织 1978 年通过了黄金非货币化条款，从法律上取消了黄金的国际货币职能。美元成为国际贸易中的主导性支付手段和国家外汇储备的主要构成部分。现在黄金外汇储备占国际总储备的比例已由 20 世纪 60 年代的 60%下降到现在的不足 20%；原来的世界黄金外汇储备量已由 20 世纪 60 年代的 3.830 万 t 下降到 20 年来的最低点。一个重要的原因就是央行抛售储备的黄金。表 9-4 为 1990—2000 年来国际黄金价格变化一览表。

但是，自 2001 年起，黄金价格每年上涨，且越往后金价的增长速度越快。具体来说，金价从 2001 年低位的 250 美元/盎司左右开始上升，到 2011 年 9 月最高达 1 895美元/盎司(LBMA 和 Kitco 的报价都是 1895 美元/盎司)(市场最高达到 1 921美元/盎司)，累计涨幅超过 650%(图 9-1a)。

表 9-3　2009 年第三季度至 2011 年第二季度的世界主要消费国金饰需求(单位:t)

国家及地区	2009 年 Q3 至 2010 年 Q2	2010 年 Q3 至 2011 年 Q2
印度	583.7	696.7
大中华(含台湾)	430.5	522.8
中国	407.7	491.2
中国香港	18.8	24.2
中东	225.6	187.7
美国	141.7	125.0
沙特阿拉伯	77.9	60.6
土耳其	73.1	74.0
全世界总量	1 950.5	2 075.7

资料来源:据 World Gold Council,2011,有修改。

表 9-4　1990—2000 年国际黄金价格变化表(单位:美元/盎司)

年份	平均价	最低价	最高价
1990	383.59	345.85	421.40
1991	362.26	344.25	403.70
1992	343.95	330.20	359.60
1993	359.82	326.10	406.70
1994	384.15	369.65	397.50
1995	384.05	372.45	395.55
1996	387.87	367.40	416.25
1997	331.29	293.00	367.80
1998	294.09	273.40	313.15
1999	267.20	252.10	340.00
2000	279.11	263.80	312.70

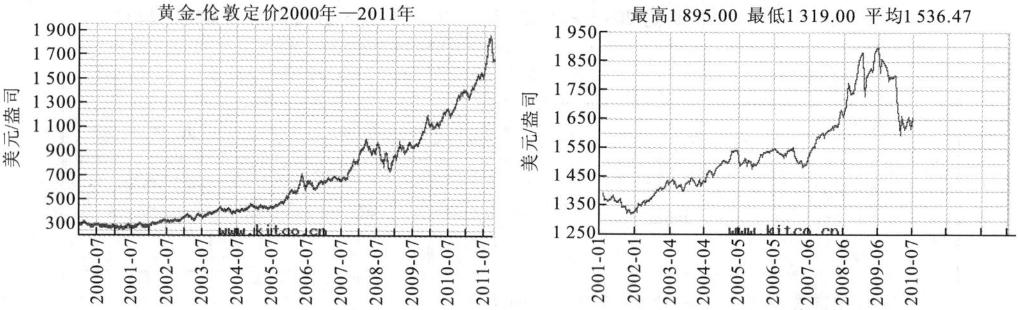

(a) 伦敦定价　　(b) 伦敦下午定价

图 9-1　2000 年—2011 年黄金价格走势

（据金拓中文网，2011）

另外，一些突发事件（包括政治、军事、经济危机等）也是影响黄金价格的重要因素。每当世界局势紧张或爆发冲突时，黄金需求会猛增，金价就会上升。如在 2001 年，黄金价格一度下跌到了 8 年来的新低 68.55 元/g，之后，在美国“9.11 事件”的推动下，金价持续走高。2002 年 6 月金价达 86.90 元/g（326.55 美元/盎司）。2008 年金融危机开始，黄金价格冲破 900 美元/盎司，随后虽然有过短暂的回落，但总体趋势不断上升，并在 2011 年 7 月后达到 1 800 美元/盎司以上的顶峰。随后总体上开始回落，2013 年 6 月下行到 1 300 美元/盎司之下。

过去，我国曾经一度通过国家发布黄金市场政策来支配和调控黄金的价格。20 世纪 90 年以后，黄金价格随市场开放逐步放开。

1993 年 8 月我国黄金价格与国际接轨，由固定价变为浮动价，并决定推进黄金产品管理市场化。

1994 年国务院批准，可进行利用境外资金开采低品位、难选冶金矿资源的试点。

1995 年黄金产量揭秘，我国第一次对外公布黄金的产量。

1998 年 2 月我国将黄金定价由各相关行政部门协商，由国务院批准改为由中国人民银行根据国际金价变化进行调整，使国内金价进一步与国际金价趋同。

1998 年末中国人民银行批准深圳市人民银行开展黄金寄售业务，为境外黄金进入开辟了一条正规的合法通道，据悉每年国外寄售黄金 80 余吨。

1999 年黄金市场化改革再启动，改革的锋芒直接指向了黄金统收专营管理体制，在积极准备体制性突破的同时，已陆续进行了一些放开管制的试点工作，如一些黄金加工和首饰零售企业被授权可以进行旧金回收业务；一些地区社会散金改由指定企业代收；白银作为黄金开放的先行探路者，率先突破《金银管理条例》走向市场等。

2000年以后随着黄金市场化社会共识的形成和改革时机的逐步成熟,黄金市场的开放也有进一步的发展。外商进入黄金采矿业、黄金加工及首饰零售业的市场准入条件有所放开,由禁止进入调整为可以进入,组建股份制企业,但不可控股和独资。

2002年在我国上海成立了黄金交易所,11月14日正式运行。目前主要由产金单位和零售用金单位之间通过黄金交易所自由交易。交易所的成立为黄金全面推向市场迈开了一大步。随着黄金的市场化,金银首饰的价格自然逐渐与国际接轨,主要受国际金银市场价格的支配。

铂金和白银的价格主要受国际市场价格控制,1992—2000年国际铂金价格的变化情况如图9-2所示。

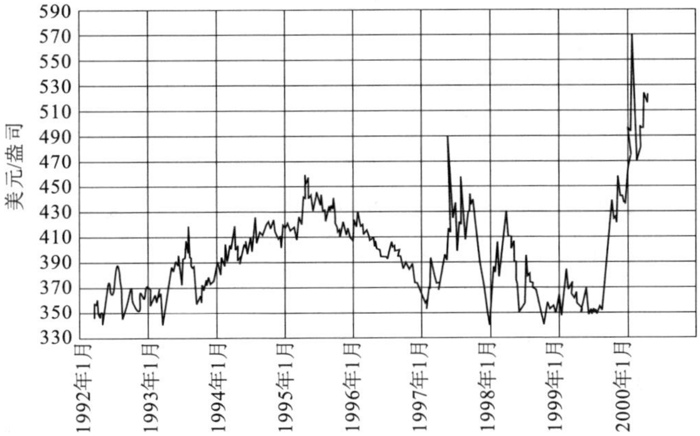

图9-2　1992—2000年伦敦铂金价格变化趋势(据张蓓莉等,2000)

2002年6月3日,国际黄金价格为327美元/盎司,金银价格比值为64.62,金铂价格比值为0.6。由此可以大致了解不同贵金属的价格情况。国际黄金、铂金及银的即时行情可通过互联网的有关网站进行查询。

二、首饰设计与工艺的影响

自古以来人们使用金银首饰不仅用来装饰,还看重它的保值作用。在中国尤其明显,全世界目前只有我国大陆市场仍十分注重黄金饰品每克卖多少钱,而国际金饰品市场上都是以件计价。

如今,黄金的保值作用逐渐弱化,装饰作用进一步加强。金饰品价格中有很大一部分应由工艺、设计、加工和服务等内容构成,从而促进企业提高工艺水平、设计款式和服务水准。为此国家发展计划委员会也已作出决定,将金饰品的零售价格由现行的以金饰品质量计价的方法,改为“基准价”和“加工费”两部分组成。加工费方面直接受到首饰设计、制造方法、工艺等情况的控制。

三、税收等因素的影响

自1995年1月1日起,我国将金银首饰的消费税由生产环节改为零售环节征收,并将税率调整为5%,金银首饰改变纳税环节后,使金银首饰在工业、商业两个环节的税收负担与新税制实施前基本持平,从这方面看,基本没有触动商业企业的既得利益,也不会推动金银首饰的价格上涨。

金银首饰消费税改变后,不少企业出现不同程度的亏损,价格调整不合理是出现亏损的重要原因之一。只要能正确算出最低的理论销售价格,并以此作为参照价格来合理调整实际销售价格,是可以解决亏损问题的。关于一般金饰企业,保本价格的计算可据下式推导:

商业企业销售价≥购进价+销售税金。

因为销售税金=应纳增值税额+应纳消费税额,所以销售价≥购进价+应纳增值税额+应纳消费税额。

为推导方便,用字母W'表示最低理论销售价,W表示购进价,Tz表示应纳增值税额,Tx表示应纳消费税额,则上式可写成

$$W' \geqslant W + (Tz + Tx)$$

又因 $Tz = W'17\% \sim W17\%,\ Tx = W'5\%$

所以 $W' \geqslant W + (W'17\% \sim W17\% + W'5\%)$

整理后,得 $W' \geqslant 1.0641W$

即最低理论销售价格≥1.064 1×购进价格。

四、消费市场的影响

消费市场包括消费者的生活方式、审美意识及市场流行趋势,它们也对贵金属首饰的销售及价格有一定的影响。

自20世纪80年代,人们的生活方式和审美意识发生了根本的变化,越来越追求艺术美。中国金银首饰从注意头部向注重与身体其他部位相协调的方向发展,胸花、别针、耳环、胸坠等首饰品种逐渐出现,用普通金属如铜、铁、铝及其合金和普通非金属如玻璃、合成水晶、塑料等制作的服装首饰也应运而生,但随着时代的发展,人们的认识和需求也逐步向高档和潮流首饰两个方向发展。1985年我国生产黄金首饰量40多吨,黄金首饰热潮席卷全国。生产的主要是足金首饰,品种多为戒指、项链、耳环和胸坠等,做工稍欠精致,造型也较为简单,如戒指多为素戒、天圆戒、马蹄戒、吉字戒等,项链多为马鞭链、万字链、绳链、珍珠链等,耳环多为菱形耳

环、耳插、勾钳等，胸坠多为鸡心片子坠、圆形雕花坠等。

从1986年起，西方的文化艺术和工艺技术、先进设备与工艺配方逐步输入中国，K金首饰和K金镶宝首饰也逐步发展起来，人们的消费观念也在逐步转变，从纯金饰品转向中档以至于高档宝石，消费者意识亦从纯粹保值心理转向欣赏心理，K金镶高档宝石如珍珠、钻石、红宝石、蓝宝石、祖母绿、变石和翡翠的首饰深受人们的欢迎。

铂金方面，自1898年法国的珠宝商卡地亚率先使用以来，铂金就以势不可挡之势占据了珠宝首饰市场的重要地位。在崇尚白色的20世纪90年代末到21世纪初，继发达国家之后，铂金在发展中国家也逐渐得到认可。在国际珠宝界，铂金首饰魅力无穷。在欧洲，铂金被加工成黄金、白银等贵金属难以达到的几何形状。几何图形生动活泼、情趣盎然，为传统的铂金首饰设计加入了新意，几何图案的铂金首饰在欧洲深受欢迎。而美国的设计师们现在则更热衷于单独使用铂金为首饰材料，一改以往使用黄金和铂金两种材料形成色调对比的设计手法，使纯净清丽也成为新的首饰流行趋势。

现在铂金(Pt900)首饰和铂金镶钻石首饰已与纯黄金首饰并驾齐驱，世界铂金年产量的30%用于首饰业，其年销量更以40%向上增长，铂金首饰已成为首选的首饰品种。2001年中国超过日本成为世界铂金最大的消费国，年消费铂金50t。2011年，中国铂金消费52.3t，钯金消费9.5t。

世界珠宝首饰的“白色浪潮”也刺激到了银首饰市场。白银饰品在中国有着广泛的消费人群，由于人们对银质材料和银首饰的传统认识，饰品在工艺款式上和零售价格上比黄金饰品更具优势。以银为材料的首饰将会在未来的中国流行首饰业逐步取得市场上应有的地位。

五、其他影响因素

一些出土的贵金属首饰或富有历史价值的首饰、出自名家之手的首饰、限量发行的首饰等，因为有收藏和保值作用，它们的价格会比其他同类首饰高许多。

另外，品牌对贵金属首饰的价格也有较大的影响。一些知名度高的品牌，给消费者一种高档、真品的感觉，有附加的“品牌价值”，所以它们的价格也会相应高一些，最高的溢价可达2/3。

第五节　贵金属首饰的估价及评估的描述

贵金属首饰的估价，要综合考虑宝石的类型、质量、贵金属的类型、纯度、首饰的设计款式、制作方法和工艺、首饰的来源、市场需求，以及销售商的信誉等。

对贵金属首饰评估的描述应包括以下内容：

(1)首饰的款式；

(2)首饰的类型；

(3)贵金属的类型、纯度、质量、标示和印记；

(4)首饰的制作方法和艺术特点；

(5)首饰的加工工艺；

(6)对于镶嵌首饰，还应详细描述宝石的类型、质量等。

思考题

1. 何为贵金属首饰？可分为哪些类型？

2. 贵金属首饰的品质评估应考虑哪些因素？

3. 影响贵金属首饰价格的因素有哪些？

作业题

分别给出具体的黄金和铂金首饰的一个案例的评估报告。

第十章　古董珠宝玉器及首饰艺术品的评估

第一节　古董珠宝玉器及首饰艺术品的定义及其简史

狭义的古董珠宝玉器及首饰艺术品(下简称古董珠宝艺术品)是指那些历史较长(通常,制作年代大于100年)兼有一定历史价值和文化艺术价值的珠宝玉器及首饰艺术品。广义的则还包含同宝玉石材料相关的具有装饰效果的建筑装饰品和工艺品。

世界各国历史长短不同,古董珠宝艺术品的定义必然也有所不同。在中国,一般理解是民国(1911年)以前加工生产的物品,才能称为古董。同理,也只有在该时间以前生产的珠宝,才称做古董珠宝。但在一些欧美国家,一般规定有100年历史以上的珠宝才算古董珠宝,在1950年以前生产的珠宝玉器及首饰称做时代珠宝玉器及首饰艺术品。

由此可见,在国际范围内,很难确定一条界线来说明什么时代以前生产的才称做古董珠宝,只能从珠宝首饰荷载的历史文化价值上去判断。而实际上,随着时间的推移,古董珠宝的概念也可能发生变化,因此,古董珠宝的概念属历史文化范畴,是一个动态的概念。

在各种古董珠宝艺术品中,其工艺是时代特征的反映,也是某一时代艺术的结晶,工艺价值是其历史价值的重要组成部分。

在我国,最早的古董珠宝艺术品(装饰品)的出现可追溯到距今1.8万年左右,北京山顶洞人遗址中发掘出土的一串7颗单面穿孔的石珠饰(头饰),制作精致,大小相当,原料是白色石灰岩,可以认为是旧石器时代较有代表性的(宝)石作品。而在距今约8 000年的新石器时代早期文化遗址中,出土了透闪石软玉和阳起石软玉制成的玉玦和匕类器物,内蒙古赤峰市兴隆洼村兴隆洼文化遗址发现制作精美的玉器,是这一时期的代表作。

在距今8 000～7 500年河南新郑裴李岗及沙窝李两处裴李岗文化遗址中出土了绿松石的珠及方形饰物。在其后距今7 000～5 000年,河南、陕西和山西等地的仰韶文化遗址中,更大量地发现了绿松石饰物。

在距今 7 000 年左右浙江余姚河姆渡遗址中除了出土一般的玉器外,还出土了萤石制作的器物(玦,璜,项饰)。在距今 6 000～5 000 年,分布在江苏西部、安徽东南部的北阴阳营文化遗址中已有大量石英质及玛瑙类的精美饰物出土。距今 6 000年左右辽宁建平的牛河梁遗址出土了较早的天河石类饰物。

中国最早的黄金饰品出现于商代,北京平谷县刘家河商墓出土了该时期的一批金笄、金耳环及金臂钏饰物。距今 5 300～4 200 年良渚文化时期,是我国发现镶嵌首饰最早出现的时期,其中在余杭瑶山发现了长圆形、正面弧突、背面平整的镶嵌玉粒 249 枚。不过,根据墓地出土物的研究,这些镶嵌物均无孔眼,可能是镶嵌在木器或附着于某种涂朱之上的。

1970 年西安何家村曾出土两瓮唐代窖藏文物,内有珍贵的红宝石、蓝宝石,说明中国在唐代以前红、蓝宝石就已被广泛使用(王顺金,1995)。

国际上最早的关于珠宝的发现和使用也有 7 000 年以上的历史。据说阿富汗 Badakshan 地区的青金石矿开采了将近 6 000 年。位于伊拉克南部的乌尔王陵(约公元前 2 600—前 2 400 年)出土了许多镶有青金石的饰品和其他重要物品,如著名的艺术品“金山羊和树”、“乌尔之旗”。埃及法老图坦卡蒙的金字塔中出土了镶有青金石的棺材、黄金面具和圣甲虫项坠。它们被视为生命永恒的象征,由此也可见青金石在古代埃及具有十分特殊的地位。

1900 年挖掘出来的距今 5 000 多年前的埃及皇后 Zer 木乃伊手臂上的 4 只包金绿松石手镯被认为是世界上已知的最古老的珍贵珠宝工艺品之一。位于埃及西奈半岛最古老的绿松石矿山,据说在 5 500 年前就已有开采。这些资料表明,绿松石是历史最久远和最常见的古董珠宝艺术品种类之一。

琥珀的使用历史也可追溯至史前,它可能与石英(燧石)一样,曾是古老交易的等价物。在公元前 20 世纪的古埃及和古希腊古墓中就曾发现过琥珀念珠。

国外出土的较早的软玉是公元前 4 880 年俄罗斯西伯利亚雅库特地区的玉斧、玉环等。日本和墨西哥的翡翠砾石的发现距今也有 5 000 多年历史。

世界上钻石最早发现在印度。据印度史诗《摩诃婆罗多》记载,4 000 多年前印度人已用钻石来装饰他们的英雄人物。在公元前 4 世纪,阿拉伯人和波斯人已建立了在印度的钻石交易体系。最早的钻石加工首饰大约出现在 16 世纪。

世界上红、蓝宝石最早发现于何时、何地,并没有确切的记载,但根据世界上最有名的刚玉宝石产地斯里兰卡的记载,该国开采的历史至少有 2 500 年。班克罗弗特 1984 年的陈述表明,公元前 500 年来自印度北部的佛教徒就占据了斯里兰卡岛,开始开采宝石并将其作为珠宝在国外市场上进行交易(P C Keller,1992)。而在世界上最著名的红宝石产地缅甸,公元前 585 年修造的“瑞光大金塔”就镶嵌有 2 317 颗红、蓝宝石。据古文明发源地古希腊公元前 300 年左右的学者 Theophrastus 在“Perilithon”(《石头记》)的记载,当时已有来自美洲及土耳其的红宝石“anthrax”[不过当时的红宝石(carbunde)和蓝宝石(hyacinth)可能还包括许多红色的宝石,如石榴石、尖晶石和蓝色宝石]。泰戈尔(1879)认为印度人对红、蓝宝石的认识可能远比西方人早。

世界上对祖母绿的使用始于何时,目前也没有确切的记载。一般认为,最早的祖母绿来自埃及东南部的 Wadisikat 矿床[一说克娄巴特(Cleopatra)矿],其开采工具可追溯到公元前 1650 年。这些矿床至少在公元前 1500 年或更早的时候就已有开采。距今 6 000 年前的古巴比伦王国就有将祖母绿献于女神像前以祈求神秘力量的仪式。青铜时代的珍宝中亦有祖母绿发现。16 世纪初,西班牙人到达南美洲时,中美洲和南美洲的许多地方都已有大量的哥伦比亚祖母绿在交易和用作装饰品。古印度和伊朗亦是世界上使用祖母绿最早和最多的地方。

澳大利亚的欧泊矿最早大约发现在 1889 年,在一个称为白崖的地方。一个猎人在追觅受伤的袋鼠时,拾到了珍贵的欧泊石,拉开了澳大利亚欧泊矿床开发的序幕。但历史上欧泊的使用却早得多,据说公元前 4 000 年印度人已认识欧泊宝石。公元前 200 年左右欧泊在古罗马、古希腊,欧泊已成为上流社会钟爱的宝石。早期的欧泊据说来自捷克斯洛伐克。

世界上另外的两个重要宝石金绿宝石和变石矿床的发现时间稍晚,其中变石是 1830 年在俄罗斯的乌拉尔山区发现的,但其使用时间相信会早得多。

珍珠的发现和使用最早源于恒河流域,其历史至少也有 5 000 年。至今发现保存历史最久远的珍珠是一支英国考古队在巴林发现的。中国古籍《尚书·禹贡》中已有关于河蚌产珠的记载。古籍《格致镜原·妆台记》中亦有周文王饰用珍珠的记述。而到了宋代,庞云英著《文昌杂录》则记载了中国人发明珍珠养殖的方法。日本人太安麻吕报道了至今仍保存完好的公元 747 年的珍珠艺术品——保存在日本东大寺三月堂不空绢索观音像宝冠上镶嵌的珍珠。在公元 15 世纪后,珍珠已成为世界上最贵重和使用最多的珠宝之一。

上述资料表明,实际上要完整和准确地了解人类何时开始使用某种宝石是相当困难的。一方面,许多早期的记载已难以保存,特别是西方等一些经历过重大历史变迁和有多种文明交叉的国家,许多宝石当时使用的名称和现代的名称已很难相互对应;另一方面,一些史前墓葬发现的宝石要确定其时代,有时也有一定的难度,除非能准确确定墓葬年代,否则要确定其时间非常困难。但有一点可以肯定的是,许多今天的普通宝石如水晶、石榴石、绿松石等的使用,可能比一些珍贵宝石有更长的历史,只是由于它们受关注的程度较低,因而其使用历史难知其详。除极个别的品种外,在距今 6 000～3 000 年的时间里,许多普通宝石都有可能有古董珠宝存在。

虽然古董珠宝的历史很久远，但并不是所有古董珠宝都可以或都需要评估，只有那些法律上允许交易而且又有公开交易市场的古董珠宝才可以正式评估，并获得市场价格。

第二节 古董珠宝玉器及首饰艺术品的分类

人类历史长河孕育了灿烂的珠宝文化，不同的国家、不同的民族都演绎或拥有自己独特的珠宝文化，如何区分这些不同风格、质材的珠宝艺术品，实际上是一件比现代珠宝研究更艰巨、细致的工作。

广义的古董珠宝从材料方面可分为：宝石类、玉石类、贵金属类、有机类（竹木牙角、珍珠、珊瑚、翠鸟毛等）；从装饰作用可分为：建筑装饰（嵌玉屏风、挂屏）、生活用品（碗、筷、碟）、室内陈设（盒子、如意、珐琅器镶嵌宝石）、珠宝首饰；从工艺方面可分为：单体工艺（玉石、寿山石、雕刻）和镶嵌工艺（以贵金属、木质、漆器为基地，镶嵌各种珠宝玉石的工艺）；按照风格可分为中国、西方和其他地区古董珠宝。

从不同的角度出发，古董珠宝艺术品有不同的分类，为了与现代珠宝概念相一致及容易理解，本书将这些古董珠宝艺术品分成3类：①宝石类（包括原料、裸石和广义的镶嵌宝石）；②金银首饰类（主要是一些装饰性的纯金、银或合金首饰）；③玉器（皿）工艺艺术品类。

一、古董宝石类珠宝首饰艺术品

这一类别实际上又可以细分为两类：原料和裸石类；各种宝石的镶嵌品。前者的发现和延续时间远远大于后者，是最古老的“珠宝”种类之一。

1. 古董原料和裸石类宝石

这类宝石相信在旧石器时代已经出现，其时代应和石器一样古老，最初的发现和使用可能是偶然的，其后因为其硬度或光泽吸引了人类祖先的注意，而被开发。

这类古董宝石，因为其特征（含义）不甚明了，或者说其文化荷载较少，在人类的历史中往往较少受到注意，因此，有关其记载大多很简单，即使有，也往往是一些传奇或经后人演绎过的故事。真实的和详尽的记载总是难得的。除了在一些有明确时代特征的墓葬中被发现，要断定其真正的发现或使用时代很难。

一些经过加工或初步加工的宝石半成品裸石比一般的宝石毛料带有了更多的社会文化信息，它往往和社会生产力发展水平，特别是当地人使用工具的水平相关，也反映了古人的审美心态。

例如，早期发现的一些宝石裸石，往往是随形加工的，宝石半成品表面大多是不规则凸弧面形，形态不固定，如我国距今 7 000～5 000 年的河姆渡文化层中曾出土一些形状较好的萤石珠和管状饰品，只有到后期（青铜器时代以后）才有一些不是很规则的翻面出现。只有当人类真正熟悉了宝石的切割和抛磨技术以及了解了宝石的光学原理后，规则的翻面宝石切工才真正出现。从目前所见到的资料看，人类花了数千年的时间才完成了这种“转变”。至少在 10 世纪时，一些著名的宝石，如英国皇家珠宝圣爱德华蓝宝石，仍然是未被切割的，它是以原石镶嵌在戒指上。因此，在 15 世纪以前很少会有规则切工的翻面宝石出现。而在此之前，世界各地宝石的加工应该是天马行空、风格各异的。

2. 古董宝石镶嵌艺术品

宝石的镶嵌技术始于何时，目前并无定论，但在中国至少在距今 5 300～4 200 年的良渚文化遗址中就已发现一些镶嵌宝石的痕迹，不过最早的镶嵌珠宝其载体并非金属，而是木质材料。我国金镶宝石较早的是 3 000 多年前二里头文化遗址出土的镶绿松石兽面铜牌和发现于陕西淳化县西周墓的金镶绿松石耳坠，其后秦初在铜器上镶嵌珍珠，并见金银及孔雀石宝石的镶嵌物。估计在国际上至迟在铁器或青铜器时代就已有一些以金属为基底的镶嵌宝石工艺品出现。

国外早期最著名的宝石镶嵌品之一是距今 5 000 年前埃及皇后 Zer 木乃伊手臂上的金属镶嵌的绿松石手镯。而有资料表明，在很早的时候，古埃及人曾将孔雀石和古代马赛克一起镶嵌使用。

二、古董金银首饰艺术品

世界上黄金的使用始于何时，并无一致意见。有人认为在人类开始制作各种各样石制装饰品的同时，黄金就可能被发现，即大约在 6 000 年（奕世伟等，1987）。不过，至少可以肯定的是，在金银加工冶炼技术出现以后，金银逐渐成为首饰主流金属。

这里所说的古董金银首饰艺术品主要是指纯粹由金银等金属组成，其中主要是指由黄金、铂金和银作为组成材料做成的首饰艺术品。我国的史书记载，我国利用黄金的历史大约始于距今 4 500 年虞舜时期（蔡长金等，1991），司马迁在《史书·平准书》中写道：“虞夏之际，金分为三品，或黄、或白、或赤。”而《物原》一书记载，我国的金首饰在 3 000 多年前的殷商之末（公元前 11 世纪）就已有所闻，“纣作翠翅，金钿步摇、宝斡指环”，表明荒淫无度的纣王朝当时就有金钗与戒指等饰物。不过当时所说的金并不专指黄金，亦可能含铜、锡等合金。

我国发现最早的古董金银首饰艺术品是四川商时期三星堆遗址、金沙遗址中出土的黄金面具、黄金权杖。最早的金银器皿包括浙江绍兴坡塘 306 号春秋越国贵族墓出土的玉耳金舟，还有陕西淳化县西周墓中发现的金耳坠，距今也有 2 000

多年的历史。

魏晋、南北朝的墓葬中发现有大量由黄金制成的饰物，如金镯、金钗、金簪等。如广州西郊晋朝墓葬曾出土了金戒指、金镯、银顶针等首饰 30 多件，广东遂溪县南朝窖藏的大批金银首饰中，有金戒指 6 枚、金杯 2 只、银手镯 73 只等。到了唐朝，我国的金银首饰加工技术已经非常发达，黄金首饰成为当时上层社会流行的饰物，并常见一些大型的由纯银制作的艺术品。

一般认为，国外的金银首饰加工艺术起源比我国要早，最早的黄金文化始于古埃及。大约在距今 3 500 年的古埃及"新王国时代"，埃及人就已掌握了娴熟的黄金首饰加工工艺，而在著名的埃及法老图坦卡蒙的陵墓，就发现过许多精美的金饰，其后金饰文化逐步由埃及向地中海沿岸传播，最终流入欧洲。

古董的金银首饰艺术品粗略可分为两大类：一是金银首饰类，主要是指由纯金、银制成的装饰品，如金戒指、金耳环、金簪等；二是金银工艺品，主要是指以金银等金属为主要材质制成的大的器皿及艺术品，如我国唐代的金碗、金杯、银罐等，宋代的金塔、明代的金丝冠等。

三、古董玉器及首饰艺术品

其主要是由玉石材料制作而成的古董首饰或工艺品。它是所有古董珠宝中历史最长的、类型最丰富的大类。

根据古董玉器的材质，古董玉器可分成两类。一是分别由软玉和硬玉两种主要矿物组成的"真玉"系列，包括由透闪石—阳起石矿物集合体组成，但含有较多其他矿物组成的"半玉"，如我国良渚文化中发掘的一些玉器，西周出现的由透闪石及葡萄石组成的玉器。其二是"假玉"，即主要是由软玉和硬玉两种矿物集合体以外的、具玉质感的其他矿物集合体组成的玉石系列，它包括我国古代的珉、石夫、彩石及当今的玛瑙、燧石、玉髓、水晶、绿松石、青金石及各种岩石等材质雕琢而成的玉器。

据古董玉器的功用，可将古董玉器分为装饰性玉器、功用类玉器和艺术品玉器 3 类。

功用性玉器，包括古代的礼玉（如玉圭、玉璧、玉璜、玉琥、玉琮等）、葬玉（如各种玉塞、玉琀）、玉器皿（如玉碗）及文具工具类玉器（如玉笔架、玉洗）。玉玺也可以作为其中特殊的一种，是权力的象征物。

装饰性玉器，主要是指以装饰为主要目的设计制作的玉器，如玉坠、玉镯、玉戒指、玉簪、玉玦、玉手串、玉佩件等。

艺术品玉器，主要是指摆件类的玉器艺术品，通常体积较大且工艺精美，充分体现了时代工艺特征的玉器，如各种玉雕山子、各种玉雕人物及一些宗教玉雕器物，如玉佛像、玉观音、玉宝塔等。

明代以后，点翠是我国一种很重要的以细金工艺为基础的古董珠宝艺术品种类。

第三节　古董珠宝玉器及首饰艺术品的来源

古董珠宝艺术品的来源归根结底不外乎两种途径：其一是在古代的墓葬中发掘的，是古代的一些陪葬物品，因此可称做墓葬珠宝艺术品；其二是经由世代相传，从先人的手上流传下来，又称为传世珠宝艺术品。目前市场上的一些传世珠宝有可能是过去的一些墓葬珠宝艺术品流传而来的。两种不同来源的珠宝艺术品其意义、价值或特征都有一定的差别，下面分别讨论。

一、墓葬古董珠宝艺术品

历史上发现的最早的史前珠宝艺术品都是从墓葬中发掘出来的，可以说物品陪葬的历史和人类的历史一样古老。墓葬珠宝还可分为两种：主动的墓葬珠宝和被动的墓葬珠宝。

(1)主动的墓葬珠宝：是指由主人的后代或族人在主人死后将主人心爱的或具有某些宗教含义的珠宝首饰和主人一同埋葬形成的珠宝。这类珠宝具有明确和特定的含义，是墓主人生前身份、地位和个人社会角色的直接标志物，其时代下限与墓主的死亡时间严格对应，也就是说该类珠宝的制作时间不可能晚于墓主的死亡时间。这类珠宝的社会意义和特征可以通过墓主的身份及其他同葬物品来考证和研究，因此这类珠宝艺术品是最具有文化价值和科学研究价值的珠宝。

但是，由于该类珠宝艺术品常常经历过地下墓葬千百年的埋藏与腐蚀，除个别由高含量的黄金或优质真玉制作的珠宝外，其余的外表严重受墓葬周围环境的影响而可能产生不同程度的损害，因而其艺术价值或美学价值会不同程度下降。

(2)被动的墓葬珠宝：是指由于某些偶然的原因而散落在不同的地下环境中的珠宝玉器艺术品。所谓偶然的原因，既有可能是战争或国家、城镇的变故，也可能由于墓葬的变化而产生的。它们分散在某些文化层或地下层位中，发掘时较难分辨其准确的时代和意义。

二、传世古董珠宝艺术品

传世的古董珠宝艺术品是由人类社会世代相传保留下来的，所谓“传家宝”即是这类珠宝首饰艺术品的形象比喻。

传世古董珠宝艺术品的评估远较墓葬珠宝复杂，主要是由于这类珠宝往往有较为复杂的经历。

首先是其来源较难确定，除了一些历史上有明确记载而其流传过程中又没有经过任何的改造外，大多数的传世古董珠宝艺术品在流传过程中，往往都经过“改头换面”，因此，要确定其来源一般非常困难。其次是传世的珠宝艺术品在其流传过程中，可能因为拥有人的变换或保管等原因，而会产生“文化”的增值或工艺“形制”上的损害，从而使评估的难度加大。再次是传世珠宝艺术品往往会有较多的模仿品，从而加大了鉴定方面的难度。

许多传世的珠宝首饰，往往是具有特殊含义或具有特别工艺特征或具有特殊材质的珠宝，它们在流传过程中有时还可能与一定的历史事件有关，因此它们的工艺、美学价值往往是比较高的，而其文化和科学价值则变化很大，需要具体进行深入细致的分析才能获得准确的判断。

第四节　古董珠宝玉器及首饰艺术品的鉴别和断代线索

古董珠宝艺术品的鉴别和断代是一个复杂的课题，其难度有时可能会超过一般珠宝鉴定评估实验室所能承担的程度。和现代珠宝评估不同的是，有时古董珠宝的断代是较鉴定更为复杂和重要的工作。从某种意义上说，要找到一个全能的古董珠宝鉴定者是极为困难的，一个人往往可能只熟悉某个领域或某个区域的古董珠宝艺术品。因此，从事古董珠宝艺术品鉴定评估，团队和资讯就显得极为重要。

一、古董珠宝艺术品的鉴别

古董珠宝艺术品的鉴别并不仅仅局限于古董珠宝艺术品是真或假，更为重要的是要确定它是“真”的古董珠宝艺术品，还是仿的古董珠宝艺术品。

所谓仿古董珠宝艺术品是指一种后人模仿前人所制造的珠宝艺术品，有时如果这种仿造是发生在比较早的时间，例如我国的宋代或清代，那么这种仿古董珠宝同时也还是古董珠宝艺术品，只不过“此”古董珠宝艺术品非“彼”(要仿的那一件)古董珠宝艺术品而已。

古董珠宝首饰艺术品的鉴定至少包括以下两个方面的工作。

1. 材质的鉴定

不同国家、不同地区、不同时代的古董珠宝艺术品，往往由不同材质的玉石或宝石组成，或者说，在不同区域、不同时代开发的宝玉石资源往往会有一定的材质特征，根据这些特征，我们便可以为鉴别古董珠宝艺术品的真假提供参考性依据。

例如，一般认为我国明朝的古董玉器中，大量使用的是和田的白玉，如果此时发现一些被鉴定的重要古董玉器的材质不是和田玉而是一些杂石，那么这件古董玉器的真实性就值得怀疑。

又如，历史上一般认为翡翠大量进入我国宫廷应是明末清初，如果在秦汉的古董珠宝中发现由缅甸翡翠制作的古董珠宝，其真实性就很低。不过，我们却不能就此推论在国外的古董珠宝中，就不会有更早的翡翠古董珠宝，原因是实际上在日本和墨西哥绿色硬玉质古董玉器已有几千年的历史，而 1975 年危地马拉翡翠的发现，使玛雅文明中古翡翠的来源获得了确认。

上面的例子说明古董珠宝艺术品材质鉴定对古董珠宝艺术品的真假鉴定仅提供一种必要的而非充要的证据。

对材质的鉴定，和现代珠宝种类的鉴定既有相似之处也有不同之处。相似之处是我们可以对古董珠宝艺术品进行折光率、相对密度、吸收光谱、荧光等物理常数的测定（如果可测又能测），并依据这些数据获得基本的认识。所不同的是大多古董珠宝艺术品，特别是一些年代较久远的古董珠宝艺术品，由于其表面常常没有完整抛光的切割面以及为了保持其首饰设计的完整性，不能获得较好的测试条件等，其鉴定的难度就远比现代珠宝难，有时所测定的数据，如相对密度等其可参考性亦有限。因此，对古董珠宝艺术品的鉴定除一般的常规鉴定外，常常要借助一些大型的设备，如 X 射线仪、X 荧光光谱仪、红外光谱仪、拉曼光谱仪等完成。

在我国的古董珠宝艺术品中，几乎可见今天市场上所有种类的珠宝玉石，最常见的包括软玉、琥珀、玛瑙、象牙、绿松石、石榴石、水晶、珊瑚、碧玺、青金石、红宝石、蓝宝石、欧泊、翡翠、祖母绿、钻石、珍珠、尖晶石、锆石等。

2. 表面处理作伪的鉴定

许多古董珠宝艺术品来源于墓葬珠宝，因此其器物表面都不可避免地残留一些埋葬环境的风化特征，许多仿古珠宝为了达到乱真，往往会花费大量的心思在这种表面“做旧”。鉴别这种作伪是鉴定古董珠宝艺术品的关键课题之一。

在我国的仿古行业中，仿古手法五花八门，其最主要的目的是要在一些新的仿古玉表面做出类似经历几千年风雨沧桑的“沁色”。所谓“沁色”就是古玉长期在地下受到温度、压力、湿度的作用，各种有机、无机物质与玉石材料发生反应，而在表面留下的“变化”，最常见的是颜色的改变及材质结构的变化，这种变化在古董玉器中被称为“沁色”。我国古董行将不同颜色的沁色分别以不同名称称之，有“十三彩”之多。其中最常见的为以下 5 种。

（1）土沁：指玉石表面黄色的沁色，又称为黄色沁。

（2）水沁：表面为白色的沁色，是古玉中最常见的一种沁色类型。

（3）铜沁：表面为绿色的沁色，又称为铜绿沁。

(4)血沁:表面为紫红色和朱红色的沁色,又称为朱砂沁。

(5)水银沁:表面为黑色的沁色。

(对于一些入土前就已有的颜色,古董行称之为阳沁;入土后才产生的沁色,则称之为阴沁。)

我国人工仿沁早在北宋时就已被大量使用,明清时仿沁技术已日臻完善,清代金石考据学者陈原心、刘大同、李凤廷和王心瑶分别在《玉记》、《古玉辨》和《玉记补》、《玉记正谈》中对各种仿沁方法均有论述,其中的《玉记补》及《玉记正谈》中较为详尽。

另外,一些仿古者为了模仿传世的古董珠宝艺术品在流传过程中可能产生的损伤,往往采取人工致残的方法来仿古。

(1)砣碾致残:用小型的砣子或钢钻在器物表面碾出圆形或椭圆形深浅不一、长短不齐的点坑或线条,以模仿古董珠宝玉器磕碰产生的损伤。

(2)砂磋毛道:利用一些解玉砂等硬的颗粒物在殷实光器物表面磋磨出很细的毛道,以模仿自然磨擦产生的擦痕。

(3)敲击致残:使用一些特殊工具敲击器物,使其产生部分裂纹(痕),在裂痕附近形成白斑,或在一些不重要的部分将器物敲断,然后处理成旧的断口,以仿古董珠宝受损破裂的情形。

另外,在国外一些仿古董珠宝中,则可能模仿古董珠宝镶嵌金属配方或对一些较新的金属材料进行腐蚀、电镀处理,以产生古董金属镶嵌物外貌等方法作伪。

上述作伪的种种手段和方法随时代的不同而变化,其复杂性可能远较书籍记载的为甚,鉴定的难度甚大。

沁色鉴定的思路,最重要的是要了解人为过程(如烧、煮)及化学物或染色剂快速致色和天然产物的差异。

一般认为凡作伪沁色者,其色的分布往往都较规则,常常只分布在人为产生的裂隙之内,颜色的色调也往往相对单一,颜色的饱和度大,亮度也大,有时整件玉器都可能布满沁色("满浆"),因此看起来作伪的沁色不自然、不和谐、缺乏层次感,在沁色和玉质之间缺乏自然的过渡。

另外,伪沁容易褪色,可能存在浓度异常的某些致色元素,又或者在一些较难沁色的玉中(如好的羊脂玉及翡翠)也存在不太可能出现的沁色等。对沁色的鉴定除了针对古董珠宝艺术品本身外,还应了解该件古董的来历。

清人陈原心在《玉纪》中记述,玉在西土和南土中的反应是不同的,西土(陕西、甘肃、山西、四川)等地土质干燥,玉在其中较难风化,其沁多为土沁(黄色);而南土多水,温度大,玉质较易与水及其中的化学物质、有机质发生反应而产生各种沁色。因此不同来源的古董珠宝艺术品,其沁色或表面特征有差别。

对作残仿古物的鉴别，可从古董珠宝艺术品表面擦痕或伤残处的特征进行判断。凡是划痕规则、清晰且分布无道理的，划口新可见玉质痕迹等，多为作伪；凡是断口处沁色分布规律不自然且可见新鲜断面者，大多为人工致残仿古者。

对人工仿古物的鉴定虽然已有数百年历史，也有许多方法，但科学的鉴定仍然刚刚起步，要获得确切的证据，关键仍然是多观察出土的、真的标准器，并总结测试出各种指标性的数据。

二、断代

所谓断代就是要确定古董珠宝艺术品的确切制作完成时代，这一方面的工作难度有时更甚于鉴别，主要原因是它需要有极为丰富和详尽的历史文化知识及完善的资讯。

目前断代的方法主要是借助考古地质学和类型学、工艺特征，并结合现代同位素测年技术完成的。正确把握不同时代、不同区域或国家古董珠宝艺术品的时代特色和艺术风格是断代的关键所在。

断代的过程就是利用考古发掘出土的器物按型式排比，并参考同时代雕塑、绘画、陶器及金属器物的基本特征，借助历史文献资料来确定出某些时代的古董珠宝玉器艺术品的特征及演变轨迹，并以此为依据（标准）来对传世品或没有典型时代特征，或者非科学发掘出土物进行比较、参对的过程。有时同位素年代数据可为古董珠宝的断代提供科学的参考。

概括而言，断代的具体工作可从如下几个方面展开。

1. 根据古董珠宝艺术品的材质进行判断

在不同时代、不同区域，古董珠宝艺术品的材质往往不同，因此，根据古董珠宝艺术品的材质，尤其是材质的组合，可以反推其制作完成的时代。

例如，古埃及第十二王朝的珠宝中（约公元前 1900—前 1800 年）往往是多种材质混用，它们可能包括金银、青金石、孔雀石、绿松石，玉髓、紫晶、绿色长石、贝壳等。其中，黄金是古埃及首饰中最重要的材质之一，其使用之广泛、使用之早，是世界文明进展的重要象征。如乌尔第一王朝王陵中出土的饰品全是由金、银和青金石、红玉髓制成。

20 世纪 20～30 年代，欧美珠宝质材的特点是铜、铝大量被用来代替传统的贵金属，以强化珠宝的“装饰功效”，而许多贵重宝石则和一些常见的宝石如珊瑚、软玉、玉髓、水晶及珐琅掺合一起，以产生“装饰风格”艺术大师们所期望表达的强烈的颜色对比效果和形成“质感对比”，并产生三维立体艺术效果。

这一方面的工作一般是大尺度的或者说是概略性的判断，除非特殊的情况，仅靠质质并不能完成精确的断代。

2.根据古董珠宝器艺术品的器形判断

不同区域、不同时代的古董珠宝艺术品，受当时生产力发展水平、社会文化形态及生活习俗所影响，其珠宝首饰艺术品的器形类别、大小及设计风格均有很大的差别，因此根据其器形及其含义可以对其生产制作时代进行判断。

中国古玉中，不同器物出现和繁荣的时间是比较清晰的。玉兵器主要出现在商、周二代，其中以商前期最突出，主要有玉戈、玉刀、玉戚、玉钺，春秋战国乃至其后的时代，除仿古器中有少量作品外，这种器物很少见到。

玉玺较早出现在春秋战国，秦以后常见。刚卯、严卯出现在汉代，是一种方柱形的辟邪饰物，一般刻有许多文字，成双佩戴。玉鸡心首饰主要见于汉代，其后少见。玉飞天始于唐代，是我国玉文化受外域文化影响而相互结合的产物。其后佛教、道教诸教盛行，在玉雕中始见玉佛、玉观音等雕刻，而玉屏风等陈设类玉器首见于汉代，盛行于明清。上述器物亦具有一定的指代意义。

国外古董珠宝艺术品器型特征，目前并无系统总结。Anne M Miller(1992)认为英美的古董珠宝可以分成乔治时期(1714—1837 年)、维多利亚时期(1837—1901 年)、新艺术时期(1895—1915 年)、爱德华时期(1901—1910 年)、装饰艺术时期(1920—1930 年)和回复现代时期(1940—1950 年)。大体来说，在不同国家及不同时代，亦各有特色。例如，英国维多利亚时代(1837—1901 年)的古董珠宝大多是夸张奢华的，大颗有色宝石、石榴石的群镶黄金首饰流行，这种珠宝风格和当时社会文化流行男士以大胡子、络腮胡子为美和女士以宽大的裙环、袒胸露肩为美的装饰习惯有明显的关联。

而 20 世纪 20～30 年代至第二次世界大战期间，欧美流行的“装饰艺术风格”的首饰，线条及造型亦有鲜明特色。其设计是以方形、椭圆、环形等几何图形为基础，造型中常出现重复曲折的线条，其中平直线条的运用，造就了该时期欧美珠宝首饰常常是由不同几何图形的部分镶嵌排列而成，其风格明显融入了“工业设计”的理念，体现了当时工业化生产对珠宝首饰制造业的影响，并使珠宝首饰业和现代时尚(如服装业)密切结合，同时推动了两者的工业化进程。总之，优美的几何造型和流线型设计、工业化的理念、强烈的色彩对比和装饰效果，成为该时期西方珠宝风格的重要特征。由虎睛石、绿松石和彩色水晶群镶而成的甲壳虫及跑狗等动物造型也是该时期首饰的重要流行形式。重要的设计师有法国人保罗·勃瓦海、保罗·朗茨、让·富凯等。因此，国外古董珠宝艺术品的外型设计同样具有时代特征。

3.根据古董珠宝艺术品的切工、雕工、镶工工艺及纹饰进行断代

中国古代玉器的制作过程大概可分为 8 个部分：①开片做坯；②划图做花；③按图刻划阴线；④将突出部分外围多余的地方去除——剔地阳纹；⑤镂雕或浮

雕；⑥多层或立体镂雕；⑦抛光；⑧穿孔挂件。其中③～⑥是主要的步骤，是当时工艺水平与艺术风格最直接的体现。

这种特征最直接的表现，就是珠宝玉器表面的纹理，因此，珠宝玉器纹理又称为“胎记”，是断代最重要的外在特征之一。

从装饰纹样看，商代的饕餮纹、周代的窃曲纹、战国的蟠螭纹、汉代的四神纹和云气纹、六朝的莲花纹、唐代的牡丹花纹、元代的松竹梅、明代的串枝莲等，都具有时代指示特征。

例如，中国古代玉璧的纹饰，就是一种很好的断代标志之一。三代（夏、商、周）以前的玉璧较多是素面无纹的，即使有，往往也是一些含义模糊的简单阴刻线。商代玉璧较多为弦纹。春秋战国至汉代，玉璧出现云纹、谷纹、蒲纹，间或有螭纹，其中谷纹、蒲纹的广泛使用体现了在动乱时代，社会对农业、对基本生存需要的诉求。谷璧、蒲璧也是我国古代使用时间最长的璧种，谷璧上的纹饰是成排密集的小乳丁，乳丁上雕成漩涡状，是谷子发芽的喻意。蒲璧的纹饰为蒲草图样，它是一些极浅的六角形格子状的纹理，象征编织的蒲席图案。具有这两种纹饰的璧，主要见于战国时期和汉代。战国时期，璧既是珍宝，也作为人身佩饰及各种抵押品、赏赐品、礼仪用品，其形态一般较小，表面光亮且做工精美，一直到清代，这两种纹饰的璧仍在制作，充分反映出我国古代农业社会的基本特征。汉代则出现大量的丧葬用大璧。宋元以后，出现各种凸雕螭纹、乳丁纹、兽面纹、花鸟纹装饰的玉璧。

除了纹理以外，雕刻工艺也是时代特征的反映。以璧为例，镂雕玉璧始见于战国时期，盛行于汉代。其中，汉代在璧的一端/侧凸镂雕出螭龙对拱的装饰物，螭龙间还有“益寿”、“长乐”、“宜子孙”等字样，是我国较早出现镂雕文字的玉器。虽然不同的鉴赏家对这种精美的玉璧有各种称谓（如出廊璧、拱璧、系璧等），但其时代特征是很明显的（附录3）。

国外不同时代的古董珠宝艺术品，在其镶嵌制作特征及外表装饰上亦有固有的特征，根据这些特殊的“表象”，我们也可推断其制作时代。

例如，在100多年前的欧美珠宝市场上，“新艺术风格”的珠宝首饰成为市场上珠宝首饰的主流（1895—1915年）。这种艺术风格的主要特征之一是大量利用线条来装饰，特别是利用一些弧形线条，如藤蔓攀爬、植物茎蔓卷曲的形态，来表达作品的意境，其设计常常有不对称和飘逸的感觉。在珠宝及器皿的表面，非常注意细节的表达，表面常常会出现一些十分细腻的錾花浮雕设计，以增强作品的艺术表达力。在这种风格的影响下，该时代的一些银器甚至会出现造型美感不足，但表面装饰却复杂细腻、繁琐有余的感觉。法国的罗内·格里格（Rene Lalique）是这一艺术风格的著名代表，他创作的珠宝首饰中，蜻蜓、飞蛾及昆虫造型是非常有代表性的。在昆虫翅膀中，他用金银做出翅筋，间隙中还有五颜六色的玻璃或珐琅，整体造型上宽下窄，各部分由柔软飘逸的线条衔接起来，作品给人一种飘然欲仙和变幻的感觉。

4.根据古董珠宝艺术品同位素年龄断代

这种方法主要运用在一些墓葬珠宝的断代上。断代不一定是针对珠宝本身，而可以根据具有相同时代特征的其他的同墓器物进行。

利用这种方法断代的前提是可以找到能满足同位素质谱分析的“样品”。太新的器皿由于易受到其他因素的影响，其数据的可用性一般较低。目前常用来断代的同位素技术包括^{14}C测年、铀系测年；另外，还有热释光测年等技术。

一些比较古老的古玉断代，如新石器时代河姆渡文化遗址、红山文化遗址的年龄都是由古玉附着物或墓葬中同时期其他物品的碳同位素测年数据确定的。河姆渡文化遗址第四文化层共测定了 9 个样品，最大的^{14}C同位素法测得的年代距今6 950年，最小的年代距今 6 570 年，平均为 6 770 年。查海遗址玉器制作时代的^{14}C同位素年代距今 7 500 年。

5.根据历史文献的记载断代

这种方法对一些传世古董珠宝艺术品的断代有重要意义，特别是一些具有重要艺术价值和历史文化意义的大型器物的断代、历史文献的记载和描述有重要的参考价值。

例如，大型玉雕作品“渎山大玉海”，虽饱经沧桑，曾一度流落民间，但由于该器物属大型作品，关于其制作过程及工艺特征的史载甚详，因此，即使历经数百年变化，人们仍能很容易根据其特征进行断代，确定其为元代制作的大型玉雕。

又如，有些古董珠宝艺术品虽然实物流存的时代比较晚，但如果有详实的史料证实其出现时代，我们也可以推断这类珠宝艺术品的出现时代，欧泊正是这种情形。一些传世的珠宝艺术品，如果其流传的年谱记载清晰，其出处又有确切的文献佐证，其断代也可以有关的文献作为重要参考，并最终根据其材质及艺术风格等特征进行确定。

6.根据其他古董文物进行判断

对于一些无法根据其本身特征进行断代的珠宝艺术品，同墓葬的其他古董文物便是其主要的参考物。如其他的陶器、青铜器或木器艺术品等，如果两者艺术风格、特征相若，而这些器物又能根据其特征进行断代的话，便可作为珠宝断代的佐证。

利用这种方法进行断代，尚应参考大量的历史文献及鉴定资料，以便能确定它不是古代的仿制品，以免作出错误的判断。

总之，古董珠宝艺术品的断代是一件非常复杂的工作，需要综合包括历史、文化、艺术、科学及民俗与工艺等多方面的知识、技能、经验，才能获得较为准确和完整的判断。而这方面的工作对于判断其价值又是必不可少的。科学发达时至今日，仍然有许多历史悬案有待后人的解读。

第五节　古董珠宝玉器及首饰艺术品品质评估要素分析

古董珠宝艺术品的品质是指决定古董珠宝艺术品价值的物质基础及内在因素。由于古董珠宝艺术品的种类及来源复杂，因而要泛泛讨论每一类古董珠宝的品质评价要素极为困难。作为方法导论，我们认为古董珠宝品质评价的要素可归纳为以下几个方面。

一、古董珠宝艺术品制作时代及其可靠性的影响

古董珠宝艺术品和一般珠宝的差异，主要在其历史和时代的不同，或者说在于其蕴含的历史文化价值的不同，而珠宝制作时代正是这种历史文化价值的一个重要的衡量尺度。

一般来说，古董珠宝艺术品的制作时代越久远，价值水平就越高。但具体而言，我们并不能简单比较两个不同时代珠宝艺术品的品质的高低，原因是不同时代珠宝艺术品的数量及保存状态是不同的，它所反映的历史文化的价值也就有明显的差异。

例如，一件时代较新的、非常罕见和完整的隋朝的古玉，可能较一件普通的汉代玉饰有更高的价值认同，原因是前者虽然时代较新，但由于目前发现的隋朝玉器相对较少，它对于揭示当时社会制度及文化演化有更为丰富的资讯，后者则可因汉代玉饰相对较多，因而其价值相对降低。

所谓的“一般来说”是指在其他要素相同或相近的条件下的比较，是一种相对的概念，两者并不存在简单的线性关系。进一步来说，时代越久远的古董珠宝艺术品，时间要素的重要性就越大。另一方面，古董珠宝艺术品的时代特征是否确切同样会影响其价值，一些具有准确年代的古董珠宝艺术品，总是比年代不详的古董珠宝艺术品有价值。

二、古董珠宝艺术品工艺水平的影响

古董珠宝的艺术水平包括其造型、制造工艺、材质的运用、色彩的配搭、美学效果等方面。由于不同的民族、不同的国家在不同的历史时期可能有不同的审美要求，因而，关于古董珠宝艺术品的艺术水平的标准同样具有相对性。

在相同时代的古董珠宝艺术品中，制作工艺水平或工艺品质是价值要素中最重要的因素之一。一般来说，宫廷作品会比民间作品包含更多的文化信息，也更能反映当时历史文化艺术的最高水平，因而其“价值”也相应更高。

有时不同类型的和不同地区的古董珠宝艺术品也很难比较其工艺水平的高低。例如，我们很难比较我国汉代的玉雕是否会比古埃及的黄金工艺有更高的艺术水平。一种较为客观的比较，应该是在相同的文化圈中与同时代其他古董珠宝艺术品的比较。另外，在比较这种艺术品工艺水平的时候，一般亦不宜用现代的作品作为标准，而应该以某一时代科技发展水平作为标尺，参考大多数同时代作品来获取品质优与劣的标准，否则，我们便很难去发现许多古董珠宝艺术品的“工艺美”，也无法发掘其所蕴含的古人的智慧和劳动。

三、古董珠宝艺术品“经历”的影响

所谓古董珠宝艺术品的“经历”是指和古董珠宝艺术品相联系的政治、历史或文化事件。我们知道，古董珠宝艺术品之所以有较高的价值，主要是因为它能反映当时社会政治、经济道德、文化宗教、民俗及工艺方面的发展水平和时代特征，因此，一旦某件古董珠宝艺术品或某类珠宝直接和这种事件相关连，它的“价值”水平就会较同时代其他珠宝有所提升。

例如，“和氏璧”之所以价值连城，并不仅仅因为它是一块古代“美玉”，更重要的是它的“来源”和“经历”。卞和被两朝君主砍去手脚仍坚持献宝的传说以及蔺相如机智斗秦王，最终使“和氏璧”完璧归赵的历史故事，以及历代君王对“和氏璧”、“玉玺”追逐斗争的历史事件，这一切构成了“和氏璧”古玉的价值基础。有学者认为和氏璧是古代的大金刚石，不是一般意义上的玉，本书不在此讨论这一争议。

同样，一些和古代名人相关的古董珠宝具较高的价值亦同此理。与此有关的一个著名例子是肯尼迪夫人戴过的一串假的珍珠项链，市价不过100美元，但在苏富比拍卖行的拍卖中，有人出16万美元把它买走，说明了古董珠宝艺术品“经历”对价值的影响。

四、古董珠宝艺术品材质或宝石种类的影响

在现代的珠宝艺术品中，珠宝或宝石的种类及品质是影响其价值的重要因素。同样，在古董珠宝艺术品中，这一要素也是重要的品质要素之一，特别是对于一些时代较新的古董珠宝而言，它可能是一个举足轻重的价值要素。

例如，我们不难理解1枚钻石的古董珠宝戒指的价值会较10枚相同时代的石榴石戒指或橄榄石戒指有更高的价值。同样，一块雕琢精美的翡翠玉器的价值亦会高于同时代、同样精美的独山玉或岫玉玉器。1件做工精美的银器的价值亦不

会高于同时代相同工艺品质纯金制品的价值。

相对而论，古董珠宝艺术品材质价值的高低会受现代人对珠宝种类价值观念的制约。凡是今天认为是高品质的宝石，其古董珠宝艺术品的价值较高；相反，一些古人认为是高品质，但今天已变成为普通宝石的古董珠宝艺术品，其价值认同可能会降低。这可能是“将今论古”对价值观念的影响。

五、古董珠宝艺术品完美性及可用性的影响

保存完好的古董珠宝艺术品一定较破损的古董珠宝“残器”艺术品具有更高的价值。它说明珠宝的完整性是影响古董珠宝艺术品价值的要素之一。

古董珠宝艺术品由于经历了一定历史时期的“流传”或“墓葬”过程，受到各种自然环境的侵蚀与破坏、人为保管及运输转移不善的影响，能完整保存的实在是少之又少。在许多考古发现的陪葬品中，“全器”常常只有“残器”数量的几分之一甚至几十分之一，因此，物以稀为贵实属必然。

另一方面，完整的古董珠宝艺术品，由于能更好地反映当时的工艺水平及审美倾向，也能更完整地表达当时社会的风尚，因而比“残器”具有更大的历史文化信息量，其身价亦高。

而从收藏的角度看，“全器”有更高的艺术效果，市场需求远远超过一般的“残器”，因而其价值就非一般“残器”可比。如果某件古董珠宝至今仍然可以佩戴，那它一定会更受人们的喜爱从而增加其价值。

但有时一些不产生破坏性的后天的变化也有可能给古董珠宝产生正面的价值影响，特例之一是我国古玉中的“沁色”，“沁色”在大多时候是对古玉玉质的一种破坏，但由于许多古玉表面的‘沁’能产生特殊的颜色视觉效果，使收藏者更能或更易感受到古玉的“古色古香”之美，因而深受部分收藏者的喜爱。古董藏玉家所谓的“一目三美”其中便有“沁色美”。因此，“沁色好”的古玉有时反而比一些无沁的古玉有更高的价值。

六、古董珠宝艺术品题材及形制的影响

不同题材与形制的古董珠宝，其蕴含的历史文化价值可以有较大的差异，因而是决定其价值水平的重要要素之一。

例如，一些形制较大、制作工艺精美的古董珠宝器物和一些手工较为简单、形制较小的饰物相比，由于前者包含有更多的人类劳动，这些器物上面也蕴含有更能反映人类发展演化、历史人文信息，因而前者的价值就明显高于后者。

同样，外型雄伟，气势非凡，造型精巧、美观，寓意清楚的古董珠宝作品，自然比一些外形设计缺乏特色的泛泛之作更能引起收藏家和市场的兴趣，从而有更高的

身价，就此点而言，它和现代珠宝评估是一致的。

七、古董珠宝艺术品来源及“身份”特征的影响

凡是来源确切、特征明显的古董珠宝艺术品均较那些“出身”来源可疑、身份特征或时代特征不清晰的器物具有更高的价值水平。

例如，历代的古玉或金银器中，有一些是皇帝或朝廷为了纪念某些特殊的事件而制造的，这些器物一方面是历史上常有特殊的记载，而在有关的器物上也刻特有的錾文或题款。这些古董珠宝艺术品实际上就是一些特殊事件的见证物，具有很高的历史“文物价值”。

根据韩伟对法门寺地宫考古的记述，法门寺创建于东汉，弘盛于唐代，是我国唐代安置释迦牟尼真身指骨的四大名刹之一，其内藏有 4 枚佛指舍利。1987 年清理挖掘时，曾出土金银器 121 件，珍珠石、玉器近 400 件(颗)。由于出土的金银器通体华贵、富丽，更为重要的是许多金银器上都有唐皇僖宗(五哥)的题记(僖宗是懿宗第五男，在册立为皇太子之前，宗室内以“五哥”相称)，因而是确切的皇室器物和“身份”明确的“古董珠宝艺术品”，被认为是至今发现的等级最高、价值最大的唐代金银器物。同时发掘的一批金银器是皇帝为迎接佛祖真身而特别制造的，其中一件卧龟莲花纹朵带环王足银熏炉，因炉底錾刻有“咸通十年文思院造八寸银金花香炉一具并盘及朵带环子，共重三百八十两。匠臣陈景夫、判官高品臣吴弘悫、使臣能顺”字样，名称、作者、质量等数据清晰，是研究唐代宫廷内金银作坊组织、职官设置、唐代晚期度量衡及宗教礼仪等方面难得的珍品，因而具极高的价值。

八、古董珠宝艺术品数量(稀有程度)的影响

“物以稀为贵”是制约所有商品价值的重要原则，因而也是影响古董珠宝价值要素之一。这里所说的数量是指在同一时期所发现的相同或相近器物的数量，当发现的数量少而蕴含的信息量大时，其价值就高；相反，当发现的器物数量较多时，其价值自然相对降低。

综上可以看出，市场需求和供应之间的关系，仍然是制约古董珠宝价值及品质的重要约束机制。当某种类别的古董珠宝少，而市场上的需求又大时，其身价自然就高；相反，如同一数量的古董珠宝艺术品很多时，市场上的需求者又相对固定，则其身价会相应下降。这说明市场经济规律同样是决定古董珠宝艺术品价值水平的一个重要因素。

附录 4 给出部分古董珠宝拍卖价格及其变化。

第六节 古董珠宝玉器及首饰艺术品的描述及评估

一、古董珠宝艺术品的描述及评估

在明确顾客评估目的及评估用途的情况下，古董珠宝艺术品的描述应包括以下内容。

(1)古董珠宝艺术品的类别。是陪葬品还是传世品，珠宝的合理来源及拥有者，有关古董珠宝的时代证明。

(2)古董珠宝艺术品首饰类别。是古董宝石首饰、黄金首饰或者是古玉器；古董珠宝的确切种类。

(3)古董珠宝艺术品的外观特征。包括完整性或残损的情况，是否曾修补及是否可佩戴等特征，古董珠宝的大小、尺寸。

(4)古董珠宝艺术品的品质情况。包括宝玉石材料的颜色、质地、透明性、光泽和净度的情况。

(5)古董珠宝艺术品的制作方法、加工工艺特征。是宫廷制品还是民间制品等。

(6)古董珠宝艺术品流传的历史及有关的重要记录或特征。有时来自古董珠宝艺术品持有人家族的一些证明文件，正式出版物的记载也可作参考。

(7)古董珠宝艺术品真伪鉴定的情况。

(8)同类古董珠宝艺术品在市场上的可见程度及有关的拍卖记录。

(9)珠宝评估者的个人资历及对该类古董珠宝艺术品的熟悉程度。

二、古董珠宝艺术品作业单(据 Anne Miller)及古董玉石艺术品作业单

1. 古董珠宝艺术品作业单(着重贵金属首饰及宝石)

古董珠宝类型：________________________________；

生产方法：____________________________________；

古董珠宝艺术品品牌：__________________________；

金属：__________；设计：__________；图式：__________；

款式：__________；大致年代：__________；印记：__________；

制作工艺：__________；差______；一般______；很好______；状况______；

穿戴性：__________；耐久性：__________；金属质量：__________；

是否需要修理：________________________________；

是否有明显的修理痕迹：________；
宝石的数量与鉴定：________；
宝石品质等级的描述：________；
修饰（上釉等）：________；
出处：________；
全面的描述：________；
研究（资料来源）：________；
估价：________；
日期：________。

2. 古董玉石艺术品作业单

古董玉石艺术品玉质种类：________；古董玉石艺术品工艺类别：________；
古董玉石艺术品生产年代：___；制作者（或标记）：___；民间或宫廷制品：____；
古董玉石艺术品来源：________；
古董玉石艺术品颜色、特征：________；
古董玉石艺术品质地特征：________；
古董玉石艺术品工艺特征及风格：________；
古董玉石艺术品纹饰特征：________；真伪鉴别：________；
古董玉石艺术品大小：________；完整性：________；
古董玉石艺术品佩戴、使用及经历：________；
古董玉石艺术品其他需特别说明的情况（包括市场的情况）：________；
评估者的综合评述：________；
评估者的资历，有关研究资料的出处：________；
估价：________；评估日期：________。

三、古董珠宝艺术品的评估及估价

由于古董珠宝艺术品通常非常独特且无法进行简单重置替换，因此评估只能采用市场比较法进行。

利用市场比较法进行比较分析时，重点是寻找到工艺特征和品质水平相近的古董珠宝艺术品，并获得有关的价格资料，在此基础上，再进行市场级别和其他的一些次要因素如可佩戴性及市场流行等方面因素的调整。

大多数的古董珠宝艺术品在国内市场未必能找到相同或类似的参考物，但在国际市场上就有可能找到足够数量的相似物。这种时候，资讯就成为评估古董珠宝艺术品的关键。而对于一些独特的古董珠宝首饰或艺术品，足够的经验和充分的人文学识非常重要，特别是对历史的了解有可能成为决定评估准确性的关键。

在对参考物进行比较时，必须要考虑古董珠宝艺术品的材质、工艺、制作人、制作时代以及器物的用途及类别，有时候年代可能是影响其价值的关键(对年代特别久远和稀少的物品)，也有时候工艺才是决定其价值的关键，评估者必须对古董珠宝艺术品市场有深入的研究。

在一些情况下，古董珠宝艺术品的数量及收藏品市场的需求可能成为决定古董珠宝艺术品的重要力量，而古董珠宝艺术品的完美性及可佩戴的情况、沁色的外观等(对古玉而言)都可能对古董珠宝艺术品的价值有重要的影响。另外，古董珠宝艺术品的来源、出处及真伪鉴定的可靠性，古董珠宝艺术品的历史情况，在一定程度上也可决定具体一件古董珠宝艺术品的价值。

就中国目前的市场情况而言，可为评估者提供可靠价格来源的出处主要有两处，一是国际或国内拍卖行的拍卖成交记录，二是文物商店有关的成交记录。此外，另一个比较有价值，但其可靠性取决于评估人经验和对市场研究功力的价格来源是全国几个重要文物集散地，如北京、西安等古董、古玩市场的行情，后者的真实性随时间及交易情况可有很大变化。美国的古董珠宝网站：www.EJAA.net 和中国的雅昌艺术网：http://www.artron.net 是可获得相关古董珠宝艺术品拍卖资讯的较可靠的网站资源。

第七节　古董珠宝玉器及首饰艺术品估价的问题

从事珠宝估价不可避免地会涉及到古董珠宝艺术品，即有一定历史文化价值珠宝的估价问题。但是事实上对于一般只受过宝石学和经济学训练的估价师而言，并非所有的古董珠宝艺术品都是可以估价的，古董珠宝艺术品的估价远较一般珠宝估价复杂和困难。概括而言，困难至少来自以下几个方面。

(1)古董珠宝艺术品的价值与珠宝品质之间并没有必然的联系，有些有特殊历史文化价值的珠宝艺术品，其历史文化价值远较其经济价值为高，因此决定其价格的并不是宝石的种类或品质，而是该珠宝的制造时代及与其关联的历史事件。

许多皇室珠宝由于与某些历史名人拥有或者曾被用作贡物等都会使这些珠宝身价百倍或者成为“无价之宝”。我国历史上的“和氏璧、“随侯之珠”都可视为此类珍宝。1997 年北京瀚海拍卖公司以 242 万元拍出红山文化玉雕“太阳神”就是这类古董珠宝艺术品的一个案例。

(2)古董珠宝艺术品中可含有巨大的商誉价值。许多古典(董)珠宝艺术品从一开始制作就是为达官贵人或富人名流而作的，制作者本身往往也是一些有名的工匠或公司。这些公司或名匠，无论今天是否仍存在，他们的制品中都包含了许多时代和文化传承信息，使得这些古董珠宝艺术品的价值非同凡响，难以和现代市场价格进行类比。

例如，1996 年 2 月 22 日在瑞典圣·毛里斯举行的第 21 届苏富比拍卖会上拍卖的一件由 14 颗钻石镶成的叶形首饰，由于它是 19 世纪欧洲宫廷首饰工匠精心设计制作的，整件首饰雍容华贵，拍卖价达到 253 372 美元，是最初估价的 10 倍。

又如，中国汉代和唐代所制作的许多金手镯或金步摇(发簪)，大多出自宫廷名匠之手，其中往往包含当时许多工艺艺术的精华，这样的一些古董珠宝艺术品很难用每克多少钱的尺度去衡量。

对同时代的古董珠宝艺术品来说，工艺精美的艺术品具有更高的价值。因此，有人说古董珠宝的价格(值)是拍(卖)出来的，而不是估出来的，就是这个道理。

(3)古董珠宝艺术品的市场非常独特。古董珠宝艺术品的供求关系很难与现代珠宝首饰市场相比较，除了“物以稀为贵”是共同的以外，由于古董珠宝艺术品的数量非常稀少，估价者很难在相近市场上找到恰当的参照物来参考，其价格往往就只取决于需求方弹性，用经济学的术语来说，古董珠宝艺术品很多时候供给是无弹性的，其市场价格完全取决于市场需求。因此，从某种程度上说，有人能出多高的价钱，它的价值就有多高。

(4)古董珠宝艺术品所用的材质与今天有很大的差异。古董珠宝艺术品制作是非常名贵的一些宝石，如绿松石、珊瑚、玳瑁、琥珀和珍珠等，在今天已成为一般的宝石。如果以今天市场上宝石的价值去衡量这些古董珠宝的价值，就会产生极大的误差。这一点同样说明对古董珠宝艺术品而言，历史价值高于质材价值，但两者之间价值大小的平衡或比较并无统一的模式。如我们说红山文化岫玉的价值有可能高于清代翡翠的价值，但却不能说，所有红山文化岫玉的价值都高过清代翡翠的价值，更不能因此说，明朝岫玉的价值也高于清代翡翠的价值。

上述几个方面的情况实际说明，对古董珠宝艺术品而言，时代、工艺、材质、稀有等影响价值的因素中，并无明确的数学大小关系，它们对价值的影响完全取决于具体每一件古董珠宝艺术品本身的情况以及古董市场的需求。因此，笔者认为没有深厚的历史文化知识(学位)，对古董市场的行情不熟悉的珠宝估价师，或者说只受过宝石学与经济学培训而无历史文化修养的珠宝估价师，需要进行组合才能对古董珠宝艺术品进行评估。

思考题

1. 什么是古董珠宝？
2. 古董珠宝的品质由哪些因素确定？
3. 在评估古董珠宝前必须要解决什么问题？它们涉及哪些方面的工作？

4. 从哪些渠道可以了解到古董珠宝的行情？

5. 进行古董珠宝评估需要什么修养？

6. 古董珠宝评估和现代珠宝评估有什么异同？

作　业　题

有一件晚清制作的清白玉玉佩，尺寸为50mm×40mm×4mm，玉质细腻，玉佩为岁寒三友寓意挂饰，佩件边部有细小微裂纹，宫廷做工，工艺好，顾客评估目的为拍卖估价。请写出完整的评估报告（不足条件自己设定）。

第十一章　观赏石类宝玉石的评估

第一节　观赏石的概念和特点

观赏石，英文名 Ornamental Stone，顾名思义，即指具观赏价值的石头，又称奇石、雅石、玩石等，是指天然形成的具有观赏、玩味、陈列和收藏价值的各种石体，包括一般未经琢磨而直接用于陈列、收藏或装盆、造园的岩石、矿物、化石和陨石等。观赏石中蕴涵着艺术美，被称为天然形成的石质艺术品。

观赏石在不同的国家和地区有不同的名称，如在韩国，被称为“寿石”；在日本称为“水石”、“自然石”；在新加坡、马来西亚、印尼与泰国多称“奇石”；在台湾和港澳地区多称“雅石”。欧美赏石界深受日本赏石文化的影响，目前多用日本名称“水石”。观赏石以奇特的造型、艳丽的色彩、多变的纹理或具某些纪念意义等特点深受人们的喜爱。

观赏石具有客观存在性、独特稀有性和主客观可鉴赏性等珠宝属性，是天然宝玉石中一类重要的品种，但它们之间又有一定的区别。

宝玉石包括天然宝玉石和人造宝玉石两类，注重其色泽、透明度、光泽等，须经琢磨加工，可批量生产，主要用作首饰挂件及工艺品；而观赏石强调其浑然天成，并保持其天然状态，不需太多的加工，注重于其可观赏的艺术价值。观赏石石质多样，包括天然岩石、矿物晶体、古生物化石。一些有观赏价值的宝玉石原料，如完美的矿物晶体和晶簇，如水晶晶簇、具漂亮纹理的玛瑙、葡萄状孔雀石等都是珍贵的观赏石。

按袁奎荣等(1994)的意见，若矿物晶体或矿物集合体、岩石作为宝玉石的原料，加工成宝玉石或艺术品之后，其经济价值超过观赏石，就应将它作为宝玉石；相反，加工后的经济价值不如作为观赏石的价值高，则属观赏石之列。

观赏石具有以下特点(袁奎荣等，1994)。

(1)天然性。观赏石通常是浑然天成且保持天然产出状态者。

(2)奇特性。观赏石在色彩、形态、质地、纹理、图案、内部特征等方面，往往表现出妙趣横生或生动形象等特点，成为“新、奇、美、异、独、特”的奇矿异石。

(3)稀有性。物以稀为贵,越是稀罕者价值越高。

(4)科学性。某些观赏石包含深奥的科学道理,反映某一阶段的科学事件,具有重要的科学研究价值(如陨石、南极石等)。

(5)艺术性。观赏石能够给人回味,产生美感、联想和激情。从赏石中陶冶人们的情操,提高美学水平。

(6)可采性。所有观赏石都应能采集于自然界中,并用于室内收藏、陈列与装饰。

(7)区域性。某些观赏石带有浓烈的地方特色和地区风格,所反映的是区域性的自然规律,例如西北的风棱石、西南的钟乳石等。

(8)商品性。观赏石作为一类特殊的矿产资源,应可以直接或间接地产生经济效益,具有一般商品的特性。

另外,观赏石还有时尚性。许多观赏石的流行与时尚文化有一定的关联,具有特定的"生命周期"。如我国20世纪末到21世纪初以"夜明珠"观赏石为流行的"时尚"。因此,并不是所有的观赏石都有恒久不变的市场。

第二节　观赏石的分类

观赏石的分类是观赏石鉴赏的重要内容,也是对观赏石进行赏析、鉴评、交流、开发、贸易和研究等的基础。

目前国内外尚无统一和完善的分类标准。不同的专家、收藏家及爱好者从不同的角度提出不同的分类方案,如《宝玉石大典》中观赏石按历史发展分类,分为古代观赏石和现代观赏石;按成因或来源分类,分为地球石(内生石、外生石、变质石)和天体石(陨石、月球石等);按艺术性(工艺美术类)分类,分为秀色石、奇形石、图案石、花纹石、灵性石、文房石等。也有传统的以产地分类,如太湖石(江苏)、灵璧石(安徽)、黄河石、汉江石等。还有的按现代地质科学观点或成因分类、按使用功能分类等。

袁奎荣等(1991)根据观赏石产出背景、形态特征及所具意义等的不同,将观赏石分为如下7类:①造型石;②纹理石;③矿物晶体;④生物化石;⑤事件石;⑥纪念石;⑦文房石。在地质行业标准(DZ/T 0224—2007)中将观赏石分为造型石、图纹石、矿物、化石和特种石5大类。本书按观赏石的自然属性和产出状态将观赏石分为岩石类观赏石、矿物类观赏石和古生物化石类观赏石。

一、岩石类观赏石

岩石是矿物的天然集合体，由一种或多种矿物组成，具有各种各样的结构和构造。当岩石天然形成或经各种地质作用后期改造成具有奇特的造型、美丽的纹理，具有象形或抽象的图案，即具有观赏价值时，就成为观赏石。岩石类观赏石再根据观赏要素进一步分为以下几种：

(1)造型石。以各种奇特的造型或形状为特征，由大自然的鬼斧神工将各种石体雕琢而成。它们可以像山像峰，连绵陡峭；也可以似人似物，惟妙惟肖。造型石可进一步分为景观石、具象石、抽象石等。前几年发现的“中国石”，即为一块天然的具象石。它质地坚硬，黄白杂色，不仅周边形状酷似中国大陆版图，而且石体表面的凹凸起伏也与大陆地貌相似，故被命名为“中国石”。还有一些形状古怪的怪异石，介于像与不像之间，当人驻足其前，有惊其美、怪其异的感觉，很耐人寻味。这一类观赏石往往是观赏石精品。

(2)图纹石。也称图案石或画面石，以具有各种清晰美丽的纹理、图案为主要特征。这些花纹图案或是由岩石中各种纹理巧妙组合而成，或是由不同的色素离子沿某些裂隙渗透、浸染形成。图纹石可以是写生写意，如花鸟虫草、四季景象、人像物象；也可以是简单的线、面、点或色调变化，构成具有整体美；还包括岩石中纹理按文字组合规律构成的各种文字图案，即为文字石。文字石通常是单石单字，也有一石多字。它们可以单字欣赏，也可以组合成词成句赏析。如著名的文字石——中华奇石，由 4 块文字卵石组成，其中“中”是魏碑体，“华”是隶书，“奇”是行书，“石”是篆书，4 个字组合谐调，黑经白纬，字体古朴沉雄，藏巧于拙，令人惊叹叫绝。

(3)文人石。或称文房石，主要包括砚石和图章石。它们由各种岩石制成，具有一定的实用性，在中国有悠久的利用和鉴赏的历史，但它们经过加工，带有明显的人为创造痕迹。因此，这一类观赏石的归属仍有较大的意见分歧。

至于一些天外来客，如陨石、火山蛋等，它们是自然或地质事件的产物，有人把它们归为事件石；另有一些罕见而又珍贵的岩石标本，如月岩石、南极石等，由科学考察获得，或是国与国赠送的礼品，被称为纪念石。它们都具有重要的科学研究价值和收藏陈列的价值。

二、矿物类观赏石

矿物是由地质作用形成，具有相对确定的化学组成和内部结构的天然单质或化合物，也包括少数产出状态、成因及化学组成等与矿物相同，但不具稳定内部构造的准矿物，如蛋白石。矿物类观赏石指完美的单晶体(含双晶)、连晶、晶簇(同种矿物晶簇和不同矿物晶体的组合）和一些矿石矿物，以奇特的自发长成的几何多面体外形、绚丽的色彩、丰富的光泽为特征。其中，一些矿物双晶、连晶和晶簇常成为造型石、纪念石，如郭沫若收藏过的一尊孔雀石，造型奇特，色彩鲜艳，即为一块珍贵的纪念石。

矿物晶体类观赏石的鉴赏价值和完美的晶体形态，与柱状绿柱石、板状黑钨矿、锥柱状石英等有关，也与矿物集合体呈现的各种不同形态组合（造型）及绚丽的色彩有关。

三、古生物化石类观赏石

化石是在地质历史时期形成并保留在地层中的生物遗体、遗迹和遗物等。只要外形奇特、色泽艳丽、纹饰美观、质地坚硬，无裂纹及其他缺陷的古生物化石，均可成为化石类观赏石，而且是一大类别有风韵的观赏石。

按古生物属性可再分为动物化石类观赏石和植物化石类观赏石，前者如形态完美的珊瑚类、腕足类、菊石类、鱼类、古脊椎动物类等，遗物遗迹如恐龙足印等，后者如硅化木、保存完好的古植物的根、茎和叶子等。

化石类观赏石以其特有的珍稀性、科学性和可观赏性，广被人们用于陈列摆设、科普教育和收藏。

需要指出的是，由于文化历史方面的原因，岩石类观赏石在我国玩、藏者较多，尤其偏爱造型石和图纹石，一些观赏石的评价标准也由此而来；而西方国家的藏石者较推崇矿物晶体、陨石、古生物化石类观赏石。随着经济的发展、国际观赏石贸易与文化交流相融合，我国欣赏和收藏矿物类和古生物化石类观赏石的人将越来越多，中国传统的文房石、图纹石和造型石等也会逐步走向国际市场。

第三节　观赏石的品质分级

观赏石的品质评估要素主要包括颜色、形态、质地、科学、稀奇性、体量等方面，巧合（时效）、来源产地和历史渊源也会影响到对观赏石的评估。

一、颜色

指观赏石的色彩、色调、颜色的鲜艳程度、与基岩（底板）的对比和协调程度等。

对于有色的观赏石来说，颜色给人以第一印象。鲜艳的颜色总令人赏心悦目，使人产生愉悦感。特别对于矿物类观赏石来说，颜色是评价其价值的重要因素之一。国内外市场上，销售额最大，而且经久不衰者，大都具有鲜艳的颜色，如鲜红的辰砂、橙色的雄黄、黄色的“云南黄蜡石”(现已变身为黄龙玉)、绿色的孔雀石等。一般来说，紫晶的价格总高于同类无色的水晶，粉红色的方解石晶簇的价格高于无色的冰洲石或白色的方解石，不同鲜艳颜色的矿物晶体组成的晶簇的价格更比单一的浅色晶簇的高。对于岩石类、化石类观赏石，颜色也是品质评估的重要因素，色彩缤纷的雨花石比一般单一颜色的卵石类观赏石要值钱，它们均和颜色的影响有关。

除了色彩外，观赏石不同部分的色调对比等因素也是要考虑的因素。湖南浏阳菊花石，白色晶莹的“花瓣”，由天青石、方解石组成，在灰黑色石灰石基岩的衬托下，黑白分明，古色古香，备受藏石家的青睐。化石类观赏石也强调化石与底板间色彩的对比度。对比度大者，化石形体明显、充实，如浅色页岩(底板)中，保存深色化石时，品质较好；紫红色砂岩底板上附生淡青色恐龙蛋，质感对比强，观赏价值高。

二、形态与图案

即观赏石的造型及花纹图案。对颜色暗淡的观赏石来说，观赏石的“形”是第一评价要素。

不同的观赏石，对“形”有不同的要求。如对太湖石类观赏石，讲究瘦、漏、透、皱、丑等；对象形类观赏石，要求形象逼真，惟妙惟肖；对图纹类观赏石，则要求线条清晰、图案奇特。对矿物晶体类观赏石，单晶体自然要求其晶形完整，晶棱晶面发育，完美、规则的教科书式晶体，无疑深受人们的推崇，但有时歪晶或奇特外形的晶体，由于罕见，亦可以是很好的观赏石标本。矿物晶簇类，要求造型奇特，组合少见。如我国湖南石门砷矿区，有一件白色、淡灰色双锥状方解石晶簇观赏石，其造型犹如一顶皇冠，在方解石的周围，长满了拇指般大小的鲜红的雄黄和橙黄色雌黄，恰似镶嵌在皇冠上的宝石，真是绝佳的观赏石。对化石观赏石，要求形态完整，栩栩如生，如在同一块岩石上有诸多同类化石或多属种化石共存，自然是珍品甚至名丛绝品，如现存在辽西古生物化石馆的“九鱼图”等，都是极佳的观赏石。观赏石的形态千变万化，主要取决于其形成时的自然状态及其经历的后期改造。观赏石贵在天成，虽可经稍许加工，但其价值会逊于纯天然者。

三、质地

包括石质的致密度、硬度、抗风化能力等。石质坚硬、没有风化者，为上品。通常，对岩石类观赏石，其石质的优劣取决于其组成矿物颗粒的粗细及其结合方式，即取决于岩石的结构。一般是其组成矿物颗粒越细，结合越紧密，孔隙度小，石质就细腻，致密度高，岩石的质地就越好。如岩石类观赏石之精品——磬石，是灵璧石中优质品，敲击时能发出悦耳的声音。这一特征与其矿物成分较为单一且为显微它形镶嵌结构有关。雨花石按石质可分为 10 多种，其中玛瑙质、玉髓质“细石类”雨花石要比“粗石类”观赏石珍贵。

对矿物晶体类观赏石，质地还应包括硬度、透明度、解理发育程度等。在晶形、造型、颜色等要素相近的条件下，硬度大、透明度高、解理不发育、光泽强者，为上品。如水晶比普通石英、冰洲石比一般方解石的品质要好；石膏的透明度通常较高，单晶体常有好的晶形，还常有燕尾双晶，其晶簇千姿百态，令人欣赏，但由于石膏的硬度较低，性脆，解理发育，容易损伤，所以石膏仅是一种低档的观赏石。

化石类观赏石的品质评价同样涉及到质地。化石的石化程度高，特别是被硅质、钙质交代或充填者，坚实而稳定，耐风化，其品质一般较好，若化石石质松软，易损，品质就次。

四、科学意义

科学赏石是现代赏石的一个重要内容。以前国人赏石多为了修身、养性、明理、赏心悦目，而很少研究观赏石之内涵——科学意义。而这正是东西方赏石观的重大差异。其实，观赏石中包含着丰富的科学道理，或有重要的科学研究价值。如古生物化石是地球历史发展演化的见证，陨石记载着天体物质的重要信息。又如部分矿物的晶形是其结晶过程物理化学条件的反映，晶体中包裹体能说明成矿溶液的性质和来源、成因等。一些常见的透明的矿物观赏石因含特殊的“包裹体”而具有更高的价值。因此具有独特的或重要科学意义的观赏石，它对科学的重要性也是观赏石品质评估的一个因素，有时甚至是重要的要素。如前苏联自动飞船从月球表面挖掘了约 100g 岩土送回地球，1997 年 2 月在纽约拍卖，总重不到 1ct 的一份样本，其中包括一粒玄武岩岩屑和两小片土壤，竟卖出了 44 万美元。

五、稀奇性

稀少、罕见、奇特是珠宝、同时也是观赏石评估的一个重要因素。物以稀为贵，量多而价低是基本的供求关系。

逼真的象形石、图纹石、文字石，完美的矿物晶体、晶簇，栩栩如生的化石等，都是难得的观赏石珍品。1994 年，在广西南宁市奇石拍卖会上，一块“雨”字文字石，底价为 5 万元，最后以 8 万元成交。如著名的黄河石“毛泽东侧身像”，有人出价 30 万元。文字石“中华奇石”，号称东方一绝，在中央台综艺大观中播出后，在神州大地产生了轰动效应，外商也趋之若鹜。一位美国人出价 1 万美元要买此 4 字卵石，仍被婉拒。某些生物化石的保存数量稀少，因而罕见难求，如鸟化石、蛇化石、完美的贵州龙等均属稀有化石，自然价值高，而腕足类、珊瑚类等经常被大量发现，价值就低。色泽艳丽、晶形完美、造型奇特的矿物晶体类观赏石，都是难得的佳品，其价格要高于普通的同类观赏石。

此外，观赏石也是不可再生的资源。随着观赏石资源的开发和利用，有的观赏石资源面临枯竭，此时，观赏石的价格就会上升。如孔雀石近年的价格上涨很快，就因国内孔雀石资源已渐趋枯竭的缘故。一些特别珍奇的观赏石，如“大鱼吃小鱼”化石观赏石、恐龙与恐龙蛋共存的化石观赏石、能发光的矿物晶体观赏石、音乐石等，都属珍稀上品，因而奇货可居。

六、体量

体量是指观赏石的大小或尺寸。观赏石的体量与珠宝一样，凡是大而且品质好的观赏石，往往稀少罕见，因而价值更高。对于矿物类观赏石更是如此。如同为锡石晶体，0.5～1.5cm 大小、带基岩的晶簇仅 20～60 元/块，而云南的锡石晶体 3～5cm，则要上百元/块。化石观赏石也是如此，一条 200cm 长的鱼化石总比 20cm 长的同类鱼化石价格要高。当然，观赏石的体量评价，还与其用途有关。李维信曾提出一个体量分级标准，即微型＜5cm，小型 6～20cm，中型 21～99cm，大型 1～3m，特大型＞3m。微型观赏石适合于个人收藏、把玩，小型的适合家庭陈列，中型及大型的观赏石适合于展览，其中大型更适合于厅堂宾馆等陈列，大型、特大型观赏石适合造园。不同用途之观赏石，其价格自然也不相同。

七、巧合性（时效性）

在观赏石的质量评估要素中，也有一些偶然因素，如机缘、巧合等，也可说是时效性。机缘凑巧，观赏石能卖出天价。如齐彩石“回归”，于 1997 年初被发现，其画面酷似香港地区鸟瞰图，色泽、形态都十分逼真，维多利亚海峡、尖沙咀、中环、太平山、九龙、香港岛等清晰可辨，而这一年正是香港回归之年，故取名为“回归”。1997 年 6 月 8 日，在北京举行的第 32 期“中国嘉德周末拍卖会”上，底价定为 8 万元，竞卖结果，以 42.9 万元成交，可谓天价。若这块奇石在 1997 年之前或在 1998 年之后拍卖，其成交价可能达不到这个价位。

八、产地因素和历史渊源

观赏石的产地来源和历史渊源与人们对观赏石品质的认知习惯有关，特别是古代观赏石，如太湖石、灵璧石等，更有一种历史渊源产生的品牌效应。1993 年，在纽约的苏富比拍卖会上，一块太湖石以 7.1 万美元成交；1994 年 5 月，佳士得在香港的拍卖会上，一块灵璧石以 8.6 万港元成交，而同期在苏富比香港拍卖会上，另一块灵璧石则以 10.3 万港币卖出。中国南京的雨花石不仅在国内市场畅销，而且已远销美国、俄罗斯、澳大利亚、英国等国外市场。此外，中国的辰砂、雄黄、雌黄、辉锑矿等在国际市场也都有了一定的名牌效应。

第四节　观赏石的描述、市场及评估

一、观赏石的描述

评估报告中，观赏石的品质分级及描述至少应包括以下几个方面：

(1)评估目的；

(2)评估报告的用途；

(3)观赏石种类(类别)，如矿物观赏石应知道矿物的种类，古生物观赏石还应知道古生物的物种；

(4)观赏石的体量；

(5)观赏石的组成主体的颜色、图案特征；

(6)观赏石的质地，包括矿物或颗粒的粗细、主体质地的粗细、风化特征、硬度、光泽等，矿物观赏石的透明度等；

(7)观赏石的外形特征评价，包括完整性、美学价值等；

(8)观赏石在市场上出现的几率及一般的价值认同评述(意义)；

(9)观赏石可能的产地来源或形成时代；

(10) 观赏石市场供求状况及历史成交资料；

(11)对观赏石的一些标志性特征进行简要评述。

二、观赏石的市场

欧美各国收藏、赏玩矿物晶体已有上百年历史(刘光华，2006；Rock Currier，2008)，西方国家众多的博物馆、研究机构、乃至个人都大量收藏并陈列各种矿物晶体标本(Mineral Museums Websites，2009)，许多政要、研究学者、艺术家、企业家也投身其中，拥有精美的矿物晶体标本是一种时尚或身份的象征(Berthold Ottens，2005；Rock Currier，2008)。矿物晶体标本的采集、研究、整理和销售在西方已成为一门独立的产业，并形成规模化的专业市场。目前全球有数以千万计矿物爱好者和收藏家，集中在欧美国家和部分发达地区，世界各地有近 5 万家自然博物馆和矿石宝石展览馆，共收集 600 万至 1 000 万块矿物晶体(刘光华，2006；杨云松，2007)。欧美国家悠久的矿物收藏历史和数以千万计的收藏家群体，培育了一个成熟的矿物展览交易市场(表 11－1)，矿物晶体已成为国际收藏销量最大的观赏石之一。仅美国就有几千家专门经销矿物晶体、奇石的公司和店铺，其经济收入占宝玉石总收入的 30%以上。

表 11-1 世界上最著名的五大矿物展销会

展销会名称	举办地点	举办时间	特点	备注
美国的图森宝石与矿物展	美国亚利桑那州的图森市	每年元月底至2月中旬(约两周)	每年有30多家国际著名博物馆送来展品；5 000多家专业参展商出席，20多万人参观和采购。展销会场包括一个主展厅和20多家旅馆及地摊市场，分布于该市中心地带	始于1954年，至今已经连续举办了55届。是现今世界规模最大、参展人数最多、历时最长的矿物及宝石展销会，为矿标及宝石市场或价格的风向标
美国丹佛国际矿物及宝石展	美国科罗拉多州丹佛市	每年9月中旬	分区同时举办近10个专题展销会，全球参展商有1 500多家出席	始于1970年，世界第二大规模的珠宝矿物展会群，至今已举办40届。其模式类似于图森的展览会，是欧美矿商在下半年采购的大好时机
德国慕尼黑矿物展	德国慕尼黑市	每年10月中旬	交通便利，住宿方便，地域集中，陈列精美，展品品质高，便于比较和选购。每年有全球50多个国家的1 000多个厂商参展	欧洲具有领导地位的矿物展会，誉为"欧洲第一大专业展会"，是国际矿物行情的风向标。连续举办了46届矿物化石宝石展
法国圣玛丽矿物及宝石展	德法边境的法国阿尔萨斯地区圣玛丽小镇	每年6月底	该地区矿产资源丰富，小镇由矿区居民组成。源于该矿区矿工的交易遗风演变为此展会。展会时封闭小镇街道和公共场所，用于搭建大小不一的帐篷和展厅布展，供世界50多个国家的800多个参展商布展	法国规模最大的矿物展，被誉为"世界第四大规模的矿物展"，至今连续举办了44届
东京国际矿物展	日本东京	每年6月份	每年有30多个国家的140多家矿商参展。展会以零售为主，批发较少。且展品小巧精致，销售价格较高	英文名称是 Tokyo International Mineral Fair，简称 TIMA。始于1988年，至今已连续举办了22届

资料来源：中国矿物网资讯，2009年4月2日；高云富，2005。

目前中国较有影响力的矿物晶体标本及观赏石交易市场主要集中在桂林、柳州、长沙、郴州、北京、广州、深圳、南京等地方。其中湖南长沙是中国矿物晶体标本市场最早开始的地方，目前已经成为中国矿物标本贸易的中心(Berthold Ottens，2005)；湖南郴州、广西桂林和柳州、江苏东海、四川、山东临朐等地也成为区域性的矿物及观赏石集散地。

三、观赏石评估

观赏石评估最难的因素之一，是很难确定其品质级别。由于没有一个客观的、可以量化的体系，找到市场上影响观赏石价格关键的因素就很重要。综合而言，影响观赏石最重要和敏感的要素可用如下几个字概括。

“奇”：奇就是稀奇罕见或独特。各种观赏石之所以受到市场的追捧，“奇货可居”是最重要的因素。因为稀少，因为奇特，收藏者往往就渴望得到，以满足其“我有人无”的消费心理。这一因素对岩石类、古生物类观赏石最为明显。

“俊”：俊是指俊俏、俊美、漂亮。一般而言，观赏石的漂亮体现在其颜色、造型、质地等方面。鲜艳的颜色，漂亮的造型、图纹结构或图案，细润的质地等都是产生俊美外观的重要原因。对许多的矿物晶体观赏石而言，“俊”有时是影响其价值的最重要因素之一。

“伟”或“势”：可以理解为是观赏石总体的一种气势或给人的“感觉”，也可理解为意韵。一件观赏石之于人的最大意义是它也可以产生一种收藏或欣赏的喜悦，这种喜悦的多少往往和它能否唤起人们审美上的共鸣和给人带来的震撼有关。那些意境深远、能使人感觉到气势雄伟的观赏石，其价值认同就高，因此“势”也是估价的重要因素。一般而言，观赏石的“势”较多与其大小、图案结构有关。同样一块观赏石，大的和小的价值可差别很远，原因是大的可产生气势，可用作居室或庭院装饰，而小的则仅能把玩。因此，在评价观赏石时，“观感”、“意韵”这样一种无法量化的要素就显得极为重要，它既和大小有直接关系，又不是简单地由大小决定。

这种无法量化和难以确切描述的困境是观赏石评估中无法回避的客观难题之一，也会是产生争议的重要来源。因此，在从事观赏石的评估时，除了遵循一定的分级和描述方法外，多接触各类收藏家，参观不同的博物馆或奇石展，也是非常重要的功课。

观赏石的评估第二个大的问题是较难找到价格参照标准。一般而言，观赏石的评估目的较多是赠予或保险的价值评价，或者是公司清产时的价值评估。前者需要评估的是市场的新重置价值，后者要评估的是清算价值，也就是市场上马上兑现时可能有人接受的最高价格。其余评估目的下的价格，一般会界于这两种价格之间。

无论以何种评估为目的，观赏石的估价方法实际上只有一种，那就是市场比较法，通过对相似或相近市场上同类观赏石的价格调查，确定被评估物的价格。原因是观赏石的获得充满偶然性，很难确定其客观的成本参考。

在这种情况下，找到同类或相近观赏石的实际成交资料就成为估价客观与否的关键。但实际的问题是，某一类观赏石的市场往往是很窄的，要找到足够的有参考价值的资料并不容易。特别是对于一些珍品级和收藏级别的观赏石而言，难度更大。

在国际观赏石市场上，最有价值的参考市场首推美国西部小城图森市场，每年的二月，来自世界各地的各种矿物、古生物及各种类型的岩石观赏石汇聚图森，因此图森展是国际市场上最重要的观赏石集散地，同时也是世界上最大型的综合宝石原料展览会，是国际市场上观赏石的风向标。没有参加该展的评估者，可从图森展网站获得各种图片参考及相关的价格资料。

在国内，各种不同类型的观赏石参考市场主要和一些重要的产地或集散地有关。除此之外，在一些自然形成的零星观赏石市场上也可获得有一定参考价值的成交资料。

但应注意的是，并不是所有的观赏石都可以在市场上交易，一些国家保护的品种及对人身健康有危害或扰乱市场的观赏石，不能评估。如列入国家资源、文物保护的特殊石种，钟乳石、有科学研究价值的古脊椎动物化石等，放射性剂量超过国家有关规定的特殊石种，粘连、改色、充胶、雕琢等刻意加工的石体，等等。

第五节　观赏石的综合分级及估价

从具体的品质标准考察，观赏石基本上是每一件都各具特色，很难找到统一的价格参照系，相比较而言，它的综合分级甚至比玉器还困难，因此参照珠宝首饰评估的基本原则，对它进行一种较为弹性的综合分级是合理的。

根据目前国内外市场的实际交易情况，综合各种质量要素，可以将观赏石分成如下三大类(级)(表 11－2)。

珍品级：指一些极为罕见、非常奇特或者具有极为独特美感或因重要科学价值而受到市场追捧的观赏石。这类观赏石往往为一些大的博物馆或具有实力的团体或个人收藏。如一些保存完好的罕见古生物化石、成窝恐龙蛋化石、极为罕见的矿物晶簇、独特的文字石等。

收藏级：指具有独特质地、美感或有较特别意义的观赏石。这一级别的观赏石一般数量不是很多，同种类很少同时出现多件，因而常为一些收藏家或团体所收藏。如许多保存完整、形态独特而又较大型的古生物化石，比较少见的精美矿物晶体，特殊造型或有特别含义的岩石观赏石。

商业级：指符合观赏石特征、市场上比较常见的各种品种。

表 11－2　3 种级别观赏石的特征综合表

级别	颜色特征	质地	形态	科学意义	稀有性	体量	巧合性	众数价格
珍品级	独特	很好或一般	独特	很大或一般	极稀有	大或很大	有或无	万元以上
收藏级	较独特	很好到一般	独特或较独特	大或一般	稀有	大或较大	有或无	几百元以上
商业级	较独特或一般	一般为主	特别或一般	一般	较常见	大或小	无	几元～几千元

国土资源部于 2007 年 9 月发布的观赏石鉴评标准和刘光华博士在《中国矿物晶体产地指南》一书中列出了矿物标本的评估方法，两者分别从矿物晶体的形态、完整性、美观性、稀缺性、奇特性、组合特征等方面对矿物标本的品质进行量化的评价，并采用资产评估法中的指数评价法对以上各参数赋以数值，综合各数值得分即是矿物晶体的价值参数，可为矿物晶体标本的经济价值评估提供量化的参考依据。但无论如何，真正能反映市场客观实际的评价还是需要评估人对观赏石市场有深入的研究才可以达到。

第六节　砚石的评估

一、砚石资源

砚，即石砚、砚台，是研墨调色之器具，是我国传统文房四宝之一。据有关资料，距今6 000年前的新石器时代晚期，已有石砚的雏形；到了秦、汉时期，石砚的使用较普遍；唐宋时期，石砚精加工的作坊已有许多，并开始讲究艺术形象美。现在砚石已从过去单纯的文玩用具变成不仅具有实用价值，而且具有观赏、收藏价值的石质工艺品。

我国砚石资源十分丰富，砚石品种有上百种之多，全国各地几乎都有砚石产出，其中最著名的有歙砚石、端砚石、洮砚石、红丝石等。

歙砚石因产在古歙州而得名。古歙州包括现在的安徽歙县、江西婺源县龙尾山一带，因此歙砚石又称龙尾砚石。歙砚生产始于初唐，至今已有 1 200 多年的历史。歙砚具有石质坚硬、纹理缜密、发墨如油、储水不耗又具有不耗墨、不损笔、易洗涤等特色。歙砚石的岩性为含绿泥石的云母质板岩、千枚岩，硬度 3～4。根据纹理及杂质分布，歙砚石可分为眉子、罗纹、金星、金晕、鱼子等品种。歙砚造型精美、形制多样，具有较高的收藏价值。

洮砚石因产于甘肃省临潭—卓尼县洮河一带而得名。其原岩为一种水云母泥质板岩。洮砚石常呈青绿色，其中的绿色板岩又称绿漪石，尤以被称为鸭头绿、鹦哥绿的绿石所制的洮砚最为著名。洮河石的石质纹理如波，细润如玉，能保水蓄墨、久而不干。

端砚石因产于广东肇庆市端溪(古端州)而得名。端砚始于唐而盛于宋，距今已有 1 300 多年的历史。端砚石质坚硬而细腻，研磨无声，发墨光润，不损笔，不耗墨。端砚石为泥质硅质绢云母板岩，质地柔润，有的因含铁而质地偏红。端砚石品种繁多，有青花、冰蚊、胭脂晕、翡翠斑、黄龙纹、玉带、石眼等。其中以石眼最为名贵。所谓的“石眼”是端砚石中所特有的一种斑点，像禽鸟之眼，这些“眼形点”在日光照耀下，润水以观，五彩缤纷，非常生动活泼。端砚雕琢精巧，造型丰富，历来是珍贵的收藏、观赏之工艺品。

鲁砚石泛指产于山东各地的砚石。鲁砚品种甚多，其中红丝砚、紫丝砚、金星砚、尼山砚、燕子石砚等都是鲁砚中珍品。鲁砚用材很广，如红丝砚石为具细纹状紫红色微晶灰岩，产于山东青州、临朐一带，唐宋时便负盛名；燕子石即为含三叶虫化石的灰岩，三叶虫化石形似飞燕，又像蝙蝠竞飞，故称“燕子石”和“蝙蝠石”，产于泰安等地，用燕子石制砚已有悠久的历史，在晋代已有“蝙蝠石砚”，至今，“蝙蝠石砚”、“燕子石砚”及其他工艺品，如笔筒、印章、古瓶、座屏等销售经久不衰；金星石为一种含星点状黄铁矿的轻微变质泥质灰岩，颜色黑，苏东坡曾赞金星石“石墨如漆，温润如玉；金星遍布……”鲁砚具有古朴清雅、端庄大方、不媚不俗、天然成趣的特点。

其他名砚石还有宁夏贺兰砚石、东北松花砚石、四川苴却砚石、重庆嘉陵砚石、北京紫石砚石、山西五台砚石、河南豫砚石、湖南菊花砚石、桃花砚石、福建闽砚石、浙江越砚石、西藏仁布砚石、台湾福德砚石等。

近年来，新的砚石品种不断得以开发，而且产生了很好的经济效益。如湖南紫源天然宝玉石公司制作的“龟砚”、“鱼龙砚”，四川通江县开发出的通江天星砚等。

“龟砚”由多壁珊瑚化石制作而成。“龟背”上的龟纹则是多壁珊瑚的腔管结构纹饰，活像龟背纹饰，真是天工巧成。龟本是中国传统文化之吉祥的象征，加上“龟砚”呈现的特种天然纹饰，使这种工艺品赢得了东南亚各国的青睐。一位日本人曾用 200 美元购去一块“龟砚”。

“鱼龙砚”由含三叶虫等化石的泥质灰岩制成。三叶虫化石有大有小，头部像“龙”头，身、尾皆似鱼形，故称“鱼龙”。一位日本人曾用 10 000 元购买一块“鱼龙砚”。上述工艺砚石还是高档礼品。

四川通江县新近开发出一种新的奇石砚珍品——通江天星砚。其原岩为生物灰岩，生物化石为苔藓、珊瑚、海百合茎和腕足类等生物化石，它们在黑色基底上呈现不同的造型，并组合成千姿百态的美丽造型，如满天星辰、孔雀开屏、二龙戏珠等，图案栩栩如生，极具观赏性。

二、砚石的品质评价

参考现有研究，砚石的品质评价主要可考量 4 个要素：

(1)质地。好的砚石要求组成的矿物颗粒要细，一般不宜大于 0.01mm，粒度分布均匀，密实，质地细腻，不透水；硬度适中，一般要求砚石的摩氏硬度为 3～4，砚石太硬，则容易“打滑”或“拒墨”，太软，砚堂易磨损，而且容易磨出石末与墨汁混合，使墨汁暗淡无光；主、次要矿物的硬度要有一定的硬度差，这样容易“下墨”；还要求不损耗。

(2)石品。石品指砚石的色泽与花纹。砚石的色泽要求素雅深沉、深浅适合、柔和悦目，花纹则要求自然生动、丰富多彩。

(3)裂隙。好的砚石应该没有裂隙，也无其他矿物细脉或石筋。

(4)块度。砚石的块度大小一般要求能雕琢成一方砚台为宜。砚石的标准规格为 25cm×13cm×9cm。然而，块度越大，越能增加石砚的观赏性。如广东肇庆市七星名砚工艺厂作品“端溪龙皇砚”，尺寸为 2.78m×2.18m，可称世界之最，观赏性很强。

第七节 印章雕刻石的评估

一、印章雕刻石资源

我国印章雕刻石资源丰富，品种繁多，主要分布在福建、浙江、内蒙、广东、广西等地。其中福建寿山、浙江青田、昌化以及内蒙古巴林被称为我国印章石的四大产区。其他省区的印章石资源有广东广宁的广绿石、广西东兴的东兴石、江苏的溧阳石、吉林的长白石、昆仑冻石等。

在我国历史上，寿山石、青田石、巴林石被称为三大彩石。它们石质细腻油润，色彩瑰丽，柔而易攻，常被用来刻制印章及雕琢各种工艺品。寿山石、昌化石、青田石、巴林石、广绿石又被列为五大名石。其中昌化鸡血石、寿山田黄石、青田封门青在我国工艺雕刻界素有“红、黄、青”三大佳石之称。

1. 寿山石

寿山石由产于福建省福州市东北郊的寿山而得名。按产地分为田坑石、水坑石和山坑石 3 类。田坑石呈卵石状产在寿山溪底及溪旁水田中，多呈黄色，故称田黄石，简称田黄。除田黄外，还有少量呈红、白、黑、灰等色，分别称为红田、白田、黑田和灰田等。水坑石产在寿山溪上游坑头矿脉，采矿坑硐深入溪涧水下，因而称为水坑石。水坑石多为半透明，通灵凝腻，富有光泽，寿山石中许多“冻石”品种产于此。山坑石分布于寿山、月洋两条山脉的岩层中，属原生矿脉型。山坑石的质地、颜色、透明度一般均逊于田坑石和水坑石。

寿山石的主要矿物成分为地开石和少量珍珠陶石，两者化学成分均为 $Al_4[Si_4O_{10}](OH)_8$，同高岭石，都属高岭石族矿物。在寿山石中，以田黄石最为珍贵，有“石帝”之誉。任磊夫(1988)将田黄石分为 3 种：①田黄冻，矿物成分主要为珍珠陶石，有时可见少量的伊利石；②田黄石，是珍珠陶石与地开石不同比例的混合物；③银裹金，是纯白色半透明的地开石包裹金黄色的冻状珍珠陶石。

田黄“润洁如脂，肤肌透黄，颇有千载凝膏之感。莹莹漫吐几分通灵之气”，历来被奉为印石之冠。2011 年国内市场高质量的福建寿山田黄每克已达约 10 万元的价格。

寿山石色彩丰富，为传统的工艺美术石料，其中石质透明的“冻者”，名为寿山冻；纯净如羊脂者，名“白芙蓉”；略为透明，具萝卜纹带者，名田黄；寿山冻、白芙蓉和田黄石为寿山石之极品。

上海金石篆刻家高山先生在他编著的《中国印石趣赏》一书中，将田黄石、芙蓉石和鸡血石列为珍稀类印石。

2. 青田石

青田石因产于浙江省青田县而得名，开采至今已约有 1 500 年之久。青田石的矿物成分主要为叶蜡石，含高岭石、伊利石等，呈致密块状。硬度为 2.0～2.5。青田石品种颇多，质地细腻、晶莹油润，半透明的青田石常称为“冻石”。其中名贵品种有封门冻(黄绿色)、五彩冻(同一样品中具多种色彩)、灯光冻(在灯光照耀下呈透明状)、封门青(浅翠绿色)等，新近又开发出蓝花钉、蓝花星、紫罗兰、山炮绿等品种。

青田石颜色丰富，有淡黄、黄绿、灰白、灰紫、蓝紫、绛红等色，甚至在一块石头上可以出现多种色调。一些青田石本身就是很好的观赏石。青田石雕主要有印章和工艺品两大类。用青田石刻制的印章盖印，朱砂印泥颜色经久不褪。用青田石雕刻的工艺品，色彩丰富、柔和，加上艺人们巧妙设计和精细加工，常有俏色佳作出现，如“葡萄山景”、“松鹤树仙”等，都是难得的珍品。郭沫若曾对青田石有诗赞曰：

"青田有奇石，寿山足比肩，匪独青如玉，五彩竞相宜。"

3. 鸡血石

鸡血石主要产于浙江临安昌化（昌化石）和内蒙古巴林（巴林石）。昌化鸡血石开发已有600多年的历史，资源已近枯竭，现临安市政府已明令停止开采。巴林鸡血石的开采始于民国初年，1973年正式建矿，资源潜力较大。

鸡血石的主要矿物成分是地开石和辰砂。地开石纯者色白，因含杂质而染成浅黄、浅灰、浅绿、浅红等颜色。它们是鸡血石"地"的主要成分。因此，鸡血石的"地"的颜色有瓷白、白、乳白、浅黄、灰、黄、浅绿、浅红等。鸡血石的"血"由辰砂构成。"血"的颜色可分鲜红、朱红和暗红3种。"血"的颜色与辰砂的结晶程度和含铁、钛等微量元素有关。一般辰砂的结晶程度越高，含铁、钛越多，"血"色则越暗。

昌化鸡血石有水坑（老坑）、旱坑（新坑）之别。"水坑"鸡血石产于昌化玉岩山主峰附近地带，质地细腻，血色浓艳；"旱坑"鸡血石产于昌化康石岭以西一带，硬度大，无法雕刻，透明度差，水头不足，故"旱坑"鸡血石品质远不如"水坑"鸡血石。按质地颜色，昌化鸡血石还分为白冻鸡血石、乌冻鸡血石、黄冻鸡血石、灰冻鸡血石、红冻鸡血石、绿冻鸡血石、紫冻鸡血石及彩冻鸡血石等。

最近10年，昌化新出产了一种既有田黄特征（主要成分为地开石）又有"鸡血"（辰砂）的山黄血石成为我国新的优质印章石品种。目前对这种材料的归属及定名有明显的争议，有学者认为这种石头质地及主要矿物组分均和田黄相似，可直接称为田黄或者昌化田黄；也有学者认为田黄是特指的名称，是福建寿山出产在田坑中的寿山石品种，这种石头因为是产在山坡冲积物（梯田）中，只能为山黄或者昌化黄石。

优质鸡血石一般用来制作印章，其他带石地的鸡血石多用作雕刻山水等工艺品。

二、印章石品质评价要素

前人评定印章石以"细"、"结"、"润"、"腻"、"温"、"凝"所谓的"六德"为标准。其实，这个评价标准从科学的角度理解包括质地、颜色、加工性能、裂纹（瑕疵）、块度等因素，前三者反映了石材自身的自然美。

1. 质地

总体要求质地致密、细腻、均一、无砂丁，还要有一定的透明度。印章雕刻石的质地通常分为3种：①"冻地"，石料的质地细腻、油润，在灯光或日光下呈透明或半透明；②"软地"，该质地在通常加工后表面反光，肉眼观察如同瓷器的表面，有光泽和滋润的感觉；③"硬地"，质地较为粗糙，在一般加工后的情况下，石材表面不反光或仅微有光泽。印章石以冻地最好，如上述寿山石中的田黄冻、青田石中的封门冻、五彩冻、灯光冻及冻鸡血石都是各印章石中的珍品。不论何种印章石材，透明度高者，通常为上品。但印章石材通常以不透明或微透明为多。

2. 颜色

要求色泽鲜艳，柔和，协调。如田黄石以金黄、艾绿为第一；青田石以“青”(封门青)、“绿”(灯光绿)以及鲜艳多彩的五彩冻最为珍贵。对鸡血石的颜色，要兼顾“血”和“地”的颜色的评价。“血”色以鲜红为贵，朱红次之，暗红较差，同时要考虑“血”量和“血”形：含“血”量＞30％为高档品，含“血”量＞50％为精品，含“血”量＞70％者称大红袍，为珍品；“血”形有星点状、条带状和块状3种，以条带状或块状为佳。“地”的颜色以白或浅黄为上。有些鸡血石同时出现红、白、黑3色，商业俗名“刘关张”，是难得的品种。

3. 工艺性

指材料的加工性能及加工后的性能等。一般来说，印章雕刻石具有良好的加工性能，柔而易攻，加工后更加可爱，如透明度增加、光泽变强等，人们用简单的工具就能把它雕琢成一件引人注目的艺术品。不同的印章雕刻石品种表现出来的工艺性能不尽相同，有的细腻柔韧，不易断裂，有的粗糙干裂，性脆而较难加工。在印章雕刻石中，工艺性一般是“冻地”最好，其次是“软地”，再次是“硬地”。良好印章雕刻石应具有良好的可加工性和加工后不变及反映本质优点的特性。

4. 块度

块度越大越好，如田黄石，田黄石一般体积甚小，以钱以两计，一两(十六两制)以上者谓之成材，达250g者即属大型，重达500g以上者，便称国宝。1983年曾出现一块重达2 150g的田黄石，堪称最大。其他印章雕刻石也是如此，大者可以制作大型山水人物屏风等工艺品，小者能达到印章的块度即可利用。

5. 裂纹

印章雕刻石的裂纹当然越少越小越好。

6. 传统产地因素和历史渊源

在历史上，寿山石、昌化石、青田石、巴林石、广绿石被列为五大名石。优质寿山石中的田黄石，“细”、“结”、“润”、“腻”、“温”、“凝”，“六德”俱全，号称“石帝”；昌化鸡血石、寿山田黄石、青田封门青在我国工艺雕刻界素有“红、黄、青”三大佳石之称。它们都是著名的印章雕刻石。

田黄石由于稀少珍贵，古时就有“一两田黄一两金，进而三两金、七两金”之价。从这两年的拍卖会来看，一般明、清田黄石方章，30～100g的拍卖价约达3万元～

20 万元，较特殊者，会远超此数。如 1996 年，北京瀚海拍卖一方清中期“博古龙钮”方章，重 460g，原估价为 30～50 万元，后拍出成交价 140 万元，创下当时田黄石拍卖国际最高价。

另外印章作品的拍卖价格还与制印、制钮大家的名望有关。如瀚海拍卖中一方 20g 重的杨璇款兽钮日字田黄方章，估价 3 万元～5 万元，一方 30g 重的周彬款凤钮田黄方章，估价 2 万～3 万元。杨璇、周彬都是清康熙时制钮大家，其作品在今日已如凤毛麟角。

除上述评价因素外，印章雕刻石还必须具有一定的实用性能，如能经久耐用、绝热、抗腐蚀、对印泥（红油）具有良好的吸纳和吐出的功能。

三、印章石参考价

石印的拍卖大致可分为：①过去名家刻印；②优质印材。当然其中不少是二者合一。前者常见的有齐白石、吴昌硕等印材，一般的从几千元至两三万元不等，个别例外，如吴昌硕所刻的一方 6cm《傅朴堂》大印，成交价达 6 万元人民币。

目前，主要拍卖对象为田黄石、芙蓉石（寿山石之名种）和昌化鸡血石 3 类，其中田黄石价最高，也最抢手，1996 年秋季，北京瀚海拍卖，17 块就成交 16 块。卖出一方清中期雕九龙平钮章，成交价 154 万元，创田黄石拍卖国际最高价。但在 1995 年上海朵云轩有一块未标明年代（可能是新石，高 10.7cm，重 1 250g），上刻“薄意”的近方随形浅皮地黄色田黄石，成交价仅 85 万元，可见新、旧石是有区别的。

1982 年，一块 950g 重的田黄石售价 10 万元；1993 年，北京一块高约 15cm、底面积约 50cm^2 的不规则三角锥状田黄石售价高达 88 万元。2006 年 11 月，在香港苏富比秋季拍卖会上，一件重 200g、由清初杨璇雕刻的“田黄瑞狮”镇纸，以 4 167.92万元成交。2011 年 11 月，中国嘉德拍卖的石卿“赤壁夜游”寿山田黄石摆件，创下 2 012 万元田黄石拍卖记录，2 个月后，郭功森雕刻的重 837.3g 的一块田黄石“群螭戏钱”摆件，在福州从 1 500 万元起拍，经过 14 轮竞价最终以2 329.6 万元成交，创下大陆近现代田黄石拍卖最高记录。

昌化鸡血石则新旧都有，且新的占多数，这可能与鸡血石保养不善、日久血色变暗、不如新的鲜艳、所谓“田黄重旧，鸡血看新”有关。鸡血石中以大红袍卖价最高，曾载于《中华印石》图册中的一对高 7cm、由名家赵叔孺篆刻的牛角地大红袍，估价 40 万元～60 万元；新石则以 2000 年前后拍卖的一方 8cm×2cm 方章，被认为是目前国内极为罕见的质色美具佳的满红大红袍，估价 20 万元～25 万元，其大小相近的大红色，则每方约为 8 万元，至于其他鸡血石则从几千元至几万元不等。但到 2007 年 12 月秋季拍卖会，一块由国家级雕刻大师牛克思所雕的昌化鸡血石雕“楼阁山子”在“日精月华——国石艺术”专场拍卖上成交价达到了1 344万元，创下了当时中国当代鸡血石拍卖的最高记录。

除以上3种外，其他寿山石、青田石中的封门青等一般为几千元至几十万元，亦有个别价高者可能到百万元以上的价位。

第八节　中国重要的观赏石资源

观赏石是大自然的杰作，是各种地质作用的综合产物。中国幅员辽阔，三大岩石种类齐全，构造岩浆作用强烈，而且江河众多、湖泊密布，是部分奇石形成的重要条件。由于自然条件各异，中国的观赏石种类繁多，资源十分丰富。

一、岩石类观赏石资源与分布

1. 太湖石

在江苏、安徽、广东以及西南地区，碳酸盐地层广布，形成著名的造型观赏石，如江苏的太湖石、昆山石、茅山石、栖霞石，安徽的灵璧石、巢湖石，广东的英德石（英石）等，分别以产地而命名。它们统称广义太湖石，是由石灰岩、白云岩经地下水和地表水长期溶蚀和风化形成。太湖石石体千姿百态，或挺拔俊秀或盘骨苍劲，表面凹凸不平，富有变化，周身玲珑剔透、溶孔密布，可透光透水，具有“瘦”、“皱”、“漏”、“透”等特点，自古就是著名的观赏石。太湖石一般体积较大，多置于园林、庭院，立石为山，如著名的江南三大名石：苏州留园的“冠云峰”、杭州花圃的“皱云峰”、上海豫园的“玉玲珑”，即为太湖石。个体小者，也可置于茶几、案头或用于装点山水盆景。

2. 钟乳石（石钟乳）

钟乳石是一种溶洞穴观赏石，广泛分布于岩溶地貌发育的地区，如我国南方的广西、贵州等地。当含有碳酸氢钙的水从洞顶往下滴时，因水分蒸发和二氧化碳的逸出，使水中的碳酸钙沉淀下来，并自上而下增生而成，其状如钟乳，故得名。当水滴从钟乳石上滴聚洞底，碳酸钙堆积体由下往上增长，即形成石笋。其中以雪白、晶莹造型优美者为佳品。

在溶洞观赏石中，还有石塔、石幔、晶穗、石葡萄、鹅管、穴珠等观赏石种类。

3. 风棱石

风棱石又称风砺石，是我国西北地区（如内蒙、新疆等地）特有的观赏石种，主要分布在气候干旱的荒漠地区，是自然风沙对地面石块吹蚀、磨砺而形成。大部分风棱石是造型石，有的像塔、蘑菇，有的像动物、人物，造型非常生动，也有部分纹理风棱石。

4.菊花石

“菊花”由白色或浅色放射状排列的矿物晶体组成，镶嵌在灰黑色岩石基底上，构成美丽的花型图案。菊花石在我国主要有两个品种，即湖南菊花石和京西菊花石。湖南菊花石产于浏阳县永和镇，石质本身为下二叠统石灰岩和炭质板岩，“菊花”在灰黑色基岩的衬托下，黑白分明，生动活泼，很受人们的喜爱。京西菊花石产于北京西山，石质本身为石炭系炭质板岩，“菊花”由束状和放射状灰白色红柱石构成。因其质地疏松，品质不如湖南菊花石。陕西在1977年也发现了与浏阳相同类型的菊花石基地。

5.雨花石

雨花石名源于江苏南京雨花台，产于雨花台砾石层。南京江宁和仪征县、六合县盛产雨花石。雨花石按原岩岩性和矿物成分可分为“细石”和“粗石”两类：细石为玛瑙、玉髓，石质细腻，玲珑剔透，有空灵感，又称活石或水石；粗石质地较粗，石质包括蛋白石、碧玉岩、燧石岩、石英岩、水晶、构造岩、砾岩、化石类和其他岩（矿）类。雨花石中常见山水、花卉、树木人物、鸟、兽等各种图像。

6.黄河石、三峡石、汉江石

黄河石、三峡石、汉江石与雨花石一样，同属于卵石类观赏石，分别产于黄河流域、长江三峡两岸地县、汉江流域，各以产地命名。万里长江，滚滚黄河，自发源地一泻千里，将其两岸岩石碎块带进黄河、长江，又如功率强大的磨光机，将岩石碎块磨砺成色彩绚丽、花纹奇特的黄河石、三峡石，在汉江河床则形成汉江石。

7.草花石

在广西，近年来市场上常见一种新的观赏石石种——草花石，因石面呈现多色彩的草花状而得名，于1996年在广西来宾铁帽山林场附近河滩上被发现。其岩性为下二叠统孤峰组硅质灰岩与钙质硅质岩。由于风化和地表水的作用，使岩石中色素离子及矿物沿岩石裂隙及毛细孔浸染、充填而形成各种色彩绚丽的美丽图案，可以两面甚至多面成画，如花草树木、山村小景、山河湖泊、溪流瀑布、田园风光等，极似国画，故也称国画石、古生石画。

8.陨石

陨石是地球之外的宇宙中的流星脱离轨道、破碎坠落到地球的石体，为天外来客。按陨石的物质组成，我国观赏陨石一般分为石陨石、铁陨石和石铁陨石，此外还有玻璃陨石。

石陨石主要由橄榄石、辉石等硅酸盐类矿物组成，是最常见的一种陨石，约占陨石总量的95.6%；铁陨石也称陨铁，主要由金属铁（80%～95%）和镍（5%～20%）组成，其密度大（8.0～8.58g/cm^3），一般块体也较大，较易寻找，但降落量占陨石总量的3.2%。石铁陨石，其成分介于石陨石和铁陨石之间，降落量最低，仅占陨石的1.2%，由铁、镍和硅酸盐矿物组成，商业价值最高；玻璃陨石（雷公墨）是石陨石的一种，为天然玻璃。

二、矿物晶体类观赏石

我国已开发利用的矿物晶体类观赏石有50多种。其中有些是我国发现的新矿物，如黄河矿、包头矿、中华铈矿、大青山矿等，有些则因其特色而享誉世界。我国湘黔汞矿带产出的辰砂晶体，一直被公认为是最优秀的。它不仅色艳光强，形态完美，且结晶特别粗大。北京中国地质博物馆珍藏一颗辰砂巨晶，长65.4mm，短径35～37mm，重237g，被称为"辰砂王"，乃稀世之宝，曾被印在邮票上流传世界。最近，在贵州云场坪汞矿又采到一颗直径40mm、高40mm棕红色辰砂特大晶体，净重250g，超过辰砂王。鲜艳闪亮的辰砂晶簇常常同水晶、方解石、白云石晶簇及黄铁矿、辉锑矿等共生，组合成"红装素裹"、"霞染琼林"等景观。我国的辰砂晶体是国际市场畅销的观赏石品种之一。

我国是砷矿主要生产国。湖南石门砷矿位列世界之最，在砷矿的矿脉晶洞里常有雄黄、雌黄晶簇，晶体大且多与方解石共生，晶簇造型优美。这里曾产出香蕉般大小的红色雄黄晶体。有的在白色、浅灰色双锥状方解石晶簇周围长满拇指般大小的鲜红色雄黄和橙红色雌黄，恰似镶嵌在皇冠上的宝石。

黑钨矿、白钨矿也是我国优势观赏石品种。湘赣南部的黑钨矿晶形多样，常与水晶、萤石、层解石、黄铜矿、黄铁矿、毒砂等共生，黑、白、黄、绿、紫五彩辉映。还有四川产的白钨矿，呈橘红色，并与板状绿柱石共生，也是珍贵的观赏石品种。

新疆阿尔泰曾产出60t重的绿柱石单晶体、61kg重的铌钽铁矿晶体、36.2t重的锂辉石、9t重的铯榴石等巨型观赏石。最近10年，四川平武雪宝顶出产大量颜色好的扁平状海蓝宝石晶体制成的矿物标本；广西曾出产过非常漂亮的红色菱锰矿标本。

三、古生物化石类观赏石

化石是保存在沉积岩层中的古代生物的遗体、遗物和活动痕迹。古代生物虽然很多，但成为化石者并不多。有人估计，古代生物平均一万个个体才可能有一个保存为化石，而具有观赏价值的化石则更少。我国重要的化石观赏石资源与分布概况如下。

1. 三叶虫化石

三叶虫化石是寒武纪和奥陶纪地层中最多、最重要的化石观赏石，特别是寒武纪，三叶虫分布遍及全球整个海域，故寒武纪被称为“三叶虫时代”。我国重要的三叶虫化石观赏石品种有蝙蝠虫、四川虫、湘西虫、王冠虫、沟通虫等，分布在鲁西（蝙蝠虫）、湘西（蝙蝠虫、湘西虫、四川虫）、川南、黔北、鄂西、皖南（王冠虫）以及广西（沟通虫）等省区。我国古代把含有蝙蝠虫的岩石称为蝙蝠石，而鲁砚中的“多蝠砚”就是以蝙蝠石为材料制作的砚石。

2. 鹦鹉螺类化石与菊石化石

统属软体动物门头足纲。鹦鹉螺类最早发现于我国北方上寒武统中，到了奥陶纪趋于极盛。鹦鹉螺类重要的化石观赏石有震旦角石、阿门角石等。震旦角石壳体直而长，壳面覆以显著的波状横纹，形似宝塔，故有“宝塔石”之称，主产我国南方鄂西、湘西、四川、贵州等地。菊石类从泥盆纪开始取代鹦鹉螺类的地位而出现，至白垩纪末绝灭。重要品种有拟腹棱菊石（早二叠世）、假提罗菊石（晚二叠世）、蛇菊石（早三叠世）、古菊石（晚三叠世）、叶菊石（侏罗纪至白垩纪）、船菊石（白垩纪）等。在湖南湘潭一带的下二叠统深灰色泥岩中有黄铁矿化的假提罗菊石产出；在西藏南部、贵州、云南及广西的三叠纪地层中有菊石化石产出。

3. 海百合、海林檎等化石

它们都属无脊椎动物中最高等的棘皮动物。海百合自奥陶纪时已有发现，至现代海洋中仍有繁衍。海百合形体类似百合花而得名。一般只见到它固着在深海底。我国奥陶纪至侏罗纪海相地层中均发现有海百合化石，云南、贵州、四川及湖北、湖南、广西等省均有海百合产出。特别是鄂西地区产出的绿、红、黄、灰多色海百合，享有“百合玉”之美称。

4. 鱼类化石

鱼类起源很早，在泥盆纪（距今 4 亿多年前）趋于繁盛，所以有人称泥盆纪为“鱼类时代”。泥盆纪的原始鱼类（无颌函皮鱼和盾皮鱼类）主要分布在滇东、桂中及湘鄂赣等省区。在云南曲靖，发现了早泥盆世无颌函皮鱼中的头甲鱼相当完整的头甲及其印模化石；在中南南部及西南各省的中下泥盆统中有沟鳞鱼化石；在南京龙潭晚泥盆世五通组中，发现有相当完整的中华鱼化石。中生代的鱼类化石较多，包括软骨鱼类的牙、鳞、鳍化石和硬骨鱼类的化石，前者如主产川、滇、陕、甘等省的弓鲛、辽宁的北票鲟鱼化石；后者如我国北方上侏罗统盛产的狼鳍鱼、中华弓鳍鱼、贵州中三叠统的中华真颚鱼化石。新生代的鱼类化石分布也较广泛，如鄂西、赣北第三系的汉江鱼和临江鱼化石等。广东三水盆地也发现过大量的鲤鱼、鲫鱼化石。这些鱼化石的躯体已完全溶蚀，仅为留在岩石层面上的印痕。

5. 两栖类动物化石

两栖类最早出现于晚泥盆世，石炭—二叠纪时繁盛，故这两个时代一般称之为“两栖类时代”。我国发现的两栖类化石不多，主要有乌鲁木齐鲵、玄武蛙，前者产在新疆乌鲁木齐二叠纪地层中，后者产在山东临朐山旺的硅藻页岩中，时代属第三纪，第四纪早期也有产出。

6. 爬行类动物化石

爬行动物最早出现在古生代末期，到中生代趋于极盛，故有人称中生代为“爬行动物时代”。陆生爬行动物以恐龙为主要代表，是中生代占绝对优势的陆地脊椎动物，故中生代又被称为“龙的时代”。恐龙类在侏罗纪、白垩纪空前繁荣。我国的恐龙化石(包括恐龙蛋)资源极其丰富，著名产地有云南禄丰，四川自贡、合川、宜宾，广东南雄，山东莱阳、青岛，河南，辽宁，内蒙古，甘肃，新疆等地。特别值得一提的是中国“恐龙之乡”——四川自贡，那里恐龙种类与数量都非常丰富。到1997年，在已发掘的2 800m^2的范围内，已经获得至少100多具恐龙化石，还有大量爬行动物、两栖类及鱼类等化石，共3纲，11目，15科，近20个属，既有陆生、水生、两栖，也有空中飞行的古脊椎动物。

7. 哺乳类动物化石

哺乳类动物是脊椎动物最高等的一类。哺乳动物起源于三叠纪晚期，化石多发现于侏罗纪以后。中生代的哺乳动物形体十分细小，和老鼠差不多。我国的这类化石曾发现于辽宁晚侏罗世地层中，但极少具有科学价值。到第三纪，哺乳类突然兴盛，迅速辐射演化，广泛分布，在新生代占统治地位，故有人称新生代为“哺乳动物时代”。具有观赏价值的哺乳动物的属种有剑齿象、象、马、犀、鹿等。哺乳动物一般体大，不方便个人保存，因此，人们常收藏哺乳动物的牙齿、角等化石。哺乳类牙化石以华北多产，华南次之。角化石，主要是鹿角、牛角及羊角化石。鹿角化石产于北方各省的上第三系及更新统，牛羊角化石产地除北方外，西南地区亦有出产。

8. 昆虫类化石

昆虫类化石有金龟子、拟蜉蝣、蚊、蠓、蝇、蚁、蜻蜓、蜜蜂等。我国最珍贵的昆虫化石为辽宁抚顺煤田琥珀中保存的昆虫化石，常见的有蜜蜂、苍蝇、蚂蚁、蚊子等，保存好者栩栩如生，色彩如故。我国产昆虫化石最多的地区是山东临朐山旺和莱阳，在山旺，已报道的昆虫化石有27属29种，主要是蜂类和蚁类。山旺除昆虫类化石外，还有大量的植物类、鱼类、蜘蛛、两栖类、爬行类、鸟类、哺乳类化石，堪称是一座天然的古生物化石博物馆。山旺古生物化石区已于1980年正式被列为全国重点自然保护区。

9. 植物类化石

古代植物与现代植物一样，种类繁多。通常分为低等植物和高等植物两大类。低等植物是单细胞或多细胞的叶状体，没有根、茎、叶的分化，为藻类植物门；高等植物是多细胞体，一般根、茎、叶分化明显，包括苔藓植物、裸蕨植物、石松植物、有节植物、真蕨植物、裸子植物和被子植物 7 个门类，可出现在我国各省区。

我国重要的植物化石观赏石包括叠层石、叶化石、硅化木 3 种。①叠层石：是藻类生物捕获潮间泥坪灰泥等沉积物而造成断续的、不规则的纹层状及席状构造体。叠层石有纹层状、丘状、穹状、柱状等形态，甚至有古城堡状、云朵状等特殊形态，更具较高的观赏价值。叠层石在我国华北元古宙白云岩、石灰岩中有出产。②叶化石：常见的植物化石。由于植物叶子的类型多样、纹路清晰、结构复杂、图案美观，因而具有观赏性。常见的叶化石观赏石有苏铁纲的羽叶类、芦木类的枝叶化石，轮叶类、银杏类叶化石，松柏纲叶化石等，主产在我国中生界陆相地层中。③硅化木：即木化石，是石化了的地史时期的古植物枝干化石，它常保留着原树木的外观和内部结构。硅化木可细分为普通硅化木、蛋白石硅化木和玛瑙硅化木 3 种。普通硅化木常见，而观赏性和收藏性以玛瑙硅化木最好，蛋白石硅化木次之。硅化木在新疆、河北、辽宁、云南、江西及浙江等省区均有发现，其中以新疆将军戈壁硅化木最为有名。

近年来，在浙江新昌县也发现了大型硅化木群，它们赋存在下白垩统地层中，分布面积近 $40km^2$，化木保存完整，粗大的树干、树枝化石均有保存，大多数硅化木平行岩层层面堆埋。在手标本上，植物结构如年轮、树木疤结、甚至木质纤维，均清晰可见，具有较高的观赏价值。经鉴定，属新种，定为新昌南洋杉型木。以新昌硅化木为主题的浙江新昌硅化木国家地质公园已建成并向公众开放。

10. 遗迹化石

可分为痕迹化石和遗物化石，前者包括动物类足迹、爬迹、栖息迹、潜穴等，后者包括动物的蛋、卵、粪化石等。其中，珍贵而又有收藏和观赏价值的当属恐龙蛋化石。我国是全球发现恐龙蛋化石最多并有详细研究的国家之一。我国的恐龙蛋化石分布省区有内蒙古二连盆地，河南的南阳西峡盆地，灵宝川口乡，山东莱阳，江苏宜兴，江西赣州信丰盆地，湖北郧县青龙山，广东南雄盆地、茂名等地。近年来在浙江天台等地也发现有恐龙蛋化石。

据有关报道，1998 年在广东市中山五路吉祥大厦工地距地面 19m 深处发现有恐龙蛋化石，后经艰苦而细致的发掘，在地表下 16～22m 的上白垩统地层中发现了 5 窝恐龙蛋化石和大量的零散碎蛋片。其中 3 窝恐龙蛋叠压在一起，第四窝有蛋 8 枚。这些恐龙蛋化石直径一般为 10～20cm，最小的只有 4～5cm，形状有圆形、长圆形和椭圆形。过去在广州市区及其他等地也发现过恐龙蛋化石，说明广州市的恐龙蛋化石分布相当广泛，表明广州市在白垩纪时是恐龙的居住地。

1995 年，在安徽休宁齐云山旅游区，在近百平方千米的范围内，发现恐龙蛋化石、恐龙骨骼化石、恐龙足迹尾迹化石共存的奇观。

蛋类化石还有鸵鸟蛋化石等，在我国北方更新统中有出产。

思　考　题

1. 观赏石可划分为哪几大类？中国重要的观赏石资源有哪些？

2. 哪些因素会影响观赏石的价值(格)？

3. 为什么观赏石的评估及估价会有较大困难？如何才能获得一个较为准确并能为市场接受的观赏石估价？

4. 为什么有一些观赏石很难评估？

5. 观赏石矿物标本国际市场的窗口主要有哪几个？各自的特色是什么？

6. 我国在国际上有影响的观赏石产地有哪些？近年的市场行情如何？

作　业　题

有一位顾客带来一块矿物标本(可自选矿物标本)，请你进行赠送物评估，评估目的是了解市场价值，并写出完整的评估报告。

附录 1　纽约国际钻石市场参考报价(1)

现金(钞)价:美元;单位:$\times10^2$ 美元;圆形明亮琢型

0.01～0.03ct	IF-VVS	VS	SI_1	SI_2	SI_3	I_1	I_2	I_3
D-F	8.6	7.8	6.4	5.8	5.2	4.7	4	3.2
G-H	7.7	7	5.9	5.3	4.8	4.5	3.8	3
I-J	6.9	6.4	5.4	4.7	4.4	4.2	3.5	2.7
K-L	4.9	4.2	3.9	3.5	3.1	2.6	2.2	1.6
M-N	3.6	3	2.4	2.1	1.8	1.5	1.3	1

0.04～0.07ct	IF-VVS	VS	SI_1	SI_2	SI_3	I_1	I_2	I_3
D-F	9	8.2	6.6	6	5.4	4.8	4.2	3.4
G-H	8.2	7.5	6.2	5.5	5	4.6	4	3.2
I-J	7.4	6.9	5.6	4.9	4.6	4.4	3.7	3
K-L	5.3	4.8	4.4	3.8	3.4	3.1	2.5	2
M-N	4	3.5	2.7	2.4	2	1.8	1.5	1.2

0.08～0.14ct	IF-VVS	VS	SI_1	SI_2	SI_3	I_1	I_2	I_3
D-F	11.3	10.2	8.6	7.6	6.7	5.5	4.7	4
G-H	10.2	9.1	7.7	6.7	6	4.9	4.2	3.6
I-J	9	8.1	6.9	6	5.3	4.5	3.9	3.3
K-L	6.8	6.2	5.3	4.5	3.8	3.3	2.8	2.3
M-N	4.6	4.1	3.5	3.1	2.8	2.3	1.8	1.4

0.15～0.17ct	IF-VVS	VS	SI_1	SI_2	SI_3	I_1	I_2	I_3
D-F	15.3	13.2	10.1	8.6	7.3	5.9	4.9	4.1
G-H	13.2	11.5	9.1	7.4	6.3	5.2	4.4	3.7
I-J	11.2	10	7.8	6.5	5.5	4.6	4.1	3.4
K-L	8.2	7.3	5.8	5.1	4.1	3.5	2.9	2.4
M-N	5.5	4.6	3.9	3.4	3.1	2.4	1.9	1.7

0.18～0.22ct	IF-VVS	VS	SI_1	SI_2	SI_3	I_1	I_2	I_3
D-F	16	13.6	1	9.6	8.3	6.6	5.4	4.3
G-H	14.6	12.5	10.1	8.7	7.5	5.9	5	4
I-J	12.4	10.8	8.7	7.5	6.4	5.1	4.5	3.6
K-L	9.5	8	6.8	5.8	4.9	4.3	3.3	2.6
M-N	8	6.6	5.7	4.6	4	3	2.2	1.8

0.23～0.29ct	IF-VVS	VS	SI_1	SI_2	SI_3	I_1	I_2	I_3
D-F	22	17.5	13	10.7	9.4	7.7	6.2	4.8
G-H	18.1	14.8	11.5	10	8.5	6.9	5.4	4.5
I-J	15	12.1	9.5	8.5	7.3	5.8	4.8	4
K-L	11.5	10	7.7	7	6.2	4.7	3.7	2.9
M-N	9.6	8.5	6.7	5.8	5.1	3.6	2.7	2.1

续附录 1(1)

0.30～0.39ct											0.40～0.49ct											
	IF	VVS_1	VVS_2	VS_1	VS_2	SI_1	SI_2	SI_3	I_1	I_2	I_3	IF	VVS_1	VVS_2	VS_1	VS_2	SI_1	SI_2	SI_3	I_1	I_2	I_3	
D	45	37	32	28	26	20	17	15	13	10	7	52	45	39	35	29	22	20	18	14	1	8	D
E	38	34	29	26	24	19	16	15	12	9	6	45	40	36	33	27	21	18	17	13	10	7	E
F	36	33	27	24	22	18	15	14	11	9	6	42	38	33	30	25	20	17	16	12	10	7	F
G	33	29	25	22	19	16	14	13	11	8	5	38	33	29	26	23	19	16	16	12	9	6	G
H	29	26	23	20	17	15	13	12	10	8	5	34	31	27	24	21	18	15	14	11	9	6	H
I	24	21	20	18	15	14	12	11	10	7	5	29	26	24	21	19	17	14	13	11	8	6	I
J	19	18	16	14	13	12	11	10	9	7	4	24	22	20	18	16	14	13	12	10	8	5	J
K	17	16	14	13	12	11	10	9	8	6	4	22	20	18	16	15	13	11	10	9	7	5	K
L	14	13	13	12	11	10	9	7	6	5	3	19	18	17	15	14	12	10	9	7	6	4	L
M	12	12	11	10	10	9	8	7	5	4	3	16	15	14	13	12	11	9	8	6	5	4	M
1.00～1.49ct											1.50～1.99ct											
	IF	VVS_1	VVS_2	VS_1	VS_2	SI_1	SI_2	SI_3	I_1	I_2	I_3	IF	VVS_1	VVS_2	VS_1	VS_2	SI_1	SI_2	SI_3	I_1	I_2	I_3	
D	270	190	165	130	107	77	65	53	44	29	16	320	255	220	170	140	105	84	65	51	31	18	D
E	185	166	135	114	95	72	62	49	42	28	15	235	215	180	155	130	100	80	62	49	30	17	E
F	163	135	120	103	87	69	59	47	41	27	14	200	180	165	145	120	95	75	59	47	29	16	F
G	125	112	103	87	80	66	57	45	40	26	13	148	140	130	120	105	89	70	56	45	28	15	G
H	103	95	87	78	70	63	55	44	38	25	13	123	115	105	97	90	82	67	52	43	27	15	H
I	86	79	72	66	63	57	50	42	34	23	12	105	100	96	86	78	72	60	48	40	25	14	I
J	70	66	63	60	57	50	47	38	30	21	12	90	84	79	73	67	62	53	43	35	23	14	J
K	64	60	56	53	50	44	40	34	28	19	11	70	68	65	62	58	52	46	38	32	21	13	K
L	54	51	48	46	43	40	36	31	26	17	10	61	58	55	52	49	46	41	35	29	20	12	L
M	46	43	40	37	34	32	29	26	23	16	10	51	49	47	44	39	37	34	30	26	18	12	M

续附录1(1)

	2.00～2.99ct											3.00～3.99ct											
	IF	VVS_1	VVS_2	VS_1	VS_2	SI_1	SI_2	SI_3	I_1	I_2	I_3	IF	VVS_1	VVS_2	VS_1	VS_2	SI_1	SI_2	SI_3	I_1	I_2	I_3	
D	480	370	340	265	197	145	115	79	61	34	19	950	610	540	425	325	205	140	87	73	38	21	D
E	365	335	275	230	177	135	110	76	59	33	18	610	540	460	375	295	188	135	83	68	37	20	E
F	315	275	245	200	167	128	105	73	57	32	17	520	465	390	320	270	170	130	79	64	35	19	F
G	234	214	194	162	145	120	100	69	55	31	16	390	350	325	280	230	155	123	75	61	34	18	G
H	187	176	161	135	125	110	94	64	52	30	16	290	285	260	225	195	135	114	70	58	33	18	H
I	147	142	134	115	105	94	85	59	49	28	15	213	203	193	178	153	115	98	64	54	31	17	I
J	117	110	105	95	85	79	73	54	46	25	15	169	164	159	144	129	98	88	59	49	28	17	J
K	105	100	95	84	78	71	64	50	40	24	14	142	137	133	123	108	88	73	54	43	26	16	K
L	84	78	74	68	62	56	53	45	35	23	13	107	102	96	91	83	63	57	48	37	25	15	L
M	71	69	67	62	54	48	43	38	29	22	13	89	86	83	77	70	56	47	40	31	24	15	M

注:资料来源于美国的 Rapaport 公司(2011.3.18)。

附录 1　纽约国际钻石市场参考报价(2)

	0.01～0.03ct								0.04～0.07ct								
	IF-VVS	VS	SI_1	SI_2	SI_3	I_1	I_2	I_3	IF-VVS	VS	SI_1	SI_2	SI_3	I_1	I_2	I_3	
D-F	13	10	7.3	6	5.2	4.7	4	3.2	13	10	7.3	6	5.4	4.8	4.2	3.4	D-F
G-H	10	8.5	6.5	5.5	4.8	4.5	3.8	3	10	8.5	6.5	5.5	5	4.6	4	3.2	G-H
I-J	7.5	6.8	5.8	5	4.4	4.2	3.5	2.7	7.5	6.9	5.8	5	4.6	4.4	3.7	3	I-J
K-L	4.9	4.2	3.9	3.5	3.1	2.6	2.2	1.6	5.3	4.8	4.4	3.8	3.4	3.1	2.5	2	K-L
M-N	3.6	3	2.4	2.1	1.8	1.5	1.3	1	0	3.5	2.7	2.4	2	1.8	1.5	1.2	M-N
	0.08～0.14ct								0.15～0.17ct								
	IF-VVS	VS	SI_1	SI_2	SI_3	I_1	I_2	I_3	IF-VVS	VS	SI_1	SI_2	SI_3	I_1	I_2	I_3	
D-F	13	10.5	8.6	7.6	6.7	5.5	4.7	4	15.3	13.2	10.1	8.6	7.3	5.9	4.9	4.1	D-F
G-H	10.5	9.1	7.7	6.7	6	4.9	4.2	3.6	13.2	11.5	9.1	7.4	6.3	5.2	4.4	3.7	G-H
I-J	9	8.1	6.9	6	5.3	4.5	3.9	3.3	11.2	10	7.8	6.5	5.5	4.6	4.1	3.4	I-J
K-L	6.8	6.2	5.3	4.5	3.8	3.3	2.8	2.3	8.2	7.3	5.8	5.1	4.1	3.5	2.9	2.4	K-L
M-N	4.6	4.1	3.5	3.1	2.8	2.3	1.8	1.4	5.5	4.6	3.9	3.4	3.1	2.4	1.9	1.7	M-N
	0.18～0.22ct								0.23～0.29ct								
	IF-VVS	VS	SI_1	SI_2	SI_3	I_1	I_2	I_3	IF-VVS	VS	SI_1	SI_2	SI_3	I_1	I_2	I_3	
D-F	16	13.6	11	9.6	8.3	6.6	5.4	4.3	22	17.5	13	10.7	9.4	7.7	6.2	4.8	D-F
G-H	14.6	12.5	10.1	8.7	7.5	5.9	5	4	18.1	14.8	11.5	10	8.5	6.9	5.4	4.5	G-H
I-J	12.4	10.8	8.7	7.5	6.4	5.1	4.5	3.6	15	12.1	9.5	8.5	7.3	5.8	4.8	4	I-J
K-L	9.5	8	6.8	5.8	4.9	4.3	3.3	2.6	11.5	10	7.7	7	6.2	4.7	3.7	2.9	K-L
M-N	8	6.6	5.7	4.6	4	3	2.2	1.8	9.6	8.5	6.7	5.8	5.1	3.6	2.7	2.1	M-N

续附录1(2)

	0.30～0.39ct											0.40～0.49ct										
	IF	VVS_1	VVS_2	VS_1	VS_2	SI_1	SI_2	SI_3	I_1	I_2	I_3	IF	VVS_1	VVS_2	VS_1	VS_2	SI_1	SI_2	SI_3	I_1	I_2	I_3	
D	45	38	33	29	25	21	19	17	15	11	7	54	45	40	37	29	24	22	20	16	12	8	D
E	38	34	30	26	23	20	18	17	15	10	6	45	41	37	33	27	23	20	19	16	11	7	E
F	34	31	27	23	21	19	17	16	14	9	6	41	37	33	29	26	22	19	18	15	11	7	F
G	31	28	25	22	20	18	16	15	13	8	5	38	33	31	28	25	21	18	17	14	10	6	G
H	27	25	23	20	19	17	15	14	12	8	5	34	32	28	25	23	20	17	16	13	9	6	H
I	24	22	20	18	17	16	14	13	11	7	5	30	27	25	22	21	19	16	15	12	8	6	I
J	21	19	17	16	15	14	13	12	10	7	4	26	24	22	20	18	16	15	14	11	8	5	J
K	19	18	16	15	14	13	12	10	8	6	4	24	22	20	18	17	15	13	12	9	7	5	K
L	16	15	15	14	13	12	10	8	6	5	3	21	20	19	17	16	14	12	10	7	6	4	L
M	14	14	13	12	12	11	9	7	5	4	3	18	17	16	15	14	13	10	8	6	5	4	M
	1.00～1.49ct											1.50～1.99ct											
	IF	VVS_1	VVS_2	VS_1	VS_2	SI_1	SI_2	SI_3	I_1	I_2	I_3	IF	VVS_1	VVS_2	VS_1	VS_2	SI_1	SI_2	SI_3	I_1	I_2	I_3	
D	289	209	184	143	119	84	72	59	48	29	17	349	259	229	189	159	117	93	72	58	32	19	D
E	209	184	149	124	104	79	69	54	46	28	16	259	229	194	169	144	111	89	69	55	31	18	E
F	179	149	124	114	94	76	65	51	45	27	15	224	194	169	149	129	106	84	65	53	30	17	F
G	139	124	114	94	86	73	63	49	44	26	14	174	459	144	129	117	99	78	62	50	29	16	G
H	114	106	94	84	76	68	6	47	42	25	14	143	133	122	111	101	90	74	58	48	28	16	H
I	94	89	79	73	68	62	55	45	38	23	13	117	111	106	95	87	77	66	53	45	26	15	I
J	79	73	70	65	62	54	51	42	33	21	13	101	93	88	81	74	66	59	47	39	24	15	J
K	68	65	61	58	55	48	44	38	30	19	12	78	75	72	69	64	58	50	42	35	21	14	K
L	56	55	51	49	46	43	39	34	28	17	11	67	64	61	58	54	50	45	39	32	20	13	L
M	49	46	43	40	37	35	31	28	25	16	11	58	55	51	48	43	41	38	33	29	18	13	M

续附录 1(2)

	2.00～2.99ct											3.00～3.99ct											
	IF	VVS_1	VVS_2	VS_1	VS_2	SI_1	SI_2	SI_3	I_1	I_2	I_3	IF	VVS_1	VVS_2	VS_1	VS_2	SI_1	SI_2	SI_3	I_1	I_2	I_3	
D	530	400	355	300	220	160	123	87	67	35	20	1050	690	600	480	375	230	160	100	80	41	22	D
E	400	355	305	260	195	150	118	84	65	34	19	690	600	505	420	335	210	155	95	75	39	21	E
F	350	305	265	225	185	140	113	80	63	33	18	600	505	425	355	310	190	150	90	70	37	20	F
G	275	235	210	180	161	130	108	75	61	32	17	455	400	355	310	255	175	135	85	70	36	19	G
H	205	195	180	160	135	120	103	70	58	31	17	340	320	285	255	205	150	125	80	66	35	19	H
I	160	155	150	128	115	105	93	64	54	29	16	245	235	225	200	170	125	110	75	62	33	18	I
J	125	120	115	105	95	89	78	59	50	26	16	190	185	180	165	140	110	100	70	56	30	18	J
K	115	110	105	94	88	80	68	55	44	25	15	160	155	150	135	120	100	86	64	49	28	17	K
L	93	86	81	76	70	63	58	48	39	24	14	123	118	112	107	96	75	64	54	43	27	16	L
M	78	76	74	70	61	54	46	41	31	23	14	102	98	95	88	80	64	54	48	35	26	16	M

资料来源:美国的 Rapaport 公司(2012.3.29)。

附录 1　纽约国际钻石市场参考报价(3)

现金(钞)价:美元;单位:×10^2 美元;梨型

	0.18～0.22ct								0.23～0.29ct								
	IF-VVS	VS	SI_1	SI_2	SI_3	I_1	I_2	I_3	IF-VVS	VS	SI_1	SI_2	SI_3	I_1	I_2	I_3	
D-F	13.6	11.6	0.9	8.2	7.1	5.6	4.6	3.7	17.5	14	11.1	9.1	8	6.5	5.3	4.1	D-F
G-H	12.4	10.6	8.6	7.4	6.4	5	4.3	3.4	14.5	11.5	9.8	8.2	7.2	5.9	4.6	3.8	G-H
I-J	10.5	9.2	7.4	6.4	5.4	4.3	3.8	3.1	12	10.3	8.1	7.2	6.2	4.9	4.1	3.4	I-J
K-L	8.1	6.8	5.8	4.9	4.2	3.7	2.8	2.2	9.4	8.4	6.5	6	5.3	4	3.1	2.5	K-L
M-N	6.8	5.6	4.8	3.9	3.4	2.6	1.9	1.5	6.9	6.4	5.7	4.9	4.3	3.1	2.3	1.8	M-N

续附录1(3)

	0.30～0.39ct											0.40～0.49ct										
	IF	VVS_1	VVS_2	VS_1	VS_2	SI_1	SI_2	SI_3	I_1	I_2	I_3	IF	VVS_1	VVS_2	VS_1	VS_2	SI_1	SI_2	SI_3	I_1	I_2	I_3	
D	33	29	26	22	19	17	15	13	11	8	6	38	34	31	28	26	20	17	16	12	9	7	
E	29	26	23	20	18	15	14	13	10	8	5	34	31	28	26	24	19	16	15	11	89	6	E
F	26	23	20	17	16	14	13	12	9	7	5	31	28	26	24	23	17	15	14	10	8	5	F
G	23	20	18	16	15	14	2	11	9	7	5	29	27	25	23	20	16	14	13	10	8	5	G
H	19	18	16	15	14	3	11	10	8	6	4	27	25	23	21	17	15	13	12	9	7	5	H
I	16	15	14	13	13	12	10	9	8	6	4	21	10	19	18	15	14	12	11	9	7	4	I
J	13	12	12	11	11	10	9	8	7	5	4	17	16	16	15	13	12	11	10	8	6	4	J
K	11	0	9	9	9	8	7	7	6	5	3	15	13	12	11	11	10	9	8	7	6	4	K
L	10	9	9	8	8	8	7	6	5	4	3	13	12	11	10	10	9	8	7	6	5	3	L
M	9	9	9	8	8	7	6	5	4	3	3	11	10	10	9	9	8	7	6	5	4	3	M
	0.50～0.69ct											0.70～0.89ct											
	IF	VVS_1	VVS_2	VS_1	VS_2	SI_1	SI_2	SI_3	I_1	I_2	I_3	IF	VVS_1	VVS_2	VS_1	VS_2	SI_1	SI_2	SI_3	I_1	I_2	I_3	
D	63	48	41	36	33	27	23	22	18	13	9	78	58	54	54	46	39	33	30	24	16	10	D
E	48	41	37	32	29	24	21	20	17	13	8	58	54	51	47	43	36	30	27	23	15	9	E
F	41	37	32	30	27	23	20	18	16	12	7	54	51	47	45	40	34	28	25	22	14	9	F
G	37	33	30	27	24	21	18	16	15	12	7	51	47	43	39	35	31	25	23	21	14	8	G
H	33	30	28	25	22	19	17	15	14	11	7	46	42	38	34	31	27	23	22	19	13	8	H
I	29	26	24	22	19	17	15	14	13	11	6	38	34	31	28	25	23	20	19	17	13	8	I
J	23	21	20	18	17	16	14	13	12	10	6	28	26	25	24	22	20	19	18	14	12	7	J
K	18	16	16	15	15	13	13	12	10	8	6	25	23	21	18	17	16	15	15	13	10	7	K
L	15	14	14	13	13	13	12	11	9	7	5	21	20	19	17	16	15	14	14	12	9	6	L
M	13	12	12	12	11	11	10	9	8	6	5	17	17	17	16	15	14	13	12	10	8	6	M

续附录 1(3)

	0.90～0.99ct											1.00～1.49ct											
	IF	VVS_1	VVS_2	VS_1	VS_2	SI_1	SI_2	SI_3	I_1	I_2	I_3	IF	VVS_1	VVS_2	VS_1	VS_2	SI_1	SI_2	SI_3	I_1	I_2	I_3	
D	104	84	74	64	55	52	43	36	27	19	11	174	129	109	89	74	60	50	41	31	22	13	D
E	84	74	64	58	53	49	40	34	26	18	10	129	109	94	79	69	57	48	40	30	21	12	E
F	74	64	57	55	50	46	39	32	25	17	10	109	94	79	73	65	55	47	39	29	21	11	F
G	64	57	55	53	47	44	36	30	24	16	9	84	79	74	68	62	51	44	37	27	20	10	G
H	53	49	47	45	42	40	35	28	23	16	9	74	64	59	55	50	45	40	35	26	19	10	H
I	47	4	43	41	37	34	31	26	22	15	9	59	54	52	47	43	39	35	31	25	18	10	I
J	40	37	35	33	31	28	25	23	19	14	8	49	45	43	40	38	34	31	27	22	16	9	J
K	32	31	30	28	26	24	23	20	17	13	8	41	38	37	34	32	30	27	24	19	15	9	K
L	26	25	24	23	22	20	19	17	13	11	7	35	34	31	30	28	26	24	21	17	13	9	L
M	20	20	20	19	19	19	18	17	12	10	7	30	28	26	24	22	20	19	18	15	11	8	M
	1.50～1.99ct											2.00～2.99ct											
	IF	VVS_1	VVS_2	VS_1	VS_2	SI_1	SI_2	SI_3	I_1	I_2	I_3	IF	VVS_1	VVS_2	VS_1	VS_2	SI_1	SI_2	SI_3	I_1	I_2	I_3	
D	210	160	140	115	99	82	67	53	40	26	14	300	240	210	180	150	115	84	63	49	29	15	D
E	160	140	120	110	92	80	65	51	39	25	13	240	210	180	160	135	110	82	61	48	28	14	E
F	135	120	110	94	86	77	63	49	37	24	12	210	180	160	135	125	105	80	59	45	27	13	F
G	110	105	94	88	78	70	59	47	36	23	11	170	150	135	125	115	95	77	55	42	26	12	G
H	90	81	77	73	67	60	51	43	32	22	11	130	115	105	100	93	80	66	50	40	25	12	H
I	75	69	67	62	56	53	44	39	30	20	11	100	93	88	79	74	70	60	46	37	23	12	I
J	65	55	53	49	45	43	37	32	25	18	10	80	72	69	63	59	56	50	38	30	20	11	J
K	50	46	45	42	39	37	33	28	23	17	10	70	65	59	53	52	50	46	34	27	19	11	K
L	43	40	38	36	34	32	28	24	21	15	10	55	50	46	44	42	37	35	31	23	18	11	L
M	35	34	32	30	27	26	23	21	18	14	9	45	43	41	39	36	34	28	26	21	17	10	M

续附录1(3)

	3.00～3.99ct											4.00～4.99ct											
	IF	VVS_1	VVS_2	VS_1	VS_2	SI_1	SI_2	SI_3	I_1	I_2	I_3	IF	VVS_1	VVS_2	VS_1	VS_2	SI_1	SI_2	SI_3	I_1	I_2	I_3	
D	600	410	355	300	245	165	110	75	60	33	17	680	510	470	415	360	210	139	83	65	36	20	D
E	410	355	320	270	225	155	105	70	5	31	16	510	470	440	380	335	200	133	79	60	34	18	E
F	355	320	280	250	205	145	100	65	50	29	15	460	440	400	345	295	185	129	75	55	32	16	F
G	300	275	250	210	185	125	96	60	47	27	14	390	355	315	300	250	170	126	70	51	30	15	G
H	235	225	205	175	140	105	88	55	44	26	14	320	295	270	250	210	150	111	65	48	28	15	H
I	175	165	155	140	115	95	76	50	41	25	14	222	211	194	181	169	128	98	60	45	27	15	I
J	130	126	116	105	95	75	65	46	38	24	13	170	160	150	140	130	104	85	55	42	25	14	J
K	103	99	95	87	78	65	55	42	33	23	13	135	127	120	110	101	81	72	50	36	24	14	K
L	75	66	63	58	54	45	41	34	29	21	12	91	87	84	80	77	62	54	41	32	23	13	L
M	60	57	54	50	46	40	35	30	24	19	11	75	70	66	62	60	51	44	35	26	20	12	M

资料来源:美国的 Rapaport 公司(2012.3.30)。

附录 2 部分国际性机构有色宝石报价及资讯

GemGuide 公司 2012 年秋冬季部分彩色宝石报价（表中价格除特别注明外，为美元/ct），资料来源于美国的《The Guide》，Fall/Winter，1999—2000（Published by GemWorld International Inc.）

红宝石，经过加热

CORUNDUM-STAR RUBY				
	Commercial 1～4	Good 4～6	Fine 6～8	Extra Fine 8～10
0.50～0.99ct	40～220	220～350	350～1 120	1 120～2 300
1.00～2.99ct	50～330	330～975	975～1 450	1 450～3 000
3.00～4.99ct	60～850	850～1 650	1 650～3 750	3 750～5 700
5.00～9.99ct	75～1 100	1 100～2 750	2 750～5 000	5 000～8 500
10.00～19.99ct	100～1 650	1 650～3 300	3 300～7 400	7 400～9 000

星光红宝石

CORUNDUM-STAR RUBY				
	Commercial 1～4	Good 4～6	Fine 6～8	Extra Fine 8～10
0.50～0.99ct	40～220	220～350	350～1 120	1 120～2 300
1.00～2.99ct	50～330	330～975	975～1 450	1 450～3 000
3.00～4.99ct	60～850	850～1 650	1 650～3 750	3 750～5 700
5.00～9.99ct	75～1 100	1 100～2 750	2 750～5 000	5 000～8 500
10.00～19.99ct	100～1 650	1 650～3 300	3 300～7 400	7 400～9 000

红宝石刻面，未经过加热

	Commercial			Good		Fine		Extra Fine	
	Lower	Middle	Upper	Lower	Upper	Lower	Upper	Lower	Upper
	1~2	2~3	3~4	4~5	5~6	6~7	7~8	8~9	9~10
0.50~0.99ct	20~35	35~70	70~190	190~550	550~950	950~1 320	1 320~1 750	1 750~2 500	2 500~3 750
1.00~1.99ct	30~65	65~225	225~340	340~650	650~1 300	1 300~2 200	2 200~2 600	2 600~4 000	4 000~7 750
2.00~2.99ct	40~135	135~335	335~500	500~975	975~1 900	1 900~3 600	3 600~6 000	6 000~9 000	9 000~13 500
3.00~3.99ct	60~160	160~470	470~730	730~1 600	1 600~3 500	3 500~6 000	6 000~7 000	7 000~13 750	13 750~20 000
4.00~4.99ct	80~225	225~570	570~1 000	1 000~2 000	2 000~4 250	4 250~7 500	7 500~10 000	10 000~17 100	17 100~26 200
5.00~7.99ct	130~295	295~735	735~1 300	1 300~3 200	3 200~5 700	5 700~11 400	11 400~16 250	16 250~24 300	24 300~38 500

红宝石刻面，经过加热

	Commercial			Good		Fine		Extra Fine	
	Lower	Middle	Upper	Lower	Upper	Lower	Upper	Lower	Upper
	1~2	2~3	3~4	4~5	5~6	6~7	7~8	8~9	9~10
0.50~0.99ct	20~35	35~70	70~190	190~550	550~950	950~1 320	1 320~1 750	1 750~2 500	2 500~3 750
1.00~1.99ct	30~65	65~225	225~340	340~650	650~1 300	1 300~2 200	2 200~2 600	2 600~4 000	4 000~7 750
2.00~2.99ct	40~135	135~335	335~500	500~975	975~1 900	1 900~3 600	3 600~6 000	6 000~9 000	9 000~13 500
3.00~3.99ct	60~160	160~470	470~730	730~1 600	1 600~3 500	3 500~6 000	6 000~7 000	7 000~13 750	13 750~20 000
4.00~4.99ct	80~225	225~570	570~1 000	1 000~2 000	2 000~4 250	4 250~7 500	7 500~10 000	10 000~17 100	17 100~26 200
5.00~7.99ct	130~295	295~735	735~1 300	1 300~3 200	3 200~5 700	5 700~11 400	11 400~16 250	16 250~24 300	24 300~38 500

蓝宝石

CORUNDUM-BLUE SAPPHIRE				
Cabochon Cut				
	Commercial 1～4	Good 4～6	Fine 6～8	Extra Fine 8～10
1.00～4.99ct	15～80	80～270	270～850	850～1 500
5.00～9.99ct	20～85	85～425	425－1 250	1 250～2 000
Melee				
	Commercial 1～4	Good 4～6	Fine 6～8	Extra Fine 8～10
0.02～0.09ct	10～30	30～80	80～250	250～430
0.10～0.24ct	10～35	35～130	130～325	300～500
0.25～0.49ct	15～45	45～110	110～350	350～600

星光蓝宝石

CORUNDUM-BLUE STAR SAPPHIRE				
	Commercial 1～4	Good 4～6	Fine 6～8	Extra Fine 8～10
0.50～0.99ct	10～25	25～100	100～200	200～350
1.00～2.99ct	25～150	150～600	600～1 200	1 200～1 500
3.00～4.99ct	45～200	200～1 000	1 000～1 800	1 800～3 500
5.00～9.99ct	70～250	150～1 000	1 100～2 200	2 200～4 200
10.00～19.99ct	50～275	275～1 200	1 200～2 400	2 400～4 800
20.00～49.99ct	50～225	225～900	900～2 200	2 200～4 000

形状—品质价格校正表

	商业级	好级	很好级	极好级
坐垫形或椭圆形	同上表	同上表	同上表	同上表
梨形	同上表	+0%～+7%	+7%～+12%	+12%～+20%
圆形	同上表	+0%～+7%	+7%～+15%	+15%～+20%
马眼形或祖母绿形	+0%～+5%	+5%～+10%	+10%～+15%	+15%～+20%

蓝宝石

	Commercial			Good		Fine		Extra Fine	
	Lower	Middle	Upper	Lower	Upper	Lower	Upper	Lower	Upper
	1～2	2～3	3～4	4～5	5～6	6～7	7～8	8～9	9～10
0.50～0.99ct	15～22	22～35	35～75	75～170	170～300	300～550	550～750	725～1 020	1 020～1 700
1.00～1.99ct	25～45	45～100	100～175	175～350	350～600	600～1 000	1 000～1 900	1 900～2 600	2 600～ 3 250
2.00～2.99ct	40～65	65～135	135～350	350～600	600～900	900～1 450	1 450～2 800	2 800～3 500	3 500～4 450
3.00～3.99ct	45～70	70～250	250～400	400～850	850～1 250	1 250～2 400	2 400～3 200	3 200～4 500	4 500～5 000
4.00～4.99ct	50～100	100～350	350～450	450～900	900～1 525	1 525～2 500	2 500～3 700	3 700～5 000	5 000～5 500
5.00～5.99ct	50～125	125～400	400～525	525～1 250	1 250～1 890	1 890～2 900	2 900～5 500	5 500～6 000	6 000～7 000
6.00～7.99ct	50～150	150～425	425～800	800～1 450	1 450～2 200	2 200～3 300	3 300～6 200	6 200～6 500	6 500～8 650
8.00～9.99ct	55～175	175～500	500～900	900～2 000	2 000～2 750	2 750～3 900	3 900～6 300	6 300～6 700	6 700～9 000
10.00～19.99ct	70～200	200～525	525～1 000	1 000～2 000	2 000～2 900	2 900～5 450	5 450～6750	6 750～9 000	9 000～13 000

祖母绿

	Commercial			Good		Fine		Extra Fine	
	Lower	Middle	Upper	Lower	Upper	Lower	Upper	Lower	Upper
	1～2	2～3	3～4	4～5	5～6	6～7	7～8	8～9	9～10
0.50～0.99ct	15～40	40～68	65～125	125～350	350～550	550～1 000	1 000～2 000	2 000～2 500	2 500～3 500
1.00～1.99ct	20～50	50～110	110～300	300～600	600～1 420	1 450～2 600	2 600～4 400	4 400～5 400	5 400～6 500
2.00～2.99ct	30～70	70～165	165～450	450～1 000	1 000～2 000	2 000～3 500	3 500～5 700	5 700～6 400	6 400～8 000
3.00～3.99ct	35～85	85～270	270～650	650～1 050	1 050～2 300	2 300～3 750	3 750～5 900	5 900～7 300	7 300～8 600
4.00～4.99ct	40～100	100～375	375～800	800～1 350	1 350～2 700	2 700～3 850	3 850～6 000	6 000～7 500	7 500～8 700
5.00～5.99ct	45～135	135～425	425～850	850～1 500	1 500～3 350	3 350～4 500	4 500～7 200	7 200～7 750	7 750～9 000
6.00～7.99ct	50～150	150～550	550～1 000	1 000～1 800	1 800～3 500	3 500～5 500	5 500～7 200	7 200～8 000	8 000～10 500
8.00～14.99ct	75～225	225～625	625～1 200	1 200～2 000	2 000～4 000	4 000～5 500	5 500～7 800	7 800～10 000	10 000～13 500

形状—品质价格校正表

	商业级	好级	很好级	极好级
1ct 以下，各种形状	同上表	同上表	同上表	同上表
1ct 以上，椭圆形或坐垫形	同上表	同上表	同上表	同上表
1ct 以上，其他形状	可协商的	可协商的	可协商的	可协商的

形状—品质价格校正表

	商业级	好级	很好级	极好级
圆形，椭圆形，坐垫形，梨形，祖母绿形	同上表	同上表	同上表	同上表
其他形状	同上表	+0%～+5%	+5%～+10%	+10%～+15%

一、部分常见宝石

部分宝石价格案例及图表

（资料来源：International Gem Society；http://www.gemsociety.org/priceg.htm）

价格是基于各种来源通常交易商品。所列价格是零售价，批发价格通常是零售价的 1/3～1/2。

二、变石（紫翠玉）

刻面型（美元/ct）		0.5～1ct	1ct 以上
	顶级红/绿	5 000～15 000	1 000 000
	中等红/绿	3 000～9 000	60 000
	浅红/绿	100～2 500	6 000
	其他颜色	1 100～8 000	10 000
弧面型（美元/ct）		0.3～1.5ct	1.5ct 以上
	强红/绿	500～2 500	30 000
猫眼（美元/ct）		All sizes	
	强红/绿	1 500～5 000	

1. 紫水晶

刻面型（美元/ct）		0.5～1ct	1ct 以上
	西伯利亚紫色	9～16	50
	中等	7～22	33
	浅紫色	3～6	12
弧面型（美元/ct）			1ct 以上
	深紫色		13～18
	中等		3～9

2. 紫黄晶

刻面型　（美元/ct）　All sizes

10～50

3. 红柱石

刻面型（美元/ct）		1～4ct	4ct 以上
	顶级颜色	30～200	1 000
	中等颜色	20～100	100

4. 海蓝宝石

刻面型（美元/ct）		0.5～1.5ct	1.5～3ct	3ct 以上
	深蓝色	250～500	350～1 000	850
	中等	100～300	22～600	750
	浅色	8～40	20～100	100
弧面型（美元/ct）			15～40	
猫眼（美元/ct）			50～300	

5. 磷灰石(美元/ct)

霓虹蓝	0.3～1ct	1～3 ct	3ct 以上
	10～100	38～300	300
巴西蓝	0.5～1ct	1～4ct	
	200～300	200～400	
蓝色猫眼	3ct 以上		
	46		
其他颜色	All sizes		
刻面型	20～200		

6. 鱼眼石(美元/ct)

刻面型　　3～10ct

52～600

7. 蓝铜矿(美元/ct)

弧面型　　All sizes

7～10

8. 碧玺(红色碧玺)

经销商称对类似于帕拉伊巴颜色的碧玺的需求减少，对于与莫扎比克矿床有关的红色和紫色的碧玺需求更加频繁。据报道此地开采已枯竭。

(资料来源：Stuart M. Robertson, GG. Trends-Tourmaline and Spinel. The GemGuide, GMN. January 1, 2009)

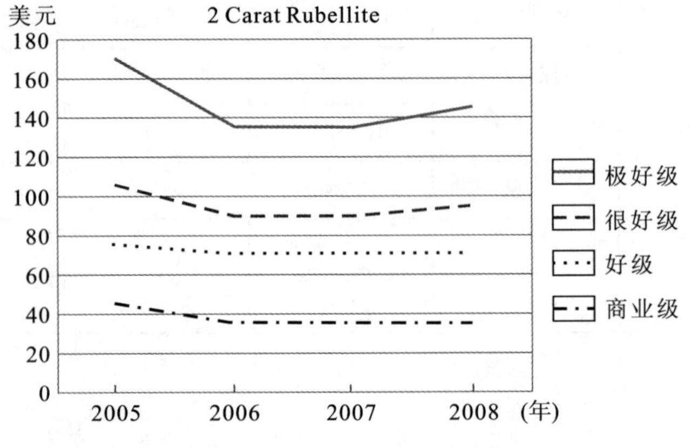

(注：紫色碧玺除外)

三、红宝石

来自 Gemworld 官网上的文献数据

1. 未处理的红宝石(Unenhanced Ruby)的溢价的改变

Changing Premiums for Unenhanced Ruby				
	商业级	好级	很好级	极好级
2006 年	0%～+75%	+50%～+75%	+50%～+75%	+50%～+75%
2010 年	0%～+125%	+75%～+125%	+75%～+150%	+150%～+250%
2011 年	0%～+150%	+125%～+175%	+125%～+200%	+200%～+300%

过去 10 年来未处理红宝石的价格增长有以下几个原因。

(1)世界范围内对红宝石需求的增加,如像中国和印度这样的新兴市场。

(2)供求的减少,美国等国家禁止从缅甸进口,因而美国不能合法地从缅甸进口包括红宝石在内的主要宝石,而缅甸恰恰是优质红宝石尤其是未处理的优质红宝石的主要产地。

(3)处理红宝石的增加,玻璃充填以及合成红宝石的出现:现今,玻璃充填的红宝石占据了主要市场,而懂行的购买者寻求的是真正的未处理的红宝石,即使我们试着去接受热处理的红宝石,但是老练的消费者要的是没有热处理的,这种天然的限制使得高品质的红宝石价格更高。

上表展现的是过去 5 年来红宝石溢价的变化。

(资料来源:Richard B. Drucker, GG. Changing Premiums for Unenhanced Ruby. The GemGuide. January 1,2012)

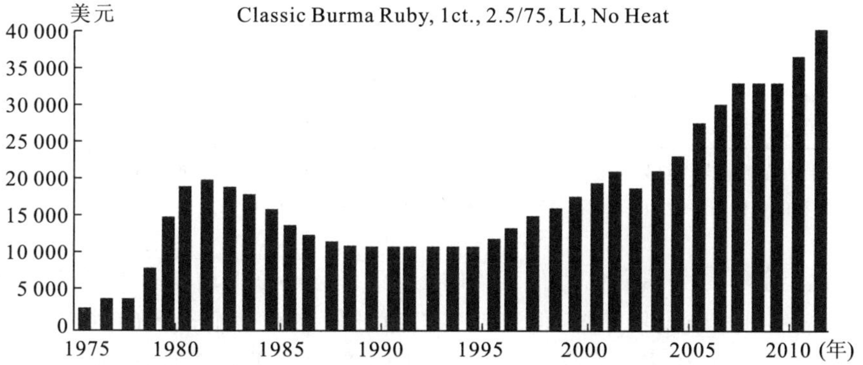

我们正在扩大宝石的价格趋势，并没有因为缅甸的事情而展缓，包括缅甸的红宝石、蓝宝石、尖晶石在内。同时，哥伦比亚祖母绿经销商专营未经处理的哥伦比亚祖母绿，没有急剧的价格增长因而不能更变现有库存。看起来最终抓住了美国收藏家的胃口，他们想要的是近来未经处理的顶级品质和净度的祖母绿。无色钻石的继续上升趋势，很有可能跟上去年稀有金属的价格。我们像 2011 年一样持有我们高净度的粉红色钻石价格变化图表——价格持续上升。

（资料来源：The Gemstone Forecaster. Vol. 30，No. 1，Spring 2012　http://www.preciousgemstones.com/Forecasters.html）

2. 红宝石（热处理过）

	Ruby		Burma Ruby 缅甸红宝石	
	2003 年（美元）		2003 年（美元）	
质量 m(ct)	好级	很好级	好级	很好级
$1/2 \leqslant m < 1$	175～475	475～1 000	225～800	800～1 450
$1 \leqslant m < 2$	275～900	900～1 550	400～1 100	1 100～3 850

四、蓝宝石

1. 蓝色蓝宝石（处理蓝宝石的价格）经切磨抛光后的 1ct 蓝色蓝宝石（2008 年出版）

1.0 Carat Blue Sapphire Cut and Polished								
	商业级（1～4）		好级（4～6）		很好级（6～8）		极好级（8～10）	
Year	Spring	Fall	Spring	Fall	Spring	Fall	Spring	Fall
1995	150	150	500	500	1 200	1 250	2 500	2 500
2000	100	90	400	300	900	800	2 000	2 000
2005	60	60	275	250	750	725	1 500	1 500
2008	80	80	300	335	800	885	1 900	2 050

注：以上的价格来自于热处理蓝宝石的价格。以上的数据是经过调查价格和时间变化的平均数据。未处理的蓝宝石的价格需要增加一个溢价（2008 年秋季的数据是推测出的）。

蓝色蓝宝石是美国彩色宝石市场的主干，它是零售中最流行的彩色宝石。尽管过去 10 年红宝石市场萎缩，但是蓝宝石市场始终有一个稳定的供应。10 年前马达加斯加蓝宝石矿床的发现增加了市场的供应以及类似于斯里兰卡蓝宝石的需求。产量持续稳定直到 2007 年发生戏剧性的下降。过去 10 年来，全球市场上蓝色蓝宝石来自于几个国家，澳大利亚占将近 50%的产量，缅甸、柬埔寨、肯尼亚、马达加斯加、坦桑尼亚和斯里兰卡占 35%。需要指出的是，缅甸、斯里兰卡和马达加斯加占据了宝石级蓝色蓝宝石产量的主要比例。

现今各种大小和质量的蓝色蓝宝石均可在市场上见到，特别是大颗粒的高品质的尤其受收藏家的喜爱。GemGuide 调查者发现，实际上市场上蓝宝石的平均大小预计在 3mm。

（资料来源：Stuart M. Robertson，GG. Blue Sapphire. The Guide，GMN. July 1,2008）

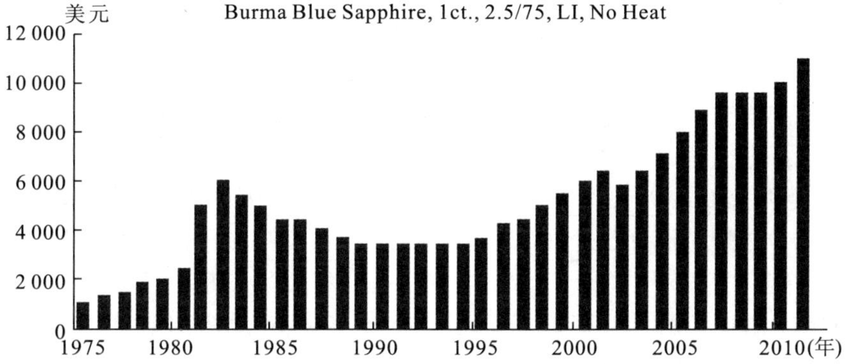

（资料来源：Retail Gemstone Trends（1975—2011）. National Gemstone. http://www.preciousgemstones.com/gemstonetrends.html）

蓝色蓝宝石

	2004 年(美元)		2007 年(美元)		2010 年(美元)	
质量 m(ct)	好	很好	好	很好	好	很好
$1 \leqslant m < 2$	125～400	400～1 200	125～420	420～1 250	150～425	425～1 350
$2 \leqslant m < 3$	275～650	650～1 800	325～750	750～2 000	350～800	800～2 200

蓝宝石

蓝色蓝宝石				粉红色蓝宝石		
2011 年(UNHEATED)		2011 年(HEATED)		2011 年(HEATED)		
好	很好	好	很好	好	很好	质量 m(ct)
300～1 450	1 450～2 850	175～600	600～1 800	80～275	275～875	$1 \leqslant m < 2$
420～1 750	1 750～4 000	325～900	900～2 550	225～325	325～1 100	$2 \leqslant m < 3$

2. 粉红色蓝宝石

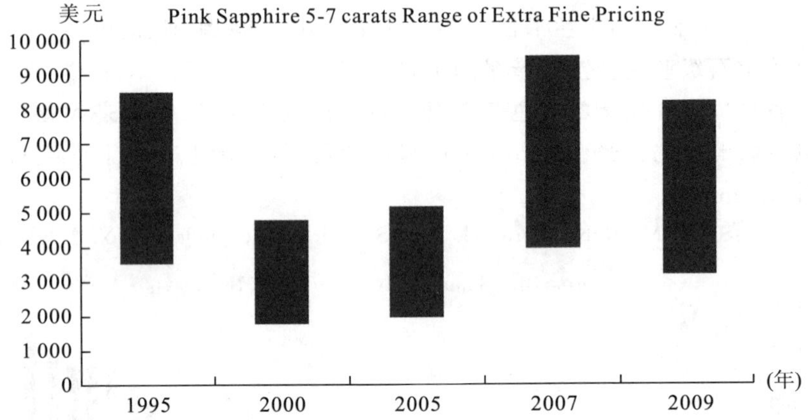

粉红色蓝宝石最初于20世纪90年代被发现于马达加斯加，现主要产自缅甸和斯里兰卡，产量均很少。过去15年来，粉红色蓝宝石的价格跌了将近一半之后又涨了一倍多。1995年，GemGuide将5～7ct顶级级别的粉红色蓝宝石的价格定位3 500～5 000美元/ct。2000年出版的秋冬季版本，此级别的粉红色蓝宝石定价为1 800～3 000美元/ct。到2005年，价格定为2 000～3 200美元/ct，而2007年，价格涨至4 000～5 500美元/ct。最新出版的价格中，同级别定价为3 200～5 000美元/ct。

（资料来源：Stuart M. Robertson，GG. Pink Sapphire. The GemGuide，GMN. May 1，2009）

3. 黄色蓝宝石

宝石行业变化多端，但是黄色蓝宝石多年以来一直处于稳定状态——斯里兰卡和马达加斯加矿床的持续供给。直到最近市场上由于标准大小的高品质的黄色蓝宝石的需求的变化导致价格上的一个飞跃。热处理的黄色蓝宝石有望出现。铍扩散处理的黄色蓝宝石由于一些批发商不愿意为这种类型的处理做担保而存在着更大的问题。大颗粒的天然颜色的黄色蓝宝石即使色浅人们也愿意购买。为完全挖掘天然的深色蓝宝石的市场潜力有必要出具颜色来源的报告。

过去的前15年，黄色蓝宝石的价格相对不变。现在，价格上出现了增长，特别是高品质的黄色蓝宝石。

（资料来源：Stuart M. Robertson，GG. Yellow Sapphire. The GemGuide，GMN. November 1，2008）

Yellow Sapphire 1－3 carats		
	很好级(6～8)	极好级(8～10)
1990 年	125～250	250～425
1995 年	125～225	225～385
2000 年	125～225	225～385
2005 年	100～225	225～350
2008 年	125～300	300～500

五、2010 年图桑宝石展报告

1. 碧玺

碧玺的颜色不如以前那样丰富，经销商称绿色的碧玺中浓郁的绿色产品以及清亮的薄荷绿色的产品销售情况最好，其他的带有蓝色调的、微青色的、褐色调的销售情况次之。蓝色的和金黄色的碧玺相比往年更加罕见，而粉红色和红色的碧玺供应依旧。因为引人关注的帕拉伊巴紫色碧玺的争论，购买者对于这种高端的宝石明显谨慎了很多，对声称来自巴西的产品认真检查其初始报告。被当作帕拉伊巴碧玺来销售的产自莫桑比克的铜轴承碧玺也不如往年多。然而，可以买到品质更高的碧玺的出价只能买到低于这个品质的碧玺。

(资料来源：Stuart M. Robertson，GG. Tucson Gem Show 2010. The GemGuide. March 1，2010)

碧玺

	Red tourmaline 红色碧玺		Green tourmaline 绿色碧玺	
	2004 年(美元)		2004 年(美元)	
质量 m(ct)	好级	很好级	好级	很好级
$1\leqslant m<3$	70～120	80～125	30～60	60～120
$3\leqslant m<5$	100～160	120～150	35～90	90～150

(资料来源：GEM PRICING UPDATE from THE GUIDE. JCK. May 2004，Vol. 175 Issue 5，p52－52，1p)

2. 尖晶石

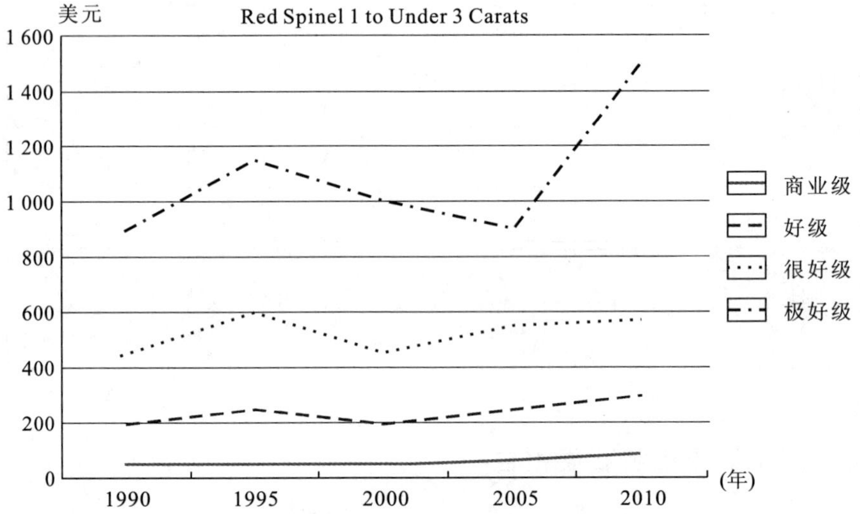

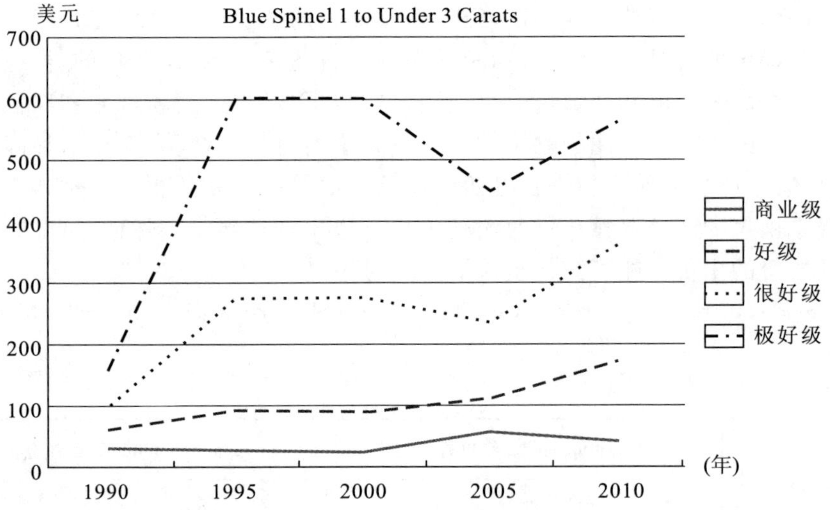

红色尖晶石过去两年来主要来自坦桑尼亚，蓝色和淡紫色的尖晶石则发现于图桑。2005 年以来顶级品质的尖晶石的价格显著增长，现在的价格的增长是由于红色和粉红色尖晶石以“火焰”的描述售卖。

（资料来源：Stuart M. Robertson，GG. Spinel. The GemGuide. March 1，2010）

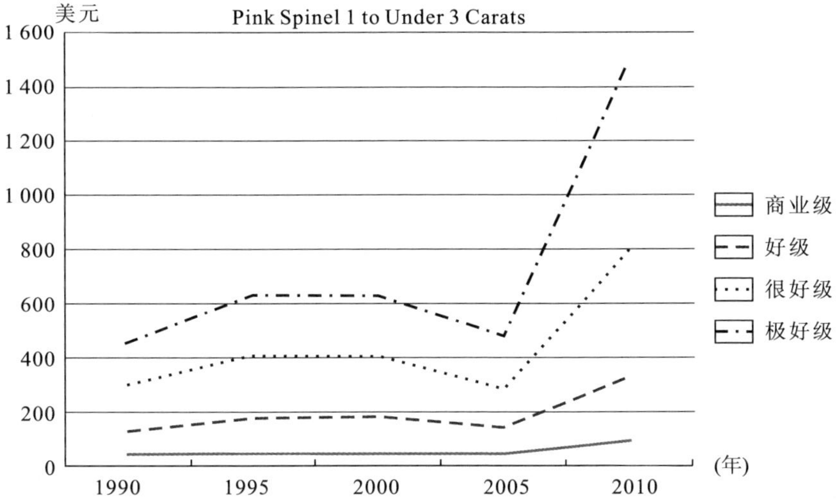

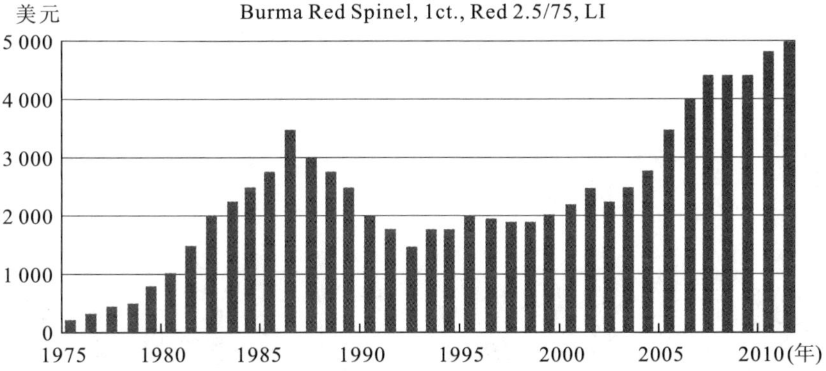

（资料来源：Retail Gemstone Trends（1975—2011）. National Gemstone. http://www.preciousgemstones.com/gemstonetrends.html）

Gemworld 国际公司的 Richard Drucker 指出，所有的尖晶石中来自坦桑尼亚的是最贵的。而 Niveet Nagpal 指出高品质的尖晶石卖的很好，中低端品质的尖晶石的价格下降了 40%，但是高品质的尖晶石则涨了两倍。

（资料来源：AGTA GemFair™ Reveals Top Trends in Color. AGTA GemFair™ Tucson Daily Report Thursday, February 4, 2010 http://www.agta.org/gemfair/20100204dailyreport.html）

红色尖晶石

	2004 年(美元)		2007 年(美元)		2011 年(美元)	
质量 m(ct)	好级	很好级	好级	很好级	好级	很好级
$2 \leqslant m < 3$	100～300	300～700	150～450	450～900	200～550	550～900
$3 \leqslant m < 5$	100～450	450～1 000	400～850	850～1 800	300～650	750～2 500

3. 祖母绿

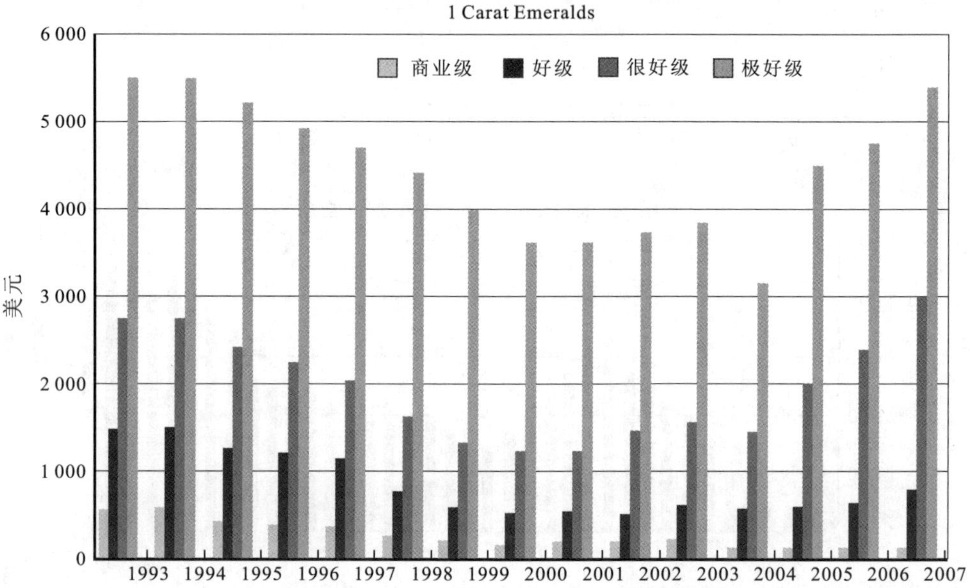

1999—2000 年祖母绿价格的下降是由于一个大的商业性矿床的发现，从 La Pita 矿床中产出大量的低品质到中等品质的祖母绿。高品质和顶级品质的祖母绿也有产出。La Pita 矿产量强劲，最好的祖母绿均为颗粒大、颜色饱和度高的。直到今天 La Pita 矿仍在开采之中。尽管对祖母绿的需求低于高产值年，过去 2 年来需求仍然稳定增长。过去 4 年两祖母绿市场发展积极向上。2～3ct 范围内，以 2 500～3 000 美元/ct 的价格可以购置一颗饱和度高的祖母绿。这个级别里购置传统的姆佐颜色的祖母绿则需要 4 000～6 000 美元/ct。

(资料来源：[1]Richard B. Drucker, GG. Emeralds. The GemGuide, GMN. July 1, 2007

[2] Stuart M. Robertson, GG. Emeralds: New Green Pastures and Plssible Trouble in Paradise. The GemGuide, GMN. July 1, 2007)

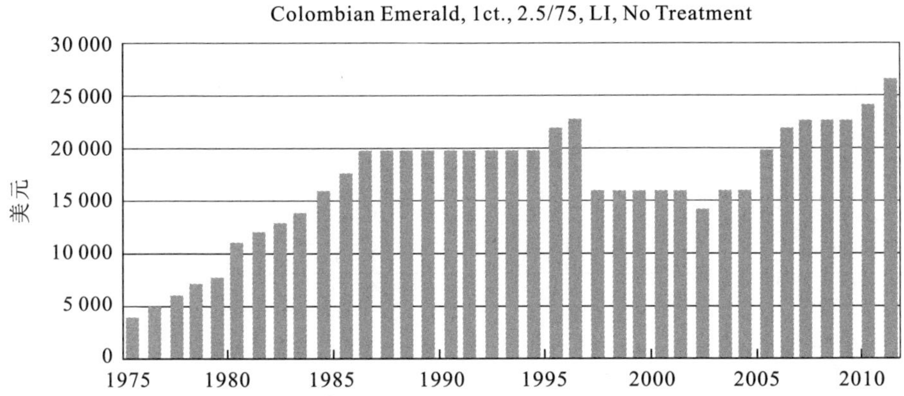

(资料来源:Retail Gemstone Trends (1975—2011). National Gemstone http://www.preciousgemstones.com/gemstonetrends.html)

4. 坦桑石

	2004年(美元)		2007年(美元)		2011年(美元)	
质量 m(ct)	好	很好	好	很好	好	很好
$1 \leqslant m < 2$	100～225	225～300	175～325	325～425	200～325	325～425
$2 \leqslant m < 5$	125～250	250～350	250～450	400～525	250～400	400～475

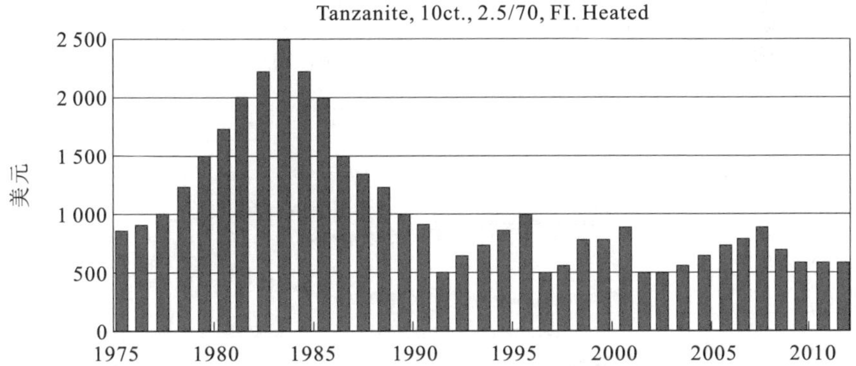

(资料来源:The Gemstone Forecaster. Vol. 30, No. 1, Spring 2012 http://www.preciousgemstones.com/Forecasters.html)

5. 尼日利亚锰铝榴石

	2004 年(美元)		2007 年(美元)		2010 年(美元)	
质量 m(ct)	好	很好	好	很好	好	很好
$1\leqslant m<2$	75～90	90～120	75～90	90～120	75～90	90～120
$2\leqslant m<3$	90～125	120～160	90～125	120～160	90～125	120～160

6. 粉红色托帕石

	2004 年(美元)		2007 年(美元)		2010 年(美元)	
质量 m(ct)	好	很好	好	很好	好	很好
$1\leqslant m<3$	100～300	300～600	125～350	350～700	125～350	350～700
$3\leqslant m<5$	100～325	325～650	180～425	425～900	180～425	425～900

7. 锆石

近来大量的来自坦桑尼亚的锆石出现在市场上，这些锆石带有很强烈的粉红色，与我们之前在市场上见到的传统的来自于斯里兰卡和柬埔寨的截然不同。因此，市场上对这种新的锆石极感兴趣。经过长期的稳定状态之后，锆石的价格现在也开始在前 6 个月期间经历一个增长期。缺少略带桃色调的棕色锆石定价降低。

过去几年来经历价格增长的还有蓝色锆石。尽管商业级别的蓝色锆石的价格稳定，但是优质以及顶级的锆石的价格由于几年前产量增加价格下降而增长起来。

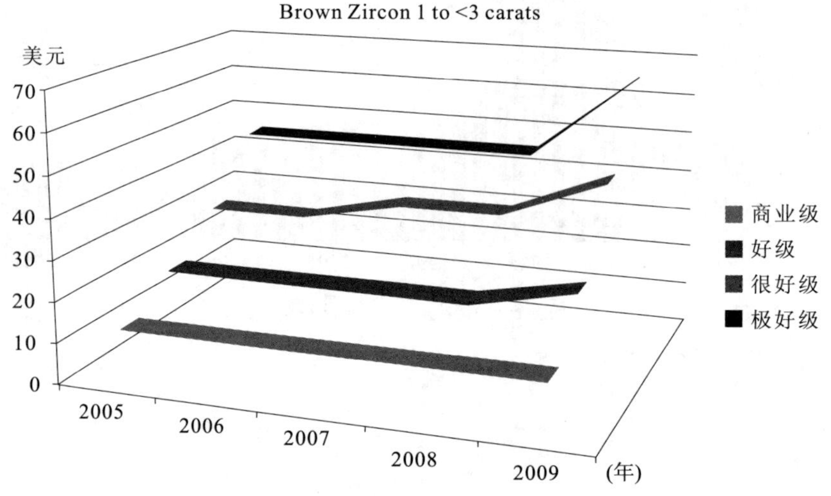

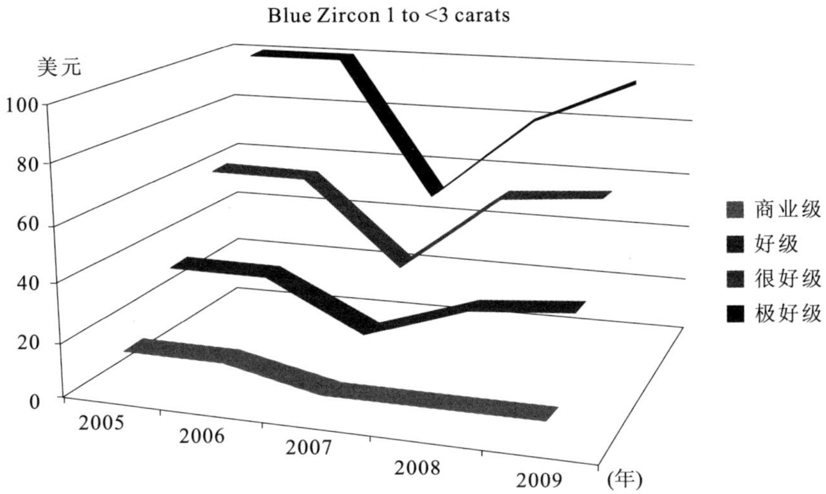

（资料来源：Stuart M. Robertson，GG. Zircon. The GemGuide，GMN. July 1，2009）

经销商将价格的变化归结于设计师和厂商需求的增加，橙色、绿色和红色的锆石据称需求相比以前更高，而且这些颜色在市场上并不常见。

蓝色锆石

	2004 年(美元)		2007 年(美元)		2010 年(美元)		2011 年(美元)	
质量 m(ct)	好	很好	好	很好	好	很好	好	很好
$1\leqslant m<3$	15～40	40～60	20～50	50～75	20～55	55～90	20～55	55～95
$3\leqslant m<5$	20～50	50～100	35～75	75～150	40～80	80～175	40～80	80～185

附录3　中国历代古董玉石艺术品的器形类别特征表

时代(公元)	常见器形类别	发育地区	形神特征
新石器时代 红山文化 (BC3500－3000)	璧、璜、环、珠、坠、棒形玉、龙、龟等动物饰形	东北、 内蒙古	神似、对称、动物形象生动，器形古朴遒劲
良渚文化 (BC3300－2200)	璧、琮、璜，镯、管、珠、坠、锥形饰、冠形饰、柱形饰、柄形饰、牌饰、龟、鸟、蝉、鱼、木镶玉石件	太湖地区	器形雄伟，有气势，对称均衡，有庄严肃穆感觉
龙山文化 (BC2500－AD)	璧、玉琮、钺、臂环、管、璜、斧、刀、戚、戈、工具类、铲、锛、笄、鸟形玉饰、镶松石骨雕筒	黄河流域	以刀、戈、铲等象征性武器、工具为特征，威武雄伟但单调
夏 (BC2070－1600)	玉戈、钺、戚、刀、铲、玉柄形饰、尖状饰、玉镯形器、板形玉、璜形玉、方形玉、铜镶松石片	中原	形制精美，玉器两侧开始出现锯齿状扉棱
商 (BC1600－1046)	礼器类：璧、琮、璜、簋、盘；仪仗类：戈、矛、戚、钺、刀等；工具类：铲、锛、镰、斧、锯齿及小形刀具；用具类：臼、杵、盘、梳、耳、勺、匕；装饰及艺术类：玦、笄、钏、珠、坠及串饰、佩饰、玉人及各种动物形像(圆雕)以及琀、玉链	黄河 中下游	形制精美、匀称，轮廓呈外形凸，内缘凹曲，富有美感，线条流畅，体大而薄，形象生动、写实，具剪影特征
西周 (BC1046－771)	与商类似，可分礼器仪仗与装饰艺术器两大类，戈为当时最重要的仪仗品。流行佩饰和玉串饰，较为特色动物形饰为玉鹿，较常见动物形饰如玉鸟、玉鱼、玉蚕、玉蝗等，出现铜柄铁剑镶玉和松石		形制较商简化，多为平面片雕，同类器物具相似或相同形状，缺乏变化
春秋战国 (BC770－221)	礼器类：璧、琮、圭、璋、璜等；装饰类；环、牌饰、串饰、佩饰和动物形饰；杂类：襟、灯，梳、镜架、玉册、玉衣、玉面罩、琀，其中象征性武器及工具消失，而圭璋以及玉佩饰流行，龙形佩是战国最具代表性的玉器之一，出现将玉、松石、玛瑙与金银细工镶嵌结合工艺		玉器人格化，形制变化多，形态富有动感，细节清晰，器形庄重典雅，富丽堂皇，富表达力
秦 (BC221－206)	玉器少见，璧较常见，可见玉圭，玉带钩		形制规整，造型生动
汉 (BC206－ 公元220)	礼玉：璧、琮、圭、璋、璜、琥，其中琮、璋已少见；装饰品：玦、环、觿、玉舞佩，刚卯，龙形、虎形佩饰，串饰组佩、带钩，笄、心形佩、玉剑饰；葬玉：最特征一类：玉衣、玉塞、玉冶、玉握；陈设艺术品：玉辅首、玉人、玉奔马、玉辟邪、玉杯、玉樽、玉指、玉屏，金镶玉、金镶宝		设计新颖，构图完善，圆雕及高浮雕成为主流，具有很高的艺术效果，形态生动逼真或雄浑豪放，清逸脱俗，不拘一格

续上表

时代(公元)	常见器形类别	发育地区	形神特征
三国两晋南北朝 (D220—589)	玉器类别发现少,玉杯、盏,辟邪、蝉形琀、佩饰和钮卯、玉观音像、玉佛像(鸡心佩、珩形佩)	中原以南	礼玉和葬玉少见,装饰玉与汉相似,出现佛家题材玉器
隋唐五代 (581—960)	装饰品类:步摇,玉镯、玉杯、玉杵、方玉,水晶杯、玻璃,玉璧,蓝宝石、黄精,金银器、玉带板;艺术品类:各种玉器皿及象生玉雕、玉飞天	全国	以写实为主,玉器皿制作精益求精,象生玉器形神兼备,人物形象形态娇美丰腴,生动逼真,极具艺术感染力。器物造形受外来特别是中亚艺术风格影响,具世俗化倾向,充满生活气息
宋代 (960—1279)	玉雕童子、玉花鸟、荷叶、玉带、玉碗、各种水晶、猫眼、珍珠、玉杯、玉钗、镯、带钩、镇纸、笔架、各种仿古玉	中原以南	造型世俗,生活气息浓厚,图案繁密,清新雅致,比例协调,富绘画情调和装饰性,花鸟图案成主流
辽金 (907—1234)	玉飞天、玉水盂、仿古玉、玉盒、玉带、玉砚、玉佩、水晶杯子、玛瑙碗盅、琥珀、象生玉器、春水玉、秋山玉、金链玉组佩	中原以北	造形不拘一格,或清淡素雅,或质朴浑厚,题材以日常生活为主,写实性强,雕琢精致
元 (1206—1368)	春水玉、秋山玉,玉杯、玉壶、印、带钩、玉海、尊、镇及各种以花鸟山水、璃虎海兽为图案的玉,仿古玉	全国	图案以花鸟山水为主,器皿最常见,构图不拘小节,纹饰精美
明 (1368—1644)	各种玉礼器、象生器、陈设品、装饰品和实用品,种类繁多,应有尽有,特色是常见阳文题款,各种仿古玉大量出现,金银细工、宝石镶嵌玉带、玉器皿及玉组佩大量使用	全国	题材广泛、工艺精湛,多借鉴同时代绘画手法,金银细工表现手法极富艺术感染力
清 (1616—1911)	可分为器皿、陈设装饰、文玩用具和礼器册宝四大类,其中以器皿、陈设类地位最显著,带题款的大型玉雕作品(山子、人物)成时代特色,金银器和镶玉流行,雕工极细薄、精致,题材以植物花果为主的“痕都斯坦”玉器	全国	造型丰富,千奇百怪,惟妙惟肖,形象生动逼真,集气势磅礴和精妙绝伦于一身,工艺融会贯通,炉火纯青,登峰造极

附录 4　历史上部分著名古董珠宝的资料及价格

名称	类别	出现或制作时间	珠宝质量(ct)	特殊事件或持有人	中介公司、价格(年份)	最后价格(年份)	最后持有人
霍普珍珠	贝附珍珠	1886 年投入市场	450	银行家 H. F. Hope	9000 英镑(1908)	20 万美元(1974)	英国历史博物馆
菲利浦二世珍珠	珍珠	16 世纪	50.96	英女王玛丽·都铎	纽约，克里斯蒂	3.7 万美元(1969 拍卖)	伊丽莎白·泰勒
祖母绿戒指	祖母绿	20 世纪初	19.77	英爱德华八世(温莎公爵)	日内瓦拍卖	212 万美元(1987)	不详
Agra 钻石	粉红钻石	1483 年	46(原重)/32.24	Mogul 王朝	克里斯蒂拍卖，5100 英镑(1905)	407 万英镑(1990)	香港商社
English Dresden	钻石	1857 年	119.5(原重)/76.5	E·H·德里斯顿(英)	20 万美元	—	印度人
A Kbar shan 钻石	钻石	1556 年	116(原重)/71.7	Mogul 皇帝 Akbar	175000 美元(1886)	(1957)	印度人
东方之星 Star of the East	白金钻石	1908 年	157.25(原重)/94.8	土耳其皇帝哈密德二世	100 万美元(1951)	(1969)	不详
McLean 钻石	印度钻石	1949 年	31.26	温莎公爵	70 万美元(起拍)	270 万美元(1987)	日本人竹城
查罕杰钻石	雕刻过的钻石	1954 年	—	印度国王	1.3 万英镑(1954)	1.4 万英镑(1957)	印度商人
Passak 钻石	印度钻石	1818 年	89.2(原重)/43.38	温斯顿	7 200 英镑(1831)	50 万美元(1970)	沙特国王
南非之星	南非钻石	1868 年	83.5(原重)/47.75	南非第二颗大钻石	3 万英镑(?)	160 万法郎(1974)	不详
琼克尔钻石	南非钻石	1934 年	726(原重)/125.65 祖母绿切工	温斯顿	70 万美元(1936)	400 万美元(1974)	香港商人

附录5 钻石评估作业单样本

姓名__________________ 工作__________;
地址__________________ 日期__________;
城市__________________ 邮编________ 到期________;
形状和琢型____________ 裸石________ 镶嵌________;
质量__________ 估算的__________ 测量的________;
直径或面积__________ 深度__________ 台面________;
长和宽______________________________
全深比__________________;
台宽比__________________;
腰棱厚度________________;
修饰度
腰棱表面________________;
对称性__________________;
底小面__________________;
抛　光__________________;
夹杂物__________________;
净　度__________________;
色　级__________________;
荧　光__________________;
每克拉的底价____________;
每颗石头的底价__________;
估计的重置成本价(零售)____;
钻石刻字________________;
宝石打印________________.
使用仪器清单

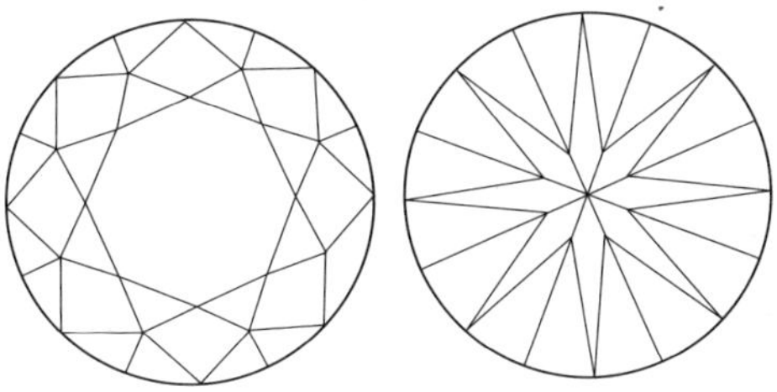

比例级别______________;
修饰度级别____________;
评述:

钻石分级尺度(GIR)

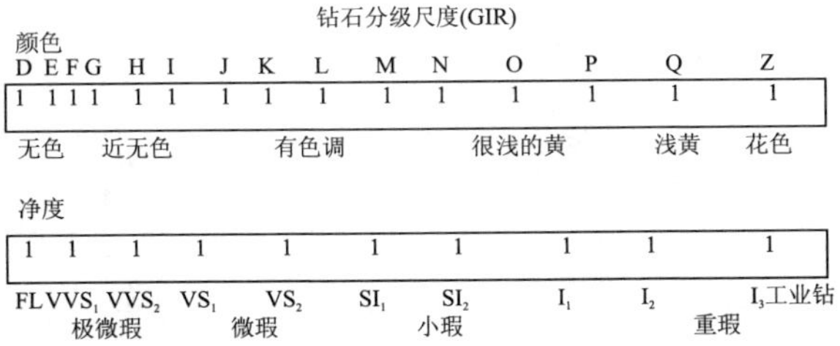

附录 6　颜色系统参考表

Reference Manual ———— Color Systems

Beryl
Alexandrite
gB

	1	2	3	4	5	6
2	1	2*	3			
3	2	3	$5^{1/2*}$	8		
4	$2^{1/2}$	5	7*	10		
5						
6						
7						
8						

Beryl
Alexandrite
vstgB

	1	2	3	4	5	6
2	1	2	$2^{1/2*}$			
3	$1^{1/2}$	$2^{1/2*}$	4	$6^{1/2}$		
4	2	4	6*	8		
5						
6						
7						
8						

Beryl
Alexandrite
GB/BG

	1	2	3	4	5	6
2	1	$1^{1/2*}$	2			
3	$1^{1/2}$	2	$3^{1/2*}$	$4^{1/2}$		
4	2	3*	$4^{1/2}$	6*		
5						
6						
7						
8						

Beryl
Emerald
vstb G

	1	2	3	4	5	6
2						
3				3	$4^{1/2}$	
4			2*	4*	6*	
5			$2^{1/2*}$	6	9*	
6			2	6*	8	
7			$1^{1/2}$	4*		
8			1*	2		

Beryl
Green Beryl
vstb G

	1	2	3	4	5	6
2	2	3	5*			
3	2	4	7			
4	2	5				
5	2	4				
6	$1^{1/2}$	3				
7						
8						

Beryl
Emerald
bG

	1	2	3	4	5	6
2						
3				4	$5^{1/2}$	
4			$3^{1/2*}$	5*	7	
5			6	8*	10*	
6			$5^{1/2}$	7*	9	
7			4*	5		
8		1	2			

RM, Color Systems I 12

Reference Manual ———— Color Systems

Beryl
Green Beryl
bG

	1	2	3	4	5	6
2	2	3	5*			
3	2	4	7*			
4	2	5				
5	2	4				
6	$1^{1/2}$	3				
7	1	$1^{1/2}$				
8						

Geryl
Emerald
vslbG

	1	2	3	4	5	6
2						
3				4*	5	
4			3*	5*	6	
5			5*	$7^{1/2}$	$9^{1/2*}$	
6		$2^{1/2}$	$4^{1/2}$	$6^{1/2*}$	$8^{1/2}$	
7		4	$3^{1/2*}$	$6^{1/2}$		
8		1	2			

Beryl
Green Beryl
vslbG

	1	2	3	4	5	6
2	2	$3^{1/2}$	$5^{1/2*}$			
3	2	$4^{1/2}$	$7^{1/2}$			
4	2	$5^{1/2}$				
5	2	4				
6	$1^{1/2}$					
7	1					
8						

Beryl
Emerald
G

	1	2	3	4	5	6
2						
3				3*	4	
4			2*	4	5*	
5			$3^{1/2*}$	5	6*	
6			3	4*	5	
7		1	2	$2^{1/2}$		
8		1*				

Beryl
Green Beryl
G

	1	2	3	4	5	6
2	$2^{1/2}$	$3^{1/2*}$	$5^{1/2}$			
3	2*	$4^{1/2}$	$7^{1/2*}$			
4	2	6*				
5	2*	5				
6	$1^{1/2}$	4*				
7	1*					
8						

Beryl
Green Beryl
slvG

	1	2	3	4	5	6
2	2	3	$3^{1/2}$			
3	2	$4^{1/2}$	$7^{1/2*}$			
4	2	6	10			
5	2	5				
6	$1^{1/2}$	4				
7	1					
8						

Beryl
Greean Beryl
vG

	1	2	3	4	5	6
2	2	3	5*			
3	2	4	$6^{1/2*}$			
4	2	$5^{1/2}$	$8^{1/2*}$			
5	2	4				
6	$1^{1/2}$	3				
7						
8						

Beryl
Green Beryl
stvG

	1	2	3	4	5	6
2	2	3	$4^{1/2*}$			
3	2	$3^{1/2}$	$5^{1/2*}$			
4	2	$4^{1/2}$	7*			
5	2	$3^{1/2}$				
6	$1^{1/2}$	2				
7						
8						

Beryl
Green Beryl
YG/GY

	1	2	3	4	5	6
2	2*	3	4			
3	2	$4^{1/2}$	5*			
4	2	4	6*			
5	2	$3^{1/2}$				
6	$1^{1/2}$	2				
7						
8						

Beryl
Yellow Beryl
gY

	1	2	3	4	5	6
2	1	$2^{1/2}$	4*			
3	$1^{1/2}$	3	$4^{1/2}$	6*		
4	2	$3^{1/2}$	5*	8		
5						
6						
7						
8						

Beryl
Yellow Beryl
Y

	1	2	3	4	5	6
2						
3	1	2	3*	4*	5*	6
4	1	3	5*			
5	$1^{1/2}$	4	6	8*		
6	2	$4^{1/2}$	7	10		
7						
8						

Beryl
Yellow Beryl
oY

	1	2	3	4	5	6
2						
3	1	2	3	4*	5*	6
4	1	$2^{1/2}$	4			
5	$1^{1/2}$	3	5	7*		
6	2	$3^{1/2}$	6	9*		
7						
8						

RM, Color Systems 16

Reference Manual —— Color Systems

Beryl
Yellow Beryl
yO

	1	2	3	4	5	6
2						
3	1	2	3*	4	5	6
4						
5						
6						
7						
8						

Beryl
Yellow Beryl
O

	1	2	3	4	5	6
2						
3	1	2	3*	4*	5	6
4						
5						
6						
7						
8						

Beryl
Morganite
rO

	1	2	3	4	5	6
2	1	2	4*			
3	2	3	4	6*		
4						
5						
6						
7						
8						

Beryl
Morganite
RO/OR

	1	2	3	4	5	6
2	1	$2^{1/2}$	2*			
3	2	$4^{1/2}$	$3^{1/2}$	3*		
4						
5						
6						
7						
8						

Beryl
Morganite
oR

	1	2	3	4	5	6
2	$1^{1/2}$	$3^{1/2}$	$5^{1/2}$			
3	2	$4^{1/2}$	$6^{1/2}$	8*		
4						
5						
6						
7						
8						

Beryl
Morganite
R

	1	2	3	4	5	6
2	$1^{1/2}$	4*	$6^{1/2}$			
3	2	$5^{1/2}$	$7^{1/2}$	4*		
4						
5						
6						
7						
8						

Beryl
Morganite
sloR

	1	2	3	4	5	6
2	2½	4½	7*			
3	2	6	8*	10		
4						
5						
6						
7						
8						

Chrysoberyl
Alexandrite
davlight: vstbG

	1	2	3	4	5	6
2	2½	4				
3	3½	5½				
4	5	7				
5	6	9				
6	5	7				
7	3½	5½				
8	2	3				

Chrysoberyl
Alexandrite
davlight:bG

	1	2	3	4	5	6
2	2½	4				
3	3½	5½				
4	5	7				
5	6	9				
6	5	7				
7	3½	5½				
8	2	3				

Chrysoberyl
Alexandrite
davlight: vslbG

	1	2	3	4	5	6
2	3½	5				
3	4	6				
4	5	8				
5	7	10				
6	5	8				
7	4	6				
8	2	3				

Chrysoberyl
Alexandrite
davilight: G

	1	2	3	4	5	6
2	3½	5*				
3	4*	6				
4	5	8*				
5	7*	10				
6	5	8*				
7	4*	6				
8	2	3*				

Chrysoberyl
Alexandrite
davlight: slyG

	1	2	3	4	5	6
2	2½	2	3	4	5	6
3	3½	3½				
4	4½	5				
5	5½	6½				
6	4½	8½				
7	3	6½				
8		5				

RM, Color Systems 17

Reference Manual —— Color Systems

Chrysoberyl
Alexandrite
davlight: yG

	1	2	3	4	5	6
2	2½	2	3	3	3	3
3	3	3½				
4	4	4½				
5	5	6				
6	4	8				
7	3	6				
8		4½				

Chrysoberyl
styG

	1	2	3	4	5	6
2	2	4	6*			
3	2	5	8*	10*		
4	1½	3½	6*	8*		
5	1	2	3½	5*		
6						
7						
8						

Chrysoberyl
YG/GY

	1	2	3	4	5	6
2	2*	4	6			
3	2	5	8*	10*		
4	1½	3½	6*	8		
5	1	2	3½*	5		
6						
7						
8						

Chrysoberyl

gY

	1	2	3	4	5	6
2	2	4	6*			
3	2	5	8	10*		
4	1½	3½	6*	8		
5	1	2	3½*	5*		
6						
7						
8						

Chrysoberyl

Y

	1	2	3	4	5	6
2	2	3½*	5			
3	2	4	7*	9*		
4	1½	3	5*	7		
5	1	2	3	4*		
6						
7						
8						

Chrysoberyl
Alexandrite
incandescent: oR

	1	2	3	4	5	6
2	1	2	3			
3	1	2½	4			
4	1½	3	6*			
5	2	5	8			
6	1	3	6*			
7	1	2½	4			
8	1	2	3*			

Chrysoberyl
Alexandrite
incandescent: R

	1	2	3	4	5	6
2	1	3*	5			
3	2	4*	6			
4	3	5	8½*			
5	4*	7*	10*			
6	3	5	8*			
7	2	4	6*			
8	1	2*	3			

Chrysoberyl
Alexandrite
incandescent: slpR

	1	2	3	4	5	6
2	1	3½	5*			
3	2	4	6*			
4	3	5	8*			
5	4	7	10			
6	3	5	8*			
7	2	4	6			
8	1	2	3*			

Chrysoberyl
Alexandrite
incandescent: stpR

	1	2	3	4	5	6
2	1	2½	4*			
3	2	4½	5½*			
4	3	5	7			
5	4	6	9			
6	3	5	7			
7	2	3½	5½*			
8	1	2	3			

Chrysoberyl
Alexandrite
incandescent: PR/RP

	1	2	3	4	5	6
2	1*	2½	3	4	5	6
3	2	3½	4*			
4	3	5*	5½*			
5	4	6	7*			
6	3	5	9*			
7	2	3½	7*			
8	1		5½			

Corundum
Blue Sapphire
V

	1	2	3	4	5	6
2	1	2*	3	4	5	6
3	1½	2½*	3			
4	2	2½	3½	3½	4	
5	2	2½	4	4½	6*	7
6	2	3	4	5½	6½*	8
7	1½	2	3	5*	6*	8
8	1*	2		4*	5	

Corundum
Blue Sapphire
bV

	1	2	3	4	5	6
2	1	1½	3	4	5	6
3	1½	2	2*			
4	2	2½	2½	3*	4	
5	2	2½	3*	4	5*	6½
6	2	2½	4	5*	6½*	8
7	1½	2	5*	5*	6*	7
8	1		3½*	3½*	4½	

Reference Manual — Color Systems

Corundum
Blue Sapphire
vB

	1	2	3	4	5	6
2	1	$1^{1/2}$	3	4	5	6
3	$1^{1/2}$	2	2			
4	2	$2^{1/2}$	3*	4	5	
5	2	3	4*	5*	$6^{1/2}$	8*
6	2	$3^{1/2}$	$4^{1/2*}$	6	$7^{1/2*}$	9
7	1	2	5	$6^{1/2*}$	$8^{1/2*}$	10
8	1		3*	4	$5^{1/2*}$	

Corundum
Blue Sapphire
B

	1	2	3	4	5	6
2	1	$2^{1/2*}$	3	4	5	6
3	$1^{1/2*}$	$2^{1/2}$	$2^{1/2}$			
4	2	3*	3*	4*	5	
5	2*	$3^{1/2*}$	4	5	$6^{1/2*}$	$8^{1/2*}$
6	2	$3^{1/2*}$	$4^{1/2*}$	6*	$7^{1/2*}$	9*
7	$1^{1/2}$	2*	5	$6^{1/2}$	$8^{1/2*}$	10*
8	1		3	4*	$5^{1/2}$	

Corundum
Blue Sapphire
vslgB

	1	2	3	4	5	6
2	1	$1^{1/2*}$	3	4	5	6
3	$1^{1/2}$	2	2			
4	2	$2^{1/2*}$	$2^{1/2*}$	$3^{1/2}$	4	
5	2	$2^{1/2}$	$3^{1/2}$	$4^{1/2*}$	6	7
6	2	$2^{1/2}$	4	$5^{1/2*}$	$6^{1/2}$	8
7	$1^{1/2}$	2	4*	$5^{1/2}$	$6^{1/2*}$	8
8	1		3	4	5*	

Corundum
Blue Sapphire
gB

	1	2	3	4	5	6
2	1	$2^{1/2*}$	3	4	5	6
3	$1^{1/2}$	2	2			
4	2	$2^{1/2}$	$2^{1/2*}$	3	4	
5	2	$2^{1/2*}$	3*	4	5	
6	2	$2^{1/2}$	$3^{1/2}$	$4^{1/2*}$	6*	
7	$1^{1/2}$	2	$3^{1/2*}$	$4^{1/2}$	6	
8	1*		3	$3^{1/2*}$		

Corundum
Blue Sapphire
vstgB

	1	2	3	4	5	6
2	1	$1^{1/2}$	3	4	5	6
3	$1^{1/2}$	2*	2*			
4	2	$2^{1/2}$	$2^{1/2}$	3		
5	2	$2^{1/2*}$	3*	$3^{1/2}$		
6	2	$2^{1/2}$	3	4		
7	$1^{1/2}$	2*	3	4*		
8	1		$2^{1/2}$	3		

Corundum
Blue Sapphire
GB/BG

	1	2	3	4	5	6
2	1	2*				
3	$1^{1/2}$	$2^{1/2}$				
4	2	$3^{1/2*}$	5			
5	2	4	6*			
6	2*	5	7			
7	$1^{1/2}$	3*	4			
8	1	2				

Corundum
Blue Sapphire
vstbB

	1	2	3	4	5	6
2	1	2				
3	$1^{1/2}$	3				
4	2	4	6*			
5	$2^{1/2}$	6	8*			
6	$2^{1/2}$	7	10			
7	2	$3^{1/2}$	5			
8	1	2				

Corundum
Blue Sapphire
bG

	1	2	3	4	5	6
2	1	2				
3	2	$3^{1/2}$				
4	$3^{1/2}$	5	7*			
5	3	6	9			
6	3	7	10			
7	2	$3^{1/2}$	6*			
8	1	2				

Corundum
Greem Sapphire
vslbG

	1	2	3	4	5	6
2	1	2				
3	$1^{1/2}$	3				
4	$2^{1/2}$	5	7			
5	3	6	9*			
6	3	7	10			
7	2	4	6*			
8	1	2				

Corundum
Greem Sapphire
G

	1	2	3	4	5	6
2	1	2*				
3	$1^{1/2*}$	$2^{1/2*}$				
4	2	4*				
5	$2^{1/2*}$	5	7*			
6	3	6*	9			
7	2*	4	7			
8	1	2*				

Corundum
Greem Sapphire
slyG

	1	2	3	4	5	6
2	1	2				
3	$1^{1/2}$	$2^{1/2}$				
4	2	4				
5	$2^{1/2}$	5	7*			
6	$2^{1/2}$	6	8*			
7	2	$3^{1/2}$	5			
8	1	2				

Corundum
Greem Sapphire
yG

	1	2	3	4	5	6
2	1	2				
3	$1^{1/2}$	$2^{1/2}$				
4	2	3				
5	2	4	6*			
6	2	5	7			
7	$1^{1/2}$	3	4*			
8	1	2				

RM, Color Systems 19

Reference Manual —— Color Systems

Corundum
Green Sapphire
styG

	1	2	3	4	5	6
2	1	2				
3	1 1/2	2 1/2				
4	2	3				
5	2	3 1/2	5*			
6	2	4	6			
7	1 1/2	3	4*			
8	1	2				

Corundum
Green Sapphire
YG/GY

	1	2	3	4	5	6
2						
3						
4						
5						
6						
7						
8						

Corundum
Green Sapphire
gY

	1	2	3	4	5	6
2						
3						
4						
5						
6						
7						
8						

Corundum
Yellow Sapphire
Y

	1	2	3	4	5	6
2	1	3*	4 1/2			
3	1 1/2	3	5*	8*	10*	
4	2	3	4*	6		
5						
6						
7						
8						

Corundum
Yellow Sapphire
oY

	1	2	3	4	5	6
2	1	2	4 1/2*			
3	1 1/2	3	5	8*	10*	
4	2	3	4	6*		
5						
6						
7						
8						

Corundum
Orange Sapphire
yO

	1	2	3	4	5	6
2	1	2	3	4	5	6
3	1 1/2	2 1/2	3*			
4	2	2 1/2	3*	3 1/2	4 1/2	
5	2	3	3 1/2	4*	5*	6
6	2	3	3 1/2	4 1/2*		
7	1 1/2	2 1/2	4*	4 1/2*		
8	1		3 1/2*			

Corundum
Orange Sapphire
O

	1	2	3	4	5	6
2	1	2*	3	4	5	6
3	1 1/2	2 1/2	3			
4	2	3	3*	4*	5	
5	2	3*	3 1/2*	4 1/2	5 1/2*	6 1/2
6	2	3	4	5*	6*	
7	1 1/2	2 1/2	4*	6	6 1/2*	
8	1		3 1/2*	4 1/2		

Corundum
Orange Sapphire
rO

	1	2	3	4	5	6
2	1	2	3	4	5	6
3	1 1/2	2 1/2	3*			
4	2	3	3	4*	5 1/2	7
5	2	3	3 1/2*	4 1/2	6*	8 1/2
6	2	3	4	5*	6 1/2*	
7	1 1/2	2 1/2	4	5 1/2*	7*	
8	1		3 1/2*	4 1/2		

Corundum
Orange Sapphire
RO/OR

	1	2	3	4	5	6
2	1	2*	3	4	5	6
3	1 1/2	2 1/2*	3*			
4	2	3	3 1/2	4 1/2*	6	
5	2	3 1/2	4*	5	6 1/2*	8
6	2	3 1/2	4 1/2	6*	7 1/2*	10
7	1 1/2	3	5*	6 1/2*	8	10
8	1		4	5*	7	

Corundum
Orange Sapphire
OR

	1	2	3	4	5	6
2	1	2	3	4	5	6
3	1 1/2	2 1/2	3			
4	2	3	3 1/2	5*	6 1/2	
5	2	3 1/2	4*	5 1/2*	7 1/2*	9
6	2	3 1/2	5	6 1/2	8*	
7	1 1/2	3	5 1/2*	7*		
8	1		4 1/2			

Corundum
Ruby
oR

	1	2	3	4	5	6
2						
3						
4						
5						5 1/2*
6					3 1/2*	7 1/2
7				2 1/2*	5	
8				2		

Corundum
Ruby
R

	1	2	3	4	5	6
2						
3						
4						
5				3*	4*	8 1/2*
6			3*	4	6*	10
7			3*	4*	7	
8			2	3		

主要参考文献

奥岩,吴瑞华.翡翠岩石结构类型研究[J].中国宝石,1997(4):116-120

奥岩. 翡翠与拍卖[J].中国宝玉石,2000(4):25-27

白洪丽.青金石及其鉴藏[J].收藏家,2011(6):66.

白洪丽.青金石及其鉴藏[J].收藏家,2011(6):66-70

薛纪越.宝石学教程[M].南京:南京大学出版社,1999

陈东升.中国奇石盆景根艺花卉大观(上、下部)(第一版)[M].北京:新华出版社,1995

陈华.百尺竿头更进一步 开启珠宝首饰评估新篇章[J].国有资产管理,2010(4):32-33

陈志强,袁奎荣.翡翠结构论[J].桂林工学院学报,1995,15(4):343-350

陈钟惠等译.宝石及钻石学教程[M].武汉:中国地质大学出版社,1993

大东山珊瑚宝石博物馆.中国的国宝——珊瑚[J].中国宝玉石,1996(1):44-45

范佩玲.清新精致,雅而不俗——浙江历代金银器的艺术特色.中国宝石,0(4):187-188

伏修锋,干福熹,马波,等.青金石产地探源[J].自然科学史研究,2006(3):246.

甘宁等.世界黄金价格分析与预测[J].中国宝石,2002(1):104

高茹琨,马慧芝.开放黄金市场势在必行[J].中国宝石,1999(3):84

郭发栓.寿山石与寿山石文化[J].宝石和宝石学杂志,2000,2(4):51-52

国家珠宝玉石质量监督检验中心.珠宝玉石国家标准释义[M].北京:地质出版社,1996

韩养民.云鬓花颜金步瑶[J].中国宝石,2000(4):191-192

郝演苏.财产保险学[M].北京:中国财政经济出版社,1998

何炼成.价值学说史[M].西安:陕西人民出版社,1984

鸿君.资产评估教程[M].北京:北京大学出版社,2000

霍鹏飞.南阳市的玉雕产业发展研究[J].南阳师范学院学报,2011(8):45.

金奎喜.现代观赏石评价标准商讨[J].珠宝科技,1998,10(2):31-32

孔悦.黄金的“盛宴”[J].中国宝石,2001,10(1):57-61

雷银.中国商业银行进入黄金市场[J].中国宝石,2001(3):186

李蓓.关于黄金市场走向的分析[J].中国宝石,1999(3):82

李桂荣,赵颖.岫玉产业发展中的问题及经济学分析[J].财经问题研究,2006,(1):254.

李家珍.中国奇砚——菊花石砚[J].珠宝科技,2000,12(3):39-40

李劲松.中国的玉石资源分布与市场[A].见:杨富绪.珠宝首饰[C].北京:气象出版社,1994

李立平,颜蔚萱.养殖珍珠的结构特征及其与珍珠色泽的关系[J].中国宝石,1999(1):68-69

李立平,颜蔚萱.养殖珍珠分级与价值评估[J].中国宝石,2000(2):168-171

李立平.北美珠宝评估的类型和估价方法[J].宝石和宝石学,1999,1(4):41-46

李沙,李克林.典当经营全案[M].北京:企业管理出版社,2002

李晓东.安徽出土汉代玉器珍品赏析[J].中国宝石,1999(1):185-186

李晓东,钱玉.漫话汉代玉樽[J].中国宝石,2000(4):185-186
李兆聪.黄金首饰的种类识别[J].中国宝玉石,2001(2):80
林小玲.珍珠赏购要诀[M].香港:博益出版集团,1996
刘国秀.让"岫岩玉"走向世界[J].中国宝石,2001(3):86-87
刘山恩.'98 回眸:感受黄金[J].中国宝石,1999(3):115
刘山恩.黄金市场开放与机遇[J].中国宝石,2001(4):46
刘扬睿.财产鉴定的技术方法及案例分析[M].广州:新世纪出版社,1998
刘云辉.春秋战国秦式玉器大观[J].中国宝石,2000(1):97-101
刘云辉.唐代玉器珍品[J].中国宝石,1999(2):95-101
柳涵.漫话琥珀[J].中国宝石,2000(2):105-109
栾秉璈. 古代绿松石释名及史前"由西渐东"说[J].中国宝石,2000(3):184-185
栾秉璈.中国宝石和玉石[M].乌鲁木齐:新疆人民出版社,1989
罗猷林,刘文龙.中外奇石(第一版)[M].北京:北京科学技术出版社,1999
罗猷林.广西太古石画与古生石画辨析[J].珠宝科技,2000,12(4):42-43
罗香兰,丘志力,李榴芬,等. 国际流行彩色宝石品质分级评估体系的比较及其启示[J].宝石和宝石学,2010(1):36-42
马罗矾,马罗刚.翡翠商贸古今漫笔[J].中国宝石,2001(3):136-139
毛麒瑞.黄金市场现状及发展趋势[J].中国宝玉石,1999(2):60
毛麒瑞.中国工艺雕刻三大佳石[J].珠宝科技,2000,12(2):12-13
摩 佉.翡翠[J].珠宝科技,1993(1):1-9
摩 佉.关于翡翠成品的商业等级评价[J].中国宝玉石,2001(3):80-81
牛秉钺.珍珠史话[M].北京:紫禁城出版社,1993
欧群叶.现代希腊首饰艺术的发展历程[J].中国宝石,2000(3):74-76
欧阳秋眉,李汉声.黑色翡翠的成色机理[J].中国宝石,1998(4):63-65
欧阳秋眉.如何评价翡翠[J].中国宝石,1997(1):16-23
丘志力. 珠宝市场估价[M]. 广州:广东人民出版社,2000
丘志力.中国珠宝评估业发展现状及近 10 年进展综述[J].宝石和宝石学杂志,2009,11(2):1-6
丘志力.珠宝资产评估雏议[M].中国珠宝年鉴.北京:地质出版社,2002
丘志力等.国内市场翡翠饰品的质量分级及估价[J].宝石和宝石学,2001(02):15-21
丘志力等.珠宝首饰销售手册[M].广州:广东人民出版社,2002
桑行之.说玉[M].上海:上海科技教育出版社,1993
沈美冬,董靖.如何进行珍珠分级[N].中国黄金报,2009,(05)
施健.珠宝首饰检验[M].广州:中国标准出版社,1999
石磊.西藏的绿松石珠宝首饰[J].珠宝科技,1991(1):26-27
斯蒂格利茨.经济学[M].北京:中国人民大学出版社,1996
孙宝晶等.2002 年上半年黄金价格分析及下半年走势预测[N].中国黄金报,2002-06-11
汤耀翔.珠宝玉器大观[M].广州:广东人民出版社,1992

唐丹凤.中国古代工艺图案[M].香港:香港南山出版社,1990
田自秉.中国:正艺美术史[M].上海:知识出版社,1985
童银洪,沈海光.南珠的质量评价与检测方法[J].中国宝玉石,2001(1):68-69
童银洪,袁奎荣.翡翠质地的综合评价[J].桂林工学院学报,1997(17):56-61
万融,郑英良,张万福,等.现代商品学概论[M].北京:中国财政经济出版社,1993
汪年俊,姚小平.美国的资产评估行业[J].中国第三产业,1998(4):40-41
汪毅飞.翡翠的"种"、色划分及经济评估[J].中国宝玉石,1996(2):38-41
王彬.三千年前的金耳坠[J].中国宝石,2000(4):190
王彬.唐代金镶宝石耳坠[J].中国宝石,2000(4):189
王春云.金银首饰鉴赏[M].广州:广东旅游出版社,1997
王春云.破解国魂和氏璧之谜(历史篇)[M].武汉:中国地质大学出版社,2010
王福泉.中国宝玉石资源评述[J].中国宝玉石,2000(2):23-26
王雅玫,何斌.钻石[M].武汉:中国地质大学出版社,1997
王玉梁.价值哲学新探[M].西安:陕西人民教育出版社,1993
王则柯,梁美灵.价格与市场[M].北京:中国经济出版社,1994
闻广.辨玉[J].文物,1992(7):75-80
吴教东,毕南开.实用珍珠养殖技术[M].北京:金盾出版社,1989
吴瑞华.《资产评估准则——珠宝首饰》颁布实施的意义[J].中国资产评估,2010(5):17
谢玉坎.珍珠科学[M].北京:海洋出版社,1995
徐邦达.珠宝鉴别指南[M].上海:上海文化出版社,1992
薛卫东.耳环探源[J].中国宝玉石,1999(1):58
闫建成.依法治玉,琢玉兴县[J].中国宝石,2001(3):88-89
杨伯达.商品玉浅析[J].中国宝石,1999(2):84-88
杨富绪.珠宝首饰[M].广州:气象出版社,1994
杨光华.古代市场价格管理简论[J].西南师范大学学报(哲社版),1996(1):61-66
杨开济.钻石的工艺评价标准[J].中国宝玉石,2000(4):70-72
杨忠耀.观赏石与奇石的界定[J].珠宝科技,1998,10(4):46-48
姚长辉,张驰.资产评估方法与应用[M].北京:经济日报出版社,1995
叶寅生.珊瑚与珊瑚化石[J].中国宝玉石,1997(01):54
叶寅生.谈晶石与晶石的欣赏[J].珠宝科技,1998,10(3):32-33
因心.中国古代黄金生产回眸[J].中国宝石,2001(1):54
尹继才.矿物晶体形态[J].中国宝石,2000(2):46-47
余平.翡翠颜色的研究及其评价[J].矿产与地质,1996(10):44-49
于鸿君.资产评估教程[M].北京:北京大学出版社,2000
袁奎荣,邹进福.中国观赏石(第一版)[M].北京:北京工业大学出版社,1994
袁心强.钻石分级的原理与方法[M].武汉:中国地质大学出版社,1998
苑洪淇.珍珠与清代后妃首饰[J].中国宝石,2001(3):57-59

岳蕴辉.青海软玉[J].中国宝石,1999(2):78-93
曾卫胜.古董珠宝首饰鉴定与收藏[J].中国宝石,2002(2):50-51
张蓓莉,陈华,孙凤民.珠宝首饰评估[M].北京:地质出版社,2000
张蓓莉,陈华.建立中国珠宝首饰评估体系的设想[J].宝石和宝石学杂志,20002(3):30-32
张蓓莉,陈华.世界珠宝首饰评估业的发展及我国的对策研究[J].中国宝石,1999(3):90-91
张蓓莉.系统宝石学[M].北京:地质出版社,2008.
张广文.玉器史话[M].北京:紫禁城出版社,1994
张力凡.澳大利亚珍珠[J].中国宝石,1999(1):81-83
张培元.世界各地金刚石特色[J].中国宝石,1999(1):69-74
张位及.翡翠商业分级雏议[J].珠宝科技,2000(4):30-32
张文洲.我国绿松石行业发展策略探讨——以湖北省竹山县为例[J].现代商业,2011(9):59.
张竹邦.翡翠探秘[M].昆明:云南科学技术出版社,1992
章鸿钊.石雅宝石说[M].上海:上海古籍出版社,1993
赵妆珍.古玩指南[M].北京:中国书店,1993
郑恒有.我国珍珠的产地及集散地[J].中国宝石,1997(1):81-82
智尚田,刘连明,李桂君.钻石的分级和鉴定——HRD标准[M].武汉:武汉理工大学出版社,1995
周佩玲.有机宝石与投资指南[M].武汉:中国地质大学出版社,1995
周永哲,丘志力,方勇勇,等.我国黄金珠宝首饰典当行业的现状及其影响因素分析[J].宝石与宝石学,2012(1):56-62
邹宁馨.新艺术风格首饰[J].中国宝石,2001,(1):78-80
邹仁林,甘子钧,陈绍谋,等.红珊瑚[M].北京:科学出版社,1993
AGTA GemFair™ Reveals Top Trends in Color. AGTA GemFair™ Tucson Daily Report Thursday, February 4, 2010. http://www.agta.org/gemfair/20100204dailyreport.html.
Cartier R H. Professional Jewellery Appraising[M]. Canada: Fischer Press, 1996
Gem Pricing Guide Sample. International Gem Society. http://www.gemsociety.org/priceg.htm
Gem Pricing Report. JCK. Feb2007, Vol. 178 Issue 2, p127—127.1p.
Gem Pricing Update from the Guide. JCK. May2004, Vol. 175 Issue 5, p52—52, 1p
Gem Pricing Update from the Guide. JCK; Apr2003, Vol. 174 Issue 4,p42, 1p
Gem Pricing Update from the Guide. JCK; Jul2003, Vol. 174 Issue 7, p52,1.
Hustle and Slow. JCK; Oct2011, Vol. 142 Issue 9, p115—115, 1/2p
Joseph R S. The Jeweler's Guide to Effective Insurance Appraising,Gemworld International Inc.[M]. Northbrook,USA,1996
June, Culp, Zeitner,等.古董中的珠宝[J].珠宝科技,1991(2)
Keller P C.宝石及其成因[M].姚参林,孟叶,译.北京:冶金工业出版社,1992
Miller A M, John S. Standard Catalog of Gem Values(2nd edition)[M]. Tucson,USA:Geoscience Press,1994

Miller A M. Illustrated Guide to Jewelry Appraising—Antique Period and Modern(2nd Edition)[M]. Woodstock, USA:Gemstone Press,1999

Misiorowski , Elise B. Jewellry of the 1980s: A Retrospective[J]. Gems and Gemology, Spring, 1990

Mixed Messages. JCK; Jun2010, Vol. 181 Issue 6, p168－168,1p

Retail Gemstone Trends(1975－2011). National Gemstone. http://www. preciousgemstones. com/gemstonetrends. html

Richard B. Drucker, GG. Changing Premiums in Unenhanced Ruby. The GemGuide. January 1, 2012.

Richard B. Drucker, GG. Emeralds. The GemGuide, GMN. July 1, 2007.

Sallie,Thomas A,伍文君.大放异彩的石榴石[J].珠宝,1991(2):17

Stuart M. Robertson, GG. Blue Sapphire. The Guide, GMN. July 1,2008.

Stuart M. Robertson, GG. Pink Sapphire. The GemGuide, GMN. May 1, 2009.

Stuart M. Robertson, GG. Spinel. The GemGuide. March 1, 2010.

Stuart M. Robertson, GG. Trends—Tourmaline and Spinel. The GemGuide, GMN. January 1, 2009.

Stuart M. Robertson, GG. Yellow Sapphire. The GemGuide, GMN. November 1, 2008.

Stuart M. Robertson, GG. Zircon. The GemGuide, GMN. July 1, 2009.

Stuart M. Robertson, GG. Emeralds: New Green Pastures and Plssible Trouble in Paradise. The GemGuide, GMN. July 1, 2007.

Stuart M. Robertson, GG. Tucson Gem Show 2010. The GemGuide. March 1, 2010.

The Gemstone Forecaster. Vol. 30, No. 1, Spring 2012. http://www. preciousgemstones. com/Forecasters. html

The Guide Reference Manual[M]. Northbrook,USA:Gemworld International Inc. 1996.

The Jeweler's Guide Effective Insurance Appraising[M]. Northbrook,USA:Gemworld Znternational Inc. 1996

Wannenburgh A J. London England:Diamond PeopleNorfolk House Publishers,1990

后　记

这本教材的修编除了是编著者的自我完善外，以下3个方面的因素对本教材的改进产生了积极影响。

首先，我国开展注册资产评估师(珠宝)考试，为本教材的改进提供了机遇。编著者参加过8年四届考试的工作，在和多位出题及审题专家的讨论及交流中获得了很多新的和重要的滋养。

其次，多年来国内很多大学和学院使用本教材作为评估或者相关专业课程的教材或者参考书的过程中，很多教师或者同学给我们提出过有益的建议和意见。例如，中山大学地球科学系、中国地质大学珠宝学院、石家庄经济学院珠宝玉石学院的老师、研究生和本科学生在使用本教材作为选修课教材的过程中曾直接给我们提出很多宝贵的意见。

另外，十年来，和我国珠宝行业诸多专家和行家的交流也使编著者对珠宝玉器评估技术的理解有了新的认识和进步，部分专家还直接寄来了他们在相关领域出版的著作或成果。虽然以下的致谢一定会挂一漏万，但作者还是想借此机会特别感谢：中宝协副会长和秘书长孙凤民先生，国土资源部珠宝玉石首饰管理中心柯捷副主任、王曼君老师，北京资深收藏家张又旭先生；国土资源部珠宝玉石首饰管理中心北京珠宝研究所陈华研究员，陆太进博士，中恒誉资产评估公司郭涛研究员，刘洁文资产评估师(珠宝)，博观拍卖公司奥岩总裁，北京大学王时麒教授，中国地质大学(北京)吴瑞华教授、何雪梅副教授，北京国家首饰质量监督检验中心段体玉博士，北京万瑞祥翡翠万珺资产评估师(珠宝)，北京ICA中国区代表于晓晋先生，《中国珠宝》焦峰主编；石家庄经济学院珠宝玉石学院王礼胜教授、吕福德副教授；上海同济大学亓利剑教授，上海华东理工大学郭守国教授，上海交通大学施键教授，国家轻工业珠宝玉石首饰质量监督检测中心戴玉龙老师，上海城工艺品有限公司钱振峰总经理；江苏无锡市吴跃兴资产评估师(珠宝);江苏省黄金珠宝检测中心朱德茂资产评估师(珠宝);浙江省黄金珠宝饰品质量检测中心陶金波资产评估师(珠宝);黑龙江省珠宝玉石质量监督检验站张亚彬高级工程师;新疆质检院金银珠宝研究所李新岭高级工程师;云南省翡翠专家摩伏先生,云南省珠宝玉石饰品质量监督检验所邓昆所长;四川省质检院珠宝玉石首饰第一检测中心戴苏兰资产评估师(珠宝);贵州省地质矿产中心实验室杨林资产评估师(珠宝);福建省厦门郭涌泉和沈理达FGA伉俪;广东省技术监督珠宝玉石质量监督检验站曹姝旻资产评估师(珠宝),广东质量监督金银珠宝检验站杨燕主任;深圳高等职业技术学院胡楚雁教授、谢意红教授;广州钻汇集团陈元兴总裁,番禺珠宝协会原秘书长刘强先生,番禺高等职业技术学院珠宝学院王昶院长、申柯娅和袁军平教授;平洲翡翠玉器协会梁晃林会长,蓝丽君秘书长,玉田山房岳民权总裁;中国科学院广州地化所王春云博士,广州创慧发展(珠宝)有限公司朱敏高级工程师,广州末本投资管理有限公司杨羽飞总裁,广州市万峦珠宝有限公司吴德和FGA,广东省玉雕工艺大师高兆华先生及广东众多未提及名字的玉雕艺术工作者;香港亚洲珠宝学院莫伟基院长(FGA,DGA);台湾玉雕大师叶金龙先生、资深评估咨询专家连国焰先生。和他们的讨论、交流丰富了本版教材的内容。

另外,中山大学地球科学系/宝玉石研究鉴定(评估)中心李榴芬高级实验师(FGA,DGA),王琦(FGA)、研究生彭淑仪、周永哲注册珠宝质检师(CGC)、莫默注册珠宝质检师(CGC)等也参加了部分资料的收集分析工作,在此一并致谢。

编著者

2013年7月

山东高质量的钻石毛坯

山东原生矿钻石毛坯

澳大利亚Merlin高质量钻石毛坯

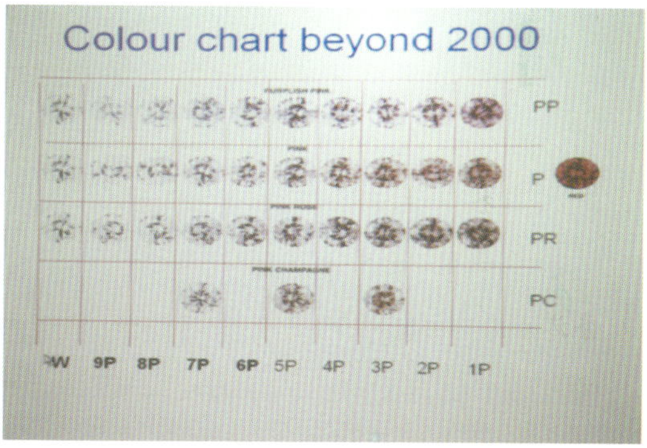

澳大利亚粉红色钻石分级方案
（2000年后）

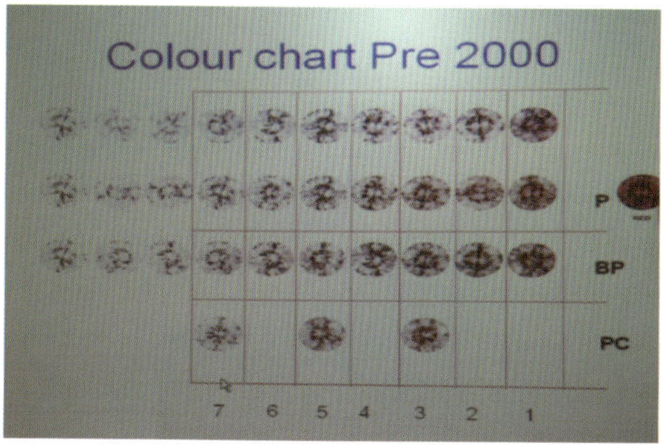

澳大利亚粉红色钻石分级方案
（2000年前）

澳大利亚钾镁煌斑岩
原生矿的钻石毛坯

澳大利亚钾镁煌斑岩原生矿
最好质量的粉红色钻石

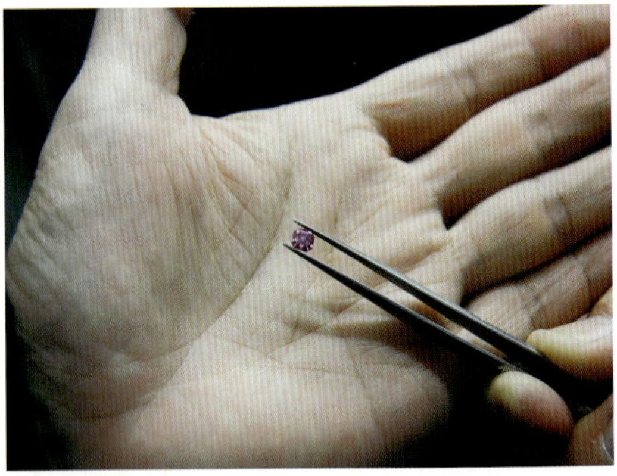

澳大利亚紫红色的钻石

佩戴在手上的澳大利亚粉红色钻石

中国湖南钻石，八面体，
明显可见的内部特征

中国湖南钻石，表面褐斑，2倍

澳大利亚砾石欧泊

澳大利亚黑欧泊

澳大利亚欧泊原石

非洲碧玺双色原料

海蓝宝石原料

一块巨大的海蓝宝石，300多克拉

化蝶，天工奖金奖作品（玛瑙）

和田玉错金嵌宝石蝴蝶纹西番瓶

水晶错金嵌宝石圣水杯

当代玉雕深浮雕白玉壶

玻璃种翡翠

当代辽宁河磨玉（软玉）雕作品

化蝶（天工奖获奖作品，翡翠）

化蝶（天工奖获奖作品局部）

缅甸木纳的翡翠原石

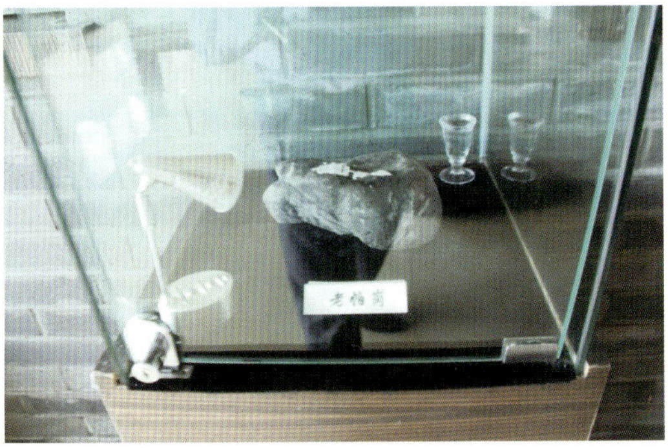

缅甸老帕敢坑口翡翠原石

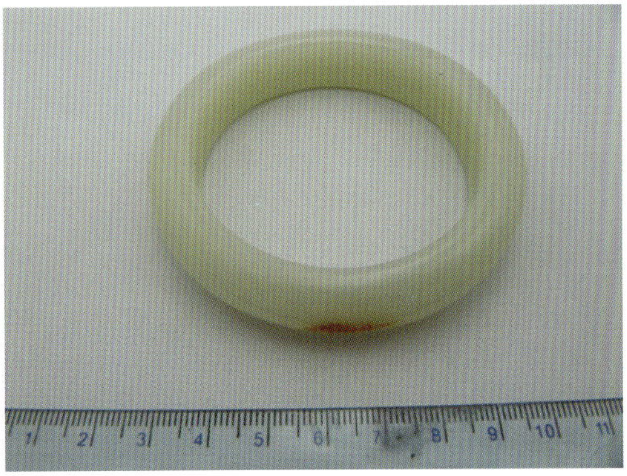

青白玉手镯，条子饱满，皮色经过处理

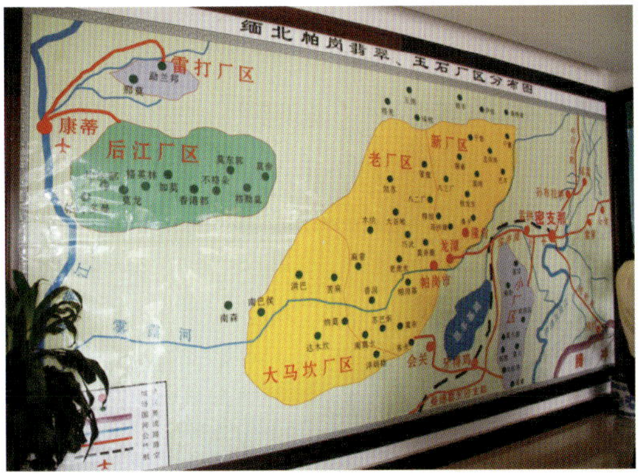

缅甸玉石矿分布图

血色玉髓

施禀谋翡翠作品：强者的微笑

玉雕白菜，清，北京故宫博物院藏

吴德昇大师天工奖获奖作品：双乔

云南腾冲的翡翠赌石（中间）

翡翠琬，白底青，清，北京故宫博物院藏

满绿翡翠佩，清，北京故宫博物院藏

镶宝石翡翠簪子，清，北京故宫博物院藏

白玉马，清，北京故宫博物院藏

做工好，色种水三好的翡翠戒面

良渚文化玉钺

玉罗汉，清，北京故宫博物院藏

翡翠白玉盆景，清，北京故宫博物院藏

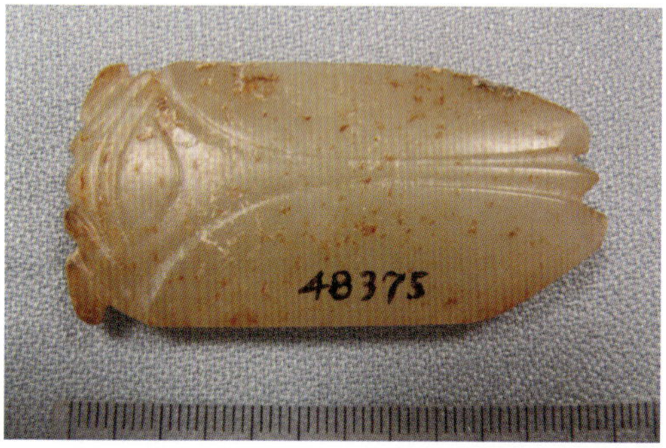

玉蝉，汉，上海博物馆藏

田黄三连章，清，北京故宫博物院藏

翡翠手镯有修补，清

翡翠白玉盆景，清，北京故宫博物院藏

乾隆白玉莲花纹盘，清，北京故宫博物院藏

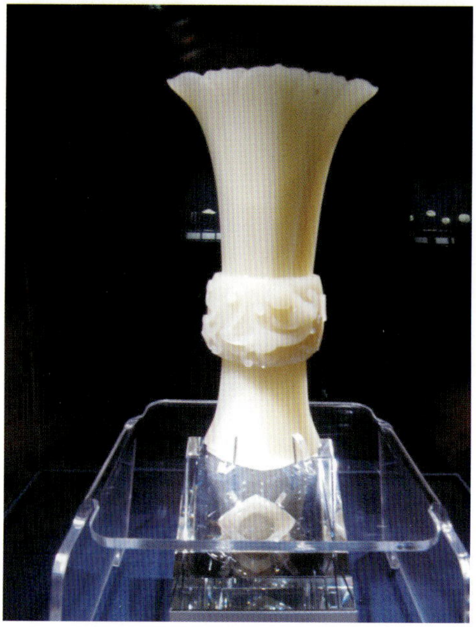

三螭觚，清，上海博物馆藏